사도행전 주해
An Exposition of the Acts of the Apostles

An Exposition of the Acts of Apostles

Copyright ⓒ 2003, 2007, 2017 by Rev. Hyung Yong Park, Th.M., S.T.D.
Emeritus Professor of Hapdong Theological Seminary
Former President of Westminster Graduate School of Theology

Published by Hapdong Theological Seminary Press
50 Gwanggyo Joongang-Ro, Yeongtong-Gu, Suwon, Korea
All rights reserved

사도행전 주해

초판 1쇄 발행 | 2003년 1월 20일
개정증보판 1쇄 발행 | 2007년 3월 30일
개정 2판 1쇄 발행 | 2017년 2월 25일

지은이 | 박형용
발행인 | 조병수
펴낸곳 | 합신대학원출판부
주 소 | 16517 경기도 수원시 영통구 광교중앙로 50 (원천동)
전 화 | (031)217-0629
팩 스 | (031)212-6204
홈페이지 | www.hapdong.ac.kr
총 판 | (주)기독교출판유통 (031)906-9191
값 15,000원 (* 잘못된 책은 교환해 드립니다)

ISBN 89-97244-37-9 93230 : ₩15,000

사도행전 [使徒行傳]
성서주해 [聖書註解]
233.66-KDC6
226-DDC23

「이 도서의 국립중앙도서관 출판시도서목록(CIP)은 e-CIP홈페이지(http://www.seoji.nl.go.kr/ecip)와
국가자료공동목록시스템(http://www.nl.go.kr/kolisnet)에서 이용하실 수 있습니다.
(CIP제어번호: CIP2017004493)」

저작권법에 의하여 한국 내에서 보호를 받는 저작물이므로 저자와 출판사의 허락없이
내용의 일부를 복제하여 배포하는 행위를 금합니다.

사도행전 주해

박형용 지음

합신대학원출판부

■ 저자의 말

　한국교회는 지난 130여 년 동안 많은 성장과 발전을 했다. 한국교회는 어쩌면 세계 선교 역사상 그 유례를 찾기 힘들 정도로 숫자적인 성장을 했다. 그럼에도 불구하고 많은 관심 있는 지도자들은 한국교회의 현 상황에 대하여 큰 우려를 표명하고 있다.
　교회의 리더십은 교회를 바로 이끌지 못하고 성도들은 아직도 미신적인 신앙 행태를 벗어나지 못하고 있다. 이곳저곳에 위험 신호가 도사리고 있는 상황에서 130여 년의 역사를 가진 한국교회가 다시 새롭게 제 자리를 차지하기 위해서는 사도행전의 교회로 돌아가야 한다. 사도행전에 묘사된 교회의 모습은 초대교회가 얼마나 자랑스러운 일을 했는지를 나타내 보이기 위함이 아니요, 모든 세기의 교회에 그리스도의 교회가 어떤 교회가 되어야 하며 무슨 일을 해야 하는지를 가르치기 위함이다. 그리스도의 교회가 바른 교회로 성장하기 위해서는 "성령행전"이라고까지 불리는 사도행전을 올바로 이해하지 않으면 안 된다.
　본서는 교회가 성령의 인도로 복음을 예루살렘에서 땅 끝까지 전파한 흐름의 맥을 추적하려고 노력했다. 교회, 복음전도, 왕국확장은 사도행전 내에서 함께 생각해야 할 개념이다. 본서는 성령의 사역으로 그리스도의 교회가 어떻게 복음을 전파하고 확장되었는지를 다루었다.
　본서는 목회자들의 설교에 도움이 될 수 있는 내용을 취급했으며 신학교 교재나 개인 혹은 그룹 성경공부 교재로 사용될 수 있을 것이다. 저자는 본서를 통해 주님의 교회가 조금이라도 윤택해지고 든든하게 서 가기를 중심으로 바란다.
　그동안 본서는 성광문화사를 고향으로 여러 판을 거듭하면서 독자들의 사랑을 받아왔다. 활판으로 출판했던 책을 이제는 컴퓨터 작업을 통해 더 아름답게 출판할 수 있게 되었다. 이런 과정을 통해 본서는 대폭 보완을 거쳐 증보하게 되었다. 저자가 신약 주해 시리즈를 한 출판사로 모으기를 원해서 성광문화사 이승하 사장님과 의논했더니 본서의 고향을 합동신학대학원 출판부로 옮기는데 쾌히 승낙해 주셨다. 그동안 많은 배려와 사랑을 베풀어주신 성광문화사의 이승하 장로님께 감사의 말을 표한다.

끝으로 본서를 컴퓨터에 입력하는데 수고한 김남진 강도사와 이복우 강도사에게 심심한 감사를 표한다.

2003년 1월 수원 원천동에서

■ 개정 2판을 내면서

사도행전은 그리스도의 교회의 모습이 예수님의 재림 때 까지 어떤 모습이어야 할 것을 가르쳐주는 하나님의 말씀이다. 금번에 사도행전 주해를 증보 재판할 수 있게 되어 하나님께 감사드린다. 모쪼록 본서를 통해 한국교회가 조금이라도 사도행전적인 교회로 변모해 갈 수 있다면 본 필자는 더 이상 바랄 것이 없다. 한국 교회가 당면한 여러 가지 문제와 사회의 질타를 극복할 수 있는 길이 바로 사도행전이 가르치는 교회의 본질로 돌아가는 길일 것이다. 본서는 금번 증보판부터 독자들의 편의를 생각하여 한글 번역 개역개정 판을 사용했음을 밝혀 둔다. 본서의 재판을 위해 수고하신 신현학 실장님과 표지 디자인을 해주신 최문하 자매에게 감사의 말씀을 드린다.

2017년 2월 박형용

■ 차 례

저자의 말_ 5
개정 2판을 내면서_ 6

서론_ 11
1. 저자_ 11
2. 저작 연대_ 13
3. 역사적 신빙성_ 16
4. 누가의 문체_ 17

I 그리스도의 사역을 위임받은 교회(1:1-26)_ 19
1. 서언_ 20
2. 부활하신 후의 예수님의 사역(1:3-8)_ 24
3. 예수님의 승천(1:9-11) 준비_ 35
4. 예루살렘에 모인 사도들의 서클(1:12-14)_ 39
5. 맛디아의 선택(1:15-26)_ 42

II 성령을 부여받은 교회(2:1-13)_ 53
1. 오순절의 성령강림(2:1-4)_ 53
2. 놀란 군중(2:5-13)_ 63

III 교회의 계속적인 사역(2:14-41)_ 67
1. 그리스도의 복음을 전파하는 베드로(2:14-40)_ 67
2. 오순절에 대한 역사적 비평_ 73
3. 베드로의 설교의 결과(2:37-41)_ 75

IV 오순절 이후 예루살렘 교회의 내적 성장(2:42-6:7)_ 79

1. 예루살렘 교회의 특징(2:42-4:22)_ 79
   2. 예루살렘 교회 내의 분란(5:1-11; 6:1-4)_ 88
   3. 교회의 구조적 발전(6:5-6)_ 90
   4. 예루살렘 교회에서의 사도들의 의무_ 93

Ⅴ 오순절 이후 예루살렘 교회의 외적 성장(6:8-8:3)_ 99
   1. 역사에 맞춘 사도행전 구조_ 99
   2. 일반적 형편(AD 35년경)_ 101
   3. 예루살렘에 있었던 첫 번째 핍박_ 103
   4. 조직화된 핍박(5:12-42)_ 105

Ⅵ 예루살렘으로부터 시작된 기독교의 확장_ 115
   (8:4-12:25; 15:1-35)
   1. 초기의 확장(8:4-40)_ 116
   2. 바울의 회개와 초기의 사역(9:1-30)_ 133
   3. 이산(離散)부터 헤롯의 핍박까지 예루살렘 교회의 성장(9:31-12:23)_ 134
   4. 안디옥의 기독교(11:19-30; 13:1-3)_ 138
   5. 헤롯의 핍박(12:1-23)_ 145
   6. 예루살렘 교회의 계속적인 영향(15:1-35)_ 147

Ⅶ 이방인의 사도 바울(7:58-8:1; 9:1-30; 11:25-30)_ 161
   1. 바울의 생애의 초기 배경_ 161
   2. 젊은 열심당원 사울_ 164
   3. 바울의 회개_ 168
   4. 개종 직후의 바울의 생애_ 173
   5. 기록이 없는 8,9년 간의 바울의 생애_ 109

Ⅷ 바울의 사역으로 확장된 교회(13:1-14:28)_ 179
   1. 파송과 형편_ 179
   2. 여정_ 184

3. 제1차 전도여행의 평가_ 193

Ⅸ 바울의 사역으로 확장된 교회(15:36-16:22)_ 197

1. 배경_ 197
2. 사역자 선택_ 200
3. 복음전도 여정_ 202

Ⅹ 바울의 사역으로 확장된 교회(18:23-21:17)_ 223

1. 에베소에서의 바울의 계속적 사역_ 226
2. 에베소 사역의 특징_ 228
3. 에베소에서 기록한 서신들_ 229
4. 마게도냐 지방과 빌립보에서의 사역(20:1)_ 232
5. 고린도에서의 사역_ 233
6. 고린도에서 예루살렘까지_ 235
7. 바울의 도시중심 선교_ 242

Ⅺ 핍박과 바울의 복음 증거(21:18-26:32)_ 245

1. 예루살렘_ 245
2. 바울을 죽이려는 유대인의 음모(23:12-35)_ 250
3. 가이사랴의 감옥생활(24:1-26:32)_ 252

Ⅻ 드디어 로마에(27:1-28:31)_ 263

1. 가이사랴에서 그레데까지(27:1-12)_ 265
2. 유라굴로 광풍(27:13-30)_ 267
3. 바울의 권면(27:21-38)_ 268
4. 바울 일행이 구원받음(27:39-44)_ 269
5. 멜리타(말다에서) 독사에 물린 바울(28:1 6)_ 270
6. 바울이 섬에서 병자를 고침(28:7-6)_ 270
7. 드디어 로마에(28:11-16)_271
8. 옥중에서 복음 전파(28:17-31)_ 272

XIII 바울의 마지막 몇 년_ 275
1. 로마의 감옥에서의 석방_ 276
2. 1차 감금에서 석방된 이유_ 277
3. 마지막 서신들_ 278
4. 마지막 여행_ 280
5. 최후의 감금_ 283

■ **부록_ 287**
    Ⅰ. 질문으로 간추린 사도행전_ 289
    Ⅱ. 오순절 사건에 대한 베드로의 해석_ 313
    Ⅲ. 오순절 성령 세례 사건_ 322
    Ⅳ. 신약 교회의 설립과 하나님 나라의 확장_ 341
    Ⅴ. 누가의 글에 나타난 특수 용어_ 361

■ **참고문헌_ 381**
■ **찾아보기[인명·주제] _ 391**
■ **찾아보기[성구] _ 399**

서론

1. 저자

누가복음과 사도행전의 저자가 누가(Luke)라는 사실은 AD 150년부터 받아온 공통적인 견해이다. 이렇게 초기부터 누가가 누가복음과 사도행전의 저자로 인정된 것은 주목할 만한 사실이다. 왜냐하면 2세기의 교회가 신중성 없이 성경의 저자들을 결정하지 않았을 뿐만 아니라 그 당시 비교적 이름 없는 누가를 누가복음과 사도행전의 저자로 인정한 것은 그럴 만한 이유가 있었기 때문이다.

사도행전에는 누가(Luke)의 이름이 나오지 않는다. 골로새서 4:14; 빌레몬서 24; 디모데후서 4:11 등의 자료를 볼 때 누가는 헬라인이었고 의사였음이 분명하다. 그리고 교육을 많이 받았고 바울의 동행자였음이 확실하다. 유세비우스(Eusebius, AD 320)는 누가가 시리아의 안디옥(Antioch)에서 태어났다고 전한다. 램시(Ramsay)는 누가가 빌립보(Philippi)와 연관이 있었을 수 있다고 말한다. 그 이유는 누가가 사도행전에서 빌립보의 장면을 생생하게 묘사했기 때문이다. 사도행전의 저자가 누가라는 주요한 근거는 다음과 같다.

(1) 사도행전과 누가복음이 한 저자의 작품임은 두 책의 서두에 데오빌로의 이름이 나오고, 두 책 모두 그에게 바쳐진 것으로 되어 있기

때문이다. 그리고 사도행전의 서두는 누가복음을 쓴 저자가 계속해서 사도행전을 쓰고 있다는 사실을 명백히 하고 있다. 그런데 사도행전은 유대주의 영향을 받은 훌륭한 헬라어로 기록되어 있다. 이런 언어를 구사할 수 있는 가능한 사람이 누가밖에 없기 때문이다.

(2) 사도행전에 나온 '우리 구절'(we-sections. Wirquelle)은 목격자가 저자임을 보여주며, 바울의 동행자들에 대해 자세히 조사해 보면 '우리 구절'(행 16:10-18; 20:6-16; 21:1-17; 27:1-28:16)이 나온 장면에는 누가가 바울과 동행했을 것이라는 증거를 제공해 준다.

(3) 누가복음이나 사도행전에 의학용어가 다른 복음서나 다른 성경에 비해 많이 사용된 것은 저자가 의학에 대한 깊은 지식이 있었기 때문이라고 생각할 수 있다. 그런데 의학용어에[1] 능통한 사람으로 사도행전을 쓸 수 있는 사람은 의사인 누가일 수밖에 없다.

(4) 사도행전에 나타난 복음의 보편성이나 복음의 자유는 바울의 영향을 받은 것이 분명하다. 물론 사도행전의 저자가 바울서신을 읽지 못하고 사도행전을 기록한 것이 확실하지만 바울의 영향을 받은 것으로 보아 적어도 바울과 가까운 친구가 기록한 것으로 생각되어 진다. 따라서 누가가 가장 적합한 저자로 등장한다. 오늘날 거의 대부분의 학자들이 사도행전의 저자를 누가로 생각한다.

누가는 아마 모든 사람을 포용하는 마음의 소유자였음에 틀림없다. 누가가 쓴 누가복음과 사도행전은 다른 성경보다 여자들의 위치를 확고하게 드러내며 종족간의 간격을 좁혀준다. 그는 하나님을 경외하

---

1) 사도행전에 사용된 의학용어는 다음과 같다. ἀχλύς(안개, mist, mistiness) 13:11; βάσις(발, feet) 3:7; διανέμω(퍼진다, spread) 4:17; ἐκψύχειν(죽다, 혼이 나가다, breathe one's last, die) 5:5; θέρμη(열, 뜨거움, heat) 28:3; καθάπτειν(잡다, 붙들다, fasten, seize) 28:3; λεπίς(비늘, scales) 9:18; ὀχλουμένους(괴로움 받는, afflicted) 5:16; πίμπρασθαι(붓다, swell up — πίμπρημι에서) 28:6; σφυδρόν(발목, ankles) 3:7; ὕπνος (졸음, a deep sleep) 20:9. cf. W. K. Hobart, *The Medical Language of St. Luke* (Grand Rapids: Baker, 1954), pp. 196-97.

는 자에 대해 깊은 관심을 표명하며, 이방인들이 유대주의 의식을 거치지 않고 기독교회에 들어온 것을 강조했다. 분명히 그는 그리스도 안에서 기쁨의 비밀을 발견한 사람이요 형제를 사랑하는 마음과 영적인 능력을 체험한 사람임에 틀림없다.

2. 저작 연대

사도행전 저작 연대에 대해서는 의견의 일치가 없다. 빠른 연대를 주장하는 사람들은 대략 AD 61-63년에 사도행전이 기록되었다고 주장하며 후기 연대를 주장하는 사람들은 70년 예루살렘 함락 이후로 그 연대를 생각하지만 후기 연대를 주장하는 학자들 간에 의견의 차이가 크다. 어떤 이는 AD 70-80년, 어떤 이는 AD 80-90년, 어떤 이는 AD 100년 그리고 어떤 이는 AD 100-130년으로 생각한다.

(1) 후기 연대를 주장하는 사람들의 근거는 다음과 같다.

① 사도행전은 누가복음보다 후에 기록되었음이 확실하고 누가복음은 마가복음보다 후에 기록되었다. 그런데 사도행전의 기록을 AD 61-63으로 생각한다면 누가복음보다 먼저 기록된 마가복음의 기록 연대를 AD 60년 이전으로 잡아야 하는데 그것은 불가능하다.

그러나 최근 발굴된 자료에 의하면 마가복음의 연대를 AD 60 이전으로 잡는 것이 전혀 불가능한 일이 아님이 밝혀졌다.[2]

② 사도행전과 바울서신과의 사이에 유사성이 없음을 볼 때 누가가 바울을 동행하면서 사도행전을 기록했다고 생각할 수 없다. 만약 바울을 동행하면서 사도행전을 기록했다면 바울의 자문을 받아서 기록했을

---

2) *Eternity*. Vol. 23. No. 6 (June, 1972): 25-33.

것이기 때문에 바울서신과 사도행전 사이에 유사성이 있어야 한다. 그러므로 사도행전은 사건이 발생된 후 많은 시간이 흐른 후 바울의 자문을 받을 수 없는 형편에서 누가가 쓴 것이다.

그러나 만약 누가가 후기에 사도행전을 썼다면, 그가 누가복음 서문에서 밝힌 대로 자료를 자세히 조사한(눅 1:3) 것인데 그 당시 교회에 돌고 있는 바울서신을 자료로 사용하지 않았을 리 없다. 그러므로 사도행전과 바울서신 사이에 유사성이 없다는 이유로 후기 저작설을 주장하는 것은 신빙성이 없다.

③ 사도행전은 누가복음보다 후에 쓰여 졌다. 그런데 마태복음 24:15-22과 누가복음 19:43, 44; 21:20-24을 비교하면 누가는 마치 예루살렘 멸망(AD 70)때 발생한 사건들을 알고 있었던 사람처럼 마태복음과는 달리 생생하고 구체적으로 묘사한다. 그러므로 누가복음이 AD 70년 이후에 기록되었을 것이고 사도행전은 그 이후에 기록되었을 것이다.

그러나 위의 논리는 신빙성이 적다. 왜냐하면 누가복음의 묘사는 다니엘(Daniel)서의 내용과 유사한 특이성을 갖고 있기 때문에 마태복음과 약간의 차이가 있다고 해서 누가복음의 저작 연대를 예루살렘 멸망 이후로 추정하는 것은 그 근거가 빈약하기 때문이다.

(2) 초기연대(AD 64년 이전)를 주장하는 사람들의 근거는 다음과 같다.

① 누가는 사도행전을 끝맺을 때 바울이 로마 감옥에 갇혀 있었으나 비교적 자유스럽게 복음을 전파할 수 있었다고만 전한다. 바울이 기다렸던 재판의 결과나 예상했던 바울의 석방, 그리고 바울의 순교에 대해서는 일체 언급이 없다. 만약 누가가 이런 사건들을 알고 있었더라면 그 사건들에 대해 언급하지 않았을 리 없다. 따라서 사도행전은 바울이 석방되기 전에 기록되었음에 틀림없다.

② 사도행전과 바울서신 사이에 유사성이 없는 것은 바울서신이 널리 보급되어 읽히기 전에 사도행전이 기록되었기 때문이다. 정확하고 자세한 자료를 사용하는 것이 누가의 저술 원칙이었는데(눅 1:3) 그에게 바울서신이 있었다면 사도행전을 쓸 때 자료로 사용하지 않았을리 없다.

③ AD 64년에 시작된 네로(Nero)의 핍박에 대한 언급이 사도행전에 없는 것은 그 사건이 발생되기 전에 사도행전이 기록되었기 때문이라고 생각할 수 있다. 누가가 사도행전을 쓰기 전에 네로의 핍박이 있었다면 기독교회에 그렇게도 큰 영향을 미친 사건을 초대교회 역사가로서 한마디의 언급도 없이 지나쳐 버릴 수는 없기 때문이다.

④ 사도행전에 예루살렘 멸망(AD 70)에 대한 언급이 없을 뿐만 아니라 예루살렘 멸망 후에 있었던 유대인과 기독교인 사이의 불화관계에 대한 흔적도 없다. 이는 사도행전 쓸 당시 이런 사건들이 발생하지 않았기 때문이다.

⑤ 야손의 사건(행 17:6), 알렉산더의 사건(행 19:33), 나손(행 21:16), 그리고 바울이 탄 배의 이름(행 28:11) 등 그리 중요하지 않은 사건들을 구체적으로 기록할 수 있었다는 것은 사건 발생 후 오래되지 않아 사도행전을 기록했기 때문이다.

⑥ 사도행전에 나타난 신학적 용어가 초대교회에서 사용한 용어와 같다. 예수님을 가리켜 '거룩한 종'(행 4:27), '인자'(행 7:56)라고 부르는 것이나 기독교인들을 가리켜 '제자들'이라고 부르는 것은 초대교회이 전통이었다. 이와 같은 사실은 사도행전의 초기 저작설을 지지해 준다. 사도행전의 저작 연대를 정확하게 잡는 것은 불가능하다. 그러나 여러

가지 증거로 볼 때 후기 저작 설보다는 초기 저작설이 더 믿을 만하다. 그러므로 사도행전 저작 연대를 AD 61-63년으로 잡는 것이 타당하다고 생각된다.3) 이 시기는 로마 황제 네로(Nero)가 통치하던(AD 54-68) 기간에 해당한다.

3. 역사적 신빙성

누가는 예리한 역사의식을 가지고 사도행전을 썼다. 그 이유를 몇 가지로 생각하면 다음과 같다.

(1) 누가는 그 당시의 형편에 대한 정확한 자료를 제공해 준다. 로마의 지방 통치 제도나 각 지방의 관습에 대해 1세기에 있었던 대로 묘사하고 있다. 램시(Ramsay)는 편견을 갖지 않고 소아시아(Asia Minor)를 탐험하면서 사도행전의 기록이 정상급에 속하는 역사적 기록임을 천명하였다.

(2) 누가는 사건들을 정직하게 묘사했다. 교회활동에 대한 좋은 점만 기록하지 않고 나쁜 점도 묘사했다. 초대교회나 초대교회 지도자들의 성격에 대해 정직하게 기록하고 있다. 기독교에 대한 유대주의의 학대를 묘사하지만(행 15:5; 17:13; 28:24) 반면 유대인들의 호감에 대한 기록도 잊지 않았다(행 5:34; 6:7; 28:24).

---

3) Arthur F. Buhs, Jr., *The Purpose of Acts* (Ann Arbor: UMI, 1995), p. 53: Buhs는 ① 2세기 초, ② AD 70-90년 사이, ③ AD 60-70년 사이의 사도행전 저작 가능성을 제시한 후 결론적으로 AD 62년이 가장 믿을만한 사도행전 저작 연대라고 결론짓는다. Gasque (W. Ward Gasque, *A History of the Criticism of the Acts of the Apostles.* Grand Rapids: Eerdmans, 1975, p. 22)는 대략 AD 63년 로마(Rome)에서 기록했을 것으로 추정한다.

(3) 누가가 사용한 어휘는 초대 기독교회의 특징을 나타낸다. 바울처럼 조직적으로 신학을 전개하는 흔적이 사도행전에는 없다. 이 사실은 누가가 초대 기독교의 모습을 바르게 전하고 있음을 시사하는 것이다.

근래에 어떤 학자들은[4] 누가가 신학자로서 사도행전을 썼기 때문에 사도행전이 누가의 신학으로는 가치가 있을지 모르나 초대교회의 사건들을 묘사한 것은 정확성이 없다고 주장한다. 물론 보수주의자들도 누가가 초대교회의 모든 역사를 기록했다고는 생각지 않는다. 그것은 누가의 저술 목적이 아니었기 때문이다. 그러나 누가가 선별하여 기록한 내용은 신빙성이 있고 그 역사성이 확실한 것이다. 마샬(Marshall)[5]은 누가를 신학자로 취급하는 근래의 경향과 그 강점과 약점을 평가하고 믿을 수 있는 역사적 근거 없이 신학을 설립한다는 것은 불가능하다고 지적했다.

분명히 누가는 역사가(historian)였다. 역사가답게 정확한 자료들을 수집하여 정확하게 사용하였다. 그러나 누가는 단순히 연대와 사건을 분석하는 역사가는 아니었다. 오히려 그의 관심은 거룩한 역사가 부활하신 그리스도에 의해 그의 제자들을 통해 어떻게 전개되었는가를 기술하는 데 있었다. 따라서 사도행전은 단순히 연대와 사건을 나열하는 초대교회의 역사는 아니지만, 기록된 사건들은 역사적으로 신빙성이 있는 것이다.

4. 누가의 문제

누가는 헬라어(Greek)에 능통한 사람이었다. 사복음서 중 누가복

---

4) Martin Dibelius, *Studies in the Acts of the Apostles* (New York: Scribner's, 1956); Hans Conzelmann, *The Theology of St. Luke* (New York: Harper, 1960); Ernst Haenchen, *The Acts of the Apostles* (Oxford: Black- well, 1971).
5) I. Howard Marshall, *Luke: Historian and Theologian* (Grand Rapids: Zondervan, 1976), pp. 13-102, 216-222.

음이 가장 문체가 훌륭하며 신약 전체 중에서는 사도행전이 가장 문체가 좋다. 누가는 특히 누가복음과 사도행전의 서두, 사도행전 15장의 편지, 아그립바(Agrippa)왕 앞에서의 바울의 연설 등에서 문체의 탁월성을 보여 준다. 누가는 어휘가 풍부한 성경 저자였다. 신약에서 한 번만 나온 단어 중(ἅπαξ λεγόμενα) 누가복음과 사도행전에만 무려 700여 개가 있다. 그리고 700여 개 중 절반 이상이 사도행전에 나온다.

   누가는 분사나 독립 구문, 관계 대명사, 부사 등을 사용하여 문장과 문장을 잘 연결시킨다. 누가는 히브리 적 영향을 받은 구문을 잘 사용한다. 특히 이방인들에 대해 묘사할 때보다 유대인들에 대한 형편을 묘사할 때 히브리 적 문체가 흔히 사용된다. 누가는 70인경의 영향을 많이 받은 것 같다. 그러나 누가의 문체는 헬라어체이다. 그의 문체는 유대인이 헬라어를 기록하는 것과는 다르다. 오히려 헬라어가 모국어인 지식인이 히브리 적 영향을 받아 쓴 헬라어 체라고 생각하는 것이 더 타당하다. 누가가 사용한 특수한 용어들에 대해서는 본서에 있는 부록 V를 참고하기 바란다.

1
그리스도의 사역을 위임받은 교회(1:1-26)

"1 데오빌로여 내가 먼저 쓴 글에는 무릇 예수께서 행하시며 가르치시기를 시작하심부터 2 그가 택하신 사도들에게 성령으로 명하시고 승천하신 날까지의 일을 기록하였노라 3 그가 고난 받으신 후에 또한 그들에게 확실한 많은 증거로 친히 살아 계심을 나타내사 사십 일 동안 그들에게 보이시며 하나님 나라의 일을 말씀하시니라 4 사도와 함께 모이사 그들에게 분부하여 이르시되 예루살렘을 떠나지 말고 내게서 들은 바 아버지께서 약속하신 것을 기다리라 5 요한은 물로 세례를 베풀었으나 너희는 몇 날이 못 되어 성령으로 세례를 받으리라 하셨느니라 6 그들이 모였을 때에 예수께 여쭈어 이르되 주께서 이스라엘 나라를 회복하심이 이 때니이까 하니 7 이르시되 때와 시기는 아버지께서 자기의 권한에 두셨으니 너희가 알 바 아니요 8 오직 성령이 너희에게 임하시면 너희가 권능을 받고 예루살렘과 온 유대와 사마리아와 땅 끝까지 이르러 내 증인이 되리라 하시니라 9 이 말씀을 마치시고 그들이 보는데 올려져 가시니 구름이 그를 가리어 보이지 않게 하더라 10 올라가실 때에 제자들이 자세히 하늘을 쳐다보고 있는데 흰 옷 입은 두 사람이 그들 곁에 서서 11 이르되 갈릴리 사람들아 어찌하여 서서 하늘을 쳐다보느냐 너희 가운데서 하늘로 올려지신 이 예수는 하늘로 가심을 본 그대로 오시리라 하였느니라" (행 1:1-11, 개역개정).

"23 그들이 두 사람을 내세우니 하나는 바사바라고도 하고 별명은 유스도라 하는 요셉이요 하나는 맛디아라 24 그들이 기도하여 이르되 뭇 사람의 마음을 아시는 주여 이 두 사람 중에 누가 주님께 택하신 바 되어 25 봉사와 및 사도의 직무를 대신할 자인지를 보이시옵소서 유다는 이 직무를 버리고 제 곳으로 갔나이다 하고 26 제비 뽑아 맛디아를 얻으니 그가 열한 사도의 수에 들어가니라" (행 1:23-26, 개역개정).

누가는 누가복음과 사도행전을 썼다. 누가복음과 사도행전은 한 권의 책으로 전편, 후편으로 나누어진 것과 같다. 그러므로 누가복음 1:1-4의 서문은 누가복음뿐만 아니라 사도행전의 서문도 되는 것이다.[1]

---

1) F. F. Bruce, *The Acts of the Apostles: The Greek Text with Introduction and Commentary* (Grand Rapids: Eerdmans, 1975), p. 65: "복음서의 서문(눅 1:1-4)은 진정으로 이중적 작품인 누가-행전의 서문이다. ⋯⋯ λόγος는 한 두루마리 이상으로 되는 작품을 구분하기 위해 사용된다. 이처럼 사도행전은 누가가 데오빌로에게 보낸 작품의 두 번째 부분이다."

누가는 첫째 책, 누가복음에서 예수님의 인격에 강조를 두고 왕국의 주되신 예수님이 하나님의 나라를 실현시키고 교회의 핵심을 설립하신 사실을 설명한다. 누가는 예수님의 이런 사역을 사도행전 1:1,2에서 "내가 먼저 쓴 글에는 무릇 예수께서 행하시며 가르치시기를 시작하심부터 그가 택하신 사도들에게 성령으로 명하시고 승천하신 날까지의 일을 기록하였노라"고 간단히 언급했다.

이 두 번째 책에서, 누가는 예수님께서 자라나는 어린 아이 같은 그의 교회를 통해서 그의 성령으로 계속 일하시고 가르치신 내용을 기술한다. 사도행전 1장에서 그리스도가 교회에 그의 사역을 위임하신 사실을 찾을 수 있고, 교회는 그리스도의 사역을 계속하는 책임을 맡는다. 사도들과 초대교회가 그리스도의 이름으로 왕국의 복음을 전파하여, 그리스도를 대신해서 계속적으로 가르치고 일한다.

사도행전은 초대교회의 승리와 노력, 그리고 발전의 모습을 보여줄 뿐만 아니라 하나님의 교회가 어떤 사명을 성취해야 한다는 사실을 명백하게 제시해 주고 있다. 그것은 그리스도의 복음을 땅 끝까지 전파해야 한다는 사실이다.

1. 서언

누가는 누가복음에서 그랬던 것처럼 자신의 둘째 책, 사도행전도 데오빌로(θεοφιλε)에게 바쳐진다. 누가복음에서 데오빌로는 각하(κράτιστε)라는 칭호를 받는다(눅 1:3).

(1) 데오빌로의 이름에 관한 의견

① 가공인물 설

어떤 이는 데오빌로가 실재 인물이 아니요, '하나님을 공경하는 자라는 뜻으로 기독교 지도자는 누구나 그렇게 불리 울 수 있다고 주장한다. 그러나 그 이름을 '각하'라는 존칭과 함께 사용한 사실은(눅 1:3) 데오빌로가 가공적 인물이었다고 생각할 수 없음을 증거 한다.2)

만약 어떤 이가 가공적 인물의 이름을 사용하기 원한다면 그 가공적 인물을 "데오빌로 각하여"라고 부르지는 않았을 것이다. 보다 나은 논리는 올바른 본문 해석에서 찾을 수 있다. 본문을 문자적으로 받지 않아야 할 분명한 이유가 없는 한 본문을 문자 그대로 받는 것이 옳다. 여기서 누가가 데오빌로라는 고상한 사람에게 그의 책을 바치지 못할 이유가 없는 것이다.

② 실재 인물 은닉설

스트리터(Streeter)는 로마황제 도미시안(Domitian)의 사촌인 클레멘스(Titus Flavius Clemens)를 가리켜 누가가 데오빌로라고 썼다고 한다.3) 그러나 데오빌로는 잘 알려진 이름으로 자주 사용된 이름이다.

어떤 이는 데오빌로가 세네카(Seneca)의 형인 갈리오(Lucius Junius Annaeus Gallio)라고 생각한다(행 18:12-17). 다른 이는 AD 37-41년 사이의 대제사장을 가리킨다고 하며 또 어떤 이는 가이사(Caesar) 앞에서 바울을 변호한 변호사라고 말한다. 막스(Marx)는 아그립바 Ⅱ세가 데오빌로라고 주장한다(행 25:13; 26:2).4) 그러나 이런 제시는

---

2) *Ibid.*, p. 66.
3) B. H. Streeter, *The Four Gospels* (New York: The Macmillan Company, 1925), pp. 534-539.
4) Werner G. Marx, "A New Theophilus," *The Evangelical Quarterly* Lll, No. 1 (Jan.-March, 1980): 17-26. Marx는 아그립바 Ⅱ세가 데오빌로라는 이유를 10가지 든다. 그 중에 대표적인 것 6가지만 간추려 열거한다.
① 아그립바 왕이 바울을 심문하는 기록이 나오는 행 26장에서 바울의 회심을 재차 언급한 것은 누가가 데오빌로를 개종시키기 위한 노력이었다. 데오빌로와 아그립바 왕이 같은 사람이 아니고는 그럴 필요가 없었다.
② 눅 1:3에는 데오빌로 각하라고 한 반면 행 1:1에는 데오빌로라고만 쓴 것은 누가가 누가복음을 쓸 때는 데오빌로가 왕의 위치에 있었지만 사도행전을 쓸 때는 그런 위치가 아니었기 때문이었다. Lenski는 누가가 누가복음을 데오빌로에게 쓸 때는

추측에 지나지 않고 그들 주장의 확실한 근거를 찾을 수 없다.

③ 실재 인물

데오빌로가 실재 인물일 것은 확실하다.5) 그런데 믿을만한 유일한 자료는 누가복음과 사도행전의 서문에서만 찾을 수 있다. 그 자료는 일반적인 것이지만 사실상 그것으로 족하다. 순전한 추측보다는 훨씬 낫다. 데오빌로는 아마 로마의 관리로 기독교회의 기초적인 교훈을 배운 사람이었을 것이다. 그러므로 누가는 "각하가 알고 있는 바를 더 확실하게 하려함이로라"(눅 1:4)라고 썼다. 누가는 좀 더 정확한 내용을 그에게 제공하기를 원했다. 이 사실은 데오빌로가 복음의 사건들이 발생한 곳과 멀리 떨어져 있었음을 제시해 준다. 아마 그는 이방인으로 이방도시에 있었을 것으로 생각할 수 있다. 그는 고상한 집안에서 태어

데오빌로가 기독교 신앙에 흥미를 느낄 정도였기 때문에 '각하'라는 말을 누가복음에서 사용했고, 사도행전을 쓸 때는 데오빌로가 기독교 신앙을 실제로 가졌기 때문에 '각하'라는 말을 사도행전에서 사용하지 않았다고 한다(Cf. R. C. H. Lenski, *The Interpretation of the Acts of the Apostles*. Minneapolis: Augsburg Publishing House, 1961, p. 10).

③ 눅 1:4에 나온 κατηχήθης의 뜻은 기초교리를 가르치는 것(catechizing)임이 분명하다. 왜냐하면 누가는 여기서 바울이 가이사랴에서 데오빌로에게 설명한 것을 다시 제시함으로 데오빌로를 확신시키기 위해서였다.

④ 누가가 눅 3:1에서 북쪽 변방 아빌레네를 언급한 것은 아그립바 II세가 통치한 지역이었기 때문이라고 추정할 수 있다. 누가가 북쪽 변방까지 삽입한 것은 아그립바 왕의 호감을 사기 위해서였다.

⑤ 눅 1:5에 '유대 왕 헤롯 때에'라고 한 것은 아그립바 II세가 헤롯왕의 증손자이고 이 책이 바로 아그립바 II세에게 봉헌되었기 때문이라고 생각할 수 있다. 그리고 누가는 헤롯왕의 유아 학살을 언급하지 않았고(마 2:16-18) 세례요한의 죽음의 형편도 언급하지 않았다(막 6:14-29; 눅 9:7-9). 이는 아그립바 II세의 조상을 악평함으로 아그립바 왕을 개종시키는 데 영향이 미칠까 염려한 때문이었다고 생각할 수 있다.

⑥ 아그립바 II세의 개종을 위해서는 성령의 인도로 교회가 확장되는 모습을 쓰는 것이 좋다고 생각하여 누가는 사도행전에서 복음이 예루살렘에서 로마까지 전파되는 것을 기록한다.

5) R. J. Knowling, "The Acts of the Apostles," *The Expositor's Greek Testament,* Vol. II, Ed. W. R. Nicoll (Grand Rapids: Eerdmans, 1980), p. 50.: "There seems no great reason to doubt that Theophilus was a real personage."

나 정부의 어떤 직책을 가지고 있었을 것으로 생각된다(참조, 행 23:26; 24:2; 26:25).

(2) 사도행전의 주제

누가는 사도행전 초두에 "내가 먼저 쓴 글에는 무릇 예수께서 행하시며 가르치시기를 시작하심부터 그가 택하신 사도들에게 성령으로 명하시고 승천하신 날까지의 일을 기록하였노라"(행 1:1-2, 개역개정)고 누가복음에 기록한 내용의 범위를 말했다. 누가의 이 말은 누가복음과 사도행전의 주제가 연관성이 있음을 의미한다. 사도행전은 예수님이 그의 제자들을 통해 성령으로 계속 일하시고 가르치신다는 것을 함축하고 있다.6)

그리고 이 말씀은 두 가지 사실을 분명하게 해준다. 첫째, 복음서는 예수님의 사역과 말씀을 성령의 인도로 사도들이 기록한 것이요, 둘째, 사도행전은 예수님의 승천 후에 사도들이 성령의 인도로 복음을 전파한 내용을 기록한 것이다.

이 사실은 승천에 비추어 볼 때 의미심장한 강조이다. 왜냐하면 누가는 사도행전의 내용을 그리스도의 계속적인 사역으로 이해했기 때문이다. 본문 2절에 앞으로 계속될 일이 '성령으로' 되어 질 것을 명백히 한다. 이 내용은 복음서의 역사와 일치된다. 왜냐하면 복음서에서도 예수님의 사역은 그가 세례 받을 때 성령으로 인 치심을 받은 이후부터 시작되었기 때문이다. 사도행전 10:38에서 누가는 예수님이 세례 받을 때 성령과 능력을 부여받았다고 언급한다. 사도행전에 누차 언급된 사실은 같은 성령의 능력으로 겁(怯)에 질려있던 제자들이 대담하게 되었고 그들이 또한 그리스도를 닮아갈 수 있게 된 것도 같은 성령의 능력이었다. 제자들은 능력으로 말을 할 수 있게 되고 위대한 일들을 행할 수 있었다.

---

6) D사본은 "그리고 그가 그들에게 복음을 전하도록 명했다"(καὶ ἐκέλευσε κηρύσσειν τὸ εὐαγγέλιον)라고 말함으로 함축된 의미를 부각시켰다.

그들의 사역은 예수님의 사역과 비슷했다. 왜냐하면 같은 성령이 행하신 사역이었기 때문이다. 성령에 대한 이와 같은 강조를 생각할 때 사도행전을 성령행전이라고 해도 무리는 아니다.[7]

2. 부활하신 후의 예수님의 사역(행 1:3-8)

예수님은 제자들에게 여러 차례 나타났고 그들과 많은 접촉을 가졌으므로 제자들은 예수님이 죽은 자 가운데서 육체로 부활했다는 사실을 의심할 수 없었다. 사도 바울은 고린도전서 15:5-8에서 예수님께서 부활 후에 나타나신 사건들을 일목요연하게 기술하고 있다. 그러나 바울의 기록이 예수님께서 나타나신 사건 전체를 포함한 것은 아니다. 성경에서 예수님의 부활과 승천 사이가 사십(40) 일이라는 사실을 기록한 곳은 여기뿐이다. 제자들은 이 40일 동안 교제하며 가르침을 받고 앞으로 해야 할 일을 위해 준비를 했다. 사십(40) 일 동안 예수님의 사역의 특징은 다음과 같다.

(1) 가르치심

① 부활 전후의 교훈이 동일함

사십(40)일 동안의 예수님의 가르침은 다른 사역기간과 비교할 때 특별히 다르다거나 변화된 점이 없다. 물론 예수님께서 부활 생명을 가지시고 사역하신 새로운 사역이라는 점은 강조되어야 한다. 예수님께서 40일 동안 영광스런 부활체로 사역하신 것은 명백하지만 예수님께서 가르치신 내용은 부활 전이나 부활 후나 동일한 것이었다. 성육신하신 예수님의 사역이나 부활하신 그리스도의 사역이 동일한 하나님의 나라에 관한 일이었다(행 1:3).

---

7) F. F. Bruce, *The Book of Acts* (NICNT, Grand Rapids: Eerdmans, 1970), p. 33.

여기서 부활 후의 예수님의 인격에 대한 신학적인 논증은 할 수가 없다. 즉 그의 부활 전과 부활 후의 육체의 차이점은 다른 기회에 논하는 것이 타당하다고 생각된다(참조, 고전 15:35-49).

예수님의 부활은 분명히 가현설(Docetism)[8]을 뒷받침하지 않으며 오히려 인간의 몸의 부활을 확실히 한다. 여기서 강조할 것은 예수님이 육체적으로 부활하셨다는 사실과 육체가 있는 몸으로 제자들을 접촉하셨다는 사실이다. 물론 "육체적"이란 표현은 현재 우리들의 몸체와 똑같은 육체를 가리키지 않는다. 제자들이 예수님을 만난 것은 육체가 없는 귀신과의 만남이 아니었고 그들의 환상이나 꿈속에서 예수님을 만난 것이 아니었다. 이 시기에 예수님이 가르치신 교훈은 어떤 비밀스런 것이 아니었다. 고대 노스틱(Gnostic)은 예수님께서 이 시기에 정경(正經)의 기록에 포함되지 않은 비밀스런 교훈을 제자들에게 가르쳤다고 주장했다.

디다케(The Didache)는 온유하고 탐욕이 없고 의로우신 주님에게 인정받는 합당한 사람으로 감독들과 집사들을 세우라고 가르친다.[9] 복음서에서 감독과 집사를 세우는 교회제도(church order)에 대해 침묵을 지키는 반면, 디다케에 이런 언급이 있기 때문에 디다케는 예수님이 부활 후 승천하시기까지 40일 동안에 다른 교훈과 함께 교회제도를 제자들에게 가르치신 것으로 추정하게 한다.

4세기의 산물인 시리아의 우리 주님의 언약(Testament of our Lord)에

---

[8] 가현설은 그리스도가 진정한 인간 육체를 소유하지 않았다고 주장한다. 그들은 물질은 악한 것이며 십자가와 부활은 환상일 뿐이라고 주장한다. Cf. Bill Austin, *Austin's Topical History of Christianity* (Wheaton: Tyndale House, 1983), p. 74.: "Docetism negated the humanity of Christ and denied the reality and necessity of atonement. The Fathers of the Church, especially Irenaeus, underscored the reality of the incarnation and stressed the importance of the work of Christ."

[9] *The Didache*, Chap. XV. "Χειροτονήσατε οὖν ἑαυτοῖς ἐπισκόπους καὶ διακόνους ἀξίους τοῦ κυρίου, ἄνδρας πραεῖς καὶ ἀφιλαργύρους καὶ ἀληθεῖς καὶ δεδοκιμασμένους" 디다케의 본명은 Διδαχὴ τῶν δώδεκα ἀποστόλων이며, 혹은 Διδαχὴ κυρίου διὰ τῶν δώδεκα ἀποστόλων τοῖς ἔθνεσιν으로 사용하기도 한다.

서는 승천 전에 예수님 자신이 교회 정치(church government)에 대해서 가르쳤다고 주장한다.

그러나 누가의 기록은 이들의 주장을 논박하고 있다. 누가에 의하면 예수님은 부활 후에도 부활 전과 같이 같은 주제를 제자들에게 가르쳤다. 예수님의 가르치는 사역은 아직도 '하나님 나라의 일에' 관한 것이었다(행 1:3).

② 실현된 하나님의 왕국을 가르치심

메시아의 부활은 하나님의 왕국 실현의 새로운 단계를 소개한다. 복음서에서 하나님의 왕국과 메시아가 서로 연관된 것은 이미 아는 바이다. 하나님의 왕국은 하나님의 지배와 통치로 그의 구원하시는 능력의 영역(a sphere of saving power)과 의의 영역(a sphere of righteousness) 그리고 축복된 상태(a state of blessedness)로 나타난다.10) 보스(Vos)의 다음 말은 이를 잘 설명해 준다. "왕국에서 하나님의 주권은 여러 가지 방법으로 나타난다. 우선 왕국을 설립하신 행위 가운데서 나타나며, 도덕적 질서에서 그리고 왕국에 포함된 영적 축복과 특권에서 나타난다. 첫째는 하나님의 능력의 영역이요, 둘째는 의의 영역, 셋째는 하나님이 부여하신 축복의 상태의 영역이다. 이런 구분은 왕국의 내용을 여러 가지로 나눌 수 있다는 뜻이 아니요 왕국의 면모에 대해 그렇게 생각할 수 있다는 뜻이다. 일면으로 왕국의 능력은 다른 면으로 왕국의 의를 뜻하며 또 다른 면으로 왕국의 축복을 뜻한다. 왕국의 능력의 행사로 의의 실현이 가능하고 의의 실현은 축복을 수여(授與)할 수 있게 한다."11)

메시아는 하나님의 이와 같은 지배와 통치를 실현시키는 데 적극적으로 역사 하신다. 왜냐하면 하나님의 구원하시는 능력이 메시아의

---

10) Geerhardus Vos, *The Kingdom of God and the Church* (Nutley: Presbyterian and Reformed Publishing Co., 1972), pp. 48-76.
11) Geerhardus Vos, *The Kingdom of God and the Church*, p. 52.

수난과 구속을 통해 그 열매를 거두시기 때문이다. 메시아의 적극적인 순종으로 왕국의 의가 성취되는 것이다. 따라서 메시아가 그의 구속 사역의 결과로 축복된 상태를 이루시는 것이다.

인간은 믿음으로 왕국의 주인 되신 주의 구원하시는 능력의 열매를 받을 때 왕국의 구원을 경험하게 된다. 인간이 성령으로 옛 것을 버리고 그리스도의 형상으로 창조된 새 사람을 덧입을 때 왕국의 의를 맛보게 된다. 인간은 죄와 비참한 상태에서 중생 할 때 축복과 영생의 왕국으로 전환되며, 죽음을 벗어나 하늘나라에 들어가게 되고, 종국에는 부활의 몸으로 새 하늘과 새 땅의 완성된 왕국에 들어가게 된다.

③ 메시아는 그의 왕국을 성취시키심

복음서와 사도행전은 왕국의 임함의 중요성을 설명한다. 예수님은 왕국을 가져오시고 왕국은 예수님의 공적 사역의 시작과 함께 가까워진다. 메시아가 나타나서 메시아의 사역을 할 때는 하나님의 정하신 시간이 찼다는 뜻이다. 왕국이 메시아의 강림으로 도래한 것이다. 메시아는 회개하고 복음을 믿으라고 선포한다. 그것은 인간의 마음과 생활에 하나님의 통치와 지배의 근본적인 새로운 출발이 있음을 말한다.

예수님은 그의 수난과 부활, 그리고 왕국의 임함을 연관시키신다. 누가는 누가복음 24:46-47에서 이것을 언급한다. "또 이르시되 이같이 그리스도가 고난을 받고 제 삼일에 죽은 자 가운데서 살아날 것과 또 그의 이름으로 죄 사함을 받게 하는 회개가 예루살렘에서 시작하여 모든 족속에게 전파될 것이 기록되었으니 너희는 이 모든 일의 증인이라"(눅 24:46-47). 누가는 여기서 기독교의 가장 중심 되는 요소 두 가지를 언급한다. 첫째는 예수 그리스도의 죽음과 부활이요(눅 24:46), 둘째는 복음의 전 세계적인 전파이다(눅 24:47). 사도행전의 사상은 복음 전파를 통해 왕국이 확장되는 것이다. 여기에 메시아의 수난과 모든 족속 가운데 왕국의 임함이 연관되어 있다.[12] "하나님의 왕국은 예수님의 생애, 죽음, 부활 사건들을 통해 실현되어진다. 그리고 이 사건들을 올바른 배경 가운데 전파하는 것이 곧 하나님 나라의 복음을 선포하는 것이다"13)라고 다드(Dodd)는 말했다. 예수님의 사역과 죽음, 부활을 통해서 하나님 나라가 실현되어졌다. 그러나 이것은 시작이요, 완성은 아직 미래로 남아 있다.

④ 재림을 가르치심

예수님이 '하나님 나라의 일을 말씀'(행 1:3) 하실 때 재림의 요소가 배제되지 않았다. 예수님의 교훈 중에는 재림, 마지막 심판, 일반 부활 등의 내용이 많이 있다. 많은 교훈과 비유가 이 사실을 다루고 있다. 사도행전에도 이 주제가 나타난다. 베드로가 그리스도에 대해 말하기를 "하나님이 살아 있는 자와 죽은 자의 재판장으로 정하신 자가 곧 이 사람"(행 10:42)이라고 했다. 바울도 아덴(Athens)에서 행한 설교 가운데서 같은 말을 했다. "하나님이…정하신 사람으로 하여금 천하를 공의로 심판할 날을 작정하시고 이에 그를 죽은 자 가운데서 다시 살리신 것으로 모든 사람에게 믿을 만한 증거를 주셨음이니라"(행 17:30, 31).

---

12) 눅 24:46-47의 구분은 본문의 중요성을 이해하는 데 도움이 된다. 누가는 ὅτι οὕτως γέγραπται 다음에 두 개의 부정사(infinitive)가 이끄는 구절로 46절에서는 예수님의 죽음과 부활을 언급하고, 47절에서는 복음의 전 세계적인 전파를 언급한다.

13) C. H. Dodd, *The Apostolic Preaching and its Developments* (New York: Harper and Brothers, 1951), pp. 46f. 천국 개념에 관해 상반된 견해가 있다. Dodd는 예수님이 전파한 천국의 개념 속에 미래적인 요소를 인정하지 않는 실현된 종말론(Realized Eschatology)을 주장하는 반면 Schweizer는 천국이 항상 예수님에게 미래로 남아 있었다고 해석하여 철저한 종말론(Consistent Eschatology)을 주장했다. Dodd는 막 1:15의 '가까이 왔다'(ἤγγικεν)를 해석하면서 '도착했다'(φθάνειν)로 해석하여 자신의 입장과 일치하게 해석한다(C. H. Dodd, *The Parable of the Kingdom*, New York: Charles Scribner's Sons, 1961, pp. 29f) 그런데 Ridderbos는 Dodd의 해석에 동의하지 않고 천국의 현재면과 미래면을 동시에 강조하면서 막 1:15의 '가까이 왔다'의 경우는 미래적인 뜻을 내포한다고 주장한다(Herman Ridderbos, *The Coming of the Kingdom*, Philadelphia: The Presbyterian and Reformed Publishing Company, 1969, pp. 40ff.). 여기서 분명히 지적할 것은 예수님의 교훈 속에 천국의 현재면과 미래면이 균형을 이루며 나타난다는 사실이다.

그리스도의 재림과 동시에 왕국은 완성될 것이다. 그때에 "모든 무릎을 예수의 이름에 꿇게 하시고 모든 입으로 예수 그리스도를 주라 시인하여 하나님 아버지께 영광을 돌리게 될 것이다"(빌 2:10, 11). 그리고 그 때는 하나님의 뜻이 하늘에서 이룬 것 같이 땅에서도 이루어질 때이다(마 6:10).

그리스도의 초림으로, 오는 세상이 현 세상을 침범했다. 그의 재림으로, 오는 세상이 현 세상을 대신하게 될 것이다. 그리스도의 초림과 재림 사이에는 두 세상이 병존한다. 기독교인들은 현 세상에 살고 있지만 영적으로 천국에 속한 사람들이요 오는 세상의 기쁨을 누리고 산다. 종말은 실현되었지만 아직 미래의 요소가 그 성취를 기다리고 있는 것이다.14) 그러므로 우리는 왕국의 실현된 요소와 미래적인 요소를 동등하게 강조할 필요가 있다.15)

(2) 일하심(행 1:4; 참조, 행 1:1)

"사도와 함께 모이사 그들에게 분부하여 이르시되 예루살렘을 떠나지 말고 내게서 들은 바 아버지께서 약속하신 것을 기다리라"(행 1:4, 개역개정). 이 말씀은 예수님의 일하시는 모습을 보여준다. 그것을 살펴보자.

① 교제

예수님의 하시는 사역 중의 한 요소는 제자들과 교제하는 것이다. 사도행전 1:4의 '사도와 함께 모이사'(συναλιζόμενος)의 뜻을 안트와 깅그리히(Arndt and Gingrich)는 (i)같이 먹다(eat with) (ii)모이다(bring

---

14) Bruce, *The Book of Acts*, p. 35.
15) 천국의 현재면과 미래면을 동등하게 강조힌 다음 책들을 참고히라. H. N. Ridderbos, *The Coming of the Kingdom* (1969); G. Vos, *The Kingdom of God and the Church* (1972); G. E. Ladd, *Crucial Questions about the Kingdom of God* (Grand Rapids: Eerdmans, 1952). 이상의 세 저서는 왕국의 실현된 요소와 미래적인 요소를 균형 있게 강조한다.

together, assemble) (iii)같이 머물다(be with, stay with)로 해석했다.16)

한글 개역 성경과 개역개정의 뜻은 둘째 번을 취해서 교제의 외적인 형태를 설명해 준다. 그러나 다른 두 해석은 그 교제를 좀 더 구체적으로 설명해 주는 역할을 한다. 예수님이 사도들과 같이 식사를 하고 밤을 지낸 것이다. 예수님이 제자들과 식탁을 같이 했다는 교제의 개념은 누가복음 24:42, 43에서 증거를 찾을 수 있고, 그리스도의 부활 후의 나타나심을 가리켜 "미리 택하신 증인, 곧 죽은 자 가운데서 부활하신 후 그를 모시고 음식을 먹은 우리에게 하신 것이라"(행 10:41)고 한 말에서 입증된다. 어떤 이는 예수님이 부활 후에 먹고 마신 사실이 실제가 될 수 없다고 주장한다. 그러나 제자들과 같이 식사하신 것은 예수님의 육체의 필요를 위해서가 아니요 제자들이 안심하고 부활 전과 같이 부활 후에도 예수님과 교제할 수 있도록 하시기 위함이요, 또한 예수님이 영으로 그들과 함께 있는 것이 아니요 부활하신 육체로 그들과 함께 있다는 확신을 그들에게 줄 필요가 있었기 때문이다. 예수님이 그의 손과 발을 보여주신 것도 이런 이유에서였다(눅 24:36-43). 사도행전 1:3의 '확실한 많은 증거'의 증거(τεκμηρίοις)는 신약에서 한 번밖에 나오지 않지만(hapax legomena) 그 뜻은 '확실하고 결정적인 증거'(convincing, decisive proof)라는 뜻으로 그리스도의 육체 부활의 확실성을 서술하고 있다.17)

② 약속

예수님은 제자들에게 성령을 부어 주시겠다고 약속을 하셨다(눅 24:49). 예수님이 말씀하신 약속은 성령 세례에 관해 이전에 말씀한

---

16) W. F. Arndt and F. W. Gingrich, *A Greek-English Lexicon of the New Testament and other Early Christian Literature*, Revised and Augmented by F. Wilbur Gingrich and F. W. Danker (Chicago and London: The University of Chicago Press, 1979), pp. 783f.
17) *Ibid.*, τεκμήριον의 뜻을 참고하라.

것과 같은 내용이다. 제자들이 성령으로 세례를 받을 것이라는 사실은 세례요한의 세례와 그의 사역에서 이미 예고된 것이다. "나는 너희로 회개하게 하기 위하여 물로 세례를 베풀거니와 내 뒤에 오시는 이는 나보다 능력이 많으시니 나는 그의 신을 들기도 감당하지 못하겠노라 그는 성령과 불로 너희에게 세례를 베푸실 것이요"(마 3:11; 참조, 눅 3:16). 예수님은 요한이 "나는 물로 너희에게 세례를 베풀거니와 나보다 능력이 많으신 이가 오시나니" ...."그는 성령과 불로 너희에게 세례를 베푸실 것이요"(눅 3:16)라고 말한 예언이 성취될 때가 가까이 왔다고 말하고 있다(행 1:5). 또한 오순절 성령세례의 사건은 구약 예언의 성취임을 알 수 있다(욜 2:28-32과 행 2:17-21의 비교).

③ 명령하심

제자들은 예루살렘을 떠나지 말고 성령의 강림을 기다리라는 분부를 받았다. 예수님이 성령을 약속하신 사실은 요한복음 14:16-18, 25-26; 15:26-27; 16:7-13에서 찾을 수 있다. 누가복음 24:49은 "볼지어다 내가 내 아버지께서 약속하신 것을 너희에게 보내리니 너희는 위로부터 능력으로 입혀질 때까지 이 성에 머물라"고 서술한다. 이 40일 동안은 예수님은 물론 제자들도 기다리는 시간이었다. 기다리는 장소는 예루살렘이었다. 그들은 예루살렘을 떠나서는 안 된다. 누가는 예수님의 부활 이후 예루살렘에서 나타난 사건만을 기록하고 있다. 이것이 누가의 기록의 특징이기도 하다. 이 사실은 누가가 고의적으로 갈릴리에서 일어난 사건을 제외하고 예루살렘에서 발생한 역사만을 조작하여 기록했다고 볼 수 없다. 다만 예루살렘이 예수님 사역의 종료와 교회 사역의 시작을 위한 중심지가 된다는 사실을 지적하고 있을 뿐이다. 예를 들면, 마태는 예수님이 무덤에서 여자들에게 나타난 사건을 기록하지만 갈릴리에서 전도위임을 명령하신 사실도 기록한다. 요한은 예수님께서 유대에 나타나신 사건뿐만 아니라 갈릴리에 나타난 사건도 기록한다.

마가는 장소를 명확하게 언급하고 있지 않지만 예루살렘과 유대를 생각하고 기록한 것 같다. 그러나 마가복음 14:28에서는 예수님이 부활 후 제자들과 갈릴리에서 만날 것을 언급하고 있다. 누가만 예루살렘에 초점을 둔다. 이는 새로운 역사가 예루살렘을 중심하고 시작된 것을 강조하고 있다. 그리스도의 사역과 교회의 사역을 복음서와 사도행전을 통해 기록한 누가로서는 예루살렘을 교회의 복음 전파의 출발지로 강조할 만하다(참조, 눅 24:47; 행 1:8).

공관 복음의 기록을 참고하여 연구하면, 제자들은 예수님이 십자가에서 돌아가시자 슬픔에 싸여 있었다. 아마 그들은 빛나는 부활의 소망을 마음속으로 생각하며 예루살렘에 머물러 있었다고 할 수 있다. 예수님의 부활 후 첫 번 나타나심이 예루살렘에서 발생했다. 그때 예수님은 제자들에게 갈릴리에서 만날 것을 명했다(마 26:32; 막 14:28). 예수님은 갈릴리에서 제자들을 자주 만났다. 갈릴리는 제자들에게 안전한 곳이고 예수님께서 제자들을 가르치신 곳이기도 하다.

(3) 질문에 대답하심(행 1:6)

제자들은 "그들이 모였을 때에 예수께 여쭈어 이르되 주께서 이스라엘 나라를 회복하심이 이때니이까?"(행 1:6)라고 묻는다. 제자들은 성령의 임하심에 대한 주님의 말씀을 들었을 때 그것이 바로 새로운 시대가 임하는 표적이요 왕국의 임함의 표적으로 인식했다. 그래서 그들은 전에도 질문했던 이스라엘의 회복시기를 묻게 된 것이다. 그들의 질문은 그때까지도 그들의 명예와 권위를 회복한 국가적인 통일을 이루는 것이 왕국의 설립이라는 잘못된 개념을 가지고 있음을 표시해 준다.[18] 예수님의 지상 사역 시에 그들은 권능의 보좌에 앉을 것을 상상하고 있었다. 야고보와 요한은 각각 주님의 오른편과 왼편에 앉혀

---

18) R. C. H. Lenski, *op. cit.*, pp. 29f.

줄 것을 요청했다(막 10:35-37). 예수님은 개인주의적인 독선을 용납하지 않았지만 마지막 만찬 때에 새로운 왕국에서 열두 제자들의 위치를 약속하셨다. "너희는 나의 모든 시험 중에 항상 나와 함께 한 자들인즉 내 아버지께서 나라를 내게 맡기신 것 같이 나도 너희에게 맡겨 너희로 내 나라에 있어 내 상에서 먹고 마시며 또는 보좌에 앉아 이스라엘 열두 지파를 다스리게 하려 하노라"(눅 22:28-30).

제자들이 소망했던 회복은 이스라엘의 국가적인 독립을 뜻하고 따라서 정치적인 메시아관이 여기 함축되어 있다.

(4) 교정하심(행 1:7, 8)

예수님의 대답은 직접적인 '아니요'가 아니었다. 그러나 간접적으로 그들의 사상의 방향을 바꾸어 주었다. "때와 시기는 아버지께서 자기의 권한에 두셨으니 너희가 알 바 아니요"(행 1:7). 하나님 나라의 완성은 하나님의 권한에 속한 일이다. 즉 그리스도 자신이 그의 재림의 때와 시기를 알 수 없다고 말했다(막 13:32). 예수님의 간접적인 대답은 왕국의 성격과 임함이 그 방법에 있어서 제자들의 기대와는 다르다는 것을 암시한다. 이 함축된 내용이 다음 구절에서 명백해 진다. 즉 사도행전 1:8은 왕국의 성격과 임함의 방법에 대해 더 분명한 설명을 제시한다. "오직 성령이 너희에게 임하시면 너희가 권능을 받고 예루살렘과 온 유대와 사마리아와 땅 끝까지 이르러 내 증인이 되리라"(행 1:8). 제자들의 질문은 자신들이 왕자가 되어 다스리게 될 임박한 정치적 통치를 기대하는 데서 비롯된 것이었다. 그러나 예수님의 교정은 다음과 같은 내용이었다.

① 그들의 왕국 개념은 시상의 정치적인 것에서부터 하늘의 영적인 것으로 변화되어야 한다. ② 그들과 믿는 자들은 성령의 임재로 인해

정치적인 권능 대신에 영적인 권능을 소유하게 될 것이다. ③ 왕국은 민족적인 것이 아니요 예루살렘으로부터 시작하여 땅 끝까지 모든 백성을 포함할 것이다. 왕국은 제자들이 증거 하는 복음을 듣고 믿음을 통해 왕에게 복종할 때 지상 위에서 확장되어질 것이다. 예수님은 왕국의 능력으로 지상사역을 수행하셨다. 그런데 이제는 왕국의 능력이 제자들에게 임할 것이요, 제자들이 그 능력을 받으면 예루살렘과 온 유대와 사마리아와 땅 끝까지 예수님을 대신해서 증거 할 수 있게 될 것이다. 여기에 이방선교가 함축되어 있고 모든 백성들이 교회 안에서 연합될 것이 함축되어 있다. ④ 왕국의 완성을 위한 재림이 있기 전에 이방선교의 성취가 먼저 있어야 한다. 예수님도 "이 천국 복음이 모든 민족에게 증언되기 위하여 온 세상에 전파되리니 그제야 끝이 오리라"(마 24:14) 하셨다. ⑤ 예수님의 승천과 재림 사이의 기간에는 성령이 약속된 보혜사로서 그리스도의 자리를 대신하게 된다. 성령의 임재와 그리스도의 임재가 같은 것으로 언급된다. 성령의 오심은 약속을 성취한 것이다. "내가 너희를 고아와 같이 버려두지 아니하고 너희에게로 오리라"(요 14:18). "볼지어다 내가 세상 끝 날까지 너희와 항상 함께 있으리라"(마 28:20)의 말씀은 성령의 오심으로 성취되었다.

기독교 신자라는 개념과 증인이라는 개념은 분리시킬 수가 없다. 하나님 아버지의 약속은 특별한 자격이 있는 사람에게만 주어진 것이 아니요 복음을 믿는 모든 사람에게 주어졌다. 성령으로 채워진 사람은 성령의 증거 하는 사역을 외면할 수가 없다.[19]

복음전도는 예루살렘에서부터 시작된다. 예루살렘은 초대교회 활동의 출발지였다. 따라서 승천, 오순절 사건 등이 예루살렘에서 발생했다. 누가에게는 예루살렘이 초대교회 활동의 중심지였다. "예루살렘을 떠나지 말고 내게서 들은 바 아버지께서 약속하신 것을

---

19) Donald Guthrie, *The Apostles* (Grand Rapids: Zondervan, 1975), p. 19.

기다리라"(행 1:4)고 했다.

3. 예수님의 승천(행 1:9-11)

(1) 승천의 배경

제자들은 예수님이 승천할 당시까지도 천국에 대해서 잘못된 견해를 가지고 있었음을 볼 수 있다. 사도행전 1:9의 승천은 사도행전 1:7, 8의 말씀을 마친 직후 일어난 것으로 기술되었다.'이 말씀을 마치시고' 올려져 가셨다고 말한다. 제자들의 이해 부족이 예수님을 실망시켰을 것이다. 그러나 그의 승천은 그의 지상 사역과 복음 선포를 위해 제자들을 준비시키는 일을 종결짓는다. 예수님의 지상 생애와 사역은 분명한 시작이 있었음과 마찬가지로 분명한 마침이 있다. 이제부터 제자들은 성령의 사역에 의존해야 한다. 승천의 시기는 예수님의 부활 후 40일 되는 날이다(행 1:3). 승천의 장소는 감람원(the Mount of Olives)이라는 산으로 예루살렘에서 가까워 안식일에 가기 알맞은 길이다(행 1:12). 감람원은 감람산과 같은 곳으로 예수님께서 십자가에 못 박히기 전에 피땀 흘리시며 기도하시던 장소이다.

(2) 교리적 의의

승천의 역사적 요소는 누가만이 기록했지만 승천에 대한 신앙은 처음부터 초대교회의 신조로 채택되었다. 그것은 사건에 기초를 둔 것이다. 부활을 믿는 신앙처럼 승천의 신조도 오로지 역사적 사건에만 그 기초를 둘 수 있다. 승천에 대한 사건과 신앙은 결코 분리시킬 수 없다.

베드로는 승천에 대한 신앙을 보여주었고(행 2:34; 3:21), 스네반 역시 승천뿐만 아니라 그리스도가 하나님의 오른편에 올려 지신 사실을 믿었다(행 7:56). 바울은 그리스도의 부활과 승천과 오른편에 앉으신 사실과 재림을 믿었다(살전 1:10; 4:16; 살후 1:7; 엡 1:20 이하; 빌 1:10).

그리스도가 승천했다는 사실은 그 당시의 제자들에게 어떤 의미를 가져다주는가? 그 사실은 그들이 주님과의 관계를 재평가해야 한다는 것을 뜻한다. 제자들은 사도행전 1:11에 함축된 대로 재림 때까지는 예수님이 보이는 형태로는 그들에게 나타나지 않을 것을 인식해야 한다. 그는 하늘로 올려 져 가셨다. 그는 하늘보좌에 앉으셨으며 모든 권세가 그에게 주어졌다(마 28:18; 고전 15:20-28).

제자들은 그의 이름으로 온 세상에 구원의 복음을 전파해야 한다. 이제 예수님은 그들의 승귀(昇貴)한 주님이요 우주를 통치하시는 왕이시다. 제자들이 석별의 정을 가지고 승천하신 예수님을 쳐다보고 있을 때 두 천사가 제자들에게 "어찌하여 서서 하늘을 쳐다보느냐"라고 말한 것은 예수님이 부탁하신 땅 끝까지 복음을 증거 하라(행 1:8)는 명령을 재천명하는 것이다. 천사들이 "하늘로 올려 지신 이 예수는 하늘로 가심을 본 그대로 오시리라"(행 1:11)한 말대로 예수님의 재림까지 제자들은 증인의 역할을 해야 하기 때문이다.[20]

제자들은 처음부터 그리스도의 부활, 승천, 왕으로서 하늘 보좌에 앉으심을 과감하게 전파하였다. 누가가 이 사실을 누가복음 마지막보다 사도행전 초두에 기록한 것은 대단히 잘한 일이다. 기독교의 기원과 사도들의 사역의 시작을 설명해 주고 있는 요소가 바로 위에 언급된 그리스도 사건이다. 예수님의 부활과 승천의 관계를 언급하지 않을 수 없다. 브루스(Bruce)는 그리스도의 부활과 승천은 "하나의 연속된

---

20) *Ibid.*, p. 19: "예수님은 제자들이 그의 올라간 것을 본 것과 같은 방법으로 돌아오실 것이다. 그러나 그 의미는 시간이 아직 차지 아니했다는 뜻이다. 만약 제자들이 서서 예수님이 돌아오실 것을 기다린다면 교회의 역사는 기록되지 않았을 것이다. 작은 공동체는 살지 못하고 죽어 없어졌을 것이다. 그러나 하나님은 더 위대하고 더 좋은 계획을 가지고 있었다. 예수님이 돌아오시기 전 많은 무리가 복음을 들어야만 한다. 복음을 들을 기회는 아직 있지만 얼마나 더 계속될지 아무도 모른다. 이 사건의 전모가 하나님의 장중에 있고, 교회의 임무는 증거 하는 것뿐이다."

동작이며 둘이 함께 그의 승귀를 구성 한다21)고 했다.
　브루스는 승천기념일(Ascension day)의 진정한 뜻이 예수님의 승귀의 사건을 기념하는 것이지 부활 후 40일째 되던 날에 있었던 승천 사건을 기념하는 것이 아니라고 말한다. 그 까닭은 그가 예수님의 승천이 부활 후 곧 이루어졌다고 보기 때문이다.22) 이런 입장 가운데서 브루스는 예수님이 부활 후 제자들에게 나타나신 사건들은 예수님이 부활 후 지상에서 계속 계시면서 나타나신 것이 아니요 승귀의 상태에서 제자들을 방문한 것이라고 말한다. 따라서 부활 후 40일째 되는 날 예수님이 승천하신 것은 지금까지의 제자들을 방문했던 일련의 방문의 종료를 가리킨다고 말한다.23)
　비록 브루스의 주장이 고려의 대상은 되지만 누가가 기술한 승천의 역사적인 사건을 생각할 때 올바른 해석이라고 할 수는 없다. 브루스의 해석을 뒷받침 해줄만한 근거를 성경에서 찾을 수 없다. 다만 브루스의 해석은 예수님이 부활 후 육체를 가지시고 어디에 계셨는지에 대한 문제는 해결을 해준다. 그러나 예수님이 부활 후 육체를 가지시고 제자들과 같이 지낸 시간을 제외하고 다른 시간에 어디에 계셨는가 하는 문제는 우리들의 이해를 초월하지만, 충분한 성경적 근거도 없이 예수님이 부활 직후 승천했다고 주장할 수는 없다.
　예수님이 부활 직후 승천했다고 한다면 예수님이 제자들에게 나타

---

21) F. F. Bruce, *The Book of Acts*, p. 40 : "부활과 그리스도의 승천이 사도들의 설교에서 하나의 계속되는 사건으로 취급되는 것 같다. 그리고 두 사건이 합쳐져 그리스도의 승귀를 이룬다."
22) *Ibid.*, "승천일을 진정으로 축하하는 뜻인 하나님 우편으로의 승귀는 죽음을 이기신 후 사십(40) 일째 되는 날까지 연기되지 않았다."
23) *Ibid.*, "부활 출현은 예수님께서 사십(40) 일 동안 중간상태로 지상에서 지냈다는 뜻으로 생각해서는 안 된다. 제자들의 생활의 시간적인 조건에 맞추어 낮아지시고 그들과 함께 음식을 같이 하시기까지 한 부활 출현은 그가 영광의 몸으로 승귀되어 가서 계신 그 영원한 세상으로부터의 방문이었다. 사십(40) 일째 되는 날 발생한 사건이 제자들에게 주는 뜻은 그들의 주인이 하늘 영광의 인상을 남기고 이런 일련의 방문을 마치셨다는 것이다."

나신 사건들은 환상적인 경험에 지나지 않은 것으로 생각될 수 있다. 즉, 예수님이 승천하신 후 육체적으로 한 번 지상에 내려 오셔서 여러 번 제자들에게 나타나셨다고 생각하게 되거나 또는 나타나심 전체가 영적인 것이요 환상적인 것으로 생각하게 된다. 그러나 예수님이 부활하신 후 제자들과 함께 먹는 일이나 손과 발을 보여주신 사실은 그의 나타나심이 육체적이라는 사실을 명확하게 해준다. 예수님이 마리아(Mary)에게 하신 "나를 붙들지 말라 내가 아직 아버지께로 올라가지 아니하였노라"(요 20:17)[24])의 말씀도 예수님이 부활 직후 승천하시지 않았다는 것을 증거 한다.

(3) 승천의 육체적 요소

예수님은 육체를 가지고 승천하셨다. 승천은 부활하셔서 영화롭게 되신 예수님이 육체를 가지고 하늘의 영역으로 올라가신 것이다. 본문은 승천을 예수님께서 지상에서부터 올려 져 가신 사실로 기술하고 있다. 인간적으로는 이해하기 어려운 사실이지만 예수님은 육체를 가지셨으나 공간의 제한을 받지 않으셨다. 부활하심으로 영화롭게 되신 그리스도의 몸이 공간의 제한을 받지 않은 것이 사실상 더 자연스러운 논리이다.[25]) 우리들도 예수님께서 재림하실 때 부활하면 같은 자유를 누릴 것이다.

'흰옷 입은 두 사람'이 "갈릴리 사람들아 어찌하여 서서 하늘을 쳐다

---

24) 헬라어에서 이미 시작된 동작은 정지시킬 때는 일반적으로 μή+현재명령법으로 문장을 구성한다. 그리고 동작이 시작되기 전에 동작의 시작을 막으려고 할 때 μή+부정과거 가정법을 쓴다(예, 마 6:13). 요 20:17의 "나를 붙들지 말라"는 μή μου ἅπτου로 동작이 이미 시작된 것을 함축하고 있다. 즉 마리아는 예수님을 이미 만지고 있었다. see, Maximilian Zerwick, *Biblical Greek* (Roma: Editrice Pontificio Istituto Biblico, 1963), p. 80(sec. 247).

25) Lenski, *op. cit.*, p. 34: "그는 십자가에서 죽고 무덤에 묻혔던 바로 그 몸을 가지고 있었다. 그러나 그는 엘리야처럼 하늘에만 머물러 있지 않다. 그는 그가 있을 것이라고 약속한 장소에는 어디나, 그것도 양성(兩性)을 가지고 동시에 그렇게 하신다."

보느냐 너희 가운데서 하늘로 올려 지신 이 예수는 하늘로 가심을 본 그대로 오시리라"(행 1:11)고 하신 말씀은 그리스도가 재림 때까지는 다시 제자들에게 육체적으로 나타나지 않을 것을 확실히 한다. 그리스도의 재림을 약속하는 두 천사들의 말과 함께 승천의 장면은 끝을 맺는다. 예수님께서 승천하실 때 구름이 그를 가리어 보이지 않게 되었다고 했다. 어떤 이는 이 구름이 언급된 것은 하나님의 영광의 임재를 가리킨다고 말한다. 사실상 그리스도의 특별한 영광이 표명될 때 구름이 언급되었다. 변화산(마 17:5)에서와, 승천(행 1:9), 그리고 재림 때 구름이 언급되었다. 그러나 본 절에서(행 1:9) 구름이 신현(神顯)을 의미한다고 생각하기보다는 제자들이 하늘을 쳐다본 사실이 제시하는 대로 본 절의 구름은 자연적인 구름으로 생각해도 하등의 잘못이 없다.

4. 예루살렘에 모인 사도들의 서클(행 1:12-14)

사도들은 예수님의 승천 후 예루살렘으로 돌아갔다. 예수님이 승천하신 감람원이라는 곳은 예루살렘에서 안식일에 가기 알맞은 곳이다. 안식일에 가기 알맞은 거리는 914m이다.

누가복음 24:50에는 예수님의 승천 장소를 베다니라고 기술했다. 성경은 "예수께서 그들을 데리고 베다니 앞까지 나가사 손을 들어 그들에게 축복하시더니 축복하실 때에 그들을 떠나 하늘로 올려 지시니"(눅 24:50, 51)라고 기록한다. 이는 사도행전의 기록과 상충이 아니라 누가복음의 장소는 일반적인 언급이요, 사도행전의 언급은 정확한 언급일 뿐이다. 베다니와 감람원은 같은 방향으로 베다니는 예루살렘에서 약 2.4km 떨어진 거리에 있다(참조, 요 11:18).

제자들은 예루살렘에 있는 다락(τὸ ὑπερῷον)으로 돌아갔다. 이 다락방이 마지막 만찬을 잡수시던 그 다락방일 가능성이 크다. 그리고 예수님이 부활 후 그들에게 나타났을 때 그들이 모여 있던 곳일 것이다.
쟌(Zahn)은 다락방에 정관사가 있는 것으로 보아 그 당시의 독자들이
알고 있었던 특별한 장소였을 것이라고 주장한다. 즉 이 다락방은 예수
님과 함께 마지막 만찬을 먹었던 곳이라고 말한다.26) 그러나 누가가
예수님께서 마지막 만찬을 가지신 장소를 표현할 때 다른 용어
(ἀνάγαιον μέγα)27)를 사용한 것으로 보아(눅 22:12) 같은 장소인지는
확실하지 않다. 또 어떤 이는 이 다락방이 베드로의 석방을 위해 제자들
이 모여 기도했던 마가의 어머니 마리아의 집에 있었을 것이라고 생각
한다(행 12:12). 그러나 누가는 이점에 있어서도 확실한 증거를 제공해
주지 않는다. 그 장소가 예수님이 마지막 만찬을 드신 곳인지 혹은
마가의 어머니 마리아 집에 있는 다락방인지는 확실하지 않지만 제자
들이 자주 모이는 장소로 기도하기에 적합한 장소이다.

누가는 이제 사도들의 이름을 열거한다(행 1:13; 참조, 눅 6:14). 누가
가 기록한 사도들의 명단은 마태복음 10:2과 마가복음 3:16의 명단과
일치한다. 다만 누가는 유다사람 다대오를(요 14:22) 야고보의 아들
유다로 기록했다. 제자들을 기록할 때, 때로 명단의 순서가 약간 다른
경우는 있으나 항상 네 사람씩 조를 만들어 세 그룹으로 기록하고
있다. 그리고 각 그룹의 첫 사람은 항상 베드로, 빌립, 알패오의 아들
야고보이다.

첫째 그룹 ― 베드로, 야고보, 요한, 안드레
둘째 그룹 ― 빌립, 도마, 바돌로매, 마태
셋째 그룹 ― 알패오의 아들 야고보, 셀롯인 시몬,
 야고보의 아들 유다, 가룟유다(맛디아)

---

26) Bruce, *The Acts of the Apostles*, p. 73에서 재인용.
27) ἀνάγαιον은 '지면층 위의 방'(room above the ground floor)을 가리킨다. 이 방은
 제자들이 기도하기에 적절한 방이었다.

여기 열거된 사도들 중 베드로, 야고보, 요한만이 사도행전에서 다시 언급되고 나머지 사도들의 이름은 나타나지 않는다. 그러나 "베드로가 열 한 사도와 함께 서서"(행 2:14)의 표현이나 "열두 사도가 모든 제자를 불러 이르되"(행 6:2)의 표현을 볼 때 열두 사도가 계속해서 활동했음이 확실하다.

예루살렘에 모인 사도들의 서클의 특징은 첫째, 그들은 하나로 연합되었다는 사실이다. 그들은 "마음을 같이 하였다"(행 1:14). 둘째, 그들은 "오로지 기도에 힘썼다"(행 1:14). 본문의 "마음을 같이하여 오로지 기도에 힘쓰니라"(ἦσαν προσκαρτεροῦντες ὁμοθυμαδὸν τῇ προσευχῇ)에서 헬라어 프로스칼테룬테스(προσκαρτεροῦντες)는 계속적으로 기도했다는 뜻이다. 성령의 임재와 권능을 위해서는 기도가 절실히 필요했다.

사도들의 서클을 중심으로 세 그룹을 찾을 수 있다.

첫째 그룹은, 사도행전 1:14 초두에 나타난 '여자들'이다. 여자들은 갈릴리에서부터 예루살렘에 올라온 사람들이다. 막달라 마리아, 요안나, 수산나(눅 8:2, 3), 글로바의 아내 마리아(요 19:25), 야고보의 모친 마리아(눅 24:10) 등이 이 여자들 그룹에 들어간다고 생각할 수 있다.

둘째 그룹은, 예수님의 모친 마리아이다. 예수님의 모친 마리아에 대한 이곳의 언급은 신약성경에서 마지막으로 언급된 기록이다. 예수님의 모친 마리아는 비록 모친이었지만 특별한 위치에 언급되지 않고 다른 여자들과 똑같이 예수님 승천 후에 예수님의 추종자로서 그를 경배하는 위치에 기록되었다. 로마 카톨릭에서 마리아의 위치를 높이지만 복음서의 내용은 마리아도 순종해야할 위치에 있음을 명백히 한다. 예수님의 모친 마리아는 얼마동안 요한과 함께 예루살렘에서 살았다(요 19:27).

셋째 그룹은, 예수님의 아우들이다. 로마 카톨릭은 여기 언급된 예수님의 아우들은 예수님의 사촌이거나 예수님의 이복형제라고 주장한다. 그들이 이런 주장을 하게 된 이유는 마리아를 영원한 동정녀로 높이기 위해서이다. 그러나 이를 뒷받침해 줄 성경적인 근거가 전혀 없다. 우리들의 견해는 예수님의 탄생 이후 요셉과 마리아 사이에서 난 예수님의 아우들이라는 것이다.

예수님의 아우들은 예수님이 죽기 전에는 예수님을 메시아로 믿지 않았다(참조, 요 7:5). 그러나 예수님의 부활 후에 예수님의 추종자가 되었다. 가장 두드러진 아우가 야고보(참조, 행 12:17; 15:13, 14; 21:18 이하)로 예수님은 부활 후에 그에게 나타났다(고전 15:7). 예수님의 다른 세 아우는 요셉과 유다와 시몬이다(막 6:3).[28] 여기 유다는 유다서의 저자로 알려져 있다. "예수 그리스도의 종이요, 야고보의 형제인 유다"(유 1)라고 유다서의 서두가 시작된 것으로 보아 유다서의 저자가 예수님의 형제임이 틀림없다.

5. 맛디아의 선택(행 1:15-26)

여기서 가룟 유다 대신으로 맛디아를 택하므로 열둘의 숫자를 채운다.

(1) 베드로의 설교(행 1:15-17)

이전 구절에서 예수님의 추종자들의 서클을 언급한 후, 사도행전 1:15에서는 더 광범위한 추종자들의 서클을 언급한다. 그들은 약 120명 정도였다. 누가는 숫자를 표시할 때는 호스(ὡς)나 호세이(ὡσεί)를 사용하여 대략(about) 얼마라는 표현을 하곤 한다. 고린도전서 15:6은 예수님이 부활 후 제자들에게 나타났을 때 그 수가 500명이라고 말한다. 그러므로 예루살렘에 모인 예수님의 추종자들이 120명 정도 되었다는 사실이 명백하다(행 1:15).[29]

---

28) 세 아우 중 요셉을 헬라어 성경 마태복음 13:55에서는 Ἰωσήφ으로, 마가복음에서는 Ἰωσῆτος로 기록하고 있다.
29) Bo Reicke는 유대인의 관습에 공회(Sanhedrin)의 회원을 선출할 때 마을 사람들의 회집이 적어도 120명 정도는 되어야 한다는 사실을 지적했다[Cf. Bo Reicke, "The

맛디아를 택하는 일에 베드로가 설교했다는 사실 자체가 베드로가 예수님을 부인한 이후 회개했다는 가장 좋은 증거이다. 모인 서클 가운데서 베드로는 지도하는 입장에 서 있었다. 베드로의 첫 리더십(leadership)은 가룟인 유다가 탈락된 자리를 채우는 일이었다. 유다의 악함과 죽음이 유다의 자리를 채워야 할 필요성으로 제시되었다. 이 일은 순간적으로 된 것이 아니요 구약 예언에 비추어 성취된 사건이다. 베드로가 이 문제를 제기했고 그가 문제를 제기할 때는 성경에 의지해서 했다. 성경을 이렇게 사용한 것은 초대 기독교인의 설교와 변증에 나타난 탁월한 특징이다.30) 이와 같은 방법은 후대에 창안한 것이 아니다. 예수님 당시에도 구약의 예언을 메시아적 의미로 해석하고 그것을 예수님께 적용시켰다.

유다에 대해서는 예수님 자신도 구약 시편 41:9을 사용했다. "내가 신뢰하여 내 떡을 나눠 먹던 나의 가까운 친구도 나를 대적하여 그의 발꿈치를 들었나이다"(시 41:9). 요한은 예수님이 인용한 이 말씀을 요한복음 13:18에 다음과 같이 기록한다. "내가 너희 모두를 가리켜 말하는 것이 아니니라 나는 내가 택한 자들이 누구인지 앎이라 그러나 내 떡을 먹는 자가 내게 발꿈치를 들었다 한 성경을 응하게 하려는 것이니라"(요 13:18). 다른 곳에서 예수님은 유다에 대해 "그 중의 하나도 멸망하지 않고 다만 멸망의 자식뿐이오니 이는 성경을 응하게 함이니이다"(요 17:12)라고 말씀했다. 예수님의 방법을 그대로 사용하여 베드로는 시편을 인용하여 유다에 대한 설명을 한다. 유다에 대한 이 증거들의 실질적인 저자는 다윗의 입을 통해 말씀하신 성령이시다.

Constitution of the Primitive Church in the Light of Jewish Documents," *The Scrolls and the New Testament*, ed. Krister Stendahl (New York: Harper, 1957), pp. 145-46]. 행 1장이 사도의 선택과 관련이 있기 때문에 누가는 사도의 선택이 정상적인 방법으로 되어졌다는 것을 증거 하기 위해서 120명의 숫자를 명확히 했는지 모른다.
30) 이 문제에 대해 다음 책들을 참고하라. E. C. Selwyn, *The Oracles in the New Testament* (London, 1911); R. V. G. Tasker, *The Old Testament in the New Testament* (London, 1946); C. H. Dodd, *The Old Testament in the New* (Philadelphia: Fortress, 1963).

따라서 구약의 예언적 증거는 구속 역사의 정한 시간에 성취된 것을 볼 수 있다.

베드로는 미래에 대한 예언 성취의 필요성을 명백히 한다. 성취가 확실한 것은 말씀 자체가 확실한 것과 같다. 왜냐하면 성령이 이 모든 말씀을 하신 분이기 때문이다(행 1:16). 성령이 말씀하신 것은 무엇이거나 성취되어야 한다. 여기 성경 영감에 관한 베드로의 정의가 나온다. 성령이 말하시는 분이요 다윗은 도구로 사용되었다. 구약에서 신약의 계시를 가리키는 것은 무엇이든 하나님이 예정하신 것으로서 성취되어야만 한다. 그러나 신약에 나타난 개인들이 그들의 자유와 책임을 상실하는 것은 아니다. 유다는 예수 잡는 자들의 인도자로 소개되었다. 그리고 사도행전 1:17에서 제자들의 서클의 일원이었음이 나타난다. "이 사람이 본래 우리 수 가운데 참여하여"(행 1:17)란 구절이 이를 설명한다. 유다의 높은 소명과 거기에 따른 그의 타락의 심각성이 사도행전 1:17 하반 절에 강조되어 있다. 사도들의 소명과 연관되어 직무(διακονία)란 용어가 사용되었으나 이는 일반적인 직무를 가리키는 것이기 때문에 아무런 문제를 제기하지 않는다. 일반적으로 디아코니아(διακονία)는 집사의 직무와 연관되어 사용된 용어이다.

(2) 유다의 죽음의 역사적 배경(행 1:18-19)

영어성경 RV, RSV, NEB는 유다의 죽음을 설명한 사도행전 1:18-19을 우리 성경과 같이 괄호 속에 넣어 처리했다. 이와 같은 처리 방법은 본 구절(행 1:18-19)의 내용이 베드로의 설교 중 괄호 속에 해당한 것으로 생각하는 것이다. 어떤 이는 이 내용을 베드로 자신이 괄호 속에 넣었다고 생각하고 다른 이는 누가가 베드로의 설교를 기록하는 데 삽입시켰다고 생각한다. 어떤 경우이건 이 내용은 유다의 죽음을 설명하고 유다의 자리를 채우기 원하는 사도들의 소망을 설명해준다.

베드로는 다락방에 모인 사람들에게 유다가 어떻게 죽었다는 것을 설명할 필요가 없었다. 또한 그들에게 아람어 아겔다마(Ἀκελδαμάχ)의 뜻도 설명할 필요가 없었다. 그렇다면 이 부분을 베드로가 삽입구로 넣었다기보다 누가가 예루살렘을 방문했을 때 유다의 죽음을 자세히 연구한 다음 사도행전을 쓸 때에 이곳에 유다의 죽음에 관한 기사를 기록해 넣었다고 생각하는 것이 더 타당하다. 그러므로 이 부분은 누가가 써넣은 누가의 삽입구로 생각하는 것이 더 타당하다.

누가는 은 삼십(30)으로 밭을 산 사람이 유다라고 말한다. 마태복음 27:7에는 대제사장이 유다가 성소에 던져 넣은 은으로 밭을 샀다고 기록한다. 이 기록들은 서로 상충된 것이 아니라 조화를 이룬다. 대제사장이 유다에게 속한 은 삼십을 가지고 유다의 이름으로 밭을 샀기 때문에 마태복음에는 대제사장이 산 것으로 기록되었고 누가는 유다가 산 것으로 기록한 것이다. 유다의 돈은 '불의의 삯'이었다(행 1:18).

유다의 죽음에 대한 두 가지 기록이 있다. 마태는 "유다가 은을 성소에 던져 넣고 물러가서 스스로 목매어 죽은지라"(마 27:5)라고 간단히 기록했다. 반면 누가는 유다의 죽음을 "몸이 곤두박질하여 배가 터져 창자가 다 흘러나온지라"(행 1:18)라고 기술했다. 라틴어 역본(The Latin Vulgate)은 "그가 스스로 목을 맨 후 창자가 터져 죽었다"[31]라고 하여 마태복음의 기사와 조화를 시키려고 했다. 어거스틴(Augustine)은 "그가 목에 줄을 감고 얼굴을 떨구고 창자가 터져 죽었다"[32]라고 설명했다. 유다의 죽은 곳이 밭(field, χωρίον)이었기 때문에 그 곳 이름이 피밭이며 마태복음 27:7은 그 곳을 토기장이의 밭이라고

---

31) Bruce, *The Book of Acts*, p. 49에서 재인용: "having hanged himself he burst asunder in the midst."

32) *Ibid.*, "he fastened a rope round his neck and, falling on his face, burst asunder in the midst"(Augustine, *Against Felix the Manichaean*, i. 4).

기술한다. 그 곳은 외국인(나그네)을 묻는 곳으로 사용되었다. 유다의 죽음에 대해 마태는 목매어 죽은 것으로 기술하고 누가는 창자가 터져 죽은 것으로 기술하므로 상충이 있는 듯하다. 누가가 사용한 '곤두박질하여'(πρηνὴς γενόμενος)는 거꾸로 떨어지는 것을 가리킨다(falling headlong). 그러므로 누가가 유다의 죽음을 창자가 터져 죽었다고 기술한 것은 유다가 어떻게 죽었느냐는 죽음의 방법을 기술하지 않고 죽음의 결과를 기술하고 있다고 생각할 수 있다. 고고학자들이 발견한 바에 의하면, 유다의 죽은 곳은 낭떠러지로 유다가 낭떠러지 위에서 나무에 매달려 죽어 아래로 떨어지면서 날카로운 바위에 부딪혀 배가 터져 창자가 다 흘러나온 것으로 간주된다. 그러므로 마태는 유다의 죽음의 방법을 기술했고 누가는 죽음의 비참한 결과를 기술했다고 생각할 수 있다.

(3) 성경의 증거(행 1:20)

누가는 사도행전 1:18, 19의 삽입구 후에 베드로의 구약 인용 설교를 계속 기록한다. 두 개의 시편이 인용된다. 시편 69:25은 원수의 거처가 황폐하게 되기를 원하는 기도요, 시편 109:8은 원수가 급하게 사망하고 그 원수의 자리에 다른 사람을 채우신 것을 찬양하는 내용이다.

누가는 시편을 다음과 같이 인용한다. "그의 거처를 황폐하게 하시며 거기 거하는 자가 없게 하소서"(행 1:20; 시 69:25). "그의 직분을 타인이 취하게 하소서"(행 1:20 개역개정; 시 109:8).

시편의 역사적 형편은 여기서 중요하게 생각되지 않았고 구약의 내용이 유다의 계승자를 지명하고 사도 서클을 열 한 사람으로 남겨두지 않고 열둘을 채우기를 소망하는 성경적인 증거 구절(testimony passage)로서 인용되었다. 이 소망은 이스라엘의 12지파에 상응하는 12제자를 선택하신 예수님의 의도 가운데서도 찾아볼 수 있다(참조,

마 19:28; 눅 22:30, 12사도, 12보좌, 12지파).

(4) 사도의 자격(행 1:21-22)

유다의 자리를 채울 사도의 첫째 자격은 주를 추종한 사람이어야 하고 예수님의 지상 사역 기간 동안 제자들과 같이 동행한 사람이어야 했다. "요한의 세례로부터 우리 가운데서 올려져 가신 날까지 주 예수께서 우리 가운데 출입하실 때에 항상 우리와 함께 다니던 사람 중에 하나를 세워"(행 1:21, 22)라고 하신 말씀에서 계승자는 예수님을 추종한 기간이 있어야함을 시사해 준다. 요한의 세례로부터 승천 시까지 같이 다닌 사람이라야 자격이 있는 것이다. 즉 유다를 계승할 사람은 마땅히 예수님의 설교와 교훈을 들은 사람이어야 한다는 것을 뜻한다. 바꿔 말하자면 예수님 자신의 입에서 선포된 말씀을 듣고 예수님의 사역을 목격한 사람이어야 사도의 자격이 있다는 뜻이다.

두 번째 자격은 계승될 사람이 그리스도의 부활을 증거 할 수 있어야 한다. 누가는 "예수께서 부활하심을 증언할 사람이 되게 하여야 하리라"(행 1:22)라고 기록한다. 그러므로 유다의 계승자는 예수님이 부활하신 후 제자들 중에 나타났을 때 제자들의 서클에 포함되어 있었던 사람이어야 한다. 예수님의 부활을 증거 할 수 있는 사람이어야 사도의 직무를 감당할 수 있다.

사도들의 이 두 가지 자격은 말씀 계시의 기록을 생각할 때 대단히 중요한 요소이다. 하나님은 그의 아들 예수 그리스도를 통해 마지막 계시를 주셨다(히 1:1-2). 예수님의 인격과 사역은 일과성의 성격을 가지고 있지 않고 마지막 계시로서 영원한 의미를 가지고 있으므로 대단히 중요하다. 그런데 예수님 당시 신약성경은 아직 기록되지 않은 상태요 그 때로부터 상낭 기간(약 30년 긴)이 지난 후에 기록될 것이다. 이런 상황에서 예수님의 인격과 사역을 직접 목격하고, 예수님의 부활을 증거 할 수 있는 사람들만이 마지막 말씀 계시를 바로 기록할 수 있다. 사도들은 예수님 당시로부터 신약성경이 기록될 때까지 말씀의 보존자, 말씀의 전수자, 그리고 말씀의 선포자 역할을 감당한 것이다.

(5) 열두 번째 사도의 선택(행 1:23-26)

① 지명(指名)

많은 대상의 제자들 가운데서 적합한 자격을 구비한 두 제자에게로 대상의 범위가 좁혀졌다. 그들은 요셉(Joseph)과 맛디아(Matthias)였다.

첫 번째 후보자 요셉은 별명이 바사바(Barsabbas)로 그 뜻은 안식일의 아들이다. 그가 이런 별명을 얻은 것은 아마 안식일에 태어났기 때문이었을 것이다. 또 그는 유스도라는 라틴(Latin)형의 이방인 이름을 가지고 있었다. 유세비우스(Eusebius)가 전하는 전통에 의하면 요셉이 불신자에 의해 도전 받을 때 주님의 이름으로 독을 마셨으나 아무런 해를 받지 않았다고 한다(참조, Papias). 이 외경의 이야기는 마가복음 16:18에서 확대된 것임에 틀림없다("뱀을 집어 올리며 무슨 독을 마실지라도 해를 받지 아니하리라").

두 번째 후보자 맛디아에 대해 유세비우스는 누가복음 10:1에 언급된 칠십(70)인 제자 중 한 사람이라고 한다.33) 후기의 전통은 맛디아가 에디오피아에 선교사로 갔다고 전한다.

② 기도

제비뽑아 선택하는 일이 무책임한 행동이라고 비난을 받기도 한다. 복음의 새로운 시대에 구약의 습관을 사용하는 것은 잘못이라고 한다. 그러나 성령이 아직 임하지 않았기 때문에 사도들이 옛날 습관을 사용

---

33) Eusebius, *Ecclesiastical History* 1,12; 2,1. "유다(Judas)를 대신해 사도로 선택된 맛디아(Matthias)와 함께 후보의 영광을 차지했던 요셉은 70인과 동일한 소명을 받았다고 전해진다."(1,12).

한 것을 잘못이라고 할 수 없다.34) 구약의 관습인 제비가 사도행전 1장에서 사용된 것은 오순절 성령세례 사건이 발생하기 이전이며 신약성경이 기록되기 이전이라는 구속 역사적인 전망으로 이해해야 한다.35) 성령세례 사건(행 2:1-4) 이전이기 때문에 구약 관습의 잔재가 남아 있는 것이다. 오히려 비평자들은 사도들이 책임성 있게 기준을 세워 회무를 진행시킨 사실을 간과한 것이다.

사도들은 공석을 채우는 데 가장 적합한 두 사람을 택했다. 아마 요셉과 맛디아 사이에 누구를 택하는 것이 좋다는 구체적인 이유가 없었던 듯하다. 그래서 히브리인의 관습대로 두 사람 중 한 사람을 제비로 뽑게 된 것이다. 왜냐하면 그들은 하나님이 제비를 통해 섭리하신다고 믿었기 때문이다. 구약에서도 제비뽑는 경우를 찾을 수 있다. "제비는 사람이 뽑으나 모든 일을 작정하기는 여호와께 있느니라"(잠 16:33).

사도행전 1:24의 '그들이 기도하여'를 복수형(προσευξάμενοι)으로 쓴 것은 여러 사람이 기도한 것을 보여준다. 기도의 내용은 "뭇 사람의 마음을 아시는 주여, 이 두 사람 중에 누가 주님께 택하신바 되어 봉사와 및 사도의 직무를 대신할 자인지를 보이시옵소서"(행 1:24, 25)였다. 기도를 받으시는 분은 예수님이었다. 유다의 계승자를 택할 때 예수님께 기도하여 예수님께서 미리 선택해놓은 자가 누구인가를 묻는 것은 당연한 일이다. 유다의 계승자가 차지할 위치가 봉사의 위치(διακονία)와 사도직(ἀποστολή)으로 표현되었다.

유다에 대한 마지막 언급은 완곡하게 표현되었다. 그의 배반과 죽음을 "유다는 이 직무를 버리고 제 곳으로 갔나이다"(행 1:25)라고 했다. 이 구절은 단순한 죽음만을 뜻하지 않고 영원한 형벌의 장소인 지옥을 가리키는 것으로 생각된다. 그러나 사도들은 "제 곳으로 갔다"는 완곡

---

34) Everett F. Harrison, *Acts: The Expanding Church* (Chicago: Moody Press, 1975), p. 47.
35) 단 맥카트니, 찰스 클레이튼, 『성경해석학』 (서울: IVP, 2000), p. 317.

한 표현을 사용함으로 그들 스스로를 최종적인 심판자의 위치에 두지 않고 예수님께 그 자리를 양보하였다.

③ 맛디아(Matthias)의 선택(행 1:26)

제비로 뽑힌 사람은 맛디아였다. 그래서 맛디아는 열한 사도의 수에 가입하였다. 이는 맛디아가 그의 평생토록 사도로서 활동했다는 뜻이다.

사도들의 수가 열둘로 채워졌다. 그 공석을 채워야 했던 이유는 그것이 배반으로 인해 생긴 것이었기 때문이다.[36] 후에 야고보가 처형당했을 때는 사도들이 그의 자리를 채우지 않았다(행 12:1-3). 야고보는 사도직을 감당하는 동안 충실했으며 죽을 때까지 자신의 의무를 수행했다. 한 사도가 불성실하게 죽을 때는 그를 대신해 다른 사람을 숫자에 채우지만 사도가 충실히 의무를 감당하다가 죽으면 그 숫자가 채워지지 않았다. 이는 지상에서 열두 사도의 서클(circle)을 보존할 필요가 없었기 때문이다. 성경에 열두 사도, 열두 보좌, 이스라엘의 열두 지파 등의 개념에 비추어 볼 때 열둘이라는 서클이 종말론적인 의미를 가지고 있다. 열둘이라는 주제가 요한계시록에 다시 나타난다(계 21:12, 14). 맛디아를 사도로 택한 것이 잘못 되었다고 비난하는 사람도 있다. 그리고 사도들은 바울이 열두 번째 사도가 될 때까지 기다리고 있었어야 한다고 주장한다. 캠벨 몰간(Campbell Morgan)은 "맛디아의 선택은 잘못되었다 …… 그는 선한 사람이었지만 이 위치에는 적합한 사람이 아니었다. …… 나는 바울을 열두 사도에서 탈락시켜서는 안 된다고 생각한다. 그 이유는 하나님이 결원을 보충할 사람으로 바울을 정해 놓았다고 믿기 때문

---

[36] Bruce, *The Acts of the Apostles*, p. 76: "그의 죽음이 아니라 그의 배신이 공석을 채우는 필요성을 제시했다. 세베대(Zebedee)의 아들 야고보(James)가 순교했을 때는 공석을 채워야 한다는 말이 없었다."

이다."37)라고 주장한다.

맛디아의 선택이 잘못이며 바울이 가룟 유다의 자리를 차지해야 한다는 이유를 몇 가지로 정리해 볼 수 있다. ① 맛디아는 영감의 성령이 아직 사도들에게 주어지지 않았을 때 뽑았다. ② 맛디아의 이름이 사도행전에 더 이상 사용되지 않았다. ③ 맛디아를 선택한 제비의 방법이 신약 다른 곳에서 사용되지 않았다.

이상의 주장은 그 문제 자체 속에 답을 가지고 있다. 오순절 성령세례 사건이 있기 전 신약 교회가 형성되기 전에(참조, 엡 2:20) 열두 사도의 숫자가 채워져야 한다. 따라서 맛디아는 사도행전 1장에서 열두 사도의 반열에 합세하게 되었다. 열두 사도는 계속적으로 활동했다. 열두 사도 속에(행 2:14; 6:2) 맛디아도 포함되었음에 틀림없다. 오순절 성령세례 사건이 있기 전이었기 때문에 구약의 잔재인 제비의 방법이 맛디아를 뽑을 때 사용되었다. 성령으로 신약 교회가 형성된 이후 제비의 방법이 사용되지 않은 것은 너무도 당연한 것이다. 이처럼 맛디아의 선택을 비난하는 것은 전혀 근거 없는 것이며 사도행전에 기록된 사도들의 행위의 뜻을 이해하지 못하고, 바울 사도가 자신의 사도직을 변호한 사실을 올바로 이해하지 못한데서 생겨난 것이다. 바울의 사도직은 유일한 것이며, 그는 유일한 자격을 가지고 있었고 그의 사도로서의 활동 역시 유일한 성격을 가지고 있었다(고전 15:9-11; 갈 1:1). 신약성경 어디에도 바울이 열두 번째 사도로 선택되어야 한다는 근거를 찾을 수가 없다. 오히려 성령세례 사건이 발생하기 전, 특별한 목적을 가진 교회의 설립이 있기 전, 사도들의 수가 열둘로 채워져야 한다. 왜냐하면 사도들과 선지자들은 교회의 터가 되기 때문이다(엡 2:20). 열둘이라는 숫자는 완전을 상징하는 숫자이다. 그러므로 맛디아를 오순절 성령세례사건 이전에 사도로 뽑은 것은 하나님의

---

37) C. Morgan, *The Acts of the Apostles* (New York: Fleming H. Revell, 1924), pp. 19-20. cf. R. Stier, *The Words of the Apostles* (Eng. trans., Edinburgh: Clark, 1869), pp. 12ff.

계획이었고 잘된 일이었다.

사도행전 1장은 여러 가지 중요한 사건을 다룬다. 그것을 요약하면 첫째, 제자들이 전도 명령을 받았으며(행 1:6-8), 둘째, 제자들은 그리스도의 승천을 목격했으며(행 1:9-12), 셋째, 제자들은 함께 모여 기도에 전념했으며(행 1:13-14), 넷째, 제자들은 유다 대신 맛디아를 택해 신약 교회 설립을 준비한 것 등이다.[38]

■ 연구 문제 ■

1. 누가복음과 사도행전의 관계를 설명하라(눅 1:1-4; 24:44-53; 행 1-11).
2. 데오빌로는 어떤 사람인가?(눅 1:3; 행 1:1).
3. 부활 후의 예수님의 사역을 설명하라(눅 24장; 행 1:1-11).
4. 오순절 사건이 있기 전 제자들의 왕국 개념은 어떤 것이었는가?(행 1:6).
5. 왕국회복에 대한 제자들의 질문에 예수님은 어떻게 대답했는가? (행 1:6-8).
6. 예수님의 승천이 육체적이었음을 설명해 보라(행 1:11).
7. 사도의 자격에 대해 설명하라(행 1:21, 22).
8. 가룟 유다의 죽음에 대하여 설명하라(행 1:18-20; 마 27:3-10).
9. 맛디아를 사도로 선택한 것은 잘못이었는가?(행 1:15-17, 20-26).

---

[38] John R. W. Stott, *The Spirit, The Church and the World* (Downers Grove: IVP, 1990), p. 39.

2
성령을 부여받은 교회(2:1-13)

1 오순절 날이 이미 이르매 그들이 다 같이 한 곳에 모였더니 2 홀연히 하늘로부터 급하고 강한 바람 같은 소리가 있어 그들이 앉은 온 집에 가득하며 3 마치 불의 혀처럼 갈라지는 것들이 그들에게 보여 각 사람 위에 하나씩 임하여 있더니 4 그들이 다 성령의 충만함을 받고 성령이 말하게 하심을 따라 다른 언어들로 말하기를 시작하니라 5 그 때에 경건한 유대인들이 천하 각국으로부터 와서 예루살렘에 머물러 있더니 6 이 소리가 나매 큰 무리가 모여 각각 자기의 방언으로 제자들이 말하는 것을 듣고 소동하여 7 다 놀라 신기하게 여겨 이르되 보라 이 말하는 사람들이 다 갈릴리 사람이 아니냐 8 우리가 우리 각 사람이 난 곳 방언으로 듣게 되는 것이 어찌 됨이냐 9 우리는 바대인과 메대인과 엘람인과 또 메소보다미아, 유대와 갑바도기아, 본도와 아시아, 10 브루기아와 밤빌리아, 애굽과 및 구레네에 가까운 리비야 여러 지방에 사는 사람들과 로마로부터 온 나그네 곧 유대인과 유대교에 들어온 사람들과 11 그레데인과 아라비아인들이라 우리가 다 우리의 각 언어로 하나님의 큰 일을 말함을 듣는도다 하고 12 다 놀라며 당황하여 서로 이르되 이 어찌 된 일이냐 하며 13 또 어떤 이들은 조롱하여 이르되 그들이 새 술에 취하였다 하더라(행 2:1-13, 개역개정).

사도행전의 신학과 역사의 중심이 되는 사건은 성령의 강림이다. 이 역사적인 사건에서 예수 그리스도께서 그의 성령을 통하여 사역을 계속하고 계심을 볼 수 있다.

1. 오순절의 성령강림(행 2:1-4)

오순절 때에 성령이 강림하신 사건은 사도행전 전체에서 가장 중요한 사건이라고 생각할 수 있다. 여기에 구약에서 예언되고 예수님께서 약속하신 성령강림의 기사가 기록되어 있기 때문이다.

(1) 예언 성취

'오순절 날이 이미 이르매'(καὶ ἐν τῷ συμπληροῦσθαι τὴν ἡμέραν τῆς πεντηκοστῆς)라는 시간을 표시하는 서두의 구절은 해석하기 어려운 구절이며, 문법적으로 말하면 관사 있는 부정사로 여기서는 엔(ἐν)이라는 전치사와 함께 사용되어 시간을 가리키고 있다.

일반적으로 시간을 가리키는 부정사는 세 가지의 시상(時相)으로 해석할 수 있다. 그것은 선행된 시간(antecedent time)을 가리키거나, 동시(contemporaneous time)를 가리키거나 또는 뒤따라오는 시간(subsequent time)을 가리킨다.[1] 본문에 나타난 시간을 가리키는 부정사는 동시를 가리키는 것으로 이해해야 한다.[2] 누가는 부정사를 엔(ἐν)과 함께 쓰기를 즐겨했다. 이와 같은 문장구조를 누가의 글에서 32회나 찾을 수 있다(참조, 행 3:26; 4:30; 8:6; 9:3; 11:15; 19:1).[3] 문자적인 해석은 "50일째 되는 날이 채워졌을 때"라고 할 수 있다. 그러므로 성령의 강림은 오순절 날 발생한 것으로 해석된다. 약속된 성령강림 사건이 오순절 날을 충만하게 했다.

이 날에 구약에서 예언된 종말론적 사건인 성령강림이 성취되었으므로 오순절의 잔치가 더 깊은 뜻을 가지게 된 것이다. 요엘 선지에 의해 예언된 그 날이 때가 차서 임하게 된 것이다. 성령의 강림으로 구약에서 예언된 약속이 분명히 성취되었음을 볼 수 있다(참조, 욜 2:28-32; 행 2:16-21).

(2) 오순절(五旬節)

오순절은 모세 오경에 기록된 세 가지 주요한 잔치 중(유월절, 오순

---

1) Ray Summers, *Essentials of New Testament Greek* (Nashville: Broadman Press, 1950), p. 133.
2) R. C. H. Lenski, *op. cit.*, p. 56: "엔 토(ἐν τῷ)와 같이 사용된 현재 부정법 수동태는 시기의 도착이나 정한 시간의 도착을 가리킨다."
3) F. F. Bruce, *The Acts of the Apostles,* p. 81: "It occurs 32 times in LK, as against 3 in MT. and 2 in MK." Cf. A. T. Robertson, *A Grammar of the Greek New Testament in the Light of Historical Research* (Nashville: Broadman Press, 1934), pp. 1072f.

절, 장막절) 두 번째 것이다. 신약에 오순절의 언급이 세 번 나온다. 그 하나가 본 구절인 사도행전 2:1이요(약 AD 30), 다른 두 곳이 사도행전 20:16(AD 57)과 고린도전서 16:8(AD 54 혹은 55)이다. 오순절이라는 명칭은 50일째라는 뜻에서 왔다. 오순절은 유대인의 유월절 이후 50일째 되는 날이다. 50일째의 헬라어는 펜테코스토스(πεντηκοστός)이며 본문인 펜테코스테스(πεντηκοστῆς)는 여성명사인 헤메라(ἡμέρα)와 일치된 것이다. 오순절(Pentecost)은 추수를 마친 것을 축하한다는 말이다(레 23:15-21; 신 16:9-12; Josephus, Ant. 3,10,6). 오순절은 맥추절(The Feast of Harvest, 출 23:16), 칠칠절(The Feast of Weeks, 출 34:22) 혹은 처음 익은 열매를 드리는 날(The Day of the First Fruits, 민 28:26)이라 불린다. 오순절은 곳곳에 사는 많은 유대인을 예루살렘으로 불러들이는 즐거운 축제의 날이다.4) 유월절이 속박의 땅에서부터 해방된 것을 기념하는 의식이라면, 오순절은 약속의 땅을 소유한 것을 기념하는 의식이다. 따라서 오순절의 축제는 기쁨과 감사가 넘치는 잔치이다.

오순절 날은 하나님이 그의 성령을 교회에 부어주신 축하의 날이다. 기독교회가 이 기쁜 날에 시작된 것이다. 베드로의 말에 근거하여 볼 때 아침부터 그 날의 행사가 있었음에 틀림없다. 사도행전 2:15에 제 삼시라고 했으니 아침 9시였다. 그러므로 어떤 이들이 조롱한 것처럼 사도들이 새 술에 취했을 수 없다. 아침부터 놀라운 성령강림 사건이 발생하여 오순절 축제를 의미심장하게 만든 것이다. 성령강림절을 축하하는 기독교 전통은 몇 해가 지난 후에야 시작되었다. 오순절이라는 이름은 그대로 사용했지만 그 날짜는 부활절 축제의 날부터 계산했다.

유대인의 유월절은 니산월(Nisan) 14일에 지켜졌는데5) 그 날이 어느

---

4) Merrill C. Tenney, "Pentecost," *Baker's Dictionary of Theology*, E. F. Harrison ed. (Grand Rapids: Baker, 1975), pp. 400f.: "오순절은 유배당한 후에 유대주의의 위대한 순례 잔치들 중의 하나가 되었다. 그때 멀리 로마제국에 흩어져 살고 있던 많은 사람들이 예배를 드리기 위해 예루살렘으로 귀환했다(행 20:16).
5) 유월절을 정월(Nisan) 14일 해질 때에 지키는 것이 원칙이나(민 9:1-3; 대하 35:1)

요일에 해당하든지 상관없이 그대로 지켰다. 그런데 기독교적 오순절은 유대인의 유월절 날짜 계산을 무시하고, 항상 주일에 지키는 부활절을 기준으로 오순절도 계산하여 주일날 지키게 된 것이다. 따라서 오늘날 교회가 오순절 성령강림주일을 주일날 지키는 것은 예수님의 부활이 주일에 있었다는 날짜 계산과 일치하는 것이다.

구속 역사적인 관점에서 볼 때 성령의 세례가 오순절 날 발생했다는 것은 너무도 당연한 것이다. 옛 질서(old order)의 시대에는 그들의 수확의 첫 열매를 바치는 날이었으나 새로운 질서(new order)의 시대에는 부활하신 주님이 부활 수확의 첫 열매인 자신을 교회에 선물로 주신 것이다.

(3) 오순절 사건의 역사적 형편

오순절 날 성전 예배에서 돌아온 제자들은 다락방에 회집했다. 본문의 '한곳에'(ἐπὶ τὸ αὐτὸ)는 그들이 항상 모였던 다락방을 가리킨다.

이 장소는 공공건물이라기보다 개인의 처소였을 것이다. 그러나 그 장소는 넓은 것이었음에 틀림없다. 사도행전 2:2에 오이콘(οἶκον; house)을 쓴 것으로 보아 많은 무리가 모일 수 있는 곳일 것이다. 어떤 이는 오이콘(οἶκον)을 쓴 것으로 보아 성전을 가리킨다고 하나 만약 성전에서 모였다면 누가가 그렇게 기록했었을 것이다. 오순절 사건의 발생이 다음 구절에서 상세하게 묘사된다.

> "홀연히 하늘로부터 급하고 강한 바람 같은 소리가 있어 그들이 앉은 온 집에 가득하며 마치 불의 혀처럼 갈라지는 것들이 그들에게 보여 각 사람 위에 하나씩 임하여 있더니"(행 2:2-3, 개역개정).

시체로 인해 부정한 사람들이 규정된 유월절에 참여하지 못하였을 때 다음 달 이월(Iyar) 14일에 지키도록 허락했다(민 9:11; 대하 30:1-5, 15 참조). 이는 모든 언약의 백성들이 유월절을 지키도록 하기 위해 하나님이 허락하신 것이지 유월절 예식을 소홀히 생각하거나 임의로 변경할 수 있기 때문에 그런 것은 아니다. Cf. C. F. Keil and F. Delitzsch, *Biblical Commentary on the Old Testament*, vol III: *The Pentateuch* (Grand Rapids: Eerdmans, 1971), pp. 51f.

이상의 본문에서 다음과 같은 내용을 찾을 수 있다.

① 제자들은 성령강림 사건을 귀로 들을 수 있었다.

오순절 사건은 갑자기 발생했다. 그 자리에 있던 사람들이 모두 놀랄 정도로 갑작스런 일이었다. '홀연히'(ἄφνω)란 말이 이를 설명한다. 제자들이 받은 처음 증표는 음성이었다. 그 음성은 하늘로부터 온 것이었다. 제자들이 받은 증표는 난폭한 바람의 음성처럼 들렸다. 여기 사용된 음성(ἦχος)이라는 단어는 누가복음 21:25에 나오는데, 이는 바다의 울부짖는 음성을 묘사한 것이다. 이와 같이 오순절 날 바다의 울부짖는 음성과 같은 난폭한 바람의 음성이 제자들이 머물고 있는 온 집을 채웠다.

② 제자들은 성령 강림을 눈으로 볼 수 있었다.

사도행전 2:3에 '그들에게 보여'(ὤφθησαν)는 호라오(ὁράω)의 부정과거 수동태이다. 이 용어는 성령강림 사건을 육체적인 눈으로 볼 수 있었다는 것을 증명한다. 또한 이 동사는 시각적인 요소를 강조하고 있다. 그들이 본 것은 "불의 혀처럼 갈라지는 것"이었다. 여기서 시상을 보면 분사가 현재형이다. 디아메리조메나이(διαμεριζόμεναι)는 중간태 또는 수동태이다. 중간태를 취하면 불의 혀가 그 자체를 분배하는 것을 뜻하고 수동태를 취하면 어떤 동인자에 의해 분배되어지는 것을 뜻한다. 본문은 헤케트(Hackett)의 주장대로 중간태가 적합한 것 같다. 그러므로 불같은 모양이 한 몸체로서 스스로 갈라져서 각 사람에게 임하는 것이다. 즉 혀가 갈라지는 것이 아니라 불에서부터 수많은 혀들이 나뉘어져 나온 것이다.[6] 노울링(Knowling)은 바람같이 나타난 불의 모양은 신의 임재를 상징하며(출 3:2), 정결케 하며 거룩케 하는 성령의

---

6) H. B. Hackett, *An American Commentary on the New Testament: A Commentary on the Acts of the Apostles*, A. Hovey ed. (Philadelphia: The American Baptist Publication Society, 1882), p. 42.

임재를 상징한다(겔 1:13; 말 3:2, 3)고 말한다.7)

따라서 성령은 거센 바람 같은 음성과 불같은 혀로서 임재 하신 것이다. 성령을 결코 불의 모양이나 음성과 동일시 할 수 없다. 이는 오직 "계시적 신현"(revelational theophanies)으로 상징적인 의미를 가지고 있다. 누가는 요한의 물세례와 성령의 세례를 연관시켰다. "나는 물로 너희에게 세례를 베풀거니와 나보다 능력이 많으신 이가 오시나니 나는 그의 신발 끈을 풀기도 감당하지 못하겠노라 그는 성령과 불로 너희에게 세례를 베푸실 것이요"(눅 3:16). 요한의 물세례를 누구나 볼 수 있었던 것처럼 성령세례 사건도 누구나 볼 수 있었다.

사도행전 2:3 하반절에 "각 사람 위에 하나씩 임하여 있더니"의 주어는 불에서부터 갈라진 혀임에 틀림없다. 각 제자에게 불의 혀가 나타났다. 각 제자들에게 성령께서 혀의 형태로 나타나신 것이다.

(4) 성령 충만(행 2:4)

"그들이 다 성령의 충만함을 받고 성령이 말하게 하심을 따라 다른 언어들로 말하기를 시작하니라"(행 2:4). 성령의 충만이라는 말의 뜻이 무엇인가? 데이어(Thayer)는 충만이란 마음과 인격을 전체적으로 소유한 상태라고 말한다. 알렉산더(Alexander)는 '충만함'이란 누가가 즐겨 쓰는 표현이며(행 4:8, 31; 6:3, 5; 7:55; 9:17; 11:24; 13:9, 52; 눅 1:15, 41, 67; 4:1), 하나님의 특별하신 영향을 뜻하는 것으로 하나님이 이전에 제자들과 교통했다는 사실을 배제하지 않으며 초자연적인 은사나 능력을 받았다는 것을 함축하고 있다고 했다.8) 이와

---

7) R. J. Knowling, "The Acts of the Apostles," *The Expositor's Greek Testament*. Vol. II. Ed. W. R. Nicoll (Grand Rapids: Eerdmans, 1980), p. 72.
8) J. A. Alexander, *A Commentary on the Acts of the Apostles* (London: The Banner of Truth Trust, 1963), p. 44.

같은 알렉산더의 주장은 오순절 사건 이전에 제자들이 성령을 소유했다는 견해를 보호하기 위해서 말한 것이다. 물론 제자들은 오순절 사건 이전에도 성령을 소유했다. 예수님께서 "숨을 내쉬며 이르시되 성령을 받으라 너희가 누구의 죄든지 사하면 사하여질 것이요, 누구의 죄든지 그대로 두면 그대로 있으리라"(요 20:22, 23)[9]고 말씀한 사실은 이를 증명한다. 베드로가 "주는 그리스도시요, 살아 계신 하나님의 아들이시니이다"(마 16:16)라는 신앙고백을 한 사실도 이를 증명한다. 이 신앙고백을 들은 예수님의 말씀, 즉 "이를 네게 알게 한 이는 혈육이 아니요 하늘에 계신 내 아버지시니라"(마 16:17)는 베드로가 이미 성령을 소유했다는 것을 말해준다. 왜냐하면 '성령으로 아니하고는 누구든지 예수를 주시라 할 수 없기'때문이다(고전 12:3 참조).

그러나 여기서 분명히 해야 할 것은 오순절 사건의 유일성과 특유성이다. 오순절 날 성령의 임함은 사도들의 역사가운데 유일한 사건이다. 오늘날도 기독교인들이 같은 성령을 받고 성령의 능력을 체험하지만 이는 오순절 날 발생한 사건과는 차이가 있는 것이다. 왜냐하면 오순절의 사건은 어떤 한 성도에게 역사 하시는 성령의 사역을 훨씬 능가한 획기적이고 유일한 사건이기 때문이다. 예수님의 죽음과 부활이 유일한 사건이듯이 예수님의 약속대로 오순절에 성령이

---

[9] 어떤 학자는 요한복음 20:19-23의 사건과 사도행전 2:1-13의 성령강림 사건이 별개의 것이라고 생각하면서 초대교회 당시 성령강림에 대한 여러 가지 설이 있었다고 주장한다. cf. E. Lohse, "πεντηκοστή," *Theological Dictionary of the New Testament* (이후 *TDNT*로 사용), Vol. VI, p. 51. 어떤 사람들은 이런 해석을 근거로 제 2 축복(second blessing)의 논리를 편다. 즉 요 20:19-23의 기록대로 이미 성령을 받은 제자들이 행 2장에서 성령세례를 받았기 때문에 제자들도 오순절 날 성령으로 제 2의 축복을 받았다는 것이다. 그러나 요 20:22을 '단계'의 원리로 이해하는 것이 좋다. 오순절 사건은 그리스도의 재림 때 완성될 성령 충만의 첫 열매이며(민 28:26; 롬 8:23), 요 20:22 사건은 오순절 사건의 첫 열매이다. 즉 요 20:22은 '첫 열매 중의 첫 열매'이다. 그리고 요 20:22은 예수님도 그의 부활로 말미암아 성령을 주시는 분임을 증거하고 있다. Cf. R. B. Gaffin, Jr., *Perspectives on Pentecost: New Testament Teaching on the Gifts of the Holy Spirit* (Grand Rapids: Baker, 1979), pp. 39-41.

강림한 사건도 유일한 사건이다(참조, 요 14:16-18, 26; 15:26; 16:7-11; 눅 24:48; 행 1:4).

이처럼 오순절 성령 세례의 사건은(행 1:5) 예수님의 죽음과 부활 사건처럼 역사적으로 유일한 사건이지만 성령의 충만(행 2:4)은 성령 세례 받은 사람이 계속적으로 받을 수 있는 것이다. 해리슨(Harrison)은 "누가가 세례 대신에 '충만'이라는 용어를 썼다. 왜냐하면 충만의 효과가 실제로 있었기 때문이다. 세례는 객관적인 용어요 신학적인 실재이며 하나님을 향한 요소이다. 충만은 인간을 향한 것으로 주관적인 요소가 있다. 충만과 세례는 완전한 동의어가 아니다. 세례는 성령의 최초 선물을 위해 적합한 용어이다(행 1:5; 11:16-17). 왜냐하면 그것은 새로운 관계의 시작을 표시하기 때문이다. 물세례와 같이 그것은 기독교인으로 시작하는 것을 말하며 반복될 수 없다(참조, 고전 12:13). 성령으로 세례 받은 사람은 충만해질 수 있는데 단순히 한 번만이 아니고(행 4:8), 계속적으로 충만해질 수 있다(행 4:31; 엡 5:18). 그러나 성령으로 한 번 이상 세례 받았다는 기록은 없다"10)고 했다.

(5) 다른 언어

성령은 사도들에게 언어(방언)의 축복을 허락하셨다.11) 성령이 충만함으로 다른 언어를 말하게 된 것이다. 다른 언어를 말하는 것이 성령 충만을 받은 후 제자들이 받은 최초의 경험이라는 것을 '말하기를 시작하니라'(ἤρξαντο λαλεῖν)가 증명하고 있다(행 2:4). 구속역사의 입장

---

10) Harrison, op. cit., pp. 51f.
11) 행 2:4의 번역을 개역개정은 "다른 언어들"로 번역했고, 한글 개역은 "다른 방언"으로 번역했다. 그런데 행 2:4의 용어와 고전 14:2의 용어가 같은 용어임에도 불구하고 개역개정은 행 2:4은 "언어들"로 번역하고, 고전 14:2은 "언어" 대신 "방언"으로 번역했다. 이는 성경번역의 해석적 특성이 적용된 것이다. 어느 경우이건 한 언어에서 다른 언어로 번역할 때는 해석적 특성이 적용될 수밖에 없다.

에서 볼 때 바벨(Babel)탑의 저주가 복음의 전파를 위해서 극복된 것이다. 바벨탑 사건은 인간이 교만하여져서 그들의 삶에서 하나님의 자리를 빼앗는 일을 하려 할 때 하나님께서 그들의 언어를 혼잡하게 하여(창 11:1-9) 그들을 온 지면에 흩으신 사건이다. 하지만 이제 예수 그리스도의 구속 성취 이후 생명의 복음, 구속의 복음을 누구나 들을 수 있도록 언어의 장벽이 허물어 진 것이다.

다른 언어(ἑτέραις γλώσσαις)에 관한 논쟁은 상당히 치열하다. 사도들이 받은 언어가 영적인 것이었느냐, 다른 나라 언어였느냐 하는 것이다. 사도행전 2:4의 '다른 언어'가 다른 나라말을 지칭하는 경우라면 사도들은 오순절을 지키기 위해 모인 여러 나라 사람들의 언어들을 말 할 수 있는 능력을 받은 것이다. 즉 언어의 이적(miracle of speaking)이 발생한 것이다.[12]. 이 경우 제자들은 그 곳에 참석한 여러 지방 사람들이 이해할 수 있도록 여러 가지 언어를 말했다고 생각된다. 칼빈(Calvin)은 거기에 모인 사람들이 사도들의 모국이 어디이며 또 다른 언어를 배울 수 있는 기회가 없었다는 것을 알고 있었기 때문에 한 사도는 라틴어로, 다른 사도는 헬라어로, 또 다른 사도는 아라비아어로 그들의 모국어와는 다른 언어로 말하므로 하나님의 역사(役事)가 더욱 분명히 드러나게 되었다고 언어의 이적을 주장한다.[13]

또 하나의 가능성은 청취의 이적(miracle of hearing)이다. 이 경우는 제자들이 한 가지 언어를 말했지만 듣는 자들의 귀가 열려 듣는 것을 각각 이해하게 된 것이다. 이 경우는 성령이 듣는 자에게 역사 하여 제자들의 언어를 이해할 수 있게 하신 것이다. 즉 듣는 자들의 모국어로 이해하게 하신 것이다(참조, 행 2:6). 아브라함 카이퍼(Kuyper)는 오순절의 방언과 고린도 교회의 방언을 모두 '알 수 없는 언어'로

---

12) Max Turner, *Power from on High: The Spirit in Israel's Restoration and Witness in Luke-Acts* (Sheffield: Sheffield Academic Press, 1996), p. 271.
13) J. Calvin, *The Acts of the Apostles*, Vol. I, tran. by W. J. G. McDonald (Grand Rapids: Eerdmans, 1973), p. 54.

해석하고 오순절의 이적을 '청취의 이적'으로 해석한다.14) 이 주장의 근거는 베드로가 각 국 사람 앞에서 설교할 때 그들이 베드로의 설교를 이해할 수 있었다고 하는 데 있다. 그러나 이 견해는 본문과 잘 화합되지 않는다. 왜냐하면 본문에서는 성령의 임함이 제자들에게 나타났지 거기에 모인 각 국 사람들에게 나타났다고 말하지 않았기 때문이다(행 2:2-4, 6-8, 11-13).15) 베드로의 설교는 베드로가 한 언어로 말했으나 거기에 있던 각 국 사람들이 그의 설교를 이해할 수 있었다. 그들이 어느 곳에서 태어났든지 그들의 언어는 각각 다른 언어였지만 대부분의 사람들이 베드로의 설교를 이해했을 것이라고 해석할 수 있다.16)

어떤 이들은, 말하는 사람들과 듣는 자들이 모두 성령강림의 영향을 받았다고 한다. 이 경우는 성령의 특이한 언어가 사용되어졌다고 생각하는 것이다. 이 주장을 하는 사람들은 그들의 주장의 근거를 고린도전서 14장의 신령한 언어에 둔다.

그러나 가장 자연스러운 해석은 제자들이 잠시 동안 다른 나라말을 할 수 있는 은사를 받았다고 보는 것이다. 혀가 갈라지는 것은 특별한 다른 언어를 주셨다는 것을 상징해 주는 것이다. 그러므로 제자들이 각각 다른 언어로 이야기할 때 청중은 놀랐던 것이다. 어쩌면 제자들 스스로도 자신들이 다른 나라 방언을 하고 있다는 사실을 인식하지

---

14) Abraham Kuyper, *The Work of the Holy Spirit* (Grand Rapids: Eerdmans, 1956), pp. 133-138. Kuyper가 '알 수 없는 언어'의 입장을 취하는 반면 Charles Hodge (*An Exposition of the First Epistle to the Corinthians,* London: The Banner of Truth Trust, 1958, pp. 248-52, 276-302)와 Robert G. Gromacki (*The Modern Tongues Movement.* Philadelphia: Presbyterian and Reformed Pub. Co., 1967, p. 113)는 오순절 때의 방언과 고린도 교회의 방언을 모두 '언어의 은사'로 해석한다.
15) *Ibid.,* p. 52. "그러나 우리들은 먼저 제자들이 이상한 언어로 말했다는 사실에 주목을 해야 한다. 그렇지 않다면 이적이 그들에게가 아니라 청중들에게 일어난 것으로 생각할 수 있다. 만약 성령이 제자들에게 임하지 않고 청중들에게 임했다면 예수님께서 성령의 오심에 대해 이전에 하신 약속은 거짓일 수밖에 없다."
16) *Ibid.,* p. 53.

못하고 있었을 수도 있다. 중요한 사실은 복음이 언어의 모든 장벽을 초월하여 전 세계에 전파되어야 한다는 것이다.

양식 비평가들은 사도행전 2:1-13에 두 가지의 자료가 있다고 말한다. 한 자료는 고린도전서 14장과 같은 영적 언어에 대한 것이요, 또 한 자료는 사도들이 타국어를 말했다는 내용의 자료이다. 그들의 주장으로는, 만약 사람들이 사도들을 술 취한 것으로 생각했다면 이는 사도들이 이해할 수 없는 말을 했기 때문에 그렇게 생각한 것이 아니냐? 왜 베드로가 이 사실에 대해 자신의 설교에서 직접적인 설명을 하지 않았는가? 그러므로 사도행전 2:12, 13, 14은 고린도전서 14장의 영적 언어에 대한 자료와 동등한 것이며 나머지 구절은 타국어를 말했다는 내용의 자료에 속한다고 그들은 주장한다.

그러나 그들의 주장은 근거 없는 허구이다. 왜냐하면 제자들이 술 취했다는 사람들의 생각 자체가 실제적으로 제자들이 타국어를 서로 말했다는 사실을 가리키기 때문이다. 베드로가 새 술에 취하였다는 조롱(행 2:13)을 변증하면서 타국어를 언급하지 않은 것이 양식비평가들의 주장을 지지해 주진 않는다. 왜냐하면 베드로의 대답은 청중에게 충분한 대답이 되었기 때문이다. "때가 제삼 시니 너희 생각과 같이 이 사람들이 취한 것이 아니라"(행 2:15).

2. 놀란 군중(행 2:5-13)

군중들은 급하고 강한 바람 같은 소리를 들었다. 집안에 있던 제자들은 자신들이 주님의 약속하신 선물을 받은 것을 확신하고 거기에서 나가 군중들을 만났다. 이때에 예루살렘은 오순절 잔치로 만원을 이룬 상태였다. 외국에서 태어난 유대인들과 유대교로 개종한 이방인들이 이 때에 예루살렘에 모여들었다. 그들은 여러 나라에서 왔고 그들의 언어도 각각 다른 언어였다. 제자들이 말을 했을 때 군중은 깜짝 놀랐다. 왜냐하면 천한 신분의 갈릴리 사람들이 여러 나라 언어로 청중이 알아들을 수 있도록 말했기 때문이다. 청중은 자기 나라말로(ταῖς ἡμετέραις γλώσσαις) 들을 수 있었다(행 2:11). 각 제자마다 다른 언어를 말했기 때문에 외국에서 온 청중이 그들의 본국 언어로 들을 수 있었다(ἕκαστος τῇ ἰδίᾳ διαλέκτῳ)(행 2:6). 군중들이 놀란 사실(ἐξίσταντο)과 신기하게 여기는 사실(ἐθαύμαζον)이 오순절 이적의 신실함을 증명해 준다(행 2:7). 청중들은 "보라 이 말하는 사람들이 다 갈릴리 사람이 아니냐 우리가 우리 각 사람이 난 곳 방언으로 듣게 되는 것이 어찌 됨이냐"(행 2:7, 8)라고 그들 앞에서 일어난 사건에 대해 놀라움을 표시하고 있다. 누가는 사도행전 2:9-11에서 거기에 모인 군중들의 출신지역을 열거한다. 누가는 청중들이 서로 말하는 내용을 기록한 후 사도행전 2:12에서 그들의 놀람과 의혹을 기록한다.

그들은 놀라며 의혹하여 "이 어찌된 일이냐"(행 2:12) 하면서 그들이 듣고 보는 일을 믿지 못하고 있다. 그래서 누가는 사도행전 2:13에서 그들의 조롱을 기록한다. "그들이 새 술에 취하였다"(행 2:13). 여기서 말하는 새 술(γλεῦκος)은 포도의 첫 수확으로부터 새로이 만든 단술(sweet new wine)을 가리킨다. 술에 취했다는 용어는 취한 형편이 약한 것을 가리킬 때 쓰는 용어이다. 술 취함을 묘사하는 완료형 수동분사인 메메스토메노이(μεμεστωμένοι)는 메스토오(μεστόω)에서 왔고, 이 단어는 철저히 술에 취한 형편을 묘사할 때 쓰는 용어 메두스코(μεθύσκω)와는 다르다(참조, 눅 12:45; 요 2:10; 엡 5:18). 그러므로 여기서 술 취했다는 것은 메두스코(μεθύσκω)가 의미하는 만큼 많이 취했다는 뜻은 아니다.[17]

---

17) Cf. P. J. Budd, "μεθύω," *The New International Dictionary of New Testament Theology* (이후 *NIDNTT*로 사용), Vol I. (Grand Rapids: Zondervan, 1975), pp. 513f.

■ 연구 문제 ■

1. 오순절 성령강림의 약속이 어떻게 이루어졌는지 설명하라(욜 2:28-32; 눅 3:16, 17; 24:49; 요 14:16-18, 26; 15:26; 16:7-14; 행 1:4, 5).
2. 오순절 사건의 발생 경위를 설명하라(행 2:1-4).
3. 성령세례와 성령 충만의 관계를 설명하라(행 2:1-4; 4:8, 31; 11:16, 17; 엡 5:18).
4. 오순절 사건 때 성령 충만으로 받은 방언은 어떤 언어인가? (행 2:5-13; 고전 14:1-33).
5. 성령 충만의 모습을 술 취한 모습과 비교한 이유는 무엇인가? (행 2:13; 엡 5:18; 눅 1:15).

3
교회의 계속적인 사역(2:14-41)

"14 베드로가 열한 사도와 함께 서서 소리를 높여 이르되 유대인들과 예루살렘에 사는 모든 사람들아 이 일을 너희로 알게 할 것이니 내 말에 귀를 기울이라 15 때가 제 삼 시니 너희 생각과 같이 이 사람들이 취한 것이 아니라 16 이는 곧 선지자 요엘을 통하여 말씀하신 것이니 일렀으되 17 하나님이 말씀하시기를 말세에 내가 내 영을 모든 육체에 부어 주리니 너희의 자녀들은 예언할 것이요 너희의 젊은이들은 환상을 보고 너희의 늙은이들은 꿈을 꾸리라 18 그 때에 내가 내 영을 내 남종과 여종들에게 부어 주리니 그들이 예언할 것이요 19 또 내가 위로 하늘에서는 기사와 아래로 땅에서는 징조를 베풀리니 곧 피와 불과 연기로다 20 주의 크고 영화로운 날이 이르기 전에 해가 변하여 어두워지고 달이 변하여 피가 되리라 21 누구든지 주의 이름을 부르는 자는 구원을 받으리라 하였느니라"(행 2:14-21, 개역개정).

"37 그들이 이 말을 듣고 마음에 찔려 베드로와 다른 사도들에게 물어 이르되 형제들아 우리가 어찌할꼬 하거늘 38 베드로가 이르되 너희가 회개하여 각각 예수 그리스도의 이름으로 세례를 받고 죄 사함을 받으라 그리하면 성령의 선물을 받으리니 39 이 약속은 너희와 너희 자녀와 모든 먼 데 사람 곧 주 우리 하나님이 얼마든지 부르시는 자들에게 하신 것이라 하고 40 또 여러 말로 확증하며 권하여 이르되 너희가 이 패역한 세대에서 구원을 받으라 하니 41 그 말을 받은 사람들은 세례를 받으매 이 날에 신도의 수가 삼천이나 더하더라"(행 2:37-41, 개역개정).

사도행전의 주제는 주님의 일을 교회가 계속하는 것이다. 본 구절에서는 전투적인 교회가 예루살렘으로부터 시작하여 말씀을 가르치고 하나님 나라를 확장하며 예수님의 사역을 실천하는 모습을 찾아볼 수 있다.

1. 그리스도의 복음을 전파하는 베드로(행 2:14- 40)

사도행전에 기록된 베드로의 설교로서 비교적 긴 것은 사도행전

2:14-40; 3:12-26; 10:34-43에 기록되었고, 간략한 것은 사도행전 1:15-22; 4:8-12; 5:29-32에 기록되었다. 사도행전 2:14-40은 오순절 때 유대인들과 개종자들 앞에서 행한 설교요, 사도행전 3:12-26은 예루살렘에서 유대인들을 상대로 행한 설교이며, 사도행전 10:34-43은 고넬료(Cornelius)와 그의 가정을 대상으로 행한 설교였다. 베드로의 설교는 그 문맥 안에서 적당한 위치를 차지하고 있기 때문에 그 배경을 떠나서는 이해하기가 어렵다. 간략한 설교 역시 문맥에 비추어 연구해야 한다. 사도행전 2:14-40에 기록된 베드로의 설교는 오순절 사건을 조롱하는 사람들에게 대답하는 형식으로 시작된다. 이 설교는 베드로가 이 세상에서 처음으로 행한 예수 그리스도의 복음 전파였다. 그 형식은 (1) 서론(행 2:14-21) (2) 예수님의 죽음과 부활 그리고 승천 기사(행 2:22-36) (3) 성경적 증거(행 2:25-28, 34 이하) (4) 회개의 권고(행 2:38-40) 등으로 나누어지며 같은 내용이 사도행전 3장, 10장의 설교에서도 나타난다.[1] 다음에 몇 가지의 특징을 찾아보도록 하겠다.

(1) 베드로의 담대함

베드로는 열한 사도와 함께 일어서서 소리를 높여 외쳤다. "유대인들과 예루살렘에 사는 모든 사람들아 이 일을 너희로 알게 할 것이니 내 말에 귀를 기울이라"(행 2:14). 한 때 겁을 먹고 예수를 부인했던 베드로가 성령의 능력을 힘입어 많은 사람들 앞에서 담대해졌다. 베드로는 다른 사도들과 같이 예루살렘에 사는 사람들과 하나님의 선민 이스라엘 백성을 향해서 오순절 현상은 구약 요엘서에서 말씀하신 예언의 성취임을 명백히 말했다. 이는 성령을 부어 주심이요, 메시아의

---

1) Bruce, *The Acts of the Apostles*, p. 88: 초기 사도들의 선포는 네 가지의 내용을 포함하고 있었다. ① 성취의 시대 도래 ② 예수님의 사역, 죽음, 승리에 대한 재언급 ③ 예수가 메시아임을 구약을 인용하여 증명 ④ 회개의 호소 등이었다. Cf. Bruce, *The Book of the Acts*, p. 69.

심판임을 설명했다. 베드로의 설교는 오순절 날이 이스라엘을 새롭게 하는 날이요, 불신자들에게는 심판과 형벌의 날임을 지적하면서 주의 날(the day of the Lord)이 임재 했음을 선포했다.

(2) 베드로의 변호

베드로는 어떤 이들이 오순절에 제자들의 성령 충만한 것을 보고 새 술에 취했다고 조롱한 사실에 대하여(행 2:13) 사도행전 2:15 이하에서 사건의 진상을 설명하면서 술 취하지 않았다고 논리적으로 변호한다. 술 취한 것과 성령 충만을 비교한 곳이 성경에 세 곳 있다(행 2:4, 15; 눅 1:15; 엡 5:18). "때가 제삼 시니 너희 생각과 같이 이 사람들이 취한 것이 아니라 이는 곧 선지자 요엘을 통하여 말씀하신 것이다"(행 2:15,16)라고 말하면서 요엘서 2:28-32을 인용한다. 요엘서의 예언은 마지막 날에 하나님께서 그의 영을 모든 육체(백성)에게 부어 주시겠다는 내용이다. 요엘서의 예언은 오순절이 마지막 날의 시작임을 명백히 한다. 마지막 날이라는 용어는 종말론적인 사건들이 발생한 날들을 가리킨다.

베드로는 구약 요엘서를 인용하여 오순절 사건을 설명하면서 사도행전 2:17-18과 사도행전 2:19-20 사이에 "그들이 예언할 것이요"(προφητεύσουσιν)를 첨가한다. 그런데 사도행전 2:17-18과 사도행전 2:19-20의 내용은 같은 사건을 묘사하고 있지 않다.

<행 2:17-18>
① 너희의 자녀들은 예언할 것이요.
② 너희의 젊은이들은 환상을 볼 것이요.
③ 너희의 늙은이들은 꿈을 꿀 것이요.
④ 내가 내 영을 내 남종과 여종들에게 부어 줄 것이요.

저희가 예언할 것이요.

<행 2:19-20>
① 하늘에서는 기사를 아래로 땅에서는 징조가 있을 것이요.
② 해가 변하여 어두워지고 달이 변하여 피가 될 것이다.

본문 사도행전 2:17, 18은 오순절 사건의 묘사임이 분명하지만 사도행전 2:19, 20의 내용은 누가가 기록한 대로의 오순절 사건을 묘사하고 있지 않다. 오히려 사도행전 2:19, 20은 오순절 사건을 초월한 내용으로 종말의 마지막 사건들이 어떻게 발생할 것을 설명하고 있다. 마지막 날에는 하늘의 기사와 땅의 징조가 있을 터인데 해는 어두움으로 변하고 달은 피로 변하게 될 것이다.2)

세상 종말에 발생할 극적인 사건을 설명하는 이상의 구절들이 오순절을 설명하기 위해 인용한 요엘서의 계속이라는 점을 주시해야 한다. 이는 종말의 시작이 오순절부터임을 증명할 뿐만 아니라 그 종말이 예수님의 초림과 재림을 잇는 시대를 가리키고 있음을 명백히 하고 종말의 마지막에 어떤 사건들이 발생할 것을 가르쳐 주고 있다. 오순절 사건과 관련하여 베드로가 요엘서 2:28-32을 인용한 사실을 설명하면서 해그너(Hagner)는 요엘서 인용의 후반부가 미래에 성취될 것을 뜻한다는 입장으로 "종말이 이미 시작되었지만 아직 완성되지 않았다. 동반하는 심판은 연기되었다. 이처럼 인용되는 두 부분이 신학적으로는 같이 서 있지만 연대적으로는 그렇지 않다"3)라고 말한다.

베드로의 요엘서 인용은 회개를 호소하는 구절을 포함한다. "누구든

---
2) 베드로 사도는 주의 날이 도적 같이 임할 것을 설명하면서 "그날에는 하늘이 큰 소리로 떠나가고 물질이 뜨거운 불에 풀어지고 땅과 그 중에 있는 모든 일이 드러나리로다"(벧후 3:10)라고 설명한다. 요한 사도 역시 계 6:12에서 진노의 날을 묘사하면서 그 날에 '해가 검은 털로 짠 상복'(개혁: 총담) 같이 검어지고 달은 온통 피 같이 된다는 내용과 함께 극적인 사건들이 마지막 날에 발생할 것을 기술하고 있다.
3) Donald A. Hagner, "The Old Testament in the New Testament," *Interpreting the Word of God*, ed. S. J. Schultz and M. A. Inch (Chicago: Moody Press, 1976), p. 98.

지 주의 이름을 부르는 자는 구원을 얻으리라"(행 2:21). 종말기간에 계속될 구원 사역을 설명하고 있다.

(3) 베드로가 예수님을 옹호함

베드로는 이스라엘 사람들에게 예수는 다른 사람이 아닌 바로 나사렛 예수임을 분명히 말했다. 예수는 큰 권능과 기사와 표적을 행한 사람이었다. 여기서 베드로는 예수님이 하셨던 말씀을 강조하지 않았다(행 2:22-24). 예수님의 말씀을 개종자들에게 전하는 것이 더 적절할 것처럼 생각되지만 그들의 구원이 예수님의 말씀을 통해 성취되지 않고 예수님의 사역을 통해서 성취되었기 때문에 예수님의 말씀보다는 예수님의 사역이 더 강조된 것이다.[4] 그런데 이런 일들은 예수님 스스로 행하신 것이 아니요 하나님께서 예수님을 통해 행하신 것이다. 그러므로 그의 죽음은 이스라엘 백성의 책임인 것이다. 베드로는 예수님의 죽음이 하나님의 정하신 뜻과 미리 계획된 대로임을 밝히고(행 2:23), 그 다음으로 유대인들이 예수님을 죽인 것은 협력적인 원인(cooperating cause)에 불과함을 말한다.

그리고 그리스도의 부활이 언급된다(행 2:24). 그리스도의 부활의 선포는 다윗의 글을 통해 확증되고 시편 16:8-11이 인용된다.

이 시편에서 다윗은 죽음 후에 그의 영혼과 육체가 보존될 것을 말한다. 특히 육체가 썩지 않을 것을 강조하고 있으며(행 2:26, 27), 따라서 "거룩한 자로 썩음을 당하지 않게 하실 것"이라는 사실은 그리스도의 부활에 대한 구약의 증거이다.

사도들이 이 시편을 예수님의 죽음과 장사에 적용시킨 것을 보면 그들은 예수 그리스도의 육체 부활을 분명히 믿었음을 알 수 있다.

---

4) Harrison, *op. cit.*, p. 59.

(4) 베드로가 시편을 해석함(행 2:25-35)

"내가 조상 다윗에 대하여 담대히 말할 수 있노니 다윗이 죽어 장사되어 그 묘가 오늘까지 우리 중에 있도다"(행 2:29).

베드로는 사도행전 2:30에서 시편의 구절이 그리스도의 부활과 영화를 가리키고 있었으며 다윗이 예언자임을 지적한다. 그리고 사도행전 2:31에서 다윗이 그리스도의 부활을 미리 보았다고 말한 후 시편을 다시 인용한다. 다윗은 죽어 매장되고 썩었다. 예언은 예수 외에 다른 사람에게 적용되어 질 수가 없다. 베드로는 문제를 더욱 더 명확하게 하기 위하여 사도행전 2:32에서 "이 예수를 하나님이 살리신지라 우리가 다 이 일에 증인이로다"라고 말했다.

베드로는 예수님의 승귀에 대해서 논증하기를 예수님은 하나님의 우편에 앉으셨다고 말한다(행 2:32). 승천이라는 말 대신에 '높이셨다'라는 말을 썼다(ὑψωθείς, ὑψόω의 단순과거 수동분사). 그리고 사도행전 2:33에서는 성령의 오심이 그리스도의 승천과 관계있음을 밝힌다. 이 성령의 임재는 비밀스러운 것이 아니고 모든 사람이 알 수 있는 것이다. "너희가 보고 듣는 이것을 부어주셨느니라"(행 2:33). 베드로는 다시 시편을 인용하면서 그리스도의 승천에 대한 증거를 전개한다. 다윗이 말한 내용은 자신을 두고 한 말이 아니요, 그리스도를 가리켜 하신 말씀이다. "주께서(아버지께서) 내 주에게(아들이신 그리스도에게) 말씀하시기를 내가 네 원수로 네 발등상이 되게 하기까지 너는 내 우편에 앉아 있으라"(행 2:34, 35; 참조, 고전 15:25; 시 110:1). 베드로는 구약의 예언이 어떻게 나사렛 예수 안에서 성취되었는지 설명한다. 베드로는 예수님의 죽음과 부활을 통해 구속 역사가 성취되었다고 선포한다. 베드로의 설교에는 종말론(Eschatology)과 기독론(Christology)의 요소가 내포되어 있다.

(5) 베드로의 설교 결론(행 2:36)

"그런즉 이스라엘 온 집은 확실히 알지니 너희가 십자가에 못 박은 이 예수를 하나님이 주와 그리스도가 되게 하셨느니라"(행 2:36). 메시지를 받는 사람들은 이스라엘 온 집이었다. 이스라엘은 다시 한 번 예수님이 메시아임을 들을 수 있었다. 이 구절은 예수님이 이 때에 비로소 메시아가 된 것처럼 해석해서는 안 된다. 예수님은 이미 그의 지상 사역 기간에 자신이 메시아임을 의식하고 있었으므로 이 구절은 다만 예수께서 주와 그리스도이심을 사람들 앞에 공개적으로 선포하고 있는 것뿐이다(참조, 롬 1:4). 예수님은 그의 공생애 기간 동안에도 하나님의 아들이요 주와 그리스도이셨지만 인간의 모습으로 성육신하신 예수님이 하나님의 아들이요 주와 그리스도가 되신다는 이 신비는 인간이 한꺼번에 이해하기에는 너무 놀랄만한 진리여서 서서히 밝혀진 것뿐이다.[5]

주님과 이스라엘의 그리스도, 즉 기름부음 받은 메시아가 여기서 선명하게 동일시되어졌다. 십자가에 못 박혀 죽으신 예수가 우리 모두에게 주와 그리스도가 된 것이다. 베드로의 설교는 청중에게 믿음과 회개를 불러일으키려는 것이 중심요소였다(행 2:38 이하; 참조 행 3:19). 다른 말로 표현하면 풍성한 교리적인 내용이 회개를 요청하는 실제적인 목적으로 사용된 것이다. 설교의 모든 내용이 듣는 자의 결단을 촉구하는 도전으로 나타난다.

2. 오순절에 대한 역사적 비평

역사적으로 고찰해 보면 오순절 사건에 대해 여러 가지 비평이 있있다. 여기서 분명히 해야 할 것은 오순절 사건을 단지 경험적인 측면에서

---

[5] Everett F. Harrison, *Acts: The Expanding Church*, p. 62.

만 볼 수 없다는 사실이다. 우리들은 오순절 사건을 하나님의 구속 계획의 일부로 생각해야 한다.

하나님은 인간의 이성으로 헤아릴 수 없는 이적이고 불가사의한 사역을 역사 선상에서 발생하게 하신다. 그리고 이 일은 오직 하나님의 능력과 그의 자비하신 힘에 의해서만 성취되어진다. 인간이 어떤 비평을 가할지라도 하나님이 성취하신 일은 그대로 존속하는 것이다. 하나님이 하신 일은 절대적인 진리이며 최종적인 가치가 있는 것이다. 우리들은 하나님께서 주신 이 사건 기록에 대해 만족해야 하며 하나님이 성령의 강림을 시행하셨을 뿐만 아니라 이 사실에 대한 역사와 평가를 영감 받은 저자들을 통해 우리에게 전달해 주셨다고 이해해야 한다. 오순절 사건에 대한 근본적인 입장을 명백히 했으니 다음에 몇 가지의 성경적이고 신학적인 변호를 하기로 한다.

① 초대 기독교회의 급속한 성장을 위해 영적인 각성이 있었고 많은 유대인들이 기독교의 신앙으로 돌아왔다.

② 오순절 사건은 객관적으로 관찰할 수 있었다. 베드로는 그의 설교 중에서 이를 명백히 했다.

③ 2세기 교회가 성령강림절을 지켰는데 이는 역사적인 사건에 기초했음이 분명하다. 2세기 교회가 성령강림절을 지킨 것은 역사적인 사건이라는 이유 외에 다른 이유를 전혀 찾아볼 수 없기 때문이다.

④ 많은 수의 개종자가 있었다는 것은 예수님의 십자가 형벌이 국가적인 차원에서 행해졌고 또 유대인들의 지대한 관심사였다는 사실을 감안할 때 별로 이상할 것이 없다. 유대 백성들은 예수님의 마지막 사역의 시기에 이르러 흥분과 관심의 상태에 있었다. 따라서 예수님의 수난과 죽음을 통한 호소에 대해 그들의 마음은 열려 있었다.

⑤ 예수님의 부활에 대한 제자들의 확실한 증거는 신앙을 불러일으키는 역할을 했다. 제자들이 행한 이적 역시 신앙을 불러일으키는 역할을

했다.

⑥ 베드로의 설교 중 구약 예언의 인용은 구약에 근거한 이스라엘 백성들의 신앙이 성취되었음을 보여 준다. 베드로의 설교 중 설명된 사건은 이스라엘 백성들의 메시아 대망 사상과 잘 들어맞는다.

⑦ 예수님의 부활을 둘러싸고 발생한 이적적인 사건들은 예루살렘에 거주하는 사람들에게 잘 알려진 사건들이다. 또한 오순절의 이적적인 사건은 백성들로 하여금 그 의미를 찾도록 자극하였던 것이다.

간략히 말하면 오순절 사건이 증거 하는 모든 증거는 기독교의 시작이 자연적인 진화에 의해서 진행된 것이 아니요, 또한 유대주의에서 기독교로 전환되는 종교적인 진화에 의한 것도 아님을 명백히 제시해 준다.

3. 베드로의 설교의 결과(행 2:37-41)

(1) 베드로가 회개를 호소하고 세례 받을 것을 권고함

베드로의 설교를 들은 백성들은 "우리가 어찌할꼬"(행 2:37) 하였다. 이에 대해 베드로는 그들이 해야 할 것을 가르쳤다. 그들은 회개하고 그리스도의 이름으로 세례를 받아야 한다. "회개하라"(μετανοήσατε, 단순과거)는 말은 돌아서라는 의미를 가지고 있으며, 더 문자적으로 해석하면 마음을 변화시키라는 뜻이다. 그리고 그들은 그리스도의 이름으로 세례를 받아야 한다. 세례의 목적과 결과는 죄의 용서이다. 그들이 회개하고 그리스도의 이름으로 세례를 받으면 성령을 선물로 받을 것이 약속되어 있다. 이 약속은 물세례를 받으면 성령을 자동적으로 받게 된다는 뜻은 아니다. 물세례가 성령을 받는 열쇠라고 말할 수 없다(참조, 행 8:15-16). 물세례가 회개

와 죄 용서에 대한 외적인 표지(標識)이며 그리스도에 대한 충성을 고백하는 수단인 것이다.6)

(2) 구원받을 자의 범위

"이 약속은 너희와 너희 자녀와 모든 먼 데 사람 곧 주 우리 하나님이 얼마든지 부르시는 자들에게 하신 것이라"(행 2:39).

이 구절은 언약 신학의 근거로 흔히 인용되고, 복음의 약속에 자녀를 포함하는 것이 옳다는 근거로 인용된다.

사실상 이 구절은(행 2:38, 39) 구약의 할례 제도가 신약의 세례 제도에 의해 대치되었다는 것을 제시하는 가장 중요한 구절이다. 베드로가 "너희가 회개하여 각각 예수 그리스도의 이름으로 세례를 받고 죄 사함을 받으라"(행 2:38)라고 말한 대상은 "이스라엘 온 집"을 가리킨다. "이스라엘 온 집"은 할례를 받은 사람들이다. 베드로는 이제 할례가 아니요 세례를 받고 죄 사함을 받으라고 선포하고 있다. 그리고 언급된 약속은 먼 데 있는 사람들까지 즉 이방인들까지 포함한다. 그러나 약속을 기업으로 받을 자들은 '우리 하나님이 얼마든지 부르시는 자'에 한한다. 본 구절의 사상은 하나님이 구원하시기로 선택하신 백성들을 부르시고, 그의 거룩하신 뜻을 시행하심에 있어서 주권적으로 하신다는 것이다.

"여러 말로 확증하며 권하여 이르되 너희가 이 패역한 세대에서 구원을 받으라"(행 2:40).

베드로는 청중들이 믿음을 갖도록 계속적으로 권고하며 훈계한다. 청중들은 그들 스스로 자신들을 구원할 수 있는 것이 아니요, 그들은 구원함을 받아야 할 형편에 있는 것이다.

---

6) Harrison, *Acts: The Expanding Church*, p. 63.

(3) 베드로의 설교에 대한 반응

청중들은 베드로의 말을 환영했다(행 2:41). 베드로의 설교는 좋은 반응을 받았다. '그 말을 받는'이란 뜻은 그들이 베드로의 말을 들을 때 기쁨이 있었음을 보여준다. 그들은 즉시 세례를 받았고 회개한 사람들의 수가 약 삼천이나 되었다. 한 가지 명심할 것은 이렇게 많은 수가 회개한 것은 베드로의 공적이 아니요, 성령께서 그렇게 역사하신 것이라는 점이다. 오늘날 교회 내에서의 숫자적인 성공도 어느 한 사람 때문이 아니라 성령님의 역사로 그렇게 된 것이라고 인정해야 한다.

■ 연구 문제 ■

1. 베드로의 설교의 특징을 설명하라(행 2:14-40; 3:12-26; 4:19-22; 5:29-32; 10:34-43).
2. 베드로가 요엘서를 어떻게 인용했는지 설명하라(욜 2:28-32과 행 2:17-21을 비교할 것).
3. 베드로가 시편을 어떻게 인용했는가?(행 2:25-35; 시 16:8-11).
4. 베드로의 설교의 결론은 무엇인가?(행 2:38-40).
5. 베드로의 설교의 반응은 어떠했는가?(행 2:41-42).

4
오순절 이후 예루살렘 교회의 내적 성장(2:42-6:7)

"42 그들이 사도의 가르침을 받아 서로 교제하고 떡을 떼며 오로지 기도하기를 힘쓰니라 43 사람마다 두려워하는데 사도들로 말미암아 기사와 표적이 많이 나타나니 44 믿는 사람이 다 함께 있어 모든 물건을 서로 통용하고 45 또 재산과 소유를 팔아 각 사람의 필요를 따라 나눠 주며 46 날마다 마음을 같이하여 성전에 모이기를 힘쓰고 집에서 떡을 떼며 기쁨과 순전한 마음으로 음식을 먹고 47 하나님을 찬미하며 또 온 백성에게 칭송을 받으니 주께서 구원 받는 사람을 날마다 더하게 하시니라"(행 2:42-47, 개역개정).

"1 그 때에 제자가 더 많아졌는데 헬라파 유대인들이 자기의 과부들이 매일의 구제에 빠지므로 히브리파 사람을 원망하니 2 열두 사도가 모든 제자를 불러 이르되 우리가 하나님의 말씀을 제쳐 놓고 접대를 일삼는 것이 마땅하지 아니하니 3 형제들아 너희 가운데서 성령과 지혜가 충만하여 칭찬 받는 사람 일곱을 택하라 우리가 이 일을 그들에게 맡기고 4 우리는 오로지 기도하는 일과 말씀 사역에 힘쓰리라 하니 5 온 무리가 이 말을 기뻐하여 믿음과 성령이 충만한 사람 스데반과 또 빌립과 브로고로와 니가노르와 디몬과 바메나와 유대교에 입교했던 안디옥 사람 니골라를 택하여 6 사도들 앞에 세우니 사도들이 기도하고 그들에게 안수하니라 7 하나님의 말씀이 점점 왕성하여 예루살렘에 있는 제자의 수가 더 심히 많아지고 허다한 제사장의 무리도 이 도에 복종하니라"(행 6:1-7, 개역개정).

1. 예루살렘 교회의 특징(행 2:42-4:22)

요한복음 17장은 예수님이 살아 계실 때 행한 대제사장적 기도이다. 이 기도에서 예수님은 그에게 속한 백성들의 특징으로 ① 기쁨, ② 진리, ③ 거룩, ④ 선교, ⑤ 연합, ⑥ 사랑을 언급하신다(요 17:13-26).

그런데 이 여섯 가지 특징이 초대 예루살렘 교회의 특징으로 나타나고 있는 것은 예수님의 예언이 성취된 것이요, 또한 그리스도의 교회가 어떤 특징들을 소유하고 있어야 함을 가르쳐 준다(행 2:42-47).

초대 예루살렘 교회는 기쁨이 충만한 교회였다(행 2:46).[1] 성령의 열매인 기쁨이 초대교회의 특징이었다(갈 5:22). 그래서 성경 본문은 초대교회가 "기쁨과 순전한 마음으로 음식을 먹고 하나님을 찬미"(행 2:46-47)했다고 전한다. 초대교회는 진리에 기초한 교회였다. 초대교회는 '사도의 가르침'(행 2:42)을 받아 그대로 실천한 교회였다. '사도의 가르침'은 바로 진리이다. 초대교회는 확실하게 구별된 신앙공동체였다. 요한복음 17장에 언급된 거룩은 도덕적 개념의 강조라기보다 성별의 의미를 가지고 있다.[2] 초대교회가 "서로 교제하고 떡을 떼며 오로지 기도"(행 2:42)하고, "믿는 사람이 다 함께 있어 모든 물건을 서로 통용하고"(행 2:44), "마음을 같이 하여 성전에 모이기를 힘쓰는"(행 2:46) 삶을 산 것은 그 당시 사회로부터 성별되었음을 증거하고, 서로 사랑을 실천하는 신앙공동체였음을 증거 한다. 초대교회가 "떡을 떼며"(행 2:42), "다 함께 있고"(행 2:44), "재산과 소유를 팔아 각 사람의 필요를 따라 나눠주고"(행 2:45), "모이기를 힘쓰고 …… 순전한 마음으로 음식을 먹는"(행 2:46) 모습은 그들이 진정으로 연합을 이루는 신앙공동체임을 증거 한다. 그리고 초대 예루살렘교회는 "주께서 구원받는 사람을 날마다 더하게 하시니라"(행 2:47)의 표현이 증거 하듯 전도와 선교에 열심이 많은 교회였다. 이제 초대교회의 특징 중 몇 가지를 좀 더 구체적으로 생각하도록 한다.

---

1) 요한복음에서 χαρά (기쁨, Joy)를 사용한 반면(요 17:13), 사도행전에서는 ἀγαλλίασις (큰 기쁨, full of exultation)를 사용했다. 사도행전의 용어는 체험을 통한 기쁨을 강조한 표현이다.
2) 예수님이 "그들을 진리로 거룩하게 하옵소서"(요 17:17)라고 말한 다음 "내가 나를 거룩하게 하오니 이는 그들도 진리로 거룩함을 얻게 하려 함이니이다"(요 17:19)라고 말한다. 이는 거룩의 개념이 도덕적 개념이 아니라 성별의 개념임을 증거 한다.

(1) 교제(fellowship)

성도들의 모임이 확대되어 가면서도 그 모임은 밀접한 교제의 단체로 지속되었다. 그리고 그들의 교제를 통해서 우리는 초기 성도들이 믿음, 사랑, 기쁨으로 연합된 것을 알 수 있다. 그들의 교제는 그리스도를 믿는 공통된 믿음으로 결속되었고 사도들의 가르침과 지시에 의하여 하나의 공동체로 조직되었다. 사도들은 공동체의 지도자 역할을 했다. "그들이 사도의 가르침을 받아 서로 교제하고 떡을 떼며 오로지 기도하기를 힘쓰니라"(행 2:42). 예루살렘 교회는 말씀을 중심으로 교제했다. 말씀 연구 자체가 교제 수단이 되었다. 그들의 교제는 오늘날의 개념과는 달리 신학적인 의미를 내포하고 있었다.3) 그들은 또한 유대인들의 습관대로 매일 모여 같이 기도했다. 기도회는 믿는 성도들의 가정에서 시행되었을 것이다. 그리고 저녁 집회 시에는 같이 식사를 했을 것이다. 이것이 유다서 12절에 언급된 기독교의 '애찬'(love feast)의 기원이다.

그리고 고린도전서 11장에 언급된 대로 정규적으로 성만찬을 시행했을 것이다.4) 성도들의 교제는 예수님의 생애를 설명하는 가르침과 또한 예수님의 교훈을 구약의 배경에 비추어 설명하는 사도들의 가르침이 중요한 부분을 차지하고 있었다.

(2) 이적(miracles)

누가는 이적을 초대 예루살렘 교회의 특징으로 언급한다. 사도행전 2:43에는 교회 내에서 여러 가지 기사와 표적이 발생한 것을 언급한다. 사도들은 많은 이적을 행했다. 특히 그리스도의 이름으로 병 고치는 이적을 많이 행했다(행 2:43; 참조, 행 3:6, 7; 5:12-16). 이 이적들은 '테라타 카이 세메이아'($\tau\acute{\epsilon}\rho\alpha\tau\alpha$ $\kappa\alpha\grave{\iota}$ $\sigma\eta\mu\epsilon\hat{\iota}\alpha$)라는 흔히 사용되는 용어로

---

3) Guthrie, *op. cit.*, p. 34.
4) Bruce, *The Acts of the Apostles*, p. 100.

설명되었다.5) 이들 기사와 표적들은 그 자체가 목적이 아니다. 그것들은 기독교인들에게 경건한 두려움을 주었고 하나님의 권능에 대해 경외심을 갖도록 했으며 사도들의 교훈과 사도직을 확증해 주는 역할도 했다. 그리고 그 이적들로 인해 사도들이 증거 한 그리스도의 부활이 더욱 신빙성 있게 되었고 능력 있게 되었다.

예루살렘 교회의 또 다른 특징은 그들이 경건한 기쁨을 맛보았다는 사실이다. "날마다 마음을 같이하여 성전에 모이기를 힘쓰고 집에서 떡을 떼며 기쁨과 순전한 마음으로 음식을 먹고 하나님을 찬미하며 또 온 백성에게 칭송을 받으니"(행 2:46, 47)라는 말씀은 이를 뒷받침한다. 구원의 기쁨, 새로운 시작에 대한 느낌, 형식적인 유대주의로부터의 탈피 - 이 모든 것은 기쁨과 찬미의 정신을 더 증가시켰다.

(3) 물건을 공동으로 사용함(행 2:44, 45; 4:32-37)

사도행전에 나타난 물건을 공동으로 사용하는 문제를 다루는 데는 특별한 주의가 필요하다. 왜냐하면 우리들은 우리시대의 상황에 비추어 사도행전의 경험을 해석할 수 있기 때문이다. 성경 본문은 그 당시의 사회적 상황과 역사적 문맥에 비추어 본문을 해석하고 그 의미를 우리 시대의 삶에 적용해야 한다. 이 말씀은 성경 본문을 문법적-역사적-정경적 방법으로 접근해야 한다는 뜻이다.

① 일반적 형편

하나님의 임재를 느끼고 왕국의 권능으로 생활하는 기쁨, 그리고 필요에 처한 형제를 사랑하는 성도간의 교제의 정신이 너무나 팽배했기 때문에 그들은 재산과 물건을 주 안에서 통용하게 되었다. 제자들은 그들의 모든 세상적인 소유가 공동체를 위해 봉사하는 데 사용되어야

---

5) 사도행전에 τέρατα καὶ σημεῖα도 자주 사용되었지만(행 2:19, 22, 43; 6:8; 7:36) σημεῖα καὶ τέρατα도 자주 사용되었다(행 4:30; 5:12; 14:3; 15:12).

한다고 생각했던 것 같다. 그러므로 그들은 형제들의 필요에 따라 물건을 자유스럽게 분배했다. 이는 자발적이고 자유스러운 행위였지 지도자들의 요구에 의해서 실현된 것이 아니다. 재산을 공동으로 사용하는 것은 성령으로 하나 되는 탁월한 일체감이 유지될 때만 가능했다. 그렇기 때문에 그들의 일체감이 약간 식어질 때는 재산을 공유하는 생활이 심각한 어려움에 봉착하게 된 것이다(참조, 행 4:32-5:11).[6] 이것은 결코 강요된 공산주의가 아니다. 사도행전의 기록을 보면 예루살렘에 있었던 초기 기독교인들은 대부분이 가난한 사람들이었다. 더구나 그들 중 대부분은 그리스도를 봉사하기 위해 그들의 집과 직업을 떠나 예루살렘으로 이사 온 사람들이었다. 이들 중에는 갈릴리에서부터 이사 온 사람들이 많이 있었다.

이런 이유로 최초의 기독교회 내에는 물질이 필요했으며 이 필요를 충당하기 위해 성도들은 그들이 소유한 물건을 나누어 쓰게 되었다. 후에 나타난 기록으로 보면 사도들은 상당한 분량의 물건들을 헌납받아 필요에 따라 사용한 사실을 찾아 볼 수 있다. 사도행전 4:34, 35에 예루살렘 교회가 물질적으로 어떻게 그들의 필요를 충당했는지 설명하고 있다. "그 중에 가난한 사람이 없으니 이는 밭과 집 있는 자는 팔아 그 판 것의 값을 가져다가 사도들의 발 앞에 두매 그들이 각 사람의 필요를 따라 나눠 줌이라"(행 4:34, 35).

② 과부들을 보살핌

기독교회에서는 과부들의 궁핍함에 대해 특별한 관심을 가지고 보살폈다. 보살핌을 받은 사람들이 그들 뿐은 아니었겠지만 그들에게 특별한 어려운 일이 발생했기 때문에 여기에 언급된 것이다. "헬라파 유대인들이 자기의 과부들이 매일의 구제에 빠지므로 히브리 파 사람

---

[6] Bruce, *The Book of the Acts*, p. 81.

을 원망하니"(행 6:1)라는 기록이 그때의 형편을 잘 설명해 주고 있다. 과부들을 보살피는 일은 공동 재산으로 시행되었다. 물건들은 필요에 따라 나누어졌고 이는 오직 성도들이 서로 사랑한다는 동기에서 시행되었다.

③ 어떤 분파의 영향을 받지 않음

본문에 나타난, 재산을 공동으로 사용하는 습관이 에세네(Essene)파의 영향이라고 생각하는 사람이 있지만 이는 불가능한 주장이다. 에세네파의 특징은 여기에 하나도 적용되지 않는다. 에세네파의 특징들은 가난의 강요, 엄격한 단체 조직, 다른 단체와의 분리, 외부 사람들에 대한 부정적인 태도 등이다. 그러나 초대 기독교 공동체에서는 그러한 특징들을 찾아볼 수 없다. 요세푸스(Josephus)는 에세네파가 새로운 회원을 받아들일 때는 새 회원의 소유를 몰수하여 아무도 절대빈곤을 경험하거나 과도한 부를 소유하지 못하게 했으며 개인의 소유는 공동의 기금으로 넣도록 했다고 기록한다.7) 그러나 초대 예루살렘 교회는 자신의 소유를 강요에 의한 것이 아니라 자발적으로 헌납하여 믿음의 공동체를 도왔다. 물건을 공동으로 사용했던 원인은 초대 기독교인들이 서로 사랑하고 기쁨의 생활을 했기 때문이다. 그들은 자발적으로 재산을 팔아 공동으로 사용했지 어떤 강요에 의한 것은 아니다. 따라서 재산을 팔아 교회에 바치는 생활습관이 초대 기독교인 모두에게 적용되었다고 생각할 수 없다(아나니아와 삽비라의 예, 참조, 행 5:1-6). 또한 사도행전 2장의 재산을 공동으로 사용하는 습관이 계속적으로 시행되었다고도 볼 수 없다. 예루살렘 교인 중에 마가의 어머니 마리아는

---

7) Flavius Josephus, *The Jewish War*, Books I-Ⅲ: *Loeb Classical Library*, trans. H. St. J. Thackeray (Cambridge: Harvard University Press, 1967), pp. 369-371 (*The Jewish War*, 2.8.3).

집을 소유했다. 사도행전 12:12의 기사는 이 사실을 뒷받침 해준다. 분명히 재산 공유의 생활이 아나니아와 삽비라 사건으로 억제 받았을 것이고 사도들의 조정에 따라 시행되었을 것이다. 그러나 초대 기독교회가 물건을 공유한 사실은 중요한 특징 중의 하나이다.

(4) 사도들의 담대한 증거(행 3:11-26; 4:5-22)

예수님께서 베드로에게 닭 울기 전에 세 번 예수님을 부인할 것을 말씀하시자 "주여 내가 주와 함께 옥에도, 죽는 데에도 가기를 각오하였나이다"(눅 22:33; 참조, 마 26:35)라고 담대한 말은 했지만 실제로 예수님이 붙잡히자 제자들은 예수님의 예언처럼 뿔뿔이 흩어지고 장담했던 베드로는 예수님을 세 번이나 부인했다(마 26:69-74; 눅 22:54-62). 그러나 이렇게 겁 많았던 제자들이 성령의 능력을 받은 다음에는 담대해진 모습을 볼 수 있다. 관원들과 서기관들과 장로와 대제사장이 예수의 이름으로 복음을 전파하지 못하게 할 때 베드로와 요한은 멀리서 예수님의 뒤를 따를 때와는 달리(눅 22:54) 담대하게 "하나님 앞에서 너희의 말을 듣는 것이 하나님의 말씀을 듣는 것보다 옳은가 판단하라 우리는 보고 들은 것을 말하지 아니할 수 없다"(행 4:19, 20)라고 말했다. 마치 구약의 선지자들이 하나님께서 그들에게 주신 하나님의 말씀을 선포할 수밖에 없는 것처럼(렘 20:9; 암 3:8; 욘 3:1-3) 사도들은 예수님께서 그들에게 명령한 것을(마 28:20) 가르칠 수밖에 없다고 담대하게 말했다. 베드로와 요한이 "하나님 앞에서 너희의 말을 듣는 것이 하나님의 말씀을 듣는 것보다 옳은가 판단하라"(행 4:19)고 말한 것은 신약성경이 기록되기 이전에 벌써 예수님의 행적과 교훈이 구약의 권위와 동등하다는 것을 암시하는 증거다. 왜냐하면 베드로와 요한이 "너희의 말"과 "하나님의 말씀"을 대립으로 놓고는 있지만 사실상 "너희의 말"이란 그 당시 종교 지도자들이 비록 구약을 잘못 이해하기는 했어도 구약의 권위에 의지해서 말하고 있기 때문이다. 베드로와 요한은 그 당시 종교 지도자들에게 예수님의 행적과 교훈이 구약과 동등한 권위를 가지며 또 구약에서 예언된 내용이라고 증거하고 있다. 사도들의 이런 태도는 대제사장, 서기관, 관원들 앞에서 함축적으로 예수님이 하나님이심을 증언하고 있는 것이다.

① 솔로몬의 행각에서의 베드로의 복음 증거(행 3:11-26)
제자들은 자신들의 안전을 위해 언어 선택과 사용에 있어서 조심스러운 태도를 취하지 않았다. 오히려 문제의 핵심을 그들에게 분명하고도 담대하게 말했다.[8] 베드로는 사실상 그런 청중을 앞에 두고 복음을 선포할 수 있는 기회를 갖게 된 것을 기쁘게 생각한 것 같다.
베드로의 복음 증거의 내용은 예수님이 구약 예언의 성취라는 것이다(행 3:18, 13-14 참조). 특별히 복음의 핵심은 예수님의 죽음과 부활이다(행 3:15-16).[9] 이는 바울 사도가 "하나님께서 그를 죽은 자 가운데서 살리신 것을 네 마음에 믿으면 구원을 받으리라"(롬 10:9)라고 말한 내용과 동일한 것이다. 초대교회의 복음의 핵심은 예수님의 죽음과 부활이었다(롬 1:2-4).

② 공회 앞에서의 베드로의 복음 증거(행 4:5-22)
공회 앞에서의 베드로의 설교는 40여 세 된 나면서 앉은뱅이 된 사람을 예수 그리스도의 이름으로 고친 것이 계기가 되었다(행 3:1-8; 4:22). 초대교회의 이적은 항상 복음의 확산을 위해 사용되었다. 사도들의 복음 선포로 남자만 약 5,000명이 예수를 믿게 되었다(행 4:4). 이런 상황에서 관원과 장로와 서기관들이 이미 잡아 가두었던 사도들

---

8) Harrison, *op. cit.*, p. 82.
9) Simon J. Kistemaker, *Exposition of The Acts of the Apostles* (*NTC*, Grand Rapids: Baker, 1990), pp. 133-134.

을(베드로와 요한)공회 앞에10) 세우고 심문을 하기 시작한다. 그 당시 종교지도자들이 "무슨 권세와 누구의 이름으로 이 일을 행하였느냐" (행 4:7)라고 심문하자, 사도들은 그들이 배척한 예수 그리스도의 이름으로 병을 낫게 했다고 담대히 증거 한다(행 4:10-12). 그리고 사도들은 예수 그리스도를 통해서만 구원이 있음을 천명한다(행 4:12). 사도들은 이 예수가 "너희 건축자들의 버린 돌로서 집 모퉁이의 머릿돌이 되었느니라"(행 4:11)라고 말한 시편 118:22을 인용해서 설명한다. 사도들의 이 말은 한편으로 주 예수를 배척한 이스라엘의 종교 지도자들을 책망한 것이요, 다른 한편으로 이스라엘의 배척을 받아 십자가를 지신 예수 그리스도를 하나님이 살리심으로 예수님의 승리를 확인해 주는 것이다.11)

사도들의 담대함에 종교 지도자들은 당황했음에 틀림없다(행 4:13-14). 그래서 그들은 사도들을 다시 가두어 둘 수 없어 "이 후에는 이 이름으로 아무에게도 말하지 말게 하자"(행 4:17)라고 경고하는 정도에 그칠 수밖에 없었다. 그러나 사도들은 "하나님 앞에서 너희의 말을 듣는 것이 하나님의 말씀을 듣는 것보다 옳은가 판단하라"(행 4:19)라고 종교 지도자들에게 전혀 굴하지 않고 계속해서 담대히 복음을 선포했다. 이 일을 통해 예루살렘은 하나님의 영광으로 가득 차게 되었다(행 4:21).

---

10) 공회(Sanhedrin)는 주로 사두개인과 바리새인들로 구성된 70명의 회원과 공회로 모일 때 사회의 책임을 맡은 대제사장으로 구성되어 있다(참조, 민 11:16-17). 공회의 회원은 순수한 이스라엘 백성으로 종신직이었다. 공회는 율법의 해석에 관해 결정을 내릴 수 있었고 총독의 허락 하에 범죄의 사건에 관해 판결을 할 수 있었다. cf. Merrill C. Tenney, "Sanhedrin," *Baker's Dictionary of Theology* (Grand Rapids: Baker, 1975), pp. 471-72.
11) E. F. Harrison, *Acts: The Expanding Church*, p. 83.

2. 예루살렘 교회 내의 분란(행 5:1-11; 6:1-4)

(1) 배경

이때까지 교회는 평화스럽게 그리고 기쁨을 가지고 성장해갔다. 그들은 아직도 유대 민족적인 예배 의식에서 분리되지 않았다. 사도행전 2:46은 제자들이 날마다 마음을 같이하여 성전에 모였다고 증거 한다. 제자들은 성전 바깥마당을 복음 증거 하는 장소로 사용했다(행 3:1, 11; 5:12, 20). 사도들은 성전에서 복음 전도하는 데 성공적이었다. 그들은 기사와 표적을 행하고 사람들의 존경을 받았다. 그리고 예루살렘 교회는 신앙이 성장하고 많은 남자와 여자가 이 공동체에 가담하게 되었다(참조, 행 5:12-14).

예루살렘 교회의 성장에 있어서 다른 괄목할만한 사건은 사도행전 6:7의 사건이다. "하나님의 말씀이 점점 왕성하여 예루살렘에 있는 제자의 수가 더 심히 많아지고 허다한 제사장의 무리도 이 도에 복종하니라"(행 6:7). 허다한 제사장의 무리가 개종한 사실은 두 가지 면에서 의미심장하다. 첫째는, 복음의 능력으로 이들을 기독교 운동에 가담하게 한 사실이요, 둘째는, 이들 중 어떤 이들이 나중에 기독교를 유대화시키는 운동에 가담했다는 사실이다(행 15:1, 5; 참조, 갈 2:1-10). 호사다마(好事多魔)라는 말처럼 예루살렘 교회의 성공적인 확장이 있을 때 교회 내에는 어려운 문제들도 뒤따랐다.

(2) 아나니아와 삽비라 사건(행 5:1-11)

첫 번째 분란이 아나니아와 삽비라의 위선으로부터 시작된다. 그들은 공동으로 사용하는 자금에 기부하는 것을 특별한 미덕으로 느낀 나머지 그들의 재산의 일부를 판 다음 마치 그들의 재산 전부를 교회에 헌납하는 것처럼 속였다. 베드로는 그들의 죄를 알아차리고 하나님의 심판을 그들 위에 요청했다. 이 사실은 다른 사람들에게 엄숙한 경고가 되었다. 즉 그 사실은 주님과 그의 교회에 대해 철저하게 신실해야만 한다는 경고가 된 것이다. 그들의 죄는 교회를 조직하신 성령에 대한 범죄였다(행 5:4). 왜냐하면 그들의 행위는 거짓이요 세상적이며, 본질적으로 불신이었기 때문이다. 이 사건은 교회 내에서 발생한 첫 위선이었다. 아나니아와 삽비라에게 임한 형벌은 다른 사람들에게 엄숙한 경고가 된 것이다. 따라서 이 사건은 사도들의 권위를 높이는 역할을 했다(참조, 행 5:11). 그러나 이 일로 인해 물건을 공동으로 사용하는 습관은 활발치 못하게 되었을 것이다.

칼빈(John Calvin)은 아나니아와 삽비라의 속임수 뒤에는 많은 악이 감추어져 있다고 해석한다. 그는 첫째, 하나님을 경멸한 악이 숨겨져 있고, 둘째, 하나님께 속한 것으로 구별된 것을 자신의 것으로 숨겼기 때문에 신성을 더럽히는 기만이 숨겨져 있고, 셋째, 하나님의 심판을 생각하지 않은 사악한 허영심과 야망이 숨겨져 있고, 넷째, 하나님을 신뢰하지 못하는 불성실의 악이 숨겨져 있고, 다섯째, 경건하고 거룩한 계획을 망치는 악이 숨겨져 있고, 여섯째, 위선 자체의 큰 악이 숨겨져 있다[12]라고 해석한다. 아나니아와 삽비라 사건은 교회의 순결의 중요성과, 위선에 대한 하나님의 심판, 그리고 이 세상에서의 완전한 교회의 부재를 가르쳐 준다.[13]

(3) 과부들을 소홀히 대우함(행 6:1-4)

소홀히 취급받은 과부들은 헬라 파 유대인들이었다.[14] 그들은 다른

---

12) Calvin, *The Acts of the Apostles*, vol. I, pp. 132-33.
13) Spurgeon이 완전한 교회를 찾기 위해 상담하러 온 사람에게 "당신이 완전한 교회를 찾으면 그 교회에 등록하지 마십시오. 왜냐하면 당신이 그 교회에 등록하게 되면 그 교회는 더 이상 완전하지 않기 때문이요"라고 권면한 말은 지상교회의 상태에 대해 시사하는 바가 크다.

사람들과 꼭 마찬가지로 교회의 일원이었다. 그러나 그들은 사회적인 배경 때문에 차별 대우를 받는다고 느꼈다. 그들은 매일 구제에서 빠지게 되었다(행 6:1). 이 형편은 다른 헬라 파 사람들에게 알려지게 되고 헬라 파 사람들이 히브리 파 사람들을 원망하기에까지 이르게 되었다(행 6:1). 물건을 공동으로 사용하는 문제로 인해 교회의 화목과 통일성이 침해를 받았다.

초대 교회의 이러한 공동생활은 성도들의 영적 생활에 문제를 가져왔고 자만심과 불만을 야기했다. 문제는 더욱 심각하게 되어 결국 사도들이 이 사건을 처리할 수밖에 없게 되었다. "열두 사도가 모든 제자를 불러 이르되 우리가 하나님의 말씀을 제쳐놓고 접대를 일삼는 것이 마땅하지 아니하니"(행 6:2)라고 말한 사실은 매일 봉사(구제)의 일을 사도들 자신이 감독했다는 것을 증거 한다.

그러나 구제의 일이 너무 방대해졌기 때문에 사도들이 이 일을 계속하는 것은 불가능하게 되었다. 그리고 말씀을 저버리고 이 일을 계속하는 것도 적당치 않은 것을 알았다. 사도들은 더 큰 책임과 의무를 감당해야 했다. 이와 같은 형편이 교회의 조직을 새롭게 하는 첫 단계가 된 것이다.

3. 교회의 구조적 발전(행 6:5-6)

교회 내에 사도 외에는 다른 직책을 맡을 사람이 없었다. 초기교회에서는 사도들이 성도들의 영적 문제뿐만 아니라 세상적인 일까지 보살펴

---

14) 헬라 파 유대인('Ελληνιστής)은 행 6:1; 9:29; 11:20 등 세 곳에서 사용되었다. 행 6:1에서 헬라 파 유대인(τῶν 'Ελληνιστῶν)은 헬라 말을 하는 유대인 기독교인들을 가리키고, 행 9:29에서는 헬라 말을 하는 유대인으로 기독교인이 아닌 사람들을 가리키며, 그리고 행 11:20에서는 유대인도 기독교인도 아닌 사람으로 단순히 헬라 말을 하는 사람들을 가리킨다. 그러므로 이 용어의 뜻은 문맥에 비추어 그 뜻을 찾을 수밖에 없다.

야 할 유일한 지도자들이었다. 그러나 사도들의 권위는 영적인 것이었지 법률적인 것은 아니었다.15) 교회가 숫자적으로 성장함에 따라 다른 책임이 늘어나게 되고 특히 구제하는 일 때문에 사도들을 도와 교회의 일을 해야 할 사람들을 택하지 않으면 안 되게 되었다. 사도들을 도운 사람으로 성경에 언급된 것은 아나니아와 삽비라의 시체를 메고 나갔던 '젊은 사람들'뿐이었다. 그러나 그들은 특별한 직책을 맡은 자들은 아니었다.

본문에 나타난 직책에 대해 알아보자.

① 집사 직이 필요에 응해 설립되었다. 헬라 파 유대인들이 그들의 과부가 구제에 빠진 데 대하여 불평을 하므로 사도들은 이 일을 잘 처리할 수 있도록 주선했다. 교회 내의 접대를 위해서 일곱(7) 집사가 선택된다.

② 교회의 형제들에 의해서 선택된 남자들에게 사도들이 기도하고 안수함으로 집사들이 세워졌다. 집사들은 성별 되었고 성직을 부여받은 사람들이다. 사도행전 6:3에 "우리가 이 일을 그들에게 맡기고"(καταστήσομεν)는 선택받은 집사들이 특별한 직무를 부여받은 것을 말한다. 집사들은 초대 교회의 전체 회의에서 선택받은 사람들이다:"열두 사도가 모든 제자를(τὸ πλῆθος τῶν μαθητῶν) 불러"(행 6:2) 라는 말은 제자들의 전체를 불렀다는 뜻과 같다. 즉 집사들은 교회에 속한 많은 사람들에 의해 선택받은 것이다. 적어도 많은 남자들이(ἀδελφοί, 참조, 행 6:3) 이 모임에 참여했음에 틀림없다.

---

15) G. E. Ladd, *A Theology of the New Testament* (Grand Rapids: Eerdmans, 1974), p. 351: "그들의 유일한 지도자는 사도들로서 사도들의 권위는 분명히 영적인 것이었고 법률적인 것은 아니었다. 그때에는 조직도 없었고 임명받은 지도자도 없었다. 교회 (ekklesia)는 오늘날과 같이 조직된 기구가 아니었다."

이 모임은 교회 안에 봉사의 필요가 있음을 알고 일곱 집사 택하는 것을 좋게 여겨(행 6:5) 그들 중 믿음과 성령이 충만한 사람 일곱을 택했다. 초대 교회의 집사 선택은 그들 스스로를 위한 선택이었다 (ἐξελέξαντο는 중간태). 이 해석은 사도행전 6:6에 언급된 대로 교회가 선택된 일곱 집사를 사도들 앞에 세운 사실로 보아 확실함을 알 수 있다. 일곱 집사의 선택과 임직은 장로교 방법으로 공동 의회를 거쳐 행한 최초의 예이다.

③ 일곱 집사의 직무는 디아코니아(ἡ διακονία)로 공궤를 하는 것이다. 여기서 영어의 디콘(deacon)이라는 말이 나왔다. 이는 영광스러운 직무요 사도들의 직무와 비교되는 직무였다. 본문에서는 사도들의 직무를 '디아코니아 투 로구'(διακονία τοῦ λόγου)로 표현하고(행 6:4) 집사들의 직무를 '디아코네인 트라페자이스'(διακονεῖν τραπέζαις)로 표현하여(행 6:2) 집사들의 직무의 귀중성을 나타내고 있다. 또한 집사들의 직무가 말씀의 선포보다는 실제적인 사랑을 베푸는 직무임을 강조하고 있다.16) 본문에서 사용된 집사에 대한 명칭이 사도 바울이 설립한 교회에서 집사들에게 적용한 명칭과 차이가 있는 것을 찾아볼 수 있다(빌 1:1; 딤전 3:8). 그러나 집사의 기능과 직무에 대하여 후기에 언급한 것은 모두 예루살렘 기독교회에서 일곱 집사를 택한 것에 그 근원을 두고 있다. 집사들은 원래 가난한 자들을 보살피도록 선택되었지만 그들은 다른 역할도 감당한다(스데반과 빌립의 예). 우리들은 사도행전에 나타난 집사의 의무와 기능에 대하여 너무 독단적인 한계를 정해서는 안 된다. 그 이유를 세 가지로 설명할 수 있다. 첫째, 스데반(Stephen)과 빌립(Philip)은 설교자로, 복음전도자로 인정함을

---

16) H. W. Beyer, "διακονέω," *TDNT*, Vol. II, p. 84: "The διακονεῖν τραπέζαις is brought into emphatic contrast with the διακονία τοῦ λόγου, and embraces practical love rather than the proclamation of the Word."

받았지만 그들이 집사의 의무를 저버리지 않았다. 스데반과 빌립이 집사로서 복음 전도자의 역할을 감당한 것은 그 당시 집사의 의무와 기능에 명백한 한계가 정해지지 않았다는 것을 증거하고 있다. 둘째, 유대의 가난한 자들을 위해서 안디옥 교회가 선물을 보낼 때 유대 교회의 장로들에게 이 선물이 전달되었다(행 11:30). 이 사실은 비록 집사들이 가난한 자들을 보살피고 선물을 분배했겠지만 유대의 장로들도 선물을 받는 일에 전혀 무관하지는 않았음을 말해준다. 셋째, 일곱 집사의 선택과 임직은 특별한 필요를 충당하기 위한 것이었다. 일곱 집사를 선택할 당시 영구한 집사 직을 설립하겠다는 의식을 사도들이 가지고 있었다고 생각할 수 없다.

4. 예루살렘 교회에서의 사도들의 의무

말씀의 사역자들로서 사도들은 백성들에게 복음을 전하고 교회를 가르치는 일에 전념할 수 있게 되었다.

(1) 사도들의 가르침

그것은 예수님의 행위와 교훈을 상기시키는 일이요, 또한 구약의 예언에 비추어 이 사건들을 해석하는 일이었다. 따라서 예수님의 생애의 여러 가지 면모가 거듭 상기되어졌을 것이다. 이들 자료는 거듭 전해짐에 따라 특별한 형태로 고정되어졌다. 그래서 예수님의 갈릴리 사역이나 수난 주간의 일들이 특별한 관심을 불러 일으켰다. 이런 일들은 예수님의 일대기를 기록하기 위한 목적이 아니라 오히려 복음을 전하고 교회 내의 성도들에게 예수님의 믿음의 원리를 가르치기 위해서였다. 사도들의 전도와 교훈의 목적은 청중들로 하여금 예수 그리스도의 인격과 사역을 믿게 하는 데 있었고 그들의 신앙을 더욱 깊게 하는 데 있었다.

(2) 초대 기독교 신학

사도들은 초기의 기독교 신학에 커다란 공헌을 했다. 초대 기독교회의 신학은 사도 베드로의 설교와 스데반과 빌립의 설교를 통해서 분석해 볼 수 있다.

① 신학의 자료

우리들이 취급하는 설교들은 초기 사도들이 행한 설교의 전부가 아니고 일부라는 사실을 기억하고 연구에 임해야 한다. 사도행전에 기록된 설교들은 사도들이 행한 설교의 견본이기 때문에 사도들이 믿고 가르쳤던 교훈이 무엇이었는가를 가르쳐 준다.

그러나 이 설교들 속에 사도들이 믿었던 모든 것이 포함되어 있다고 생각하는 것은 타당하지 않다. 사도들의 설교는 믿지 않는 사람들에게 공적으로 행한 것으로서 청중을 믿음으로 이끄는 변증적인 요소가 내포되어 있다. 설교 속에 나타난 사도들의 신학적인 사상은 기독교가 초기부터 교리를 생활과 연관시키려고 노력한 점을 보여준다.

사도들의 신학의 자료는 (i) 예수님의 생애에 대한 사실들이며 (ii) 예수님의 교훈 하신 내용들이다. 또한 (iii) 예수님의 부활에 대한 증거이다. 이는 사도들의 자격을 언급할 때 나타난 내용과 일치하고 있다(행 1:21-22). 이 자료들은 구약에 비추어 해석되었고 또한 성령의 조명으로 그 뜻이 밝혀졌다. 분명한 사실은 초기 기독교 신학이 히브리의 종교(Old Testament)를 바탕으로 이룩되어졌다는 점이다. 모세와 선지자들의 글이 이와 같이 성취되었다. 구약이 신약을 예언하고 내다보는 반면 예수님의 생애와 교훈은 구약 이해에 새로운 면을 가져왔다.

② 신학의 내용

초대 기독교회에서는 기독론이 강조되었다. 즉 (i) 삼위일체의 교리 (ii) 아버지 되신 하나님의 인격과 사역 (iii) 아들 되신 예수님의 인격과 사역 (iv) 성령 되신 하나님의 인격과 사역이다.

초대 기독교회의 신학에는 강조된 요소와 생략된 요소가 있었다.

(i) 강조된 신학적 요소

가. 그리스도의 사역

신앙의 근본적 신조는 예수가 이스라엘의 메시아로 사역했다는 것이다. 예수는 선지자들의 예언대로 이스라엘의 약속된 구원자였다(행 3:18). 그리스도의 십자가형은 하나님의 목적과 계획에 의해 실행된 것이다. 그의 부활과 승천 역시 하나님의 계획의 일부였다. 이런 구속적 사건들 때문에 죄의 용서와 성령의 선물이 가능하게 된 것이다(행 2:38; 3:19). 성령의 오심은 메시아적 구원의 약속이요 인침이다(행 2:16-18; 3:19; 5:33).

나. 그리스도의 인격

예수님이 하나님의 종으로 호칭되었다(행 3:13; 4:27). 그는 또한 거룩하고 의로운 자로 불렸다(행 3:14). 그리스도의 주되심(Lordship)이 그의 승천으로 확증되었다(행 2:36). 예수는 주와 그리스도로 선포되었으며 따라서 그는 새로운 영적 생명의 공급자가 된 것이다(행 3:15; 5:31). 예수는 구주로도 불렸다(행 4:12; 5:31). 이제 그는 그의 구속사역을 하늘에서 시행하신다. 모든 권세를 가지고 하나님의 백성을 회복시키는 일을 하신다(행 3:21). 예수는 영광 중에 오실 재림주이시다(행 3:20). 그때에 그는 심판주로서 모든 세상을 심판하실 것이다(행 2:19; 3:23; 10:42).

다. 세상에서의 교회의 사명

교회의 사명은 기독론적인 복음 전도이다. 교회는 그리스도의 인격과 그의 사역의 성취를 세상에 선포하는 것을 임무로 한다. 이 당시에 교회의 선교적 책임이 비록 전 세계적인 안목을 배제한 것은 아니지만 주로 이스라엘을 향해 선포되었다(행 3:25, 26). 복음의 호소는 누구나 믿는 자에게 주어졌고(행 2:21), 멀리 떨어져 있는 사람들, 즉 이방인들에게와 누구든지 그리스도의 이름을 부르는 자에게 주어졌다(행 2:39).

(ii) 생략된 신학적 요소

가. 예수님의 선재 및 단일신론

중요한 신학적 요소가 생략은 되었지만 초기 예루살렘 교회에 이런 신학의 요소가 전혀 없었다고 생각할 수는 없다. 생략된 신학적 요소가 비록 언급은 되지 않았을 지라도 그 당시의 탁월한 신학적 요소일 수도 있다.

초기 예루살렘 교회의 신학에는 그리스도의 성품에 대한 언급이 없고 특히 구약의 단일신론(monotheistic deity)과의 관계를 언급하고 있지 않다. 그리고 예수님의 선재에 대한 내용이 없다. 예수님의 죽음이 구원과 어떻게 연관되는가에 대한 언급이 없다. 성령의 사역으로서 중생시키는 사역에 대한 언급이 없고 오직 신자들의 경험에 성령이 어떻게 영향을 미치는가에 대해서만 언급한다.

기독교 신앙이 오랜 전통을 가진 모세의 의식적 예배와 나란히 공존한 것으로 나타나 있고 전통적인 유대주의와 새로 싹이 트는 기독교와의 선명한 선이 그어져 있지 않다.

나. 함축적으로 언급된 신학적 요소
초기 설교 내용 중 언급되지는 않았지만 초기 예루살렘 교회가 믿었던 신학적 요소들이 많이 있었음에 틀림없다.
그리스도의 인격에 관해 예루살렘 교회는 다음과 같은 지식을 가지고 있었다. 예수님은 죄를 용서하시고(행 7:60), 성령을 선물로 주시며(행 2:33), 기도를 들으시는 분이다(행 1:24). 그리고 그는 모든 것을 판단하실 자이시다. 이와 같은 신학적 요소들은 여기서는 함축적으로만 언급되었으나 서신들에서는 분명하게 나타난 예루살렘 교회가 믿은 바 예수님의 지상 사역은 하나님께 순종이요(행 3:13, 14; 4:27), 하나님으로부터 온 계시였다(행 3:23). 그리고 예수님은 그의 구원 사역의 보상으로 하나님의 오른편에 높이심을 받았다(행 2:33; 3:13; 7:56). 이와 같은 그리스도의 사역은 서신에서 더욱 명확히 설명된다.

이상에서 설명한 대로 그리스도의 인격과 사역은 초대 기독교회의 신앙과 경건의 중심적인 역할을 했음에 틀림없다. 예수님은 하나님으로 숭배되었고 높임을 받았다.

(iii) 예루살렘 교회의 신학의 요약
사도행전에 기록된 설교들은 기독교가 그 초기부터 신학적인 요소를 소홀히 하지 않았다는 것을 증거 한다. 중요한 요소들은 예수님의 메시아직과 그의 죽음, 특히 그의 부활과 승천이었다. 이 당시의 기독교회가 신학적인 논의는 하지 않았지만 뚜렷한 신조는 가지고 있었음이 확실하다.
예루살렘 교회는 신앙과 행위가 일치된 교회였다. 신앙이 먼저 오고 그 신앙이 행위를 뒤따르게 했다. 이런 진리들이 선포되고 가르쳐져서 예수 그리스도를 메시아로 영접하게 한 것이다. 이런 믿음의 원리는 그 당시에는 충분한 믿음의 자료였으나 후기 서신들에서는 더 충분히 설명되어진 것을 찾을 수 있다.

■ 연구 문제 ■

1. 예루살렘 교회의 특징에 대해 설명하라(행 2:41-47).
2. 물건을 공동으로 사용한 형편을 설명하라(행 2:44-46; 4:32-35).
3. 오순절 이후 사도들은 복음 증거 시 어떤 태도를 취했는가?(행 4:5-22, 32).
4. 아나니아와 삽비라가 지은 죄는 무엇이었는가?(행 5:1-6).
5. 예루살렘 교회 내에 분란이 생긴 원인이 무엇이었는가?(행 6:1-4).
6. 교회 내에 분란이 생기자 사도들은 어떻게 그 문제를 해결했는가?(행 6:3-6).
7. 집사직에 대해 설명하라(행 6:3-6, 8-15; 7:2-60; 8:26-40).
8. 초대교회가 강조한 신학적 요소는 무엇이었는가?(행 3:13-26).

5
오순절 이후 예루살렘 교회의
외적 성장(6:8-8:3)

"8 스데반이 은혜와 권능이 충만하여 큰 기사와 표적을 민간에 행하니 9 이른 바 자유민들 즉 구레네인, 알렉산드리아인, 길리기아와 아시아에서 온 사람들의 회당에서 어떤 자들이 일어나 스데반과 더불어 논쟁 할 새 10 스데반이 지혜와 성령으로 말함을 그들이 능히 당하지 못하여 11 사람들을 매수하여 말하게 하되 이 사람이 모세와 하나님을 모독하는 말을 하는 것을 우리가 들었노라 하게 하고 12 백성과 장로와 서기관들을 충동시켜 와서 잡아가지고 공회에 이르러 13 거짓 증인들을 세우니 이르되 이 사람이 이 거룩한 곳과 율법을 거슬러 말하기를 마지 아니하는도다 14 그의 말에 이 나사렛 예수가 이 곳을 헐고 또 모세가 우리에게 전하여 준 규례를 고치겠다 함을 우리가 들었노라 하거늘 15 공회 중에 앉은 사람들이 다 스데반을 주목하여 보니 그 얼굴이 천사의 얼굴과 같더라"(행 6:8-15, 개역개정).

"1 사울은 그가 죽임 당함을 마땅히 여기더라 그 날에 예루살렘에 있는 교회에 큰 박해가 있어 사도 외에는 다 유대와 사마리아 모든 땅으로 흩어지니라 2 경건한 사람들이 스데반을 장사하고 위하여 크게 울더라 3 사울이 교회를 잔멸 할 새 각 집에 들어가 남녀를 끌어다가 옥에 넘기니라"(행 8:1-3, 개역개정).

1. 역사에 맞춘 사도행전 구조

터너(C. H. Turner)[1]는 사도행전을 시간적으로 구분하는 데 필요한 구절 여섯을 말한다. 이 구절들은 앞에 기록된 내용을 요약하고 있으며 역사적인 연대와 맞추어 보면 각 구분마다 대략 5년에 상응된다.

---

[1] C. H. Turner, "Chronology of the New Testament," *A Dictionary of the Bible*, Vol. I, ed. James Hastings (New York: Charles Scribner's Sons, 1901), pp. 415-25.

이런 방법으로 사도행전을 AD 30-60에 해당되도록 다음과 같이 구분할 수 있다.

① 오순절부터 일곱 집사 선택까지
A.D. 30-40년(혹은 33년)으로 본다.
"하나님의 말씀이 점점 왕성하여 예루살렘에 있는 제자의 수가 더 심히 많아지고 허다한 제사장의 무리도 이 도에 복종하니라"(행 6:7, 개역개정).

② 바울의 첫 예루살렘 방문 때까지
A.D. 36년으로 간주한다.
"그리하여 온 유대와 갈릴리와 사마리아 교회가 평안하여 든든히 서 가고 주를 경외함과 성령의 위로로 진행하여 수가 더 많아지니라"(행 9:31, 개역개정).

③ 헤롯 아그립바(Herod Agrippa) 1세의 죽음까지
A.D. 44년으로 간주한다.
"주의 손이 그들과 함께하시매 수많은 사람들이 믿고 주께 돌아오더라"(행 11:21, 개역개정).
"하나님의 말씀은 흥왕하여 더 하더라"(행 12:24, 개역개정).

④ 바울사도의 2차전도 여행 초까지
A.D. 51년경으로 본다.
"이에 여러 교회가 믿음이 더 굳건해지고 수가 날마다 늘어가니라"(행 16:5, 개역개정).

⑤ 바울사도의 3차전도 여행 초까지
A.D. 55년경으로 본다.
"이와 같이 주의 말씀이 힘이 있어 흥왕하여 세력을 얻으니라"(행 19:20, 개역개정).

⑥ 바울사도의 로마 감금 종료 시까지
A.D. 60-63년으로 추정한다.

"바울이 온 이태를 자기 셋집에 머물면서 자기에게 오는 사람을 다 영접하고 하나님 나라를 전파하며 주 예수 그리스도에 관한 모든 것을 담대하게 거침없이 가르치더라"(행 28:30,31, 개역개정).[2]

2. 일반적 형편(AD 35년경)

교회의 외적 성장은 급속한 것이었다. 오순절 정신의 계속과 예수 그리스도의 증인들로서 초대 교회 교인들의 열성은 교회를 급속히 성장하게 만들었다.

(1) 예루살렘에 있는 그리스도인들

예루살렘에는 오순절 때 개종한 사람들이 많이 있었다. 비록 오순절 때 개종한 사람들 중 많은 수가 자기들의 고향으로 돌아갔겠지만 상당수가 예루살렘에 남아 교회의 성장에 한 몫을 했음에 틀림없다. 오순절 직후에 교인들의 수가 남자들만 계산해도 5,000명쯤 되었다(행 4:4). 급속한 성장을 감안해서(행 5:14; 6:7), 그 당시의 기독교인의 수를 약 10,000명으로 추산하기도 한다. 비록 이 숫자가 괄목할만한 것이나 그 당시 예루살렘의 총 인구에 비교하면 소수에 지나지 않을 것이다.

(2) 예루살렘으로부터의 복음의 확산

오순절에 개종한 사람들이 각각 그들의 고향으로 돌아간 사실들을 종합하여 고찰해 보면 복음이 유대와 갈릴리에 신속히 확산되었을

---

2) E. F. Harrison, op. cit., p. 12: "사도행전의 뚜렷한 특징은 때때로 요약을 삽입한 것이다. 그것은 인용된 특별한 사건들을 근거로 복음의 진보를 일반화시키는 이중 목적을 가지고 있다(그 자료들은 실세 발생한 것의 단편만을 제시하므로). 그리고 다시 언급될 새로운 발전에 대한 전환점을 제공해 주는 역할을 한다. 이런 종류의 역할을 하는 주요 구절들은 6:7; 9:31; 11:21; 12:24; 16:5; 19:20과 28:30-31이다. 그러나 2:47; 5:14; 5:42; 19:10과 같은 다른 구절들도 이와 비슷하게 요약하는 성격을 가지고 있다."

것으로 생각할 수 있다. 얼마 후에 다메섹에 기독교인들이 있었다(행 9:2)는 사실은 이를 증명한다. 그리고 흩어져 사는 유대인들은 곧 이 새로운 운동에 관해 전해들을 수 있었다.

유대인들이 그들의 명절을 지키기 위해 예루살렘에 여행함으로써 예루살렘에 있는 제자들 및 초대 교회와 접촉을 가질 수 있었다. 한편 핍박으로 인하여 믿는 자들이 복음을 가지고 먼 도시까지 흩어지게 되었다. 스데반이 순교한 후 기독교인들은 흩어지게 되었고 그들은 가는 곳마다 복음을 전파했다(행 8:4). 빌립은 사마리아로 갔고 에디오피아 내시는 그 자신의 나라로 갔다. 베드로는 룻다(Lydda), 욥바(Joppa), 가이사랴(Caesarea)에서 복음을 전했다(행 9:32-10:35). 복음은 이런 지도자들에 의해 전파되었지만 동시에 일반 성도들을 통해 전 세계에 전파되게 되었다. "그때에 스데반의 일로 일어난 환난으로 말미암아 흩어진 자들이 베니게와 구브로와 안디옥까지 이르러 유대인에게만 말씀을 전하는데 그 중에 구브로와 구레네 몇 사람이 안디옥에 이르러 헬라인에게도 말하여 주 예수를 전파하니 주의 손이 그들과 함께 하시매 수많은 사람들이 믿고 주께 돌아오더라"(행 11:19-21).

(3) 유대주의와 밀착된 교회

초기의 제자들은 성전을 중심으로 행해진 예배에 참여하고 있었으며 따라서 유대인 지도자들로부터 크게 어려움을 당하지 않았다. 로마 당국도 기독교인을 크게 의식하지 않고 그저 그 당시 팔레스틴에 있었던 여러 종파 중의 하나로 생각했다. 유대인의 지도자들 역시 기독교인들을 유대주의의 미약한 분파로 생각했음에 틀림없다. 400명의 추종자를 모았던 드다(Theudas)나 다수의 추종자를 얻었던 갈릴리 유다(Judas)가 사망하므로 저들을 좇던 추종자들이 모두 흩어져 없어졌다는 사실을 말한(행 5:36, 37) 가말리엘은 기독교 운동에 관해서 공회(Sanhedrin)로 하여금 상관하지 않도록 권고하면서 "이 사상과 이 소행이 사람으로부터 났으면 무너질 것이요, 만일 하나님께로부터 났으면 너희가 그들을 무너뜨릴 수 없겠고 도리어 하나님을 대적하는 자가 될까 하노라"(행 5:38, 39) 했다.3) 여기서 제자들과 공회 사이에 서로 상관관계가 있었다는 사실이 나타난다. 사도들은 자기의 행위에 대해 공회 앞에 설명할 책임이 있었고 공회는 사도들이 공회의 치리 하에 있다고 생각했다. 그리고 어느 쪽도 기독교가 유대주의를 완전히 벗어난 새로운 운동으로 생각하지 않았다. 이런 이유로 기독교 초기에는 유대주의의 핍박을 받지 않았다.

3. 예루살렘에 있었던 첫 번째 핍박

처음으로 사두개당의 핍박이 있었다. 사두개당은 그 당시 유명한 사람들의 당이요, 특히 대제사장들이 포함된 당이었다(행 4:6). 안나스와 가야바 그리고 요한과 알렉산더(행 4:6)가 이 당의 일원으로 언급되어 있다.

(1) 거슬리는 존재로 등장한 기독교인들

기독교인들은 여러 가지 이유로 그들에게 거슬리는 존재가 되었다. 이는 기독교인에게 잘못이 있었기 때문이 아니요, 그들 스스로 쌓아올린 범죄로 인해 죄책을 가지고 있었기 때문이다. 대제사장들은 예수님을 십자가에 못 박는 데 적극적인 참여를 했으므로 죄의식을 가지고 있었다. 그들은 또한 부활의 교훈을 배격했기 때문에(참조,

---

3) 가말리엘(Gamaliel)이 이렇게 권고하는 것은 자신의 기독교인에 대한 동정심에서 우러나온 것이 아니요, 판단을 할 때 관용과 분별이 있어야 한다고 생각했기 때문이다. 탈무드(The Talmud)는 가말리엘이 유대인으로 죽었다고 확증하며, 만약 가말리엘이 그의 믿음을 배반했다면 유대주의 전통이 가말리엘에게 베푼 명예를 이해할 수 없다고 설명한다. cf. R. J. Knowling, *The Expositor's Greek Testament: The Acts of the Apostles*, vol. II (Grand Rapids: Eerdmans, 1980), pp. 161-62.

막 12:18 이하) 부활을 선포하는 제자들을 좋아할 리 없었다. 그리고 제자들이 점점 민중들의 지지를 받게 되자 권력투쟁을 위해 민중들의 지지를 필요로 하는 그들은 제자들의 영향을 의식하지 않을 수 없었다.

(2) 노골화된 핍박

사두개인들의 핍박이 노골화되었다. 베드로가 성전 미문에 앉아있는 앉은뱅이를 고쳐주자(행 3:1-55) 많은 사람이 모이게 되었고 베드로는 모인 그들에게 복음을 전했다(행 3:11-26). 이때에 제사장들과 성전 맡은 자와 사두개인들이 사도들을 붙잡아 가두었으나 그들 스스로 제자들을 어떻게 할 수는 없었다.

(3) 공회와의 충돌(행 4:8-22)

다음날 공회(Sanhedrin)가 예루살렘에 모였을 때 베드로는 대담하게 예수 그리스도가 유일한 구주임을 그들에게 증거 했다. 베드로는 "다른 이로써는 구원을 받을 수 없나니 천하 사람 중에 구원을 받을 만한 다른 이름을 우리에게 주신 일이 없음이라"(행 4:12)고 단호하게 천명한다. 그리고 예수님을 십자가에 못 박게 한 것은 그들의 책임이라고 그들을 꾸짖었다(행 4:8-12).

공회는 병 고침 받은 사람의 증거가 그들 앞에 있으며, 사도들이 대담한 자세로 나오고 또한 제자들이 백성들의 동정을 사고 있었기 때문에 달리는 못하고 제자들에게 예수에 관한 교훈을 더 이상 가르치지 말라는 명령만 내렸을 뿐이다(행 4:17-18). 제자들은 이 충돌로 인해 장차 위기가 닥칠 것을 내다보았지만 주님을 확신하는 태도로 대처했다.

4. 조직화된 핍박(행 5:12-42)

이제 공회와 제사장들은 더 적극적으로 교회를 핍박하게 되었다.

(1) 사도들의 성공(행 5:12-16)

이 구절은 사도들이 백성 가운데서 표적과 기사를 많이 행하므로 큰 성공을 거둔 사실을 기록한다. 이적을 통한 복음 전도는 솔로몬의 행각에서 계속 되었다. 기독교회 밖에서는 백성들 중에 아나니아(Ananias)와 삽비라(Sapphira) 사건으로 인해 두려움이 있었다. 그러므로 그들은 자신들이 신실하지 않는 한 기독교인과 상종하려 들지 않았다. "그 나머지는 감히 그들과 상종하는 사람이 없으나 백성이 칭송하더라"(행 5:13)는 이를 증거 한다. 이제 본문은 베드로의 병 고치는 사역에 강조를 둔다. 무리들은 병든 사람을 메고 거리에 나와 침대와 요 위에 누이고 베드로가 지나 갈 때에 그의 그림자라도 덮이기를 바라고 있었다(행 5:15). 이 병 고치는 이적의 소식은 예루살렘 변두리까지 전해져 많은 사람들이 병든 사람과 더러운 귀신에 들린 사람들을 데리고 와서 나음을 얻었다(행 5:16).

(2) 사도들을 체포함

대제사장과 사두개 당파의 지도자들의 명령에 따라 사도들은 붙잡혀 옥에 갇혔다(행 5:18). 그러나 주의 사자가 밤에 옥문을 열고 사도들에게 명하여, 나가서 계속 성전에서 '이 생명의 말씀'(행 5:20)을 전하라고 했다.[4] 사도들은 주의 사자의 지시하심에 따라 다음날 날이 밝자 성전에서 복음의 말씀을 전했다.

---

4) '이 생명의 말씀'은 τὰ ῥήματα τῆς ζωῆς ταύτης로 ταύτης를 첨가한 것은 '생명의 말씀'이 확실함을 강조하기 위해서이다. cf. John Calvin, *The Acts of the Apostles*, Vol. I, p. 144.

공회가 모여 사도들을 감옥에서 찾았으나 찾지 못하고 오히려 사도들이 성전에서 복음을 전한 사실을 알게 되었다. 사도들은 다시 붙잡혀 공회 앞에 서게 되고 대제사장은 자기들의 명을 따르지 않았다고 사도들을 꾸짖었다. 이에 사도들은 "사람보다 하나님께 순종하는 것이 마땅하니라"(행 5:29)는 유명한 대답을 했다. 그리고 베드로를 위시한 사도들은 그리스도의 죽음이 유대인들의 책임임을 그들 앞에서 선포했다. 또 사도들은 하나님께서 자기를 순종하는 사람들에게 성령을 주신다는 사실도 선포했다(행 5:32). 이때에 온 공회가 사도들을 죽이기로 작정했다.

(3) 가말리엘의 연설(행 5:34-39)

가말리엘 I 세는 힐렐(Hillel)의 손자로 바리새인의 지도자였다. 그는 백성들의 존경을 받는 교법사로 바리새 당파의 지도자였다. 그의 이름의 뜻은 "하나님의 보상"(Reward of God)이다. 그는 바리새파 중에서 비교적 온건한 사상을 가진 그룹의 대표였다. 밀지너(Mielziner)는 가말리엘이 예루살렘 성전이 A.D. 70년에 파괴되기 18년 전(A.D. 52)에 사망한 것으로 전한다.[5] 가말리엘의 연설은 교회 지도자의 외교적 연설의 표본이라 할 수 있다. 그는 종교 핍박을 반대했음이 틀림없다. 그의 논리는 기독교 운동이 하나님으로부터 기인되었으면 성공할 것이요, 사람으로부터 기인되었으면 실패할 것이라는 주장이다. 그는 드다(Theudas)와 갈릴리 유다(Judas)의 예를 들어 설명한다. 드다와 유다가 실패한 것처럼 만약 기독교 운동이 사람으로부터 기인되었고 위험한 운동이라면 같은 운명에 처할 것이라는 논리이다. 그러나 기독교 운동이 순전한 종교 단체로서 하나님으로부터 기인되었다면 유대 공회가 그들을 핍박할 수 없다

---

5) M. Mielziner, *Introduction to the Talmud,* 3rd ed. (New York: 1925), p. 24. Cf. H.L. Strack and P. Billerbeck, *Kommentar zum Neuen Testament aus Talmud und Midrasch,* Vol. II (Munich: 1923-61), p. 636. Billerbeck은 가말리엘의 활동 기간을 A.D. 25-50으로 잡는다.

는 주장이다.

가말리엘의 연설은 그의 논리와 철학에 있어서 재치 있었을 뿐 아니라 적시타였다. 그의 연설은 투쟁적인 사두개인을 가라 앉혔고 백성들을 기쁘게 했을 뿐만 아니라 연설자 자신은 아무런 책임을 지지 않게끔 행해진 것이었다. 공회는 그들의 체면 유지를 위해 사도들을 때리고 예수의 이름으로 말하는 것을 금하고 놓아주었다. "사도들은 그 이름을 위하여 능욕 받는 일에 합당한 자로 여기심을 기뻐하면서 공회 앞을 떠나니라 그들이 날마다 성전에 있든지 집에 있든지 예수는 그리스도라고 가르치기와 전도하기를 그치지 아니하니라"(행 5:41, 42).

(4) 스데반의 사역과 순교(행 6:8-8:3)

① 배경적 설명

교리문제로 인해 바리새인들이 분노하게 되자 그 당시의 형편은 급격히 변하게 되었다. 바리새인들은 사두개인들보다 교리 문제에 더 관심을 가졌다. 새로운 충돌은 일곱 집사 중의 한사람인 스데반에 의해 야기되었다. 스데반은 은혜와 권능이 충만하여 큰 기사와 표적을 백성 중에 행한 사람이며(행 6:8) 예루살렘에 있는 성도들을 위해 수고하고 있었던 헬라파 유대인이었다.

리버디노(Libertines; λιβερτίνων)들이6) 스데반과 더불어 변론했으나(행 6:9), 스데반을 당하지 못하자 거짓 증인들을 내세워 스데반이 모세와 하나님을 모독하는 말을 했다고 주장했다(행 6:11). 스데반은 공회 앞에 붙들렸고 그의 변증이 전혀 비타협적이었기 때문에 곧 사형 선고

---

6) 브루스(F. F. Bruce)는 리버디노가 한 회당을 지칭하고 있으며 이 회당이 구레네 인, 알렉산드리아 인, 길리기아 인, 아시아 인 등 노예의 신분에서 해방된 자유인으로 구성되었다고 생각한다. 그리고 길리기아 인이 언급된 것으로 보아 다소의 사울(바울)이 예루살렘에 있을 때 출석했던 그 회당이었을 것으로 추정한다. see, F. F. Bruce, *The Book of Acts*, p. 133.

가 내려졌다.

② 스데반의 복음 선포

스데반은 성령과 지혜가 충만한 사람이며(행 6:3) 은혜와 권능이 충만한 사람이었다(행 6:8). 이 말씀은 그의 신앙이 탁월하며 그는 이적을 행할 정도로 능력이 뛰어남을 뜻한다.[7] 스데반의 신앙은 이해의 은사뿐만 아니라 열심도 함께 포함하고 있는 신앙이다. 스데반이 정직과 양심으로 변론하는 반면, 회당의 사람들은 '거짓 증인들'을 세우는 것(행 6:13)으로 보아 나쁜 양심(bad conscience)으로 변론하고 있음이 확실하다.[8] 그가 공회 앞에서 변증한 내용이 사도행전 7:1-53에 기록되어 있을 뿐이다. 이 기록의 내용을 다음과 같이 간추려 볼 수 있다.

스데반은 하나님께서 아브라함을 부르시는 때로부터 시작하여 솔로몬이 성전을 봉헌하는 때까지의 유대인의 역사를 개요 한다. 그는 하나님이 아브라함과 그의 언약 후손을 특별히 인도했다는 사실을 강조한다. 그리고 스데반은 유대인 조상들이 하나님이 보낸 지도자들을 배척한 사실을 공회 앞에 천명한다. 그들의 조상이 모세를 배척한 사실을 말한다. 그리고 구약의 특징인 성전 등을 설명한다. 스데반의 설교 중 솔로몬의 성전 건축 부분에 이르러서는 스데반이 이스라엘 역사의 설명을 중단하고 설교의 방향을 신학적인 문제로 전환한다. "그러나 지극히 높으신 이는 손으로 지은 곳에 계시지 아니하시나니"(행 7:48)라고 하나님께 대한 참된 예배는 예루살렘 성전 내에서 행해야 하는 예배가 아니라 영적 예배여야 한다고 설명한다.[9] 스데반의 이 말은 예루살렘 성전을 철저히 종교적 핵심으로

---

[7] Calvin, *The Acts of the Apostles*, Vol. I, p. 165.
[8] *Ibid.*
[9] 예수님이 대제사장의 심문을 받을 때(막 14:53-65) 거짓 증거자들이 "우리가 그의 말을 들으니 손으로 지은 이 성전을 내가 헐고 손으로 짓지 아니한 다른 성전을 사흘 동안에 지으리라 하더라"(막 14:58)라고 예수님을 고발했다. 이 말씀은 거짓

삼고 있었던 그 당시 산헤드린 공회원들의 분노를 사기에 넉넉했다.
 스데반은 자기 앞에 서 있는 통치자들을 가리켜 예언자들을 살해하고 메시아를 죽였으며 하나님의 율법을 거슬린 사람들이라고 경책하므로 사형선고가 분명하게 되었다. 스데반의 말은 날카로운 것이었지만 참된 것이었다. 따라서 공회는 스데반을 향해 분노를 금치 못하게 되었다. 스데반의 설교 중 사도행전 7:51-53의 결론 부분에서는 다른 부분과 견주어 볼 때 그 어조와 내용에 있어서 급격한 변화를 보여준다. "목이 곧고 마음과 귀에 할례를 받지 못한 사람들아 너희도 너희 조상과 같이 항상 성령을 거스르는 도다. 너희 조상들이 선지자들 중의 누구를 박해하지 아니하였느냐 의인이 오시리라 예고한 자들을 그들이 죽였고 이제 너희는 그 의인을 잡아준 자요, 살인한 자가 되나니 너희는 천사가 전한 율법을 받고도 지키지 아니 하였도다 하니라"(행 7:51-53).
 이 시점에서 스데반은 자신의 죽음을 예감했고 하나님의 우편에 서신 인자를 보았다. "보라 하늘이 열리고 인자가 하나님 우편에 서신 것을 보노라"(행 7:56). 이때에 위엄을 과시하던 공회는 폭도로 변하여 스데반을 성 밖으로 끌어내 돌로 쳐 죽였다. 첫 순교자는 세상을 떠나면서 "주 예수여 내 영혼을 받으시옵소서"(행 7:59)와 "주여 이 죄를 그들에게 돌리지 마옵소서"(행 7:60)라는 말을 남겼다.

③ 스데반의 변증의 의의
 새로운 요소가 교회의 메시지에 포함되어졌다. 스데반의 사상은 그때까지 기독교회 내에서 볼 수 있었던 설교나 베드로의 설교를 능가한 것이었다. 스데반의 관점은 선지자들의 메시지보다 이스라엘의 역사에 기초를 둔 것이다. 스데반은 유대 백성의 전체 역사의 목적이 기독교라는 사실을 제시한다. 이스라엘의 역사를 숙고하는

증거이지만 손으로 짓지 아니한 성전은 예수님의 육체를 가리킨다(요 2:19-22). 본문(행 7:48)에서 스데반의 말은 거짓이 아니라 진실한 것이다.

가운데 스데반은 현재나 과거를 막론하고 하나님의 목적은 현존하는 교회와 국가의 반대를 받는다는 사실을 지적했다. 근본적으로 스데반은 죽은 정통을 강력히 규탄하는 것이다. 하나님의 참다운 영적 백성들은 죽은 형식과 구조에만 매달려 신앙을 잊어버린 현존하는 교권제도의 반대를 받게 마련이라는 사실을 지적했다.

④ 스데반의 견해의 기원

스데반은 구약을 연구하므로 이런 견해를 갖게 되었다. 메시아사상이 베드로에게 예언을 이해하게 했듯이 예수님이 메시아라는 같은 사상이 스데반으로 하여금 성경 역사에 관해 새로운 관점을 갖게 만들었다.

메시아의 개념과 인자의 개념이 스데반의 설교에서 나타난다. 스데반은 예수님처럼 그 당시 유대주의의 통치자들을 책망했다(참조, 마 21:33-41; 23:34-36). 이처럼 예수님의 교훈과 행위가 스데반과 같은 제자들에게 영향을 미쳐 현존했던 유대주의로부터 구분을 가져오게 했다.

⑤ 스데반의 변증과 함축된 의미

스데반의 설교는 그 당시 교회의 신학이 구약 역사와 예언에 근거하고 있음을 제시한다. 스데반이 이스라엘 역사를 강조한 사실은 기독교 신학의 배경을 이해하는 데 새로운 차원을 제공한다. 기독교가 유대 종교를 재생시킨 것 이상이라는 사실을 제일 먼저 지적한 사람이 스데반이다. 스데반은 교회가 하나님의 새로운 이스라엘이라는 점을 지적한다. 교회는 구 이스라엘(old Israel)에 심판을 내릴 것을 내다보고 하나님의 경륜 가운데 이스라엘의 위치를 차지하게 된다.

때때로 스데반이 초대 교회의 다른 사람들보다 더 과격하다는 비평을 받지만 스데반은 그 당시 시행된 예배와 결별하지 않았다. 스데반은 "나사렛 예수가 이 곳을 헐고 또 모세가 우리에게 전하여 준 규례를 고치겠다"(행 6:14)라는 말을 했다고 비방을 받았다. 비록 이 내용은 거짓 증거였지만(행 6:13) 교회가 유대주의로부터 분리되고 교회가 유대주의의 심판을 말했다는 근거는 제공하고 있다. 스데반은 후에 바울이 주장한대로 기독교인은 모세의 의식적인 율법을 지킬 책임이 없다고 할 만큼 과격하게 말하지 않는다. 스데반은 성전이 지성소임을 말하고 이스라엘 중심의 의식적인 종교가 영적인 것이 되기를 갈구했다(행 7:44-50). 따라서 스데반의 신학에서 포괄적인 전망을 찾아 볼 수 있다.

⑥ 스데반의 순교

스데반의 죽음은 법이 무시된 가운데 행해진 폭행이었다. 유대의 어떤 법은 지켜졌다. 즉 처벌을 하기 위해 법적인 증인들이 있었다. 사울(Saul)이 그 중의 하나였다. 그러나 일반적으로 스데반의 죽음은 법에 의한 행위는 아니었다. 재판은 간략했고 선고는 급속히 내려졌고 폭도들에게 끌려 죽임을 당했다.

스데반의 순교를 통해 유대인들이 얼마나 포악하게 사람을 죽였는지 짐작할 수 있다. 예수님을 심판할 때 빌라도 앞에서 유대인들이 "우리에게는 사람을 죽이는 권한이 없나이다"(요 18:31)고 한 것은 유대인들이 무법자처럼 포악하게 사형을 집행하기 때문에 그 당시 문명인으로 자처한 로마인들이 그들로부터 사람을 죽이는 권한을 박탈했을 가능성을 시사한다.

스데반은 순교할 때 "인자가 하나님 우편에 서신 것을"(행 7:56) 보았다. 복음서에서 인자(Son of Man)는 예수님 자신만이 사용한 칭호였다. 그리고 인자라는 칭호는 재림과 관련되어 자주 사용되었다. 여기서 스데반이 인자의 칭호를 사용하게 된 것은 마지막 날 발생될 우주적인 현상이 죽어 가는 스데반에게 적용되어진 것으로 생각할 수 있다. 승귀하신 예수님이 하나님 우편에 계신 것을 묘사할 때는 일반적으로 예수님이 하나님 우편에 앉으신 것으로 묘사한다(행 2:33, 34; 5:31; 롬 8:34; 골 3:1; 히 8:1; 12:2; 벧전 3:22). 예수님께서 하나님 우편에 앉으신 것은 맡으신 구속 사역을 모두 마치고 영광과 존귀와 권세의 자리에 앉으신 것을 뜻한다. 특별히 '인자'개념은 예수님의 승귀 단계와 하늘의 왕권을 가지신 예수님과 연관시켜 이해해야 한다.10) 그런데 스데반은 "인자가 하나님 우편에 서신 것을" 본 것이다. 부활체를 입으신 예수님이 '앉고,' "서는 것'은 큰 문제가 아니다. 인자가 하나님 우편에 서신 것은 인자 자신을 위한 자세가 아니요, 순교하고 있는 스데반을 위해 보여 주신 자세이다. 스데반은 땅위의 법정에서 정죄 받아 순교하지만 보혜사 되신 예수님은 왕권을 가지고 하늘의 법정에서 스데반을 변호하고 있다. 따라서 '인자가 서신 것'은 인자가 심판주로 재림하실 것을 가리키지 않고 순교자를 영접하시기 위한 모습으로 생각할 수 있다.11)

⑦ 철저한 기독교 탄압

스데반 사건으로 인해 공회는 기독교가 탄압되어야 할 새로운 단체임을 분명히 알게 되었다. 유대가 로마의 통치 하에 있었지만 공회(Sanhedrin)는 제한된 범위 내에서 시민을 위한 기능을 발휘할 수 있었고 국가의 종교적 법률을 강요할 수 있었다. 따라서 공회는 해로운 종파(sect)가 생길 때 그 종파(sect)가 해로운 것임을 교령(decree)으로 선포해야 한다. 이것을 근거로 남녀를 끌어다가 옥에 넘길 수 있었다(행 8:3; 22:4; 26:10, 11). 가장 적극적인 핍박자는 공회의 임명을 받고 그 명령을 시행하던 사울이었다. 이때에 제자들은 여러 도시로 피신해 갔다. 대부분이 유대와 사마리아로 피신했고 어떤 이는 다메섹과 다른 도시로 피신했다. 사울은 피신한 교인들을 쫓아가 그들을 잡아 유대법의 공정

---

10) James D. G. Dunn, *Christology in the Making*, 2nd ed. (London: SCM Press, 1992), p. 87
11) E. F. Harrison, *Acts*, p. 127; F. F. Bruce, *The Book of the Acts (NICNT)*, pp. 167-168; Calvin은 Augustine이 '앉는 것'은 심판자임을, '서는 것'은 변호사임을 뜻한다고 주장하는데 대해 큰 의미를 부여하지 않고 '앉는 것'이나 '서는 것'이나 같은 의미로 그리스도의 권능과 주권을 가리킨다고 해석한다. cf. Calvin, *The Acts of the Apostles*, Vol. I, p. 219.

한 심판에 넘기기를 원했다.

　이때쯤 해서 기독교는 심한 핍박으로 인해 이스라엘의 전 민족을 속히 개종시킬 수 없다는 사실을 인식하게 된다. 사도들은 교회가 살아 남기 위해서는 이스라엘 국경을 넘어 더 비옥한 땅에 복음을 전해야 하겠다고 생각하게 되었다. 이방 선교가 핍박 중에 있는 교회에 의해 진척되어진 사실을 그 당시의 형편을 보면 알 수 있다. 유세비우스 (Eusebius, c 260-340)는 예루살렘의 교회에 대한 핍박은 하나님의 섭리 안에서 복음이 여러 지방으로 흩어지는 역할을 했다고 말한다.[12]

■ 연구 문제 ■

1. 예루살렘 교회는 유대주의와 어떤 관계에 있었는가?(행 5:33-42).
2. 예루살렘의 첫 번째 핍박은 어떤 것이었는가?(행 4:6, 7, 13-18).
3. 예루살렘 교회에 있었던 조직적인 핍박은 어떤 것이었는가? (행 5:17-42).
4. 옥에 갇힌 사도들에게 어떤 일이 발생했는가?(행 5:18-23).
5. 교법사 가말리엘의 연설은 어떤 효과를 가져왔는가?(행 5:34-40).
6. 스데반이 전파한 복음의 특징은 무엇인가?(행 7:2-53).
7. 스데반의 순교가 예루살렘 교회에 주는 교훈은 무엇인가?(행 8:1-8).

---

[12] P. Eusebius, *Ecclesiastical History* (Grand Rapids: Baker, 1977), p. ii.

6
예루살렘으로부터 시작된 기독교의 확장
(8:4-12:25; 15:1-35)

"4 그 흩어진 사람들이 두루 다니며 복음의 말씀을 전할쌔 5 빌립이 사마리아 성에 내려가 그리스도를 백성에게 전파하니 6 무리가 빌립의 말도 듣고 행하는 표적도 보고 한마음으로 그가 하는 말을 따르더라 7 많은 사람에게 붙었던 더러운 귀신들이 크게 소리를 지르며 나가고 또 많은 중풍병자와 못 걷는 사람이 나으니 8 그 성에 큰 기쁨이 있더라"(행 8:4-8, 개역개정).

"18 시몬이 사도들의 안수로 성령 받는 것을 보고 돈을 드려 19 이르되 이 권능을 내게도 주어 누구든지 내가 안수하는 사람은 성령을 받게 하여 주소서 하니 20 베드로가 이르되 네가 하나님의 선물을 돈 주고 살줄로 생각하였으니 네 은과 네가 함께 망할지어다 21 하나님 앞에서 네 마음이 바르지 못하니 이 도에는 네가 관계도 없고 분깃 될 것도 없느니라 22 그러므로 너의 이 악함을 회개하고 주께 기도하라 혹 마음에 품은 것을 사하여 주시리라 23 내가 보니 너는 악독이 가득하며 불의에 매인바 되었도다 24 시몬이 대답하여 이르되 나를 위하여 주께 기도하여 말한 것이 하나도 내게 임하지 않게 하소서 하니라 25 두 사도가 주의 말씀을 증언하여 말한 후 예루살렘으로 돌아 갈 새 사마리아인의 여러 마을에서 복음을 전하니라" (행 8:18-25, 개역개정).

기독교가 예루살렘 밖으로 확장된 최초의 역사를 알기 위해서는 사도행전 8:4-12:25의 내용과 사도행전 22:1-21; 26:1-23에 기록된 바울의 설교를 연구하지 않으면 안 된다. 이 시대의 초대교회에 관한 언급은 갈라디아서 1:13-24; 고린도전서 9:15; 고린도후서 11:24-12:9에서 찾아볼 수 있고 성경 밖의 자료로는 요세푸스(Josephus)가 헤롯 아그립바 1세의 생애와 죽음에 대해서 기록한 것을 찾을 수 있다(참조, 행 12장).[1]

---

1) Josephus, *Antiquities of the Jews*, 19:4-8.

이제 그리스도의 복음이 예루살렘으로부터 시작하여 점차 확장되어 가는 모습과 예루살렘 교회의 계속적인 영향을 구체적으로 연구하도록 하자.

1. 초기의 확장(행 8:4-40)

(1) 일반적 형편

초기 교회의 확장은 스데반이 받은 핍박과 그의 순교로 인한 결과에서 온 것이다. 중요한 구절은 사도행전 8:1, 4이다.

> 사도행전 8:1 "그날에 예루살렘에 있는 교회에 큰 박해가(διωγμὸς μέγας) 있어 사도 외에는 다 유대와 사마리아 모든 땅으로 흩어지니라"(개역개정)(διεσπάρησαν, 단순과거).

> 사도행전 8:4 "그 흩어진 사람들이(διασπαρέντες, διασπείρω의 단순과거 수동분사) 두루 다니며 복음의 말씀을 전할새."(개역개정).

이 구절들은 순교자의 피는 헛되지 않고 반드시 교회 발전에 유익을 준다는 금언을 재확인시켜주고 있다. 스데반의 순교로 복음이 인접지역에 전파될 수 있도록 여건이 조성된 것이다. 이제 예루살렘 밖 유대와 사마리아에 제자들이 산재하여 복음을 전하게 되고 그 후에는 멀리 떨어진 다메섹까지 제자들이 퍼져 살게 된 사실을 찾을 수 있다.2) 어떤 제자는 정착하게 되고 어떤 제자는 계속 복음을 전하면서 이동하는 선교사 역할을 했다. 여기서 중요한 사실은 제자들이 어느 곳에

---

2) P. Eusebius, *Ecclesiastical History*, p. ii: "The persecutions at Jerusalem having scattered the disciples, and, Providence overruling this calamity for greater good, the truths of the Gospel were also scattered abroad with this dispersion. The apostles had, thus far, limited their operations to the Jews; but henceforth commences the period of extension and catholicity."

가든지 그들이 계속적으로 증거 했다는 것이다. 그들은 두루 다니며 복음의 말씀을 전했다(행 8:4). 그리고 흩어진 사람들은 사도가 아닌 평신도들로서 두루 다니며 복음을 전파한 것이다(행 8:1). 예루살렘에 있었던 교회에 대한 핍박이 복음의 확산이라는 좋은 결과를 낳게 된 것이다.3)

(2) 첫 선교사 빌립(Philip)

사도행전 8:5에는 빌립이 사마리아 성에 내려간 사실을 말한다. 빌립은 핍박으로 인해 흩어진 사람들 중의 하나였다. 사마리아(Samaria) 성은 이방도시로 사마리아 사람들이 살고 있는 곳이었다.

빌립이 사마리아로 갔다는 사실은 그 당시 교회가 이방 선교를 심각하게 생각하기 시작했다는 증거이다. 빌립은 예수님을 본받아 행했다(요 4:4-26). 사마리아 사람들은 할례를 행함으로 유대인의 율법을 지켰고 메시아를 대망하고 있었다. 그들은 유대인과 가장 가까운 곳에 살고 있었지만 유대인들에게 호감을 주는 선교대상은 아니었다.

사마리아 선교의 성공과 사마리아인들의 회개는 유대인의 율법 준수에 대한 아무런 문제도 야기하지 않았다. 그러나 사마리아 선교는 진실로 이방선교를 위해 거보를 내딛는 것이었다. 사마리아에서 빌립(Philip)의 성공이 예루살렘에서는 기쁨과 놀라움으로 받아들여지고 비판을 받지 않았다. 예루살렘에 있는 사도들은 "사마리아도 하나님의 말씀을 받았다"(행 8:14)라고 말하고 베드로와 요한을 그곳으로 보내서 선교 사역자들을 격려했다. 그들의 사역은 사마리아 교회에 성령의 신물을 가져다주었다(행 8:15-17).

---

3) I. Howard Marshall, *The Acts of the Apostles* (*Tyndale New Testament Commentaries*) (Leicester: Inter-Varsity Press, 1991), p. 153.

(3) 첫 번째 이단

사마리아는 미신과 이교의 도시였다. 사도행전 8:9-13, 18-24에 마술사 시몬(Simon)이 나타난다. 시몬은 빌립이 예수 그리스도에 관하여 전파할 때 믿고 세례를 받은 사람이었다(행 8:13). 그런데 시몬은 빌립을 따라 다니며 나타난 표적과 능력에만 관심을 기울였다. 사마리아에서 사도들이 안수함으로 사마리아 사람들이 성령을 선물로 받는 것을 보고 시몬은 기독교를 직업적으로 이용해 볼까하고 성령의 선물을 돈으로 사려고 했다(행 8:18, 19). 베드로는 돈을 거절하면서 "네가 하나님의 선물을 돈 주고 살줄로 생각하였으니 네 은과 네가 함께 망할지어다"(행 8:20)라고 말하고 시몬에게 잘못을 회개하고 믿음을 가지라고 호소했다(행 8:22). 그러나 시몬은 별로 감동되지 않은 채 대신 기도만 요청했다(행 8:24).

마술사 시몬은 초대교회와 초대 전통의 역사에 중요한 위치를 차지한다. 사마리아 사람인 순교자 저스틴(Justin)은 시몬이 사마리아의 한 마을에서 태어났고 후에 로마(Rome)를 방문하여 글라우디오(Claudius) 황제에 의해 신으로 높임을 받았다고 전한다.[4] 시몬이 역사적 인물이었다는 사실은 의심할 여지가 없으며 또한 그가 반 기독교적 이교집단을 시작했다는 사실도 그가 "마술을 행하여 사마리아 백성을 놀라게 하며 자칭 큰 자라"(행 8:9)한 말씀이나 "낮은 사람부터 높은 사람까지 다 따르며 이르되 이 사람은 크다 일컫는 하나님의 능력이라"(행 8:10) 한 말씀을 통해서 가히 짐작할 수 있다. 이런 전설들에 기록된 대로 시몬이 어떤 특별한 행위를 했다면 그것은 마귀의 역사에 의한 것임에

---

[4] William Costain의 은잔(Silver Chalice)에서는 Simon을 Nero의 궁전 마당의 탑에서 뛰어내리는 새로 묘사하고 있다. Simon에 대한 논문이 *The New Schaff-Herzog Encyclopedia of Religious Knowledge*, Vol. X.(1911), pp. 418-421에 나타난다. 시몬(Simon)이 성령의 선물(은사)을 돈으로 사려고 한데서 사이모니(Simony)란 단어가 생기게 되었다. 즉 성직매매라는 말이 여기서 나왔으며 영적인 일을 흥정한다는 의미를 가지고 있다.

틀림없다. 성령의 강력한 역사가 있을 때는 마귀의 역사도 뒤따르는 것이 상례이다.

(4) 사마리아에 나타난 성령의 사역

베드로와 요한이 사마리아에서의 빌립의 사역을 듣고 거기로 내려가 저희를 위하여 성령 받기를 기도하니 저희도 성령을 받게 되었다는 사실은 이미 언급했다. 중요한 사실은 사도들의 권위가 사마리아까지 확장되었다는 것이다. 베드로와 요한이 사마리아 사람들에게 안수하므로 그 때 비로소 그들이 성령을 받게 되었다는(행 8:15, 17, 18) 사실은 교회확장에 있어서 사도들의 권위가 중심이었다는 것을 가르쳐 준다. 그러나 사도들의 안수가 항상 성령을 받는 조건은 아니었다. 사울(Saul)은 사도가 아닌 아나니아(Ananias)를 통해서 성령을 받았고(행 9:17), 고넬료(Cornelius)의 집에서는 베드로가 안수하지 않았어도 성령이 그들에게 임했다(행 10:44).

사마리아에 성령이 임한 사건은 어떤 사람이 주장하는 것처럼 이방인을 위한 오순절이 아니요, 성령의 강한 역사로 오랜 배경을 가진 완고한 사마리아에 복음이 전파된 사실을 보여줄 뿐이다. 사마리아 사람들은 이미 빌립의 세례를 받을 때 예수를 믿었고 따라서 성령도 받은 사람들이었다(참고, 고전 12:3; 롬 10:9-10, 17).[5] 그러므로 베드로와 요한이 방문했을 때 나타난 성령의 역사는 외적으로 강하게 나타난 것에 불과하다. 시몬이 돈을 드려 권능을 사기 원한 이유도 그가 성령의 역사의 외적인 현상을 보았기 때문이다.

사도들이 안수함으로 성령이 임한 것은 교회에서 사도들의 권위에 대한 특별한 교훈을 주기 위해서였다. 사건발생 과정을 살펴볼 때

---

[5] Morgan은 사마리아 사람들이 빌립에게 세례를 받을 때 단순히 지적인 동의로 하나님의 말씀을 받았지 진정으로 구원 얻은 것은 아니라고 주장한다. cf. Campbell Morgan, *The Acts of the Apostles*, p. 157.

예루살렘 교회와 사마리아의 개종자들 사이에 연합이 있는 것을 볼 수 있다. 기독교의 확장은 단순히 신앙의 보급만을 뜻하지 않고 적당한 조직 하에 교회공동체의 확장을 뜻했다. 예루살렘 교회는 사도들을 통해 사마리아에 있는 신자들을 보살피게 되었다. 사마리아에 있는 교회도 그리스도의 교회요 모든 기독교회는 한 주인 밑에서 하나이기 때문이다.

(5) 빌립과 에디오피아 내시

빌립의 전도와 에디오피아(Ethiopia) 내시의 회개는(행 8:26-39) 초대 교회의 선교활동의 새로운 국면을 보여준다. 이 사건은 예루살렘으로부터 가사(Gaza)로 내려가는 남쪽 유대지방의 한 길에서 발생했다. 이는 기독교가 이스라엘 변경을 훨씬 넘어서 확장된 사실을 보여준다.

성경 본문은 복음전도자로서의 빌립의 열심을 기록하고 있다. 에디오피아 내시는 유대종교로 개종한 사람이다. 율법에 의하면(신 23:1) 그가 참으로 내시(eunuch)였다면 이스라엘 총회의 일원이 될 수 없다. 그러나 그는 하나님을 경외하는 사람이었고 구약성경을 열심히 읽는 사람이었음에 틀림없다. 성경 본문은 하나님의 인도와 섭리가 있었음을 말해준다. 빌립은 성령의 지시로 병거를 만나게 되었고, 병거에 초대받아 내시와 같이 앉게 되었다. 에디오피아 내시는 이사야 53장을 읽고 있었고 이 구절은 예수 그리스도의 복음을 전하는 계기를 마련하게 되었다. 빌립의 이사야 53장 해석은, 이 예언이 십자가에 못 박혀 돌아가신 그리스도를 가리킨다는 사실을 그 당시 교회가 그대로 받았다는 것을 증거 해 준다. 그리스도의 복음은 예루살렘으로부터 점점 세계를 향해 퍼져 나가고 있었다. 이 사건 이후에도 빌립은 복음을 계속 증거 했고 가이사랴(Caesarea)에 머물게 되었다(행 8:40).[6] 상당한

---

6) 빌립은 20여 년이 지난 후에도 가이사랴에서 거주했다(행 21:8-9). 후에 빌립과 그의 네 딸은 아시아의 히에라폴리스(Hierapolis)로 이사 가서 거기서 생애를 마감한

세월이 지난 후(약 25년 후) 바울과 누가가 가이사랴에 있는 빌립과 그의 예언하는 네 딸을 방문한 기사가 나온다(행 21:8). 그들은 예루살렘에서 바울이 결박되고 감금될 것을 예언했다(행 21:9-14).

(6) 유대 기독교 확장의 다른 증거들

교회가 설립된 지역으로는 수리아(Syria)가 주된 지역이었다. 많은 유대인들이 연안지방과 수리아 전역에 살고 있었다.

사울이 다메섹(Damascus)을 핍박의 대상 도시로 삼은 사실은 다메섹이 이미 복음을 받은 것을 말해준다. 후에 베드로를 통해 가이사랴(Caesarea)의 고넬료(Cornelius)가 개종하게 되었다(행 10장). 사도행전 21장에 보면 바울이 두로(Tyre)에 도착했을 때 거기에 기독교인들이 있었다. 그리고 돌레마(Ptolemais)에서도 기독교인들을 찾을 수 있었고 가이사랴에는 빌립이 살고 있었다(행 21:7, 8).

베드로는 룻다(Lydda)에서 애니아(Eneas)의 8년된 중풍 병을 고쳐주고 욥바(Joppa)에서는 죽은 도르가(Dorcas)를 일으켰다(행 9:32-40). 안디옥(Antioch)은 베니게(Phoenicia)와 구브로(Cyprus)에서부터 온 헬라파 기독교인들에 의해 복음이 전파되었다(행 11:19).

이런 사건들이 몇 해를 걸쳐 발생하는 동안 교회는 수리아 전 지역으로 확장되었고, 또한 튼튼한 힘을 가지게 되었다. 기독교 운동은 팔레스틴 밖의 지역인 애굽(Egypt), 아라비아(Arabia), 바빌론(Babylon), 로마(Rome) 등지에서도 활발하게 진행되었다. 왜냐하면 오순절 날 회개한 사람들이 이들 지역으로 돌아갔기 때문이다.

(7) 요약

초기 기독교 확장은 유대인 중심이었다는 것을 인식해야 한다. 기독

듯하다. cf. P. Eusebius, *Ecclesiastical History*, pp. 116-17(Book Ⅲ, Chapter 31).

교는 예루살렘으로부터 시작하여 사마리아와 다른 이방지역으로 확장되어 나간 것이다. 베드로의 일부 사역은 복음을 처음으로 받은 교회를 방문하는 것이다. "온 유대와 갈릴리와 사마리아 교회가 평안하여 든든히 서 가고 주를 경외함과 성령의 위로로 진행하여 수가 더 많아지니라. 그때에 베드로가 사방으로 두루 다니다가 룻다에 사는 성도들에게도 내려갔더니"(행 9:31-32)란 사실은 이를 설명한다.

기독교의 확장은 주로 평신도들의 증거와 복음 선포를 통해서 이루어졌다. 사도들과 집사들과 복음전도자들의 사역은 신앙을 더욱 튼튼하게 만들었다. 신앙은 예루살렘에서 선포된 신앙과 동일했다. 새로운 신자들은 부활하여 영화롭게 된 메시아인 그리스도를 신뢰할 것을 배웠고 그리고 그를 통해서만 죄 사함을 얻게 된다는 사실을 배웠다. 그들은 세례 받고 성령을 모시게 되었다.

그들은 구약을 연구하고 예수님의 말씀과 생애에 특별한 관심을 갖게 되었다. 예배는 가정에서도 시행되었지만 특히 회당에서 시행되었을 것이다. 이때쯤 해서 기독교인들은 자신들의 회당이나 회집장소에서 따로 모였을 것이다. 야고보서가 이때쯤 해서 기록되었는데 야고보서 2:2의 말씀은 이를 가리킨다. "만일 너희 회당(συναγωγή)에 금가락지를 끼고 아름다운 옷을 입은 사람이 들어오고 또 남루한 옷을 입은 가난한 사람이 들어올 때에"(약 2:2)라는 말씀 중 회당은 기독교 회중(congregation)을 가리킴이 거의 확실하다. 야고보서 5:14의 내용이 이를 확증하고 있다. "너희 중에 병든 자가 있느냐 그는 교회의 장로들을 청할 것이요." 그때까지도 교회와 회당사이의 완전하고 철저한 분리가 없었던 듯하다. 적어도 팔레스틴 전 지역에서는 그러했다.

(8) 고넬료의 회개(행 10장)

사도행전 10장 전체와 사도행전 11:1-18은 이방인 고넬료의 회개

사건을 기록하고 있다. 이 사건은 대단히 중요한 사건이다. 그 이유는 고넬료의 회심은 그리스도의 복음이 이방인들에게 어떤 방법으로 전파되어질 것인지를 가르쳐 주기 때문이다.

고넬료 사건은 유대주의의 장벽을 깨고 신앙의 확장을 위해 예루살렘 교회가 그 책임을 어떻게 감당하는지를 제시하기 위해 기록되었다. 고넬료가 회개하게 된 경위를 설명하는 내용은 교회의 통일성을 유지하기 위해 이방인들도 유대인 신자들과 동등한 자격으로 교회에 들어와야 한다는 교훈을 내포하고 있다. 전 사건이 베드로의 다음 말로 요약된다. "내가 참으로 하나님은 사람의 외모를 보지 아니하시고 각 나라 중 하나님을 경외하며 의를 행하는 사람은 다 받으시는 줄 깨달았도다"(행 10:34-35).

① 사건 경위

고넬료는 로마의 백부장으로 가이사랴에 살면서 그의 직무를 수행했다. 그는 거룩한 사람으로 유대주의의 영향을 받았고 하나님을 경외하는 자였다. 그는 기도의 사람이었고 항상 구제하는 사람이었다(행 10:2, 22). 그는 환상 가운데 베드로를 청하라는 특별계시를 받았다(행 10:3-5).

베드로는 욥바의 무두장이(피장)의 집에 수일을 머물고 있었다(행 9:43; 10:6). 베드로가 무두장이(tanner)의 집에 머물고 있었다는 사실은 베드로의 마음이 열려 있다는 사실을 증거 한다. 왜냐하면 무두장이는 죽은 짐승들로부터 가죽을 만드는 직업이었기 때문에 유대의 율법의 식에 비추어 볼 때 불결하게 간주되었다(민 19:11-16). 그럼에도 불구하고 베드로는 무두장이의 집에 수일간 머물고 있었다. 무두장이의 집에 머물러 있는 베드로의 마음 상태는 하나님의 더 과격한 계시를 받을 수 있는 마음 준비가 되어 있었다. 하나님은 그런 베드로에게 이방인인 고넬료에게 가서 복음을 전하고 세례를 주어 교회의 일원으

로 만들라는 계시를 주신 것이다.7)

② 고넬료의 경건(행 10:1-8)

고넬료의 경건은 그의 구제 행위와 하나님께 정규적으로 기도한 사실에서 나타난다. 고넬료의 경건이 단순히 일반적인 의미에서 고넬료가 종교적이었다는 의미인지(행 10:35 참조) 아니면 좀 더 전문적인 의미에서 하나님을 경외하는 자의 의미인지에(행 13:16, 26) 대해 논란이 많다. 문맥으로 보아서 고넬료는 유일신 하나님을 믿었다고 생각되며 유대인들의 도덕적 표준을 따르려 했던 사람으로 회당에 참석한 듯하다. 하지만 고넬료는 할례를 받고 완전히 유대인으로 개종한 것 같지 않다. 그는 아직도 하나님의 언약의 백성으로부터 제외된 이방인이요 외인인 것이다.8) 하나님의 사자가 고넬료에게 나타나 욥바에 있는 베드로를 청하라고 명한다. 명령만 내리던 고넬료가 이번에는 하나님의 사자의 명령에 순종한다. 그리고 특기할 사항은 하나님의 사자가 고넬료에게 복음을 선포한 것이 아니요 그 특권을 베드로에게 넘겨 준 것이다. 복음 선포의 특권은 그리스도의 교회에 맡겨진 것이다.

③ 베드로가 받은 환상(행 10:9-23)

베드로는 의미심장한 환상을 통해 이 이방인을 위해 준비되고 있었다. 하나님은 유명한 보자기 환상을 통해 베드로를 준비시키셨다. 베드로가 기도하려고 지붕에 올라가 시장함을 느낄 때 베드로는 비몽사몽간에 하늘이 열리며 한 그릇이 내려오는 것을 보았다. 그 안에는 각색 네 발 가진 짐승과 기는 것과 공중에 나는 것들이 있는 것을 보았다. 그때에 베드로는 "일어나 잡아 먹어라"(행 10:13)는 소리를 들었다. 베드

---

7) R. J. Knowling, "The Acts of the Apostles," p. 249; Strack and Billerbeck, *Kommentar zum Neuen Testament aus Talmud und Midrasch*, Vol. 2(1924), p. 695.
8) John R. W. Stott, *The Spirit, The Church and the World*, p. 185.

로가 나는 결코 부정한 것을 먹지 않겠다고 항의하자 "하나님께서 깨끗하게 하신 것을 네가 속되다 하지 말라"(행 10:15)고 하셨다. 환상은 세 번 반복되었고, 그 때에 고넬료가 보낸 두 사람의 사신이 베드로에게 와서 이방인 고넬료에게 말씀을 증언하기 위해 같이 갈 것을 간청했다.9) 비록 베드로는 그가 받은 환상을 통해 깨끗한 것과 깨끗지 못한 것의 구분으로 도전을 받았지만 성령은 이 구분을 통해 깨끗한 사람과 깨끗지 못한 사람의 구분과 연관시켰고, 성령은 그런 구분을 만들어서는 안 된다고 베드로에게 지시하신 것이다.

④ 베드로와 고넬료의 만남(행 10:24-33)

다음날 가이사랴로 향한 베드로의 일행은 10명이었다. 가이사랴에서 베드로를 찾아온 세 사람과(행 10:7; 11:11) 베드로와 함께 가이사랴의 고넬료 집에 들른 후 예루살렘까지 동행한 여섯 형제(행 11:12)와 베드로 자신이었다. 베드로 일행이 도착했을 때 고넬료는 베드로의 발 앞에 엎드리어 절했다(행 10:25).10) 베드로는 자신이 경배의 대상이 아님으로 고넬료를 일으켜 세운다(행 10:26). 고넬료를 일으켜 세운 베드로는 하나님이 그에게 보여주신 보자기 환상(행 10:9-16)이 단순히 깨끗하고 더러운 것을 구분하는 환상이 아니요 사람 가운데 깨끗한 사람과 더러운 사람의 구분이 있을 수 없다는 것을 보여주신 환상이었음을 확증한다(행 10:28). 베드로는 자신이 가이사랴에 오게 된 경위를 설명하고 "무슨 일로 나를 불렀느냐"(행 10:29)라고 묻는다. 이에 고넬료는 역시 자신이 받은 하나님의 지시를 설명하고 베드로에게 "내가 곧 당신에게 사람을 보내었는데 오셨으니 잘 하였나이다 이제 우리는 주께서 당신에게 명하신 모든 것을 듣고자 하여 다 하나님 앞에 있나이다"(행 10:33)

---

9) 고넬료의 메시지를 베드로에게 전할 사람은 하인들이지 종이 아니었기 때문에(행 10:7) 사도행전 10:19은 성령께서 두 사람이 너를 찾는다고 말했다(행 10:23 참조).
10) προσκυνέω는 하나님께 경외를 표하거나 천사나 인간에게 경외를 표할 때 사용하곤 했다.

라고 말한다. 고넬료의 말은 하나님의 말씀을 듣기 위한 마음의 준비가 되어 있음을 증거 한다. 그는 베드로가 하나님의 말씀을 그들에게 전해 줄 하나님의 사자로 생각하여 하나님 앞에 있다고 고백한 것이다. 이렇게 하여 백부장이요 이방인인 고넬료는 겸손한 마음의 상태로 베드로를 영접하고 베드로는 사람을 외모로 보는 유대인의 전통을 버리고 특히 이방인을 개로 취급하는 것이 하나님의 뜻이 아님을 확신하는 가운데 고넬료 가족을 대면하게 된다.

⑤ 베드로의 설교와 그 결과(행 10:34-48)
누가는 사도행전 10:34-43까지 베드로의 설교를 요약하고 사도행전 10:44-48에서 성령이 이방인들에게 임한 사실을 설명한다. 사도행전 10장에 기록된 베드로의 설교는 예수님의 전 생애를 비교적 자세하게 묘사하는 기독론 중심적 설교이다. 이 사실은 초대 교회의 메시지의 근거가 역사적 예수를 떠나서 있을 수 없었음을 증거하고 있다. 사실상 그리스도의 인격과 사역에 대한 공생애 기간의 묘사는 바울서신에서보다도 베드로의 설교에서 더 명백하게 제시되어 있는 것이다.[11] 우리는 베드로의 설교에서 역사적 예수의 생애에 대한 신선하고도 생동력 있는 인상을 접할 수 있다.

베드로가 선포한 예수님의 전 생애는 예수님의 공생애의 사역과 예수님의 부활, 그리고 승귀의 두 부분으로 나누어 생각해 볼 수 있다.

첫째, 베드로는 하나님께서 나사렛 예수에게 성령과 능력을 기름 붓듯 하셨다고 말한다(행 10:38). 이 사실은 예수님이 세례 요한의 세례를 받을 때 성령이 예수 위에 임하셔서 그에게 능력을 덧입히신 사실과 (눅 3:21-22) 그의 지상 사역이 성령의 능력으로 계속되어졌음을 증거하는 것이다(눅 4:1; 마 12:28).[12] 예수님은 성령의 능력을 힘입어 착한

---

11) H. Ridderbos, *The Speeches of Peter in the Acts of the Apostles* (London: The Tyndale Press, 1962), p. 19.

일을 계속하셨으며 마귀에게 눌린 자를 고치셨다. 이는 예수님이 지상 사역기간에 병자를 고치시며, 가난한 자에게 복음을 전하고, 굶주린 자를 먹이시며, 귀신들린 자를 고쳐 주시므로 하나님 나라의 통치를 확장해 나가신 사실을 설명하는 것이다(눅 4:18-21 참조). 베드로는 이렇게 설명하면서 "우리는 유대인의 땅과 예루살렘에서 그가 행하신 모든 일에 증인이라"(행 10:39)고 말함으로 사도들이 예수님의 행적을 직접 목격한 증인들임을 명확히 한다. 여기서 우리는 역사적 예수의 행적이 초대교회의 메시지의 중요한 부분이었음을 알 수 있다. 스탠톤(Stanton) 교수는 불트만(R. Bultmann)이 초대 교회가 단지 부활하신 주님에 관해서만 관심을 가졌고 역사적 예수에 대해 관심을 갖지 않았다는 주장을 반대하면서 "초대교회는 예수의 과거에 대해 관심을 가졌다"13)고 그 당시 유행하지 않은 견해를 피력하고 예수의 생애와 특성이 초대 복음전도의 중요부분이었고,14) 교회가 가진 부활 신앙이 이 사실들을 흐리게 하지 않았다15)고 주장한다.

둘째, 베드로는 그의 설교에서 예수의 죽음과 부활과 승천의 사실을 천명한다. 베드로는 저희가 예수를 나무에 달아 죽였다고 말한다(행 10:39). 이 말씀은 신학적인 배경을 가지고 있다. 나무에 달린 자는 저주받은 자로 우리의 죄를 대신해서 하나님의 저주를 받은 것이다(신 21:22-23; 갈 3:10-13; 벧전 2:24 참조). 베드로의 설교는 예수님의 죽음을 많이 강조하지 않는다. 오히려 그는 예수님의 부활과 승귀를 더 강조한다. 베드로는 예수님이 죽은 자 가운데서 사흘 만에 다시

---

12) 복음서의 기록을 살펴보면 예수님의 탄생 이전에는 성령 충만한 사람이 여러 사람 언급된다. 하지만 예수님의 탄생이후 예수님이 부활하실 때까지 성령 충만한 사람의 언급이 전혀 없다. 그리고 예수님의 부활 승천이후 성령 충만한 사람의 언급이 다시 시작된다. 이는 예수님의 공생애 기간 동안 성령 하나님이 집중적으로 성육신하신 예수님과 함께 사역하셨음을 암시하고 있다.
13) Graham N. Stanton, *Jesus of Nazareth in the New Testament Preaching* (Cambridge: Cambridge University Press, 1974), p. 186.
14) *Ibid.*, p. 30.
15) *Ibid.*, p. 191.

살아나셨다고 말한다.

그런데 그리스도의 부활은 특정한 인물들에게 보여 졌다. 그리스도의 부활은 모든 백성에게 나타내 보이신 것이 아니요 오직 미리 택하신 증인 곧 "죽은 자 가운데서 부활하신 후 그를 모시고 음식을 먹은 우리에게" 나타내 보여 주셨다고 말한다(행 10:40-41). 우리는 여기서 사도성의 중요함을 다시 보게 된다. 맛디아를 택할 때 사도의 자격으로 ⓐ 예수의 공생애 기간 동안 함께 다니던 사람과 ⓑ 예수의 부활을 증거할 수 있는 사람(행 1:21-22)으로 제시한 것도 같은 맥락에서 이해되어져야 한다. 사도들은 복음을 맡은 자요 그들이 전한 복음은 예수의 지상생애와 죽음과 부활과 승귀의 사실이 중요한 부분으로 포함되어 있는 것이다. 그러므로 베드로는 여기서 예수님께서 부활하신 후 '모시고 음식을 먹은 우리에게'(행 10:41) 나타나셨다고 말한다.

또 한 가지 중요한 사실은 영화롭게 부활하신 예수님이 육체를 입고 있는 제자들과 함께 음식을 먹을 수 있었다는 것이다. 예수님의 부활체는 영체이면서도 이렇게 신비한 기능을 동시에 소유할 수 있는 신령한 몸체인 것이다(고전 15:42-45).

베드로는 계속해서 부활하신 예수가 그들에게 복음을 전파하도록 명한 사실을 진술한다. 사도들이 전해야 할 복음은 하나님이 예수를 '살아 있는 자와 죽은 자의 재판장'(행 10:42)으로 삼으셨기 때문에 아무도 그의 재판에서 제외될 수 없다는 것이다. 단지 예수를 믿고 의지하는 사람은 죄의 용서를 받을 것이고 그렇지 않은 사람은 멸망의 심판을 받게 될 것이다. 이처럼 베드로는 예수님의 지상생애, 죽음, 부활, 승귀에 이르는 예수님의 생애 전체를 복음의 핵심으로 포함시켜 설교한 후 고넬료 가족 앞에서의 그의 설교를 마친다. 베드로의 설교는 "이처럼 역사, 신학 그리고 복음이 다른 사도적 설교에서와 같이 다시 한 번 결합되어진다."16)

하나님으로부터 계시를 받은 베드로는 주저하지 않고 가서 이들 이방인들에게 그리스도를 전파하고 믿음으로만 구원을 얻을 수 있다는 사실을 증거 했다(행 10:43). 베드로가 설교를 하는 동안 성령이 말씀을 듣는 모든 사람에게 내려와 그들이 방언도 말하고 하나님을 찬송하는 일을 했다. 사마리아의 경우와는 달리 여기서 베드로는 안수하지 않는다(행 8:17과 행 10:44 비교). 베드로와 함께 온 할례 받은 유대인 신자들은 이방인들에게도 성령 부어 주심을 보고 놀라게 되었다(행 10:45). 여기서 우리는 성령께서 유대인들과 이방인들의 차이를 없애고 화해를 통해 한 가족을 이루시는 사실을 본다. 왜냐하면 베드로가 이방인들에게 물로 세례를 줌으로 이방인들이 이제는 기독교 공동체의 한 일원이 되었기 때문이다.

⑥ 고넬료가 회개한 의의(행 11:1-18)

고넬료의 회개는 사도행전에 기록된 가장 중요한 사건 중의 하나이다. 이방인이 그리스도의 교회에 들어오게 된 것이다. 이는 유대적인 전통의 파괴를 의미한다. 이방인들이 회개했다는 소식은 곧 예루살렘에 퍼졌다. 이 이방인들의 회개로 교회 내에는 큰 기쁨이 있었지만 베드로가 이방인들과 함께 먹고 같이 시간을 보냈다는 사실은 할례당 형제들로부터 심한 비난을 받게 되었다(행 11:2, διεκρίνοντο, 미완료). 이 할례 당은 안디옥(Antioch)과 갈라디아(Galatia)에서 활동하고 있는 할례당과 연관이 있음에 틀림없다(참조, 갈 1-2장). 베드로가 예루살렘에 올라갔을 때 할례자들이(οἱ ἐκπεριτομῆς) "네가 무할례자의 집에 들어가 함께 먹었다"(행 11:3)라는 말로 베드로를 힐책했다. 베드로는 하나님께서 그에게 허락하신 환상들과 환상들에 대한 하나님의 해석을 재연했다. 베드로의 논증은 사도행전 11:17에서 절정을 이룬다. "그런즉 하나님이 우리가 주 예수 그리스도를 믿을 때에 주신 깃과

---

16) John R. W. Stott, *The Spirit, The Church, and the World*, p. 192.

같은 선물을 그들에게도 주셨으니 내가 누구이기에 하나님을 능히 막겠느냐."(행 11:17). 베드로의 변증에는 하나님께서 할례의식 없이 이방 신자들을 받으셨다는 사실과 믿음을 근거로 그들에게 성령을 즉시 주셨다는 사실이 암시되어 있다. 베드로는 보자기 환상으로 나타난 계시를 보고 성령이 그들에게 임한 사실을 관찰하고 나서 이방인들이 주 안에서 형제 된 사실을 감히 부인할 수 없었다. 락함(R. B. Rackham)은 "그 보자기는 모든 인종과 계급을 아무런 구별 없이 포함하고 있는 교회이다"17)라고 해석한다. 베드로는 하나님께서 유대인과 이방인을 차별하시지 않고 동일하게 취급하신다는 메시지를 받은 것이다.

베드로가 본 환상은 초대교회의 이방 선교정책을 반영해주고 있다. "하나님께서 깨끗하게 하신 것을 네가 속되다 하지 말라 하더라"(행 10:15). "내가 참으로 하나님은 사람의 외모를 보지 아니하시고 각 나라 중 하나님을 경외하며 의를 행하는 사람은 다 받으시는 줄 깨달았도다"(행 10:34, 35). "주 예수 그리스도를 믿을 때에 주신 것과 같은 선물을 그들에게도 주셨으니 내가 누구이기에 하나님을 능히 막겠느냐 하더라"(행 11:17).

이상 본문 가운데 나타난 사상은 초대교회의 이방선교의 신학적 배경이 되었고 또한 유대주의의 의식적 율법인 할례 행위를 거치지 않고도 이방인들이 교회에 들어올 수 있다는 변증이 되었다. 따라서 교회는 유대주의의 의식에 구애됨 없이 이방인들에게까지 확장되었고 이 사건은 사도행전 15장의 예루살렘 공회에 앞서 유대 기독교회에 한 선례가 되었다. 이 사건은 계속되는 베드로의 사역에 큰 영향을 미쳤다. 비록 안디옥에서 한 때 일관성 없는 행동을 하므로 바울의 견책을 듣기는 했지만(갈 2:7, 8, 12), 베드로는 계속적으로 이방인들이 율법으로부터 자유하다는 사실을 강조했다(행 15:7-11). 분명히 예루살

---

17) Richard B. Rackham, *The Acts of the Apostles: An Exposition* (*Westminster Commentaries Series*, Grand Rapids: Baker, 1964), p. 153.

렘 교회는 하나님께서 유대인들에게와 마찬가지로 이방인들에게도 기독교를 허락하신 줄 인정하고 그 사실을 그대로 받기를 원했다. 그러나 사도행전 11:1-3, 18의 내용을 볼 때 일부의 할례 당이 만족하지는 않았지만 잠잠하므로 사건이 처리된 것 같다. 깊이 뿌리를 내린 할례당의 생각이 그렇게 쉽게 변화될 것을 기대할 수는 없다. 갈라디아 교회의 문제만 봐도 이 사실이 분명해진다.

⑦ 하나님의 계획된 사역

한 마디로 고넬료 가정에서의 사건은 하나님의 간섭으로 이루어진 것이다. 하나님은 특별한 계시로 베드로의 인종적, 종교적 편견을 극복하게 하시고 이방인을 그리스도 교회에 편입시키신다. 사도행전 11:1-18의 내용은 첫째, 하나님의 계시, 둘째, 하나님의 확증, 셋째, 하나님의 준비, 넷째, 성령의 임함으로 설명되어진다.

첫째, 하나님의 계시(행 11:4-10)

베드로가 기도할 때에 비몽사몽간에 한 환상이 보였다. 하늘에서 "네 발 가진 것과 들짐승과 기는 것과 공중에 나는 것들"(행 11:6)이 보자기에 싸여 베드로 앞에 내려진 후 베드로에게 일어나 잡아먹으라는 하늘의 음성이 있었다. 이와 같은 환상이 세 번이나 거듭되었다. 이 사실은 이 환상이 하나님으로부터임을 확실히 믿게 하는 것이다. 베드로는 결국 깨끗하고 불결한 짐승의 구분이 사람을 가리키는 것임을 알게 되었다. 하나님께서는 유대인들과 이방인들을 차별하시지 않고 같이 취급하신다는 메시지를 받게 된 것이다. 락함(R. B. Rachham)은 "그 보자기는 모든 인종과 계급을 아무런 구별 없이 포함하고 있는 교회이다"[18])라고 설명한다.

---

18) *Ibid.*

둘째, 하나님의 확증(행 11:11-12)

하나님의 환상이 끝나자마자 하나님은 가이사랴에서부터 온 세 사람이 베드로가 우거한 집에 도착하게 만든다. 그리고 '성령이' 직접 베드로에게 명하셔서 그들과 함께 가이사랴에 있는 고넬료의 집으로 갈 것을 명하신다. 베드로와 함께 가이사랴의 고넬료 집까지 동행했던 '이 여섯 형제'는 지금 예루살렘에서 가이사랴의 고넬료 집에서 발생한 사건에 대해 증인 역할을 하고 있는 것이다.

셋째, 하나님의 준비(행 11:13-14)

하나님은 가이사랴에 있는 고넬료와 욥바에 있는 베드로에게 거의 동시적으로 계시를 주시므로 베드로뿐만 아니라 고넬료와 그의 가정을 준비시켜 주신다. 하나님은 그의 천사를 통해 가이사랴에 있는 고넬료에게는 욥바에 사람을 보내어 베드로를 청하라고 말했고 욥바에 있는 베드로에게는 그의 편견을 없앨 환상을 보여 주셨고, 또 가이사랴에 있는 고넬료에게 가도록 명령한 것이다. 하나님의 준비는 양쪽 모두 철저한 것이었다.

넷째, 성령의 임함(행 11:15-17)

베드로가 말을 시작할 때 성령이 그들에게 임함으로 하나님께서 이방인들을 유대인과 똑같은 방법으로 그의 가족이 되게 하심을 확실히 하신다. 베드로가 고넬료 집에서 발생한 사건을 보고 "요한은 물로 세례를 베풀었으나 너희는 성령으로 세례를 받으리라"(행 11:16; 행 1:5 참조)한 말씀이 생각났다는 말이나 "하나님이 우리가 주 예수 그리스도를 믿을 때에 주신 것과 같은 선물을 그들에게도 주셨으니"(행 11:17)라는 말은 유대인과 이방인의 구분이 깨어진 사실을 명백히 한다.

베드로는 이방인들의 경험에서 사도행전 1:5의 성취를 본다. 이 회고는 다음의 두 가지 점을 분명히 한다.

① 이방인들이 성령 받은 사건이 성령으로 세례 받는 것으로 간주되었다. 이는 이방인의 오순절이 아니라 유대인들이 경험한(행 2:1-4) 같은 성령의 외적 역사가 이방인에게도 나타났다는 뜻이다.

② 이방인들이 성령으로 세례를 받았다면 물로 세례를 받을 자격이 있다. 물세례는 성령세례(중생) 받았다는 외적 확증이다. 베드로의 논리는 이방인들도 교회의 완전한 멤버임을 증거 한다.

2. 바울의 회개와 초기의 사역(행 9:1-30)

사도행전에서 바울의 사역을 빼면 사도행전 기록의 목적이 상실될 만큼 바울의 사역은 큰 비중을 차지한다. 바울이 스데반의 순교 현장에 있었다는 사실이 바울에 대한 사도행전에서의 첫 언급이다(행 7:58; 8:1). 그때는 사울이라는 이름을 가지고 있었다. 그는 자칭 큰 자였다. 그리고 사도행전 9장에서 사울의 회개사건이 기록되고 그가 처음으로 바울로 기록된 것은 사도행전 13:9의 "바울이라고 하는 사울이 성령이 충만하여"의 구절부터이다. 사울의 회개는 복음 확장이라는 예수님의 큰 그림 속에서 이루어졌다. 그래서 부활하신 주님은 사울을 가리켜 "이 사람은 내 이름을 이방인과 임금들과 이스라엘 자손들에게 전하기 위하여 택한 나의 그릇"(행 9:15)이라고 설명한다. 그리고 사울이 예루살렘의 제자들과 교제의 악수를 하게 될 수 있었던 것은 바나바의 역할이 지대했다는 사실에 주목하여야 한다(행 9:26-28).

사울의 회개사건이 기록된 다음 베드로의 계속석인 사역이 기록되고 있기 때문에 먼저 베드로의 사역을 다루고 바울의 회개사건과 그의 초기의 사역은 다음에 나오는 바울의 사역을 다룰 때(제 7장) 한꺼번에 다루기로 하겠다.

3. 이산(離散)으로부터 헤롯 아그립바 1세의 핍박까지의 예루살렘 교회의 성장(행 9:31-12:23)

기독교가 유대지경을 넘어 다른 지방에까지 확장되는 동안 예루살렘에 있는 교회는 핍박으로부터 점차 회복되고 그들의 신학과 조직이 더 튼튼해졌다. 얼마동안 핍박이 계속되었는지는 확실하지 않지만 사도행전 9:31에 핍박이 멈춘 것을 기록하고 있다. 아마 약 일(1) 년이나 이(2)년 동안 핍박이 계속되다가 바울이 개종하므로 멈추었다고 생각된다. 여하간 예루살렘 교회는 다시 자라게 되고 제자들은 공석 상에 나타나게 되었다. 베드로는 수리아로 여행하며 복음을 전파할 수 있게 되었고 예루살렘 교회는 공적인 모임을 가질 수 있게 되었다.

(1) 회당에서 교회로의 전환

기독교 신앙의 확산이 적극적으로 시행되어지는 가운데 유대권력자들로부터의 적대감도 점차 증가해 갔다. 그 결과 제자들은 유대인의 회당으로부터 분리하여 그들 스스로 하나의 조직을 형성하게 되었다. 제자들은 그때까지도 성전에서의 예배와 모세의 율법사용을 그대로 따랐다. 많은 경우 그들은 유대인의 회당에서부터 강제로 추방당했다. 사도행전 11:30은 유대지방에서 교회가 회당으로부터 분리되어 조직되었다는 첫 증거이다. 거기에 언급된 예루살렘 장로들은 그들이 회당으로부터 분리된 조직된 교회의 지도자들임을 말해준다. 그런데 사도 바울은 갈라디아서 2장에서 그 당시 유대지방의 교회에 자신이 잘 알려지지 않은 것을 말한다. 이는 기독교인들이 회당의 이름을 그대로 사용하면서 그들의 회당 안에서 모였기 때문이라고 생각할 수 있다(약 2:2). 그러나 동시에 교회(ἐκκλησία)라는 명칭이 기독교인들로 조직된 핵심 그룹에 적용되었고 이 조직이 회당 밖으로 점점 발전하게 되었다.19)

물론 교회(ἐκκλησία)라는 이름은 이스라엘의 회중을 가리키는 용어로 사용되었다. 그리고 70인경(LXX)에도 같은 뜻으로 사용된다.20) 예수님은 기독교회를 가리키기 위해 히브리어 קָהָל(qahal)에 해당되는 용어로 교회(ἐκκλησία)를 사용했다(마 16:18; 18:17). 교회의 기본적인 뜻은 한 목적을 위해 불림을 받은 단체로 그 단체는 서로 교제의 관계에 있는 것이다.21)

새로운 조직은 옛 유대인들의 조직에서부터 자라난 새로운 단체이다. 이 사실은 교회가 필요에 응해서 일곱 집사들을 택했던 것처럼 기구적으로 자체를 조정해야 할 필요를 느끼고 유대인의 회당으로부터 분리되어 교회를 조직하게 된 것이다. 여기서 우리는 교회가 일곱 집사를 택할 때 행사했던 것과 같은 자유를 교회조직을 할 때에도 행사하고 있는 것을 찾을 수 있다.

---

19) 신약성경 내에 교회(ἐκκλησία)라는 용어가 115회 나타난다. 그 중 3회(행 19:32, 39, 41)는 비기독교인의 모임을 가리키고 2회(행 7:38; 히 2:12)는 구약의 이스라엘 자녀를 가리키고, 110회는 그리스도인의 모임을 가리킨다. 이처럼 교회라는 용어가 100% 기독교적인 용어는 아니지만 신약에서 새로운 의미를 갖게 된다. 교회라는 용어가 기독교적으로 사용될 때 두 가지 구분이 있다. 하나는 개 교회를 가리킬 때 사용되었고(마 18:17; 고전 1:2; 4:17), 다른 하나는 우주적인 교회를 가리킬 때 사용되었다(마 16:18; 엡 5:23, 25).
20) 70인경에는 ἐκκλησία라는 단어기 대략 78회 나타난다. 외경에는 22회 사용되었다. ἐκκλησία는 히브리어 קָהָל(qahal)에서 번역된 것이지만 qahal이 항상 ἐκκλησία로만 번역되지 않고 때로는 συναγωγή(synagoge)로 번역되기노 했디.
21) L. Coenen, "Church," *The New International Dictionary of New Testament Theology*, Vol. I, ed. C. Brown (Grand Rapids: Zondervan, 1975), pp. 291-306; K. L. Schmidt, "ἐκκλησία," *TDNT*, Vol. III, pp. 501-536.

(2) 장로직

장로직의 기원도 이때에 찾을 수 있다. 장로직도 필요에 응해서 설립되지만 그 필요는 일반적인 것이었다. 집사 선택의 경우처럼 어떤 특별한 형편이 있었기 때문에 장로직이 설립된 것은 아니었다. 장로직은 유대인 공동체에 그 배경이 있다.

유대인 공동체에서는 수세기 동안 장로가 그 공동체를 다스려오고 있었다. 나이 많은 사람이 장로직을 감당하기도 했지만 그들은 가장 영향력 있고 책임감 있는 사람들 중에서 선택받은 사람들이었다. 장로들은 종교적인 권위뿐만 아니라 사회생활에 있어서도 권위를 가지고 있었지만 그들의 임무는 주로 종교적인 것이었다. 회당에서는 장로들이 회중의 대표자이었다. 회당 안엔 다스리는 자, 봉사자, 구제하는 자 등의 직책이 있었지만 장로의 직만큼 중요하진 않았다. 장로직은 회당을 다스리는 주요 권력기구로 성립되었다. 한 지역에 하나 이상의 회당이 있을 때에는 장로들이 연합하여 전체 공동체를 다스리는 역할을 했다. 이런 관습이 장로교 조직의 배경으로 생각될 수 있다. 그리고 71인으로 구성된 예루살렘의 공회(Sanhedrin)가 유대지방을 통치하는 통치기구가 된다. 그리고 예루살렘 공회가 전체 유대인 교회의 최고 법정으로서의 역할을 한다. 여기서 장로교의 노회와 총회의 조직의 배경을 찾을 수 있다. 장로교 조직의 근본은 유대인 회당의 장로 제도를 교회에 적용시킨 것이다. 따라서 교회에서의 장로들의 직무는 유대인 회당의 장로들의 직무와 비슷한 것이다.[22] 장로직은 주로 권징과 행정을 하는 것이다. 회당에서 남자면 누구나 읽고 말할 수 있는 자유가 있었던 것처럼 초대교회에서도 말할 수 있는 자유가 있었지만 모든 것이 장로들에 의해서 지도되고 또 조종되어졌다. 가르치는 것, 설교하는 것, 성례를 시행하는 것 등 전체 교회생활이 장로들의 관할

---

[22] G. S. M. Walker, "Church Government," *The New Bible Dictionary*, ed. J. D. Douglas (Grand Rapids: Eerdmans, 1975), p. 232.

하에 있었다.

사도행전 11:30에 안디옥의 그리스도인들이 유대교회를 위해 보내온 선물을 장로들이 받았다는 사실이 기록되어 있다. 이 선물들은 집사들에게 주어져 분배하게 된 것이다. 후에 바울과 바나바는 소아시아의 새로 설립된 교회들을 위해 장로들을 임명했다(행 14:23). 그들은 예루살렘 공회 때에 사도들과 연합하여 교회를 다스렸다(행 15:6-23, 특히 22, 23절 참조). 사도행전에 기록된 유대인 교회와 이방인 교회들(바울이 설립)의 조직에서부터 나타난 내용은, 장로들이 각 교회마다 선택함을 받아 그 장소의 신자들을 다스리는 역할을 했으며 장로들의 임무는 다스리고, 가르치고, 행정 하는 것으로 나타난다.

(3) 조직된 교회들

조직된 교회들이 많아지고 장로들이 그 교회들을 다스리게 됨으로 사도들의 사역은 완화되어졌다. 초기에는 사도들이 교회의 유일한 사역자들이었다. 그 후 일곱 집사가 선택되어 교회의 필요한 일들을 보살피게 되었다. 그런데 장로직은 사도들의 책임한계를 많이 변화시켰다. 사도들은 교사로서 그리고 설교자로서 말씀의 사역에만 전체의 시간을 바쳐 봉사할 수 있게 되었다. 그래서 사도들은 특별한 직책을 가진 교회의 지도자들로서 그들의 사역이 점점 많은 교회와 연관되었다. 상당히 이른 시기에 행해진 베드로의 활동에서 이 사실이 밝혀진다. 베드로는 수리아에 있는 여러 교회를 보살폈다(행 9:32).

바울 역시 전도여행을 하면서 여러 교회를 방문하고 각 도시마다 장로들을 안수하므로 베드로와 같은 일을 했다(참조, 행 20:17). 유세비우스(Eusebius)가 전하는 전통에 의하면 장로들이 각 교회를 다스리고 주관하므로 사도들은 먼 지역에까지 복음을 전파할 수 있게 되고 새로

운 교회를 설립할 수 있게 되었다고 한다.23)

4. 안디옥의 기독교(행 11:19-30, 참조, 13:1-3)

대략 AD 40-42에 예루살렘에 있는 교회가 수리아 안디옥에 있는 교회의 급성장에 대한 관심을 갖게 되었을 것이다. 안디옥 교회의 역사는 스데반(Stephen)의 순교 이후에 있었던 성도들의 이산(離散)으로 시작된다.

(1) 안디옥 교회의 설립(행 11:19-21)

"그때에 스데반의 일로 일어난 환난으로 말미암아 흩어진 자들이 베니게(Phoenicia)와 구브로(Cyprus)와 안디옥(Antioch)까지 이르러 유대인에게만 말씀을 전하는데 그 중에 구브로와 구레네 몇 사람이 안디옥에 이르러 헬라인에게도 말하여 주 예수를 전파하니 주의 손이 그들과 함께 하시매 수많은 사람들이 믿고 주께 돌아오더라"(행 11:19-21).

여기서 먼저 안디옥이란 도시가 어떻게 설립되었는지를 생각해 보도록 한다. 안디옥(Antioch)은 알렉산더 대왕(Alexander the Great)이 죽은 (BC 356-BC 323, 6,13) 후에 알렉산더 대왕의 장수 중의 한 사람인 셀류커스 니카토르(Seleucus Nicator)에 의해 BC 301년에 세워졌다. 안디옥이란 이름은 그의 아버지인 안티오커스(Antiochus)의 이름을 따라 지은 것이다. 니카토르는 새로운 도시에 인접된 항구인 실루기아(Seleucia)도 건설하여 안디옥의 관문으로 삼았다. 안디옥은 건물들이 아름다웠기 때문에 '아름다운 안디옥'(Antioch the Beautiful)이란 명칭이 붙기도 했고 후일에 페르샤, 인도, 중국 등지의 동방 사람들이 와서 살았기 때문에 '동양의 여왕'(the Queen of the East)이란 명칭도 받게 되었다.

---

23) Cf. P. Eusebius, *Ecclesiastical History*, Book II, Chap. III.

그 후 안디옥은 로마의 폼페이(Pompey)에 의해 B.C. 64에 로마로 편입되게 되었다.24)

환난으로 흩어진 사람들이 가는 곳마다 복음을 전하므로 베니게와 구브로, 그리고 안디옥 지방의 교회 설립을 위한 기초를 놓게 되었다(행 11:19). 구브로와 구레네의 배경을 가진 헬라파 유대인들은 오래된 유대인의 편견을 버리고 안디옥에 있는 헬라인들에게도 예수 그리스도를 전했다. 그들의 전파는 성공적이었고 따라서 안디옥에 믿음의 공동체인 교회가 주로 할례 받지 못한 이방인들을 중심으로 설립되고 그들은 유대인과 동등한 입장에서 생활하게 되었다. 안디옥에 복음이 전파됨으로 지리적으로는 복음이 유대와 사마리아를 지나 이방지역까지 전파되었고(행 1:8 참조), 문화적으로는 복음이 유대인으로부터 이방인에게 확산되어졌다. 유대인들과 이방인들이 서로 어울려 교회 생활하는 데 어려움이 없었다. 이방도시 안디옥에 이런 교회가 설립된 것은 복음전파의 전략적 입장으로 볼 때 대단히 중요했다. 안디옥은 복음전파의 새로운 중심지가 되었고 안디옥 기독교인들은 그 핵심을 이루었다. 이 교회로부터 그리스도의 메시지는 로마제국 전체에 전파되었다. 안디옥은 로마(Rome)와 알렉산드리아(Alexandria) 다음으로 로마제국에서 세 번째로 중요한 큰 도시였다.25) 안디옥은 기독교 신앙을 위한 가장 중요한 중심지가 되었다. 왜냐하면 안디옥은 복음 전파를 위해 전략적인 곳이었을 뿐만 아니라 예루살렘 교회와 친밀한 연락관계에 있을 수 있는 곳이었기 때문이다.

(2) 예루살렘 교회가 안디옥 교회를 감독함(행 11:22-24)

안디옥 교회가 얼마나 빨리 성장했는가는 정확하게 알 수 없다. 그러

---

24) C. H. Thomson, "Antioch in Syria," *The International Standard Bible Encyclopaedia*(*ISBE*), Vol. I (Grand Rapids: Eerdmans, 1939), pp. 157-58.
25) Josephus, *Wars*, Ⅲ, 2, 4.

나 "주의 손이 그들과 함께 하시매 수많은 사람들이 믿고 주께 돌아오더라"(행 11:21)의 기록으로 볼 때 상당수의 사람이 교회를 이룬 것만은 확실하다.

안디옥에서의 좋은 소식이 예루살렘 교회에 알려졌다. 예루살렘 교회는 안디옥에 사자들을 보내서 안디옥 교회를 보살피게 함으로 이 위대한 선교활동에 큰 관심을 보였다. "예루살렘 교회가 이 사람들의 소문을 듣고 바나바를 안디옥까지 보내니"(행 11:22)라는 말씀이 이를 증명한다.

① 예루살렘교회로부터 파송된 사자 바나바

예루살렘 교회가 안디옥 교회에 바나바를 사자로 보낸 이유는 흩어진 유대인들에 의해 세워진 교회들에 대한 책임과 권한을 느꼈기 때문이다. 바나바를 파송한 것은 안디옥 교회를 그들의 수중에 넣고 지배하기 위해서가 아니라 진실한 관심에서 행해진 것이었다. 이는 바나바를 사자로 선택한 사실에서 명백해지는데 그 이유는 바나바가 헬라화된 구브로 사람으로(행 4:36) 그의 동족이나 이방인들과 함께 일하는데 가장 적합한 사람이었기 때문이다.

바울 사도가 개종했을 때 다른 사람들은 바울을 두려워했으나 바나바는 바울을 용납하므로 자신의 성품과 은사를 인정받았다(행 9:26, 27). 그는 예루살렘에 있는 성도들로부터 인정함을 받았다. 사도들이 안디옥에 다른 사람을 보내지 않고 바나바를 보낸 사실은 그가 안디옥 교회의 형편에 가장 적절한 사람으로 인정받았기 때문이다. 안디옥 기독교인들을 위해 행한 바나바의 사역은 적절한 것이었고 지혜를 통해 이룩된 것이었다. 그는 하나님의 은혜에 대해 기뻐하였고 그들이 믿음에 굳게 서도록 권고하였다(행 11:23). 누가는 적절한 말로 바나바에 대해 기록한다. "바나바는 착한 사람이요, 성령과 믿음이 충만한 사람이라 이에 큰 무리가 주께 더하여지더라"(행 11:24).

② 바나바가 바울을 안디옥에 데려옴(행 11:25)

안디옥 교회의 일은 바나바 혼자로는 벅찼다. 그래서 복음사역을 통해 알고 있었던 바울의 도움을 요청하게 되었다(행 9:27-30). 바나바는 다소(Tarsus)에서 바울을 만나 안디옥으로 데리고 왔다. 두 사람이 일년 동안 노력한 결과 커다란 성과를 거두게 되었다(행 11:25-26). 안디옥 교회의 성장은 선교적인 측면에서 깊은 관심의 대상이 된다. 왜냐하면 바나바는 바울이 이방인을 위한 복음 전도자로 세움 받은 것을 알고 있었고 바나바 자신도 이방전도에 깊은 관심을 가졌으며 두 사람이 이 곳 안디옥에서 이방전도를 위한 터전을 찾았기 때문이다. 이렇게 안디옥 교회는 유대인들과 이방인들이 혼합되어 튼튼하게 자라갔다. 이 교회는 훌륭한 선교사 바나바와 바울의 도움으로 선교의 비전을 가지고 성장하게 된 것이다.

(3) 그리스도인(행 11:26)

안디옥 교회에서 발생한 흥미로운 특징은 그들이 서로 교제하는 가운데 그리스도인이라고 불린 것이다. 분명히 이 이름은 이방인들이 그리스도를 따르는 사람들을 조롱하기 위해 처음 사용하였을 것이다. 이 명칭으로 그리스도인과 유대인을 구분하게 되었다.[26] 이제는 그리스도인들이 유대주의의 한 분파로 여겨지지 않았다. 제자들은 서로를 형제로 불렀고(행 1:15; 10:23), 도를 좇는 사람으로 생각했다(행 9:2). 그리스도인이라는 명칭이 비록 다른 사람들에 의해 주어졌지만 그 이름이 그들의 주의 이름을 내포한 명칭이었기 때문에 그리스도인들은 그 명칭을 즐겨 사용하게 되었다. 실상 그 이름은 단순히 그리스도의 이름을 내포한 것이기 때문에 냉소적인 요소가 없는 것이다. 팔레스틴

---

26) 그리스도인(Χριστιανοί)이란 명칭은 유대인('Ιουδαῖοι)과의 구분을 짓는 명칭이기도 하지만 헤롯당원들('Ηρῳδιανοί), 가이사의 사람들(Καισαριανοί)에 비교되는 표현이다.

에서는 유대인들이 기독교인들을 나사렛이단이라고 계속 불렀지만(행 24:5), 헤롯 아그립바(Agrippa)[27] 왕은 그리스도인이라는 명칭을 사용했다(행 26:28). 일반 역사가들은 그리스도인이라는 명칭의 기원을 60년대와 네로(Nero)황제(AD 54-68)의 핍박의 때로 말하지만 베드로전서 4:16에는 그리스도인이라는 명칭이 그 당시에 통용된 일반적인 명칭으로 언급되었다. "만일 그리스도인으로 고난을 받은즉 부끄러워 말고 도리어 그 이름으로 하나님께 영광을 돌리라"(벧전 4:16).

(4) 예루살렘에서 온 선지자들(행 11:27)

안디옥 교회의 또 한 가지 특징은 예루살렘으로부터 온 선지자들이다. 예루살렘으로부터 온 선지자 중 특별히 아가보(Agabus)가 주목의 대상이 된다(행 11:28).

① 선지자들의 특징

이 선지자들은 신약성경에 자주 언급된 특별한 계층의 사람들이다(행 13:1; 15:32; 21:10; 고전 12:28; 14:29; 엡 2:20; 3:5; 4:11; 계 10:7). 선지자들은 일반적인 교회 직원이 아니었다.

그들은 특별한 은사를 가졌고 그것은 예언이었다. 그들은 오순절 때 강림하신 성령으로부터 특별한 때의 교회를 위해 특별한 은사를 받은 것이다. 신약의 선지자 개념은 구약의 선지자 개념과 동일하다. 선지자는 하나님으로부터 받은 말씀을 직접 말하는 자이기 때문에 그의 말은 하나님의 말씀이다. 그의 은사는 잠정적일 수도 있고 영구적일 수도 있다. 그의 메시지는 교훈적인 메시지일 수도 있고 예언적인 메시지일 수도 있다. 그 당시는 계시의 시대였다. 예언자들의 사역은

---

[27] 예수 믿는 사람을 "그리스도인"이라 부른 왕은 Herod Agrippa II세로 AD 48-100까지 통치한 사람이다. 그는 유대인의 모든 풍습과 문제를 익숙히 알고 있었던 왕이다(행 26:2-3).

진리의 여러 가지 면에 대해 계시하는 것이었다. 바울은 교회가 사도들과 선지자들의 터 위에 세워졌다고 했다(엡 2:20). 여기 나타난 선지자들의 사역에서 그리스도의 예언자적 직무가 계속되는 증거를 찾을 수 있다. 그들은 그리스도의 영으로 말하기 때문이다. 이와 같은 예언적인 은사와 사도들의 권위로 이 당시 그리스도인들은 복음진리와 그리스도의 인격과 사역에 대해 확고한 신념을 갖게 되었다. 사도시대의 기독교인들은 이와 같은 영감 된 사람들에 의해 계시를 전달받고 있었다고 확실히 믿었다. 고린도전서 14:31-33은 이를 증명하고 있다. "너희는 다 모든 사람으로 배우게 하고 모든 사람으로 권면을 받게 하기 위하여 하나씩 하나씩 예언할 수 있느니라. 예언하는 자들의 영은 예언하는 자들에게 제재를 받나니 하나님은 무질서의 하나님이 아니시요, 오직 화평의 하나님이시니라"(고전 14:31-33).

사도들과 선지자들 그리고 그들이 받은 특별한 은사들에 대해 여기서 한 가지 더 언급하고 지나가야겠다. 개혁주의의 전통은 사도들과 선지자들의 은사가 사도시대로 끝났다는 것이다. 우리는 교리나 실제 생활 면에 있어서 성경의 충족성을 인정한다. 오늘날 어떤 사람들은 어떤 일에 하나님의 정확한 뜻을 보여주기 위해 그들에게 특별한 계시나 특별한 행위가 나타난다고 주장하지만 그것은 성경적인 견해가 아니다. 웨스트민스터(Westminster) 신앙고백 1장 6절에 개혁주의 입장이 명확하게 기술되어 있다.

"하나님의 영광과 인간의 구원, 믿음과 생활에 필요한 모든 일에 관한 하나님의 완전하신 뜻이 성경에 분명하게 진술되어 있거나 조리 있고 필연적인 이치로 그 뜻을 성경에서 연역할 수 있다. 그러므로 성령의 새로운 계시나 인간의 전통을 막론하고 성경에는 아무것도 어느 때라도 가할 수 없다."[28)]

---

28) *The Westminster Confession of Faith*, I, 6; Cf. E. Palmer, *The Person and Ministry of the Holy Spirit* (Grand Rapids: Baker Book House, 1974), pp. 115-31; cf, R. L. Reymond,

② 아가보와 흉년헌금(행 11:28-30)

예루살렘으로부터 온 선지자 중의 한사람인 아가보가 천하가 크게 흉년들 것을 예언하였다. 누가는 이 예언이 성취되었고 그 흉년의 시기가 로마황제 글라우디오(Claudius, AD 41-54)의 통치 때라고 기술하고 있다(행 11:28). 요세부스(Joesphus)는 같은 흉년을 그의 책(Antiquities 20, 2,5와 3,15,3)에 기록하고 있다.29) 다른 일반 역사가도 그 때에 큰 흉년이 있었음을 증언한다. 그러므로 누가가 이때에 큰 흉년이 있었다고 기록한 것은 정확한 것이다.

안디옥의 기독교인들은 유대지방의 기독교인들의 필요를 위해 헌금을 거두었다. 이 사실은 예루살렘 교회만 안디옥 교회의 성장과 복지를 위해 관심을 가진 것이 아니라 안디옥 교회도 예루살렘 교회와의 밀접성을 유지하고 있었다는 것을 증명해 준다. 선교사인 바나바와 바울이 선물을 가지고 안디옥으로부터 예루살렘 교회에 와서 장로들에게30) 그 선물을 전달했다(행 11:30).

흉년 때문에 바울이 예루살렘을 방문했다는 사도행전의 기록과 갈라디아서 1장, 2장에 나타난 바울생애의 연대와의 관계 때문에 많은

What about Continuing Revelations and Miracles in the Presbyterian Church Today (Philadelphia: Presbyterian and Reformed Pub. Company, 1977), pp. 20-54.

29) F. Josephus, *Antiquities of the Jews*, 20,2,5; "Helena의 방문은 예루살렘 사람들에게 대단히 큰 유익이 되었다. 왜냐하면 그들이 그때에 흉년으로 고통을 당하고 많은 사람들이 필요한 음식을 얻지 못해 죽었지만 Helena 여왕은 많은 양의 옥수수를 살 수 있는 돈과 함께 몇 사람의 하인들을 Alexandria로 보내고 또 다른 종들을 Cyprus에 보내 마른 무화과를 가져오도록 했다. 그들이 먹을 것들을 가지고 속히 돌아오자 Helena는 곧 필요한 사람들에게 음식을 분배했다. 그리고 우리나라 전체에 베푼 이 은혜로 훌륭한 기념을 남겼다."

30) G. E. Ladd, *A Theology of the New Testament*, p. 352: "장로들이 언제 어떻게 그리고 무슨 이유로 선택되었는지 언급이 없다. 역사적인 배경으로 상상을 해 볼 수 있을 뿐이다. 유대인들의 공동체나 회당은 장로들의 그룹에 의해 다스려졌다. 그런데 초대교회가 외적으로 유대인의 회당과 별로 다른 것이 없기 때문에 사도들이 예루살렘을 떠나서 복음을 전파하기 시작했을 때 장로들을 선택하여 사도들 대신 예루살렘 교회를 다스리도록 했을 것이라고 추측할 수 있다. 그렇다면 각 회집(congregation)을 위해 한 사람의 장로보다는 여러 사람의 장로들로 구성된 단체를 생각할 수 있다."

논란이 있었다. 바울이 갈라디아서 1장에서 흉년으로 인해 예루살렘을 방문했다는 사실을 기록하지 않기 때문에 사람들은 사도행전 11:27-30에 기록된 바울의 예루살렘 여행을 비역사적인 것이라고 주장한다. 한편 어떤 사람들은 흉년으로 인한 바울의 예루살렘 여행을 갈라디아서 2장에 언급된 예루살렘 여행과 동일시한다. 그러나 이 해석 역시 타당치 않다. 왜냐하면 갈라디아서 2장의 바울의 여행은 이방신자들의 할례 문제 때문이었고 흉년으로 인한 여행은 아무런 신학적인 문제도 내포되어 있지 않았기 때문이다.

이 문제에 대한 우리들의 견해는 바울이 갈라디아서에서 흉년으로 인한 예루살렘 여행을 언급하지 않았지만 누가는 사도행전에서 바울의 행적을 자세히 기록하는 가운데 흉년으로 인한 예루살렘 여행까지 포함시켜 주었다고 생각하는 것이다. 비록 갈라디아서를 바울 자신이 썼다고 할지라도 반드시 그의 행적을 모두 기록해야 한다고 생각할 수 없고 또한 누가의 저술방법이 "그 모든 일을 근원부터 자세히 미루어 살핀"(눅 1:3) 것으로 보아 바울 자신이 기록하지 않은 사건도 기록할 수 있다고 생각되어진다.

5. 헤롯의 핍박(행 12:1-23)

예측할 수 없는 성격의 소유자 헤롯 아그립바 1세(AD 37-44)가 잠시 교회를 핍박했다. 누가는 헤롯 아그립바 1세가 요한의 형제 야고보를 체포하여 칼로 죽인 이유를 설명하지 않는다(행 12:2).[31] 그러나 유대인들의 환심을 사기 위해 핍박이 계속되었다. 이런 동기를 가지고 헤롯

---

31) Eusebius는 야고보 사도 순교 이후 그 후계자로 예수님의 이종 사촌인, 글로바(Cleophas)의 아들 시몬(Simeon)이 예루살렘 교회의 지도자 역할을 했다고 전한다. 글로바는 예수님의 어머니 마리아의 형제였다(참조, 요 19:25). Cf. Eusebius, *Ecclesiastical History*, Book III, Chapter XI.

아그립바 1세는 베드로를 체포하여 옥에 가두었다. 사도행전 12:4에서 '에데토'(ἔθετο, 부정과거, 중간태)를 사용한 것은 헤롯 아그립바 1세가 제시한 목적을 성취할 때까지 베드로를 감옥에 가두어 둘 의사가 있었음을 증거 한다.32) 베드로가 옥에 갇혔지만 천사가 그를 이적적으로 구해낸 사실은 잘 알려진 것이다. 베드로는 옥에서 풀려 나와 요한 마가(John Mark)의 어머니 마리아의 집에 이르렀고 계집아이 로데 (Rhoda)는 베드로를 보고도 믿지 못했다. 베드로가 집안으로 들어가서 거기에 모여 있는 그리스도인 형제들에게 주께서 자기를 옥에서 나오게 한 일을 고하고, 이 일을 주님의 형제 야고보(James)에게 이르라고 말한 다음 다른 곳으로 떠났다. 베드로의 출옥 사건을 전해들은 헤롯은 베드로를 지켰던 파수꾼을 죽이라 명한 후 유대를 떠나 가이사랴 (Caesarea)에 내려가 거기서 거했다(행 12:19).

주의 사자가 베드로를 옥에서 탈출시킨 사실은 헤롯왕(아그립바 1세)의 핍박을 물리치고 교회에 승리를 안겨다 준 것을 말한다. 누가는 헤롯의 타락과 허영과 그가 받은 심판을 계속해서 언급한다. 누가는 헤롯이 왕복을 차려 입고 거만을 부렸으며 백성들은 그의 웅변술에 속아 넘어갔다는 것을 기록한다. "백성들이 크게 부르되 이것은 신의 소리요 사람의 소리가 아니라"(행 12:22). 헤롯은 백성들의 경배의 대상이 되었다. 그래서 하나님은 그를 즉시 심판했다. "헤롯이 영광을 하나님께로 돌리지 아니하므로 주의 사자가 곧 치니 벌레에게 먹혀 죽으니라"(행 12:23).

헤롯 아그립바 1세가 이상한 형편 가운데서 죽은 사실을 요세푸스가 증언하고 있다.33)

---

32) M. Zerwick, *Biblical Greek*, p. 75(section 234).
33) F. Josephus, *Antiquities of the Jews*, 19,8,2. 요세푸스는 헤롯이 은으로 만든 옷을 입고 백성 앞에 나타났을 때, 햇빛이 그 옷을 비추므로 보는 사람들의 눈이 부셨고 사람들은 공포에 싸여 헤롯을 신으로 추앙했지만 헤롯은 그들을 꾸짖지도 않고 거절하지도 않았다고 전한다. 그리고 헤롯이 한 부엉이(owl)가 그의 머리 위의

이 핍박으로 인해 교회의 진행과정에 큰 영향이 미치지는 않았지만 한 가지 분명한 사실은 교회가 유대주의뿐만 아니라 유대인 통치자들의 환영도 받지 못하게 되었다는 것이다. 이때쯤 해서 그리스도의 교회는 유대주의와 유대인 통치자들의 눈 밖에 난 것이 확실해졌다.

6. 예루살렘 교회의 계속적인 영향 (행 15:1-35; 21:18-21)

이제 예루살렘 교회에 대해 관심을 끌게 하는 기록은 사도행전에서 두 군데 남아 있다. 하나는 예루살렘 공회(Jerusalem Council)이며(행 15:1-35), 두 번째 기록은 바울이 제3차 전도여행을 마친 후 야고보와 장로들에 의해 영접 받은 사실이다(행 21:18-21). 사도행전 외의 기록으로 야고보서에서 유대 기독교에 대한 언급을 찾을 수 있다.

(1) 예루살렘 공회 소집의 배경(행 15:1-35)

이방 신자들이 모세의 율법을 지켜야 하느냐 지키지 않아도 되느냐 하는 문제로 교회 내에 분쟁이 일게 되었다. 대두된 문제는 이방신자들이 교회에 들어오기 위해 모세의 율법에 규정한 할례를 받아야 하느냐는 것이었다. 또한 이방신자들이 교회의 일원이 되기 위해서는 유대인들의 의식(ritual)을 지켜야 하느냐 하는 것이었다.

문제의 해결을 세 가지 방법으로 할 수 있었다.

첫째, 모든 신자는 율법으로부터 자유롭다. 그리스도의 사역은 율법의 요구를 충족시켰고 따라서 그리스도인은 율법이 요구한 의무에서 벗어났다.

한 줄에 앉은 것을 본 후 심한 복통을 앓으면서 "너희들이 나를 신으로 불렀지만 나는 이 생애로부터 고별하라는 명을 받았다"라는 말을 남기고 세상을 떠났다고 요세푸스는 기록하고 있다.

둘째, 유대인만이 율법을 지켜야 한다. 모세율법이 정한 의식은 유대인으로 기독교인이 된 사람에게만 적용이 되는데 그 이유는 그들이 기독교인이기 때문이 아니라 유대인이기 때문이다.

셋째, 율법은 아직도 모든 사람에게 적용된다. 이방인들은 기독교인이 되기 위해 이 사실을 인정해야 한다.

이 문제는 그때까지 교회가 당면한 가장 어려운 문제였다. 이 문제는 율법의 타당성, 이방신자들의 자격, 모든 사람을 위한 속죄의 타당성, 유대주의의 편견과 전통 등의 문제를 내포하고 있기 때문에 아주 심각한 문제로 대두되었다. 율법 문제 즉 예수를 믿을 때 할례를 받아야 하느냐라는 질문의 답은 모든 신자는 율법으로부터 자유롭다는 것이다.

① 역사적 배경(행 15:1-3; 참조, 갈 1-2장)

이 문제는 바울과 바나바가 1차 전도 여행에서 돌아왔을 때 안디옥에서 발생했다. 복음이 이방세계에 전파된다는 소식은 예루살렘 교회의 유대주의 당파에게 걱정을 가져다주었다. 분명히 교회 내의 어떤 사람들은 베드로가 이방인들에게 복음을 전한 사실이나 바울이 이방선교를 하는 사실에 동의할 수 없었다. 그들은 분쟁과 분파를 조성하여 유대주의의 관습이 교회 내에서 지켜져야 하고 이방인들이 교회의 일원이 되려면 유대인의 관습을 지켜야 한다고 주장하게 되었다.

이 분파는 개종한 제사장들의 강한 영향을 받았다는 견해가 일반적으로 많은 사람들에 의해 받아지고 있다. 개종한 제사장들의 일부는 바리새파였을 것이다. 그들은 초기 예루살렘 교회의 일원이었으며 점점 영향력을 행사하게 되었다(참조, 행 6:7). 그들 중 어떤 사람들이 안디옥으로 내려가 이방신자가 할례를 받지 아니하면 구원을 얻을 수 없다고 가르쳤다(행 15:1). 사도행전 15:5의 내용으로 보아 그들은 예루살렘 교회의 다수를 대표하지 않았고 또한 교회 지도자들의 호응도 받지 못했다. 그들은 단순히 예루살렘의 유대주의자(Judaizer group)들을 대표할 따름이었다.

"바리새파 중에 어떤 믿는 사람들이 일어나 말하되 이방인에게 할례를 행하고 모세의 율법을 지키라 명하는 것이 마땅하다 하니라"(행 15:5). 누가는 그들이 야기 시킨 안디옥에서의 분쟁에 대해 언급하지 않는다. 그러나 바울은 갈라디아서 1장, 2장에서 이 사실을 자세히 기록하고 있다.

예루살렘 공회가 안디옥(Antioch)과 수리아(Syria), 길리기아(Cilicia)에 있는 이방교회들에게 보낸 편지로 보아 유대주의자들이 예루살렘 교회의 견해를 대표한다고 말한 것은 거짓임이 드러났다(행 15:23). 예루살렘 공회가 결정한 교령(敎令)의 서두가 이를 확증한다. "들은즉 우리 가운데서 어떤 사람들이 우리의 지시도 없이 나가서 말로 너희를 괴롭게 하고 마음을 혼란하게 한다"(행 15:24)라고 교령(decree)의 서두를 시작했다. 바울은 이들을 가리켜 "가만히 들어온 거짓 형제 까닭이라 저희가 가만히 들어온 것은 그리스도 예수 안에서 우리의 가진 자유를 엿보고 우리를 종으로 삼고자 함이라"(갈 2:4)고 기술했다.

여기서 강조되어야 할 것은 유대파 사람들이 예루살렘 교회의 입장을 대표하지도 않았고 또한 바울의 인도로 진행된 이방선교의 입장도 대표하지 않았다는 사실이다.

② 안디옥에서 온 사신들

안디옥에서 자유주의자들로 인해 분쟁이 발생하므로 안디옥 교회는 바울과 바나바를 예루살렘에 보내 사도들과 장로들에게 문제를 제시했다(행 15:2). 이 여행이 갈라디아서 2:1-10에 기록된 바울의 예루살렘 방문이다.

리델보스(Ridderbos)는 바울이 갈라디아서 2장에서 14년 후에 예루살렘을 방문한 이유는 갈라디아서 1:18 이하에 기록된 방문 이유와 현저하게 다르다고 지적한다. 갈라디아서 1:18 이하의 문제는 바울의 사도권에 대한 것이었고, 갈라디아서 2:1의 경우는 이방인들이 모세의 율법에 매어 살아야 하는가라는 심각한 문제였다.34)

사도행전 15장에 베드로, 야고보, 바나바와 바울의 이름이 언급되고 갈라디아서 2장에도 같은 이름이 등장한다. 사도행전 15장에서 바울과 바나바가 예루살렘을 방문한 목적은 갈라디아서 2장에서 언급된 그들이 예루살렘을 방문한 목적과 같다. 이 방문이 흉년으로 인해 예루살렘을 방문한 그 방문과 같은 것은 아니다. 바울은 갈라디아서 2:2에서 그들이 계시를 인해 예루살렘에 올라가 이방선교에 관한 문제를 예루살렘 교회 앞에 제시했다고 기록한다. 사도행전에는 언급이 없지만 갈라디아서에는 디도(Titus)가 그와 함께 여행했고 그리고 디도를 억지로 할례를 받게 하지 않았다고 기록하고 있다(갈 2:3).

디도를 같이 데리고 간 것은 그들의 논증을 위한 테스트 케이스(a test case)였으며 디도가 할례를 받지 않은 사실이 이를 증명한다. 거짓 형제들이 디도의 할례를 요구했을 때 바울은 그것을 용납하지 않았다. 비록 사도행전 15장과 갈라디아서 2장이 다른 견지에서 쓰여 졌지만 양쪽 기록의 상세한 내용이 예루살렘 공회의 배경과 형편을 더 완전하게 전해준다.

(2) 예루살렘 공회

안디옥에서와 마찬가지로 예루살렘에서도 유대주의자들은 이방인들이 모세의 율법을 지켜야 한다고 강경하게 주장했다(참조, 행 15:3-5; 갈 2:3, 4). 사도행전은 이 일로 인해 공회가 모이게 되었다고 전한다. 공회석상에서 사도들과 장로들은 그 문제를 심사숙고하였다. 베드로와 바울, 그리고 바나바와 야고보가 모두 이방인들로 율법을 지키게 해야 하는가라는 문제에 대해 연설을 했다.

---

34) H. Ridderbos, *The Epistle of Paul to the Churches of Galatia* (*NICNT*, Grand Rapids: Eerdmans, 1970), pp. 76f.

결론은 이방인들이 할례를 받을 필요는 없지만 유대 기독교인들의 감정을 상하게 하는 특정한 행위들, 즉 "우상의 제물과 피와 목매어 죽인 것과 음행을"(행 15:29) 멀리하도록 이방인들에게 요청했다. 공회의 결정적인 지시는 이방 기독교인들이 할례를 받지 않아도 좋다는 것이었다. 예루살렘 공회가 만장일치로 결정한 것은 복음을 유대주의의 속박에서부터 자유하게 만들고 모든 인류를 위한 하나님의 메시지로 만들었다.[35] 바울이 갈라디아서에서 예루살렘 공회의 진행에 대해 언급하지 않지만, 디도가 할례 받도록 강압 받지 않았다는 사실을 강조하는 것은 이방 기독교인들이 율법의 의식을 지키지 않아도 된다는 예루살렘 교회의 결정 사실과 일치되는 것이다(갈 2:1-3). 예루살렘 공회는 사도들과 장로들로 구성되었다. 비록 누가가 장시간 논란된 중요한 회의 내용을 개괄적으로 기록했지만 베드로와 야고보의 연설을 보다 중요한 것으로 기록하고 있다. 괄목할만한 사실은 온 교회가 사도들과 장로들의 결정에 동의한 사실이다. "이에 사도와 장로와 온 교회가 그 중에서 사람들을 택하여 바울과 바나바와 함께 안디옥으로 보내기를 결정했다"(행 15:22).

바울은 갈라디아서에서 공회에 대한 흥미로운 사실을 전한다. 바울은 베드로, 야고보, 요한과 개인적인 접촉을 했다. 바울은 그들을 '유력한 자들'이라고 했고 '기둥같이 여기는' 사람들이라고 했다(갈 2:2, 6, 9). 그리고 바울은 그들이 자신의 사도적 권위나 교훈에 아무 것도 더하지 않았다고 말한다. 그들은 바울과 바나바에게 교제의 악수를 했다. 그들이 유대인들을 위해 수고하는 반면 바울과 바나바가 이방인들을 위해 복음을 전하는 것이 하나님의 뜻이라고 생각했다. 베드로가 할례자들에게 복음을 전한 것처럼 바울은 무할례자들에게 복음을 전했다. 이 구절들은 다른 복음을 말하지 않고 두 그룹이 같은 복음을 받았다는 사실만을 언급하고 있다.

---

35) Stott, *The Spirit, The Church and the World*, p. 241.

① 예루살렘 공회가 교회조직에 대해 언급함

사도들이 개교회의 치리를 장로들에게 맡겼다는 것은 이미 언급했다. 사도들은 지역 내에 있는 전체 교회를 감독했다. 베드로는 수리아(Syria) 지역의 교회들을 감독했고 바울은 이방인들의 교회를 감독하였다. 사도들이 예루살렘 공회에 참석한 것은 그들의 사도직 때문이었다. 누가의 기록이나 예루살렘 공회의 교령(decree)의 서두에서 다른 사람들 보다 사도들이 먼저 언급되었고 또한 그들은 구별된 그룹으로 취급받았다(행 15:22-23). 분명히 해야 할 것은 예루살렘 공회에 제시된 문제가 사도들의 권위나 특별계시에 의해 결정된 것이 아니고 교회 회의에서 철저히 논의한 후 그 논의된 내용을 기초로 결정되어졌다는 사실이다. 제기된 문제는 이방기독교인들이 교회의 일원이 되기 위해 모세의 율법을 준수해야 하느냐는 것이다. 공회에서 심사숙고한 후 결정한 결과는 이방 기독교인들이 율법을 준수하지 않아도 교회의 완전한 일원이 될 수 있다는 것이다. 다른 지켜야 할 사항도 협의와 의논을 거쳐 결정되었다. 이 문제의 결정에 있어서 사도들과 장로들과 온 교회가 전심으로 협동하게 되었다. 사도들이 그들의 사도직의 권한으로 결코 교회들 위에 군림하지 않았다.

예루살렘 공회를 통해서 나타난 예루살렘 교회의 위치는 팔레스틴(Palestine)과 수리아(Syria) 지역의 기독교인들을 위한 최종적인 의결기관으로 인정되어진 것이다. 따라서 안디옥의 기독교인들과 유대주의자들이 문제해결을 위한 요청을 예루살렘 교회에 낸 것이다. 예루살렘 공회는 전체 교회의 총회(General Assembly)와 같은 것이었다. 총회는 교리적인 문제를 취급할 수 있는 기구였고 또한 결정권을 가지고 있었다. 총회는 현안(縣案) 문제의 해결을 위해 교령을 전체 교회에 보내 이 문제에 대한 교회의 생각과 교훈과 습관을 지도하기로 했다. 여기서 산헤드린 공회(Sanhedrin)와 예루살렘 총회의 비슷한 면을 찾아볼 수 있다. 퍼비스(Purvis)가 "같은 신앙으로 결속된 전적으로 독립적인 교회들이 이방교회 내에서 생성되었고 이들 교회에서는 예루살렘 장로들의 권위가 인정함을 받지 못했다"36)라고 교회들의 독립주의(Independentism)를 주장하는 것은 근거 없는 것이다. 이런 주장을 보장할만한 근거가 사도행전을 비롯한 다른 곳에서 전혀 발견되지 않는다.

② 공회에서 행한 연설들
이제 사도들이 공회에서 행한 연설들을 분석해 보자. 예루살렘 공회에서는 베드로와 바울과 바나바 그리고 야고보가 연설했다.

(i) 베드로의 연설
베드로는 백부장 고넬료(Cornelius) 사건으로 얻은 경험을 기초로 강력하게 이방인의 자유를 주장했다. 그의 주된 논증은 믿음만이 구원의 조건이라는 것이다. 그는 유대인들 자신도 율법의 멍에를 감당하지 못하면서 다른 사람들에게 그 멍에를 지우는 것은 합당하지 못하다고 말했다. "지금 너희가 어찌하여 하나님을 시험하여 우리 조상과 우리도 능히 메지 못하던 멍에를 제자들의 목에 두려느냐" (행 15:10). 구원은 오로지 그리스도의 은혜로 말미암는다고 했다. 베드로의 강력한 주장은 바울과 같은 입장이었다. 비평학자들은 베드로와 바울이 같은 입장에 서 있었다는 사실을 받으려하지 않는다. 왜냐하면 갈라디아서 2:15-16의 기록대로 바울과 베드로는 서로 사이가 좋지 않았기 때문이라는 것이다. 이 문제는 그리 심각한 것이 못된다. 안디옥에서의 베드로의 행동은 그의 교리와 일치되지 못했다. 그는 복음이 무엇인지 알고 있었지만 안디옥에서 그가 처한 특별한 형편 기운데서 이방인들과 교제를 하는 중 복음이 요구한 그대로

---

36) G. T. Purvis, *Christianity in the Apostolic Age* (New York: Scribners, 1925), p. 146.

실행하지 못했던 것이다. 유대주의자(Judaizers)들이 예루살렘으로부터 왔을 때 그들의 비평에 대항하지 못했다. 따라서 안디옥에서의 그의 행위는 그가 믿는 교리와 조화를 이루지 못했던 것이다. 베드로의 생애를 살펴보면 때때로 이런 일이 발생하는 것을 알 수 있다.

(ii) 바울과 바나바의 연설

누가는 바울과 바나바의 역할을 간략하게 기술한다. 누가는 단순히 그들이 이방인들에게 복음을 전할 때 하나님께서 그들의 일을 축복하셔서 표적과 기사가 일어났다고 공회 앞에 진술한 사실을(행 15:12) 전한다. 그들은 안디옥에 나타난 하나님의 축복을 말하고 구브로(Cyprus)와 소아시아(Asia Minor)지역에서 경험한 하나님의 축복을 말했음에 틀림없다. 바울과 바나바의 증언은 베드로의 주장과 일치되었다.

(iii) 야고보의 연설

주님의 동생 야고보의 연설은 결정적인 역할을 했다. 야고보는 모든 사람으로부터 존경과 신뢰를 받는 사람이었다.[37] 야고보의 연설은 가장 길고 가장 자세한 내용이었다. 연설의 내용으로 보아 야고보가 예루살렘 교회의 지도자였음이 틀림없다. 그는 교회 내의 화목을 깨지 않기 위해 조심스럽게 그의 의견을 전개했다.[38] 야고보는 베드로가 본 보자기 환상과 고넬료 사건의 경험은 문제 해결의 관건이 된다고 생각하였다. 유대주의자들은 야고보가 예루살렘 교회의 지도자였기 때문에 자

---

[37] F. F. Bruce, *The Book of the Acts*., p. 253: "He(James) commanded the respect of the common people of Jerusalem, largely because of his severely ascetic life and his regular attendance at the temple services of prayer, where he interceded for the people." Cf. Josephus, *Antiquities*, 20,9,1.

[38] Guthrie, *op. cit*., p. 112: "문제는 미묘한 것이었다. 그러나 야고보는 훌륭한 은혜의 태도로 비판자들을 혹평하지 않으면서도 그들의 주장이 인정될만한 방침으로 받아들여질 수 없다고 확고히 거절했다."

기들과 동조하는 의견을 내세울 줄로 생각했을 수 있다. 그러나 야고보는 오히려 베드로와 바울과 바나바가 말한 내용에 찬성을 했다. 구약의 교훈에 의존하여 이방인 기독교인들은 하나님의 백성 이스라엘에 속한다고 강조했다. 그는 유대인들의 특권을 인정했지만 이방인들도 하나님의 백성으로 가산되었으므로 그들을 유대인과 동등하게 대우해야 한다고 말했다. 야고보의 주장은 바울이 로마서 9-11장에서 천명한 주장과 같다. 야고보의 결론은 유대인들이 싫어하는 사항인 우상에게 바쳐진 음식과 음행과 목매어 죽인 것과 피에 대해 이방인들이 조심해야 한다는 내용이외에 다른 짐을 이방인들에게 지울 수 없다는 것이었다. 야고보의 결론은 분명히 타협안이었다. 유대인들은 이방인들을 동등하게 받아들여야 하고 이방인들은 이상에 언급된 내용에 관하여 유대인들의 마음을 상하게 해서는 안 된다는 것이었다. 여기에 나타난 야고보의 연설이 그의 서신에 사용된 언어와 많은 유사성을 가지고 있다는 사실이 주목을 끈다.

③ 교령(Decree)

예루살렘 공회의 토론 결과 안디옥(Antioch)과 수리아(Syria) 그리고 길리기아(Cilicia)에 편지가 보내졌다. 편지는 사도들과 예루살렘 교회의 장로들의 이름으로 바울과 바나바와 그리고 예루살렘으로부터 두 사람의 대표자 유다(Judas Barsabbas)와 실라(Silas)를 뽑아 전달하게 되었다. 교령은 유대주의자들의 주장을 거부하고 바울과 바나바와 그리고 그들의 메시지에 동조하는 내용이었다.

"성령과 우리는 이 요긴한 것들 외에는 아무 짐도 너희에게 지우지 아니하는 것이 옳은 줄 알았노니 우상의 제물과 피와 목매어 죽인 것과 음행을 멀리할지니라"(행 15:28-29).

이로써 예루살렘 공회의 결정은 유대주의자들의 주장에 한 가시도 동조하지 않았다. 자유와 책임이 유대 기독교인과 이방 기독교인에게 부과되었다. 이방인들은 율법에서 자유롭게 되었고 오직 믿음만 필요하게 되었다. 그러나 그들은 네 가지 면에서 유대인들의 마음을 상하게 해서는 안 된다. 유대인들은 유일한 구원자인 그리스도를 믿는 믿음의 범위 내에서 율법을 지킬 자유가 있다. 그러나 그들은 이방 기독교인들에게 의식적인 율법을 요구하고 이방인들을 교회의 일원으로 받기를 거절하므로 이방인 기독교인들의 마음을 상하게 해서는 안 된다.

이상의 내용은 사도행전 15장과 갈라디아서 1, 2장의 형편을 분석할 때 발견된다. 교령의 용어로 볼 때 요구사항은 성도의 교제를 해치지 않는 분야에 그쳤다. 그러나 여기에 내포된 의미는 율법과 은혜 그리고 유대인들과 이방인들의 관습에 직결되어 있다.

이방인들에게 요구한 네 가지 요구사항은 다음과 같다.

(i) 음행

이방 기독교인들이 조심해야 할 내용 중 음행이 포함된 것이 약간 이상하게 생각된다. 이것은 이방 기독교인들이 음행을 일삼고 있었다는 것을 뜻하지는 않는다. 이방세계에서 성행하고 있는 음행에 대해 유대인들이 강한 거부반응을 가지고 있기 때문에 여기서 이방 기독교인들에게 음행을 삼가라고 권한 것이다. 이방 종교와 연관된 이방의 일반적인 습관인 음행을 지적한 것이다.

(ii) 목매어 죽인 것과 (iii) 피

짐승을 덫으로 죽여서 피가 쏟아져 나오지 않게 하는 것은 이스라엘 백성들에게 금지되었다. 이는 피를 생명으로 생각하여 피를 먹는 것을 금하는 것과 상통하는 것이다(참조, 삼상 14:32-34).

이방인 기독교인들에게 피를 먹지 말라고 한 것은 이방인들의 음식 준비하는 습관과 연관되어 있다. 그들은 짐승을 죽일 때 목을 비틀어 죽이므로 피가 살코기 안에 그대로 남아 있어 그런 고기를 먹으면 결국 피를 먹게 된다. 피를 따로 마시는 것은 아니지만 결국 피를 먹게 되기 때문에 유대인들은 이를 금해 왔던 것이다.

박윤선은 "피를 먹지 말라는 것은 구약의 사상이다. 피는 생명의 표상이니, 생명을 귀중히 여기는 의미에서 그것을 먹지 말라고 하였다. 원시 교회의 유대인 기독자들은 아직도 피를 이와 같이 구약의 규정(規定)에 의하여 먹지 않았다. 그러나 이방인 신자들은 그렇지 못하였다. 그러므로 양자(兩者)의 화합을 위하여 이방인도 당분간 피를 먹지 않는 규례를 지킴이 필요하였다."39)라고 설명한다.

하르낙(Harnack)은 목매어 죽인 것을 본문에서 삭제해 버린다. 그 이유는 사도행전 15장의 금지사항을 십계명과 연관시키기 위해서이다. 즉 우상숭배와 성적인 죄 그리고 살인, 이 세 가지 내용은 십계명에 나타나나 목매어 죽인 것은 약간 거리감이 있기 때문이다.

사실상 베자(Beza)사본도 '목매어 죽인 것'을 본문으로 취급하지 않았다. 그러나 여기서 야고보가 십계명의 세 가지 죄를 요약해서 말할 만큼 논리적이 못된다.40) 그러므로 '목매어 죽인 것'을 본문에서 삭제해야 할 하등의 이유도 없는 것이다. 목매어 죽인 것과 피를 같이 묶어 생각하면 아무런 문제도 발생하지 않는다.

이스라엘 백성들이 목매어 죽인 것과 피를 먹는 것을 금해야 한다고 모세의 율법은 규정하고 있지만(신 12:23-25), 사실상 같은 법이 홍수 직후에 온 인류에게 주어진 것을 알아야 한다(창 9:4).41)

(iv) 우상의 제물

이방인들은 음식을 성결하게 하기 위해 먼저 우상에게 음식을

---

39) 박윤선, 『성경주석: 사도행전』 (서울: 영음사, 1967), p. 327.
40) R. C. H. Lenski, *op. cit.*, p. 617.
41) J. Calvin, *The Acts of the Apostles*, Vol. II (Grand Rapids: Eerdmans, 1973), p. 50.

바친 다음 그 후에 그 음식을 먹는 습관이 있었다. 이방 기독교인들은 유대인 기독교인들과 같이 생활할 수밖에 없다. 유대인 기독교인들은 우상의 제물로 사용된 음식을 먹는 데 익숙하지 않다. 따라서 예루살렘 공회는 약한 형제들을 실족하게 하지 않기 위해서 이방인 기독교인들에게 우상의 제물 먹는 것을 금하라고 권고한 것이다(참조, 고전 8:1-13).

(3) 안디옥에서 네 사자들을 영접함

바울과 바나바와 유다와 실라가 안디옥에 도착했을 때 그들은 예루살렘 공회의 결정을 안디옥 교회에 전했다. 회중이 편지를 읽었을 때 위로의 말을 듣고 모두 기뻐했다(행 15:31).

유다와 실라는 선지자요, 말씀의 사역자였기 때문에 믿음에 굳게 서도록 회중에게 권고했다. 얼마동안 안디옥 교회에서 머문 다음 그들은 다시 예루살렘으로 돌아가고 바울과 바나바는 안디옥에 남아서 계속해서 주님의 말씀을 가르치고 전했다(행 15:32-35).

■ 연구 문제 ■

1. 빌립의 사역에 대해 설명하라(행 8:5-8, 26-40).
2. 첫 번째 이단은 어떤 형태로 나타났는가(행 8:9-24).
3. 사마리아 사람들이 성령을 받게 된 의의를 설명하라(행 8:14-17).
4. 고넬료의 회개로 복음전파에 어떤 영향을 미치게 되었는가?(행 10:15, 34-35; 11:17-18).
5. 장로직의 설립과 집사 선택을 비교해 보라(행 6:1-6; 11:30; 14:23; 15:4, 6-23).

6. 안디옥 교회의 설립경위에 대해 설명하라(행 11:19-26).
7. 바나바는 어떤 사람이었는가?(행 4:36, 37; 11:22-26; 13:1-3; 15:36-41)
8. 안디옥 교회에 대한 예루살렘 교회의 영향과 그 의의를 설명하라(행 1:8; 8:1; 11:22-26).
9. 헤롯 아그립바 1세의 핍박과 야고보의 순교를 설명하라(행 12:1-23; 참조, 마 20:20-23).
10. 예루살렘 공회의 결정은 무엇이었으며 그 결정이 복음 확산에 미치는 의의를 설명하라(행 15:1-29; 갈 1-2장).

7
이방인의 사도 바울
(7:58-8:1; 9:1-30; 11:25-30)

"57 그들이 큰 소리를 지르며 귀를 막고 일제히 그에게 달려들어 58 성 밖으로 내치고 돌로 칠 새 증인들이 옷을 벗어 사울이라 하는 청년의 발 앞에 두니라 59 그들이 돌로 스데반을 치니 스데반이 부르짖어 이르되 주 예수여 내 영혼을 받으시옵소서 하고 60 무릎을 꿇고 크게 불러 이르되 주여 이 죄를 그들에게 돌리지 마옵소서 이 말을 하고 자니라"(행 7:57-60, 개역개정).

"25 바나바가 사울을 찾으러 다소에 가서 26 만나매 안디옥에 데리고 와서 둘이 교회에 일 년간 모여 있어 큰 무리를 가르쳤고 제자들이 안디옥에서 비로소 그리스도인이라 일컬음을 받게 되었더라 27 그 때에 선지자들이 예루살렘에서 안디옥에 이르니 28 그 중에 아가보라 하는 한 사람이 일어나 성령으로 말하되 천하에 큰 흉년이 들리라 하더니 글라우디오 때에 그렇게 되니라 29 제자들이 각각 그 힘대로 유대에 사는 형제들에게 부조를 보내기로 작정하고 30 이를 실행하여 바나바와 사울의 손으로 장로들에게 보내니라"(행 11:25-30, 개역개정).

1. 바울의 생애의 초기 배경

사도행전에서 다소의 사울(Saul of Tarsus)이 처음으로 언급된 곳은 스데반(Stephen)의 순교 장면이다(행 7:58). 그는 정치적으로, 지적으로 이름난 길리기아 지방 다소 출신이었다. 다소는 자유도시로 상업과 교육의 중심지였다. 사울의 아버지는 베냐민(Benjamin) 지파였고(빌 3:5), 바리새파에 속했다(행 23:6).

사울(Saul of Tarsus)은 젊은 시절부터 영향력 있는 사람이었음에 틀림없다. 그는 여러 가지 면에서 탁월한 사람이었다. 그는 다소의 시민이었고(행 21:39), 나면서부터 로마의 시민이었다(행 22:28). 그의 가족이 어떻게 로마시민권을 얻었는지에 대해서는 언급이 없다. 사울이 스데반이 순교할 때 "그가 죽임 당함을 마땅히 여긴"(행 8:1) 사실이나 "대제사장들에게서 권한을 받아 가지고 많은 성도를 옥에 가두며 또 죽일 때에 내가 찬성 투표를 하였다"(행 26:10)고 한 사실이 사울의 산헤드린 회원 됨을 함축적으로 인정한 것 같지만 그의 어린 나이에 비추어 볼 때 사울이 산헤드린 회원이었다고는 생각할 수 없다. 사울이 "찬성 투표를 한 것은" 교회 핍박자 중 제 일인자로서 성도들을 정죄한 사실을 가리킨다.[1]

어떤 이들은 사울이 결혼했을 것이라고 주장한다. 바울의 결혼설은 논란이 많지만 확실하지 않다. 바울 자신의 글에 나타난 증거로는 바울이 결혼하지 않았다고 생각하는 것이 더 타당하다(고전 9:5). 사울이 회심한 AD 33년에 그의 나이는 30대 후반이었을 것임이 거의 확실하다.[2]

사울의 결혼문제에 대해 고린도전서 7:15을 근거로 그의 아내가 사망했거나 도망함으로 인해 그가 독신이 되었다고 추정할 수도 있으나 사울이 전혀 결혼하지 않았다고 생각하는 것이 옳다. 제롬 머피 오코노(Jerome Murphy-O'Connor)는 바울이 결혼했으나 이혼한 후 독신 생활을 계속했다고 주장하지만[3] 이는 단순히 추정에 지나지 않는다. 사울의 가족형편으로 보아 훌륭한 배경을 가진 가족임에 틀림없다. 사울이 구브로(Cyprus)의 총독 서기오 바울(Sergius Paul)과 같이 지낸 적은 있지만 그가 어떻게 바울(Paul)이라는 이름을 갖게 되었는지는 확실치 않다

---

1) Jerome Murphy-O'Connor (*Paul: A Critical Life*, Oxford and New York: Oxford University Press, 1997, pp. 65-66)는 산헤드린만이 사형 언도를 할 수 있고, 산헤드린의 정회원만이 투표를 할 수 있기 때문에 사울이 산헤드린 회원이었다고 주장한다.
2) *Ibid.*, p. 63.
3) *Ibid.*, p. 64.

(행 13:7). 많은 사람들은 그가 기독교인이 될 때 그의 이름을 바꾸었다고 추정한다. 아마 많은 유대인들이 유대식 이름을 갖고 있으며 동시에 이방인과 관계할 때 쓰는 이름을 갖고 있는 것처럼 사울도 그랬을 가능성이 있다.

비록 바울이 흩어진 유대인(Diaspora Jew)의 가정에서 태어났지만 그는 유대인들이 받는 엄격한 교육을 받았다(빌 3:4-6). 그의 초기의 교육은 유대회당의 엄격한 교육이었다. 모든 유대 소년들이 배우는 것처럼 그는 문학과 신학을 배우는 것 이외에 장사하는 것도 배웠다. 바울은 장막을 만드는 업을 가지고 있었다(행 18:3). 후에 그는 예루살렘에 가서 당시의 가장 위대한 유대인의 율법학자 가말리엘(Gamaliel) 밑에서 교육을 받았다(행 22:3; 5:33 이하). 바울은 비교적 이른 시기에 다소를 떠나 예루살렘으로 갔다. 사도행전 22:3의 "나는 유대인으로 길리기아 다소에서 났고 이 성에서 자라"는 바울이 태어난 곳과 자란 곳을 분리시켜 설명하고 있다. "이 성에서 자라"의 이 성은 예루살렘을 가리킨다.[4] 바울은 가말리엘의 문하생으로 구약성경과 율법의 전통과 장로들의 전통을 탈무드(Talmud)와 미드라쉬(Midrash)[5]가 전하는 바대로 배웠음이 틀림없다. 그가 율법학자에게서 받은 교육은 그의 모든 서신에 나타난 지식과 구약의 인용을 통하여 돋보인다.

---

4) Jerome Murphy-O'Connor (*Paul: A Critical Life*, p. 46)는 바울이 다소를 떠날 때는 이미 청년이었다고 주장한다.
5) Talmud는 교훈이라는 뜻으로 유대교의 랍비들이 약 8세기(B.C. 300- AD 500) 간에 걸쳐 전달 발전시킨 유대인의 종교적, 도덕적, 시민생활 전반에 관한 구전 율법의 집대성이다. Talmud는 Mishnah와 Gemara로 구성되어 있다. Mishnah는 AD 2세기 말엽까지 존재했던 구전 율법을 가리키고, Gemara는 AD 200-500년 사이에 랍비들이 Mishnah를 해석한 것을 가리킨다. Mishnah는 6개 부분으로 되어 있다. ① 씨앗들(농사 법칙과 의무), ② 잔치(Feast), ③ 여인들(결혼과 이혼의 법칙), ④ 벌금(사회공공법과 상행위법), ⑤ 성물(聖物)들(희생제사, 칭결된 동물과 불결한 동물들), ⑥ 정결의식(사물과 사람의 성실한 싱태와 불결한 상태). Midrash는 성경본문에 대한 유대인의 주석으로서 표면적인 뜻 이상의 뜻을 추구한다. Midrash는 두 부분으로 되어 있는데 Halakah는 율법적인 사항을 해석한 것이고, Haggada는 민속이야기나 교훈, 비유, 일화 등을 강조한 내용이다.

바울은 헬라의 사상, 철학 그리고 그 당시의 문학에도 정통했음에 틀림없다. 헬라문학에서 직접 인용한 증거가 바울서신 두 곳에서만 나타나지만(행 17:28; 딛 1:12), 그의 서신들의 문체나 논리, 그리고 용어의 사용이 헬라의 고전들을 공부한 충분한 증거가 된다.

바울의 연설이나 서신들이 헬라문학의 형식과 내용을 연구한 사람임을 증거 한다. 이는 바울이 헬라의 철학과 수사학을 연구했다는 증거도 된다. 그의 변증이나 그의 교훈의 조직적인 체계는 히브리 배경에서 온 영향이라고 생각하기보다는 헬라의 영향이라고 생각할 수 있다. 바울시대에는 문화 전반에 걸쳐 헬라의 영향이 미쳤다. 따라서 예루살렘의 유명한 율법학자의 문하생이 헬라의 교육을 전혀 받지 않았다고 말할 수 없다.

바울이 그리스도의 죽음 당시에 예루살렘에 없었던 것으로 보아 예루살렘에서의 교육을 마친 후 다소로 돌아간 것 같다. 스데반(Stephen)의 순교시 바울은 예루살렘에 있었다. 바울이 무슨 사명으로 그때에 예루살렘에 오게 되었는지는 알 수 없는 일이다.

2. 젊은 열심당원 사울

사울은 성경의 기록으로 볼 때 스데반의 순교 장면에 처음으로 등장한다. 퍼비스(Purvis)는 사울이 그 당시 예루살렘에 돌아와 스데반이 증거 했던 리버디노(Libertines; λιβερτίνων) 회당에서 경배를 올린 사람들 중의 한 사람이었다고 주장한다(행 6:9).

사울은 스데반의 교훈을 듣고 마음이 상한 사람들 중의 한 사람으로 스데반을 산헤드린 앞에 고발하게 되었을 것이다. 아마 사울은 스데반을 고발하는 데 앞장섰을 것이다. 사도행전의 기록은 스데반 사건에 사울이 수동적인 역할을 한 것으로 말하지 않고 오히려 그는 지도자로서 적극적인 역할을 한 것으로 묘사하고 있다. "그들이 큰 소리를 지르며 귀를 막고 일제히 그에게 달려들어 성 밖으로 내치고 돌로 칠 새 증인들이 옷을 벗어 사울이라 하는 청년의 발 앞에 두니라"(행 7:57-58).

그는 다메섹(Damascus)의 성도들을 열심히 핍박하였다(행 9:1-3). 그는 제자들이 예루살렘과 유대에서 다른 곳으로 도망했을 때 대제사장에게 핍박허락 공문을 받아 가지고 앞장서서 그리스도의 교회를 핍박했다(행 9:1-2; 22:5; 26:10-12; 빌 3:6). 그는 아마 약 일 년 간 계속적으로 교회를 핍박했을 것이다. 바울이 개종 후 선교를 위해 열심을 내는 것처럼 개종 전에는 그의 열심 있는 성격으로 하나님의 교회를 핍박한 것이다.

바울이 교회를 핍박하는 데는 그 나름대로 동기가 있었다. 우선 그는 자신의 행위가 죄악이었음을 인정하고 하나님께서 은혜로 그 죄악 가운데서 구해 주셨다고 고백한다(갈 1:13; 딤전 1:13). "내가 전에는 비방자요 박해자요 폭행자"(딤전 1:13)였다고 고백하고 있다. 그리고 그가 교회를 핍박한 동기는 순수한 유대주의를 지키기 위한 열심에서였다고 말한다. 스데반의 연설은 순수한 유대주의를 벗어난 교훈이었기 때문에 그를 돌로 친 것이다. 사울이 교회를 핍박하면 할수록 더욱 광신적이 되었다(갈 1:14).

그러나 그 당시는 사울이 복음의 참다운 성격을 알지 못했고(딤전 1:13) 그가 하고 있는 행위가 하나님께 봉사하는 일로 생각했었다(행 22:3; 26:9). 사울이 교회를 핍박한 것은 그의 신실한 마음에서 우러나온 것이지만 잘못된 것이었다.

어떤 사람들은 바울의 갑작스런 개종을 심리적으로 해석하려 한다. 스토커(Stalker)는 "'가시채를 뒷발질하기가 네게 고생이니라.'(행 26:14)라는 인이의 표현 방법은 동방 나라들의 관습에서 빌려 온 깃이다. 즉 소를 모는 사람은 끝이 날카로운 철 조각으로 고정되어 있는 긴 장대를 휘 두른다. 그는 그것으로 동물을 곧 바로 가게도 하고, 정지시키기도 하며, 방향을 바꾸게 하는데 사용한다. 만약 동물이 반사적인 행동을 하면 그것은 가시채를 뒷발질하는 것이 되어 받은 상처를 자극하고 화를 내게 된다. 이것은 양심의 가책으로 상처받고 고통 받고 있는 한 사람의 생생한 모습이다. 바울 안에 무엇인가가 있어서 그가 행하고 있는 비인간적인 경로에 대항해서 반역하게 하고 그리고 그가 하나님을 거슬려 싸우고 있다는 것을 제시하고 있다.'6)라고 해석한다. 이처럼 심리학적인 해석의 타당성을 주장할 수는 있지만 바울이 개종하기 전에 기독교에 대해 환심을 가지고 있었다는 사실을 증명할 수는 없다. 바울이 마음속으로는 기독교인들을 동경하고 겉으로는 그들을 핍박했다고 생각할 수 없다. 이런 해석은 바울 자신의 증언과 일치될 수 없다. 어떤 이는 "사울아 사울아 네가 어찌하여 나를 박해하느냐 가시채를 뒷발질하기가 네게 고생이니라"(행 26:14)의 구절을 해석하면서 이는 사울이 자신의 양심을 거스르면서 교회를 핍박한 증거라고 한다. 바이스(J. Weiss)는 바울의 개종을 '내적 투쟁의 최종결과'라고 해석한다.7) 사실상 "전에 율법을 깨닫지 못했을 때에는 내가 살았더니 계명이 이르매 죄는 살아나고 나는 죽었도다. 생명에 이르게 할 그 계명이 내게 대하여 도리어 사망에 이르게 하는 것이 되었도다"(롬 7:9, 10)의 말씀을 바울의 회개 이전 경험을 가리키는 것으로 해석하여 바울이 유대주의를 신봉하는 동안 마음속에 갈등이 있었다고 생각할 수도 있다.8)

---

6) James Stalker, *Life of Paul* (Atlanta: Jernigan Press, 1981), p. 36: "'It is hard for thee to kick against the goad.' The figure of speech is borrowed from a custom of Eastern countries: the ox-driver wields a long pole, at the end of which is fixed a piece of sharpened iron, with which he urges the animal to go on or stand still or change its course; and, if it is refractory, it kicks against the goad, injuring and infuriating itself with the wounds it receives. This is a vivid picture of a man wounded and tortured by compunctions of conscience. There was something in him rebelling against the course of inhumanity on which he was embarked and suggesting that he was fighting against God."

7) J. Weiss, *Earliest Christianity*, I(1959), p. 190: "the final outcome of an inner crisis."

렌스키(Lenski)는 "네가 어찌하여 나를 박해하느냐"(행 26:14), "나는 네가 박해하는 예수라"(행 26:15)가 상징적인 언어로서 사울의 양심을 괴롭게 한 가시채였다고 말한다.9)

브루스(Bruce)는 이 문제에 대해 다음과 같이 말한다. "가시채를 뒷발질하기가 네게 고생이니라"(행 26:14)는 농업생활에서 얻어진 격언으로 바울의 마음 심층에 그리스도교가 진리라는 반의식적인 확신이 있었음을 제시한다. 스데반의 논증은 바울이 용납할 수 있는 이상으로 설득력이 있었으며 그리고 심판받고 순교 당할 때의 스데반의 태도가 바울에게 큰 감명을 주었을 것이다. 바울은 아마 이런 확신과 감명을 억누르기 위해 열심히 기독교를 핍박했을 것이다.10)

그러나 이런 해석은 본문의 뜻을 정확하게 나타내지 않을 뿐만 아니라 바울의 다른 진술과도 상치되는 해석이다. 본문의 가시채(κέντρον)는 하나님의 목적을 뜻하는 것으로 바울은 무의식적으로 그것에 대항해 싸웠던 것이다.

스패로 심슨(Sparrow-Simpson)은 가시채에 대해 다음과 같이 언급한다. "가시채를 뒷발질하기가 네게 고생이니라"는 말씀은 바울이 심리적 불안의 고통을 당했다는 뜻이 아니다. 더구나 그가 의식적으로 하나님의 뜻을 거역했다는 의미는 아니다. 미련한 황소가 가시채를 뒷발질하면서도 그 길로만 가려는 것처럼 사울도 자기의 길 외에 더 나은 길을 알지 못했다. 이 해석이 정확하다는 것은 누가의 기록의 전체적인 취지와 바울서신에 나타난 분명한 주장에 의해 확증되어진다. 바울

---

8) 본 구절이 나타난 인접된 문맥(롬 7:14-25)을 해석할 때 그 의견이 두 가지로 갈라지는 것을 참고해야 한다. 즉, 롬 7:14-25의 진술이 회개하기 이전의 바울의 경험을 기술하는 것인지 아니면 회개한 이후 육신의 죄와 투쟁하는 것을 기술하는 것인지에 대한 두 가지 의견이다. Murray는 본 구절이 바울의 개종 후의 경험을 기술하고 있으며 이런 경험은 모든 신자가 겪고 있는 것이라고 했다. 즉 성도들의 성화의 생애를 기술하고 있는 것으로 생각한다. J. Murray, *The Epistle to the Romans* (NICNT, Grand Rapids: Eerdmans, 1968), pp. 259-73.

9) Lenski, *Acts*, p. 1037.

10) Bruce, *The Book of the Acts*, p. 491.

자신도 무지한 가운데 그리스도의 교회를 핍박했다고 말한다.[11] 브루스(Bruce)는 바울이 자신의 양심을 거슬려 투쟁한 것을 가리킨다고 하지만 스패로 심슨(Sparrow-Simpson)의 주장처럼 이 표현은 인생의 정해진 과정을 거슬려 투쟁하고 있는 모습을 가리킨다고 생각하는 것이 더 성경의 내용과 일치한다.[12]

그런데 한편 깊은 종교성을 가진 이 젊은 바리새인 사울은 유대주의에서 얻지 못한 만족감과 평안을 예수 그리스도 안에서 얻는다. 이 사실은 그가 그의 영적 생활과 죄에 대한 확신을 회고하는 가운데 나타난다. 바울이 "내가 복음을 부끄러워하지 아니하노니 이 복음은 모든 믿는 자에게 구원을 주시는 하나님의 능력이 됨이라"(롬 1:16)라고 고백하고, "그리스도 예수 안에 있는 속량으로 말미암아 하나님의 은혜로 값없이 의롭다 하심을 얻은 자 되었느니라"(롬 3:24)라고 말하며, "내게는 우리 주 예수 그리스도의 십자가 외에 결코 자랑할 것이 없으니 그리스도로 말미암아 세상이 나를 대하여 십자가에 못 박히고 내가 또한 세상을 대하여 그러하니라"(갈 6:14)라고 말하는 말씀 등이 증거 하는 것처럼 바울은 그리스도 안에서 만족과 평안을 누렸다. 바울은 그리스도 안에서의 삶을 통해 그리스도 밖의 삶이 얼마나 어리석은 삶이었는지를 깨닫게 된다. 그러나 그리스도를 알기 이전에는 자신의 신념을 충실히 따르려고 노력했다(갈 1:14).

3. 바울의 회개(행 9:3-18; 22:6-16; 26:12-18)

(1) 세 곳에 기록된 바울의 회개

---

[11] W. J. Sparrow-Simpson, *The Resurrection and Modern Thought* (London: Longmans, Green & Co. 1911), p. 145.
[12] Cf. R. P. C. Hanson, *The Acts* (*New Clarendon Bible*, Oxford: Clarendon Press, 1967), p. 238.

바울은 교회를 핍박하기 위해 다메섹(Damascus)으로 가는 도중 회개하였다. 바울의 회개에 대한 세 곳의 기록은 본질적으로 일치하지만 그 강조점에 있어서 약간의 차이가 있다. 각 기록은 문맥에 비추어 해석되어야 한다. 즉 서술자가 누구이며 서술할 당시의 목적이 무엇이냐를 고려하면서 해석에 임해야 한다. 세 곳의 기록에 나타난 차이는 자연스러운 것이고 문체적으로 아주 귀중하지만 내용의 일치에 있어서는 문제를 제기하지 않는다. 분명히 누가는 같은 사건을 기록했지만 똑같은 말들을 사용하여 기록하기를 원치 않았다. 우리는 성경 저자에게 표현의 자유가 있음을 인정하고 같은 사건을 기록할 때 맹목적인 일치(uniformity)만을 요구해서는 안 된다.[13]

누가는 바울의 회개를 묘사하려는 동기를 가지고 순수한 역사적 사건을 기록한 것뿐이다(행 9:3-8). 바울이 첫 번째 묘사한 자신의 회개 사건은 유대인들 앞에서 자신을 변호하면서 행한 것이었다(행 22:6-16). 바울은 경건한 유대인 아나니아(Ananias)가 자신의 회개 사건에 큰 몫을 담당했다고 강조한다. 바울이 두 번째로 묘사한 자신의 회개 사건은 아그립바(Agrippa)왕 앞에서이다(행 26:12-18). 여기서는 바울이 아나니아를 언급하지 않고 주님의 명령을 한 마디로 요약한다.

이와 같은 차이는 당연한 것이고 사건 조화에 문제를 제기하지 않는다. 이처럼 사건을 조화시키기 위한 입장으로 기록의 차이를 해석해야 한다. 다메섹 도중 부활하신 예수님이 나타났을 때, 사도행전 9장은 바울의 동행자들은 서 있었고 바울은 엎드러진 것으로 묘사하고(행 9:4, 7, 8) 사도행전 26장은 바울과 동행자들이 모두 땅에 엎드러진 것으로 묘사한다(행 26:14). 이런 차이는 문맥에 비추어 사건을 조화시키려고 할 때 아무런 문제도 제기되지 않는다. 우리는 그들이 다메섹으로 가는 도중 예수님이 나타났을 때 모두 땅에 엎드려 섰으나 얼마 후

---

13) 공관복음의 기록도 같은 원리가 적용되었다고 생각할 수 있다. 같은 사건들을 기록했을지라도 마태, 마가, 누가의 특징이 각 복음서에 나타나고 있다.

동행자들은 일어섰고 바울만 계속 엎드려져 있었다고 생각할 수 있다.14) 또한 사도행전 9장은 같이 가던 사람들이 소리만 듣고 아무도 보지 못했다(행 9:7)고 기록한 반면, 사도행전 22장은 동행한 사람들이 빛은 보면서도 소리는 듣지 못한 것(행 22:9)으로 기록한다.

우리는 이 차이를 해결함에 있어서 바울 이외의 다른 사람들이 음성을 들었지만 바울만이 무슨 의미인지 알 수 있었고, 바울을 둘러싼 빛은 보았지만 아무도 예수님의 모습은 볼 수 없었다고 해석할 수 있다.15) 그리고 사도행전 9장에서 바울의 동행인들이 들은 소리는 불분명하게 들렸고 따라서 그 뜻을 이해할 수 없었다. 그리고 그들은 부활하신 예수님을 보지도 못했고 그의 음성을 듣지도 못한 것으로 생각할 수 있다.16)

(2) 회개의 사건(행 9:3-9)

바울과 바울의 동행인들이 다메섹에 가까이 왔을 때 갑자기 하늘에서부터 밝은 빛이 바울 일행에게 비추었다. 때는 정오였다. 그들은 땅에 엎드려졌고 바울은 히브리말로 "사울아 사울아 네가 어찌하여

---

14) F. F. Bruce, *The Book of the Acts*, p. 197: "The first discrepancy is immaterial; presumably the others were able to get up while Saul was still lying flat on the ground".
15) *Ibid.*: 어떤 이는 행 9:7의 경우 ἀκούοντες와 τῆς φωνῆς(소유격)가 사용되었기 때문에 이는 단순한 소리를 가리키고, 행 22:9에서는 ἤκουσαν과 τὴν φωνήν(대격)이 사용되었기 때문에 이해할 수 있는 말을 가리킨다고 해석한다[Cf. J. H. Moulton, *Grammar of NT Greek* (Edinburgh: T. & T. Clark, 1906). p. 66].
16) J. Calvin, *The Acts of the Apostles*, Vol. II, p. 214 : "비록 그들이 바울 자신이 분간한 것처럼 그 음성을 분간할 수는 없었을지라도 약간의 불분명한 음성을 들었다고 하는 데는 이상하게 생각할 것 없다. 왜냐하면 그리스도가 그의 책망으로 바울 한 사람만 복종시키고 방향을 전환시키기 원했기 때문이다. 그러므로 그들은 그들의 귀에 소리가 부딪친 관계로 음성을 들었다. 그래서 그들은 어떤 사람이 하늘에서 이야기하고 있는 것을 알았다. 그러나 그들은 바울과 이야기하고 있는 사람의 음성은 들을 수 없었다. 왜냐하면 그들은 그리스도가 말하고 있는 내용을 이해하지 못했기 때문이다. 그들은 역시 바울을 둘러싼 빛의 광채는 보았지만 하늘에서부터 음성을 보낸 사람은 보지 못했다."

나를 박해하느냐"(행 9:4; 참조, 행 26:14)라고 말하는 음성을 들었다. 이 질문에 바울은 "주여 누구시니이까"(행 9:5)라고 물었다. 그때에 응답이 "나는 네가 박해하는 예수라"(행 9:5)[17]라고 들렸다. 이 말씀으로 바울은 자기가 박해해온 사람이 지금 하늘에서 자기와 말하고 있다는 사실을 알고 심히 놀랬다. 바울은 "주님 무엇을 하리이까"(행 22:10)라고 물었다. 그 대답은 "너는 일어나 새내로 들어가라 네가 행할 것을 네게 이를 자가 있느니라"(행 9:6)였다. 사울이 일어났으나 아무것도 볼 수 없어 사람들의 손에 이끌려 다메섹 성으로 들어갔다. 사울은 유다(Judas)라 하는 사람의 집에서 기도하면서 사흘 동안 금식했다(행 9:9). 사흘째 되는 날 유대 기독교인 아나니아가 주님의 지시를 받고 사울을 방문하여, 사울이 죄 용서함 받은 사실과 주님의 사자로 선택된 사실과 세례를 받고 성령의 선물을 받아야 할 것을 말한다. 사울은 세례를 받았고 다시 보게 되었다(행 9:18).

(3) 객관적 계시

바울의 회개 사건을 설명하는 세 곳의 기록(행 9:1-19; 22:4-29; 26:1-23)을 조화시키면 기록 자체가 말하고 있는 이상의 뜻을 찾을 수 있다.

① 어느 기록도 사울이 환상 중에 예수를 보았다고 하는 직접적인 언급은 않지만 사울이 환상 중에 예수를 보았다는 사실이 명백하게 함축되어 있다.

아나니아의 말 가운데 예수님이 길에서 사울에게 나타났다(ὀφθείς)고 했다(행 9:17). 후에 바울 자신도 의인(Just one)을 보았다고 증언하고(행 22:14) 바나바(Barnabas) 역시 바울이 길에서 주를 보았다고 말한다(행 9:27). 그리고 바울이 주의 종과 증인이 된 것도 예수를 보았기

---

17) 행 22:8은 좀 더 구체적으로 "나는 네가 박해하는 나사렛 예수라"로 되어 있다.

때문이라고 공포한다(행 26:16). 또한 바울이 땅에 엎드러져 주님 누구 시니이까 라고 했을 때 바울은 "나는 네가 박해하는 나사렛 예수라"(행 22:8)는 음성을 듣고 자신이 보고 있는 사람이 예수였음을 분명히 알았다고 생각할 수 있다.18)

② 바울은 그의 서신에서 자신의 회개사건을 언급한다. 그의 서신에서 바울은 자신이 부활하신 예수를 보았고 따라서 사도의 자격이 있다고 천명했다. 바울은 내가 "예수 우리 주를 보지 못하였느냐"(고전 9:1), "맨 나중에 만삭되지 못하여 난 자 같은 내게도 보이셨느니라"(고전 15:8)라고 증언한다.

이상의 기록으로 볼 때 회개사건 당시 바울이 예수를 보았다고 직접적으로 언급한 내용은 없을지라도 그 사건 기록은 바울이 예수를 본 사실을 함축하고 있다. 바울이 예수님을 보고 그의 음성을 들은 것은 객관적 계시의 면을 보여준다.

(4) 주관적 계시

바울은 환상을 통한 객관적 계시를 받은 것을 언급할 뿐만 아니라 그가 회개경험을 통해 받은 주관적 계시와 영적인 조명을 특별히 강조한다. 많은 성경 구절이 이에 대해 증언하고 있다. 갈라디아서 1:16의 내용은 특이하다. 하나님은 "그 아들을 이방에 전하기 위하여 그를 내 속에 나타내시기를 기뻐"(갈 1:16) 하셨다(참조, 고전 9:17; 15:10; 엡 3:7; 딤전 1:12, 13, 16; 딤후 1:11). 성경은 하나님이 그 아들 예수 그리스도를 바울 안에 그리고 바울에게 계시하셨다고 증언하고 있다.

---

18) W. M. Ramsay, *Pauline and Other Studies*, 3rd ed. (London: Hodder and Stoughton, n.d.), p. 72. 불신한다는 것은 자기 자신과 마음과 존재를 부인하는 것이었다. 그의 본심 속에 불신의 생각이나 의구심을 가질 여유가 없었다. 사울은 죽은 사기꾼이라고 생각했던 예수를 보았다. 그는 예수가 살아 있는 것을 인식했고 예수가 하나님인 것을 알았다.

바울의 회개경험은 객관적인 요소와 주관적인 요소를 내포하고 있다.19) 이미 언급한 객관적인 계시는 주관적 경험의 기초를 이루는 것이다. 바울은 예수님이 가시적으로 나타난 사실과 그의 뜻을 음성으로 선포한 사실을 객관적 계시로 묘사한다. 그리고 바울은 자신의 마음을 조명하여 복음선포를 통해 주님 섬기기를 원하는 마음을 주신 것을 주관적 계시로 묘사한다.

4. 개종 직후의 바울의 생애
(행 9:19-30; 갈 1:16-24; 참조, 고후 11:32, 33)

(1) 다메섹에서의 생애

바울은 개종 직후에 다메섹 회당에서 예수 그리스도를 전파하며 그가 하나님의 아들이요 메시아임을 증거 했다(행 9:19-22). "즉시로 각 회당에서 예수가 하나님의 아들이심을 전파"(행 9:20)했고 "사울은 힘을 더 얻어 예수를 그리스도라 증언"하였다(행 9:22). 바울이 즉시 예수를 공개적으로 증거 하므로 회개하는 사람이 몇 사람 있었지만 반대하는 사람도 생기고 특히 유대인들의 증오를 불러일으키게 되었다. 유대인들은 바울을 죽이기로 공모했고 바울은 다메섹에서 도망하게 되었다(행 9:23-25). 바울은 다메섹에서 도망할 때 광주리에 담겨 성 밖으로 달아 내려졌다(행 9:25). 바울은 반대 세력의 강함을 "아레다 왕의 고관이 나를 잡으려고 다메섹 성을 지켰으나"(고후 11:32, 33)라는 표현으로 강조했다.20)

---

19) H. N. Ridderbos, *The Epistle of Paul to the Churches of Galatia*, pp 53f.: "계시가 내적 경험으로만 구성된다는 것을 뜻하지 않는다. 모든 자료에 의하면 계시는 역시 외적 객관적인 면을 가지고 있다."
20) Hughes는 그의 고린도후서 주석에서 바울이 다메섹성에서 광주리에 담겨 성 밖으로 달아 내려진 사실이 바울 사도에게 특별한 의미를 부여했다고 말한다.

아레다 왕은 아레다 IV(Aretas IV)로 유대인들을 동정하는 왕이었다. 그의 딸이 헤롯(Herod Antipas)과 결혼했으나 헤롯이 헤로디아(Herodias)와 결혼하기를 원하므로 이혼하게 되었다(막 6:17).

(2) 아라비아에서의 생애

바울의 아라비아 생활은 사도행전에 언급되지 않았다. 그러나 바울은 갈라디아서에서 아라비아 여행을 언급하고 있다(갈 1:17).

바울의 아라비아 여행은 바울이 다메섹에서 복음을 전하고 있었을 때 실행되었거나 아니면 다메섹으로부터 도망한 후 실행되었을 것이다. 어느 경우건 바울이 아라비아 여행에서 다시 다메섹으로 돌아간 것은 확실하다(갈 1:17). 그러므로 이 여행은 바울이 다메섹에서 마지막으로 도망하기 전에 행해진 것으로 추정할 수 있다. 바울의 행적을 순서대로 적는다면 다메섹에서 복음전도, 아라비아로 도망, 다메섹으로 잠시 복귀(갈 1:17)한 것으로 생각할 수 있다. 그리고 그 후에 예루살렘을 방문(행 9:26) 했을 것이다.

아라비아에서 얼마동안 머물렀고 거기서 무엇을 했는지에 대해서는 알려진 바 없다. 때로 사람들은 바울이 거기서 선교활동을 했거나,

---

첫째로, 바울은 복음 전선에서 당하는 이 경험으로 핍박에 대해 처음으로 숙련을 받은 것이다(Cf. J. Calvin, *The Second Epistle of Paul the Apostle to the Corinthians and the Epistles to Timothy, Titus and Philemon*, Grand Rapids: Eerdmans, 1973, p. 153: "This adventure was Paul's first apprenticeship to persecution.").
둘째로, 바울은 그의 사역 초기에 당한 자신의 연약성을 강조한 것이다. 복음을 대항하는 유대인들을 피해 어두움을 틈타 불명예스럽게 고기바구니에 담겨 성 밖으로 달아 내려진 바울은 얼마 전만 해도 그리스도를 핍박하고 그의 추종자들을 잡아 가두기 위해 대제사장의 허락서를 들고 의기양양하게 다메섹 성을 접근했던 오만한 다소의 사울이었다. 다소의 사울(Saul of Tarsus)과 사도 바울(Paul of Apostle)의 모습이 큰 대조를 이루고 있다.
셋째로, 바울이 고후 12장의 셋째 하늘에 올라간 경험을 기술하기 전에 자신의 연약성을 기술한 것은 모든 것이 하나님의 은혜로 된 것을 지적하기 위해서이다(P. E. Hughes, *Commentary on the Second Epistle to the Corinthians*, Grand Rapids: Eerdmans, 1973, p. 422).

은퇴를 원했거나, 명상의 기간으로 삼았거나, 계시를 받았을 것이라고 추측한다. 가장 적합한 해석은 선교활동을 했다기보다 자신의 소명에 대해서 그리고 앞으로의 생애에 대해 명상하며 계시를 받았을 것으로 생각하는 것이다.[21]

(3) 예루살렘 여행(행 9:26-30; 갈 1:18-24)

바울이 예루살렘을 방문한 것은 개종 후 삼 년만이었다.[22] 그는 베드로(Peter)를 방문하기 위해 예루살렘에 갔으나(갈 1:18) 예루살렘 교회의 다른 지도자들도 만나 보았고(행 9:26, 28), 주님의 동생 야고보(James)를 보았다고 말한다(갈 1:19).

바울은 15일간 예루살렘에 머물렀다(갈 1:18). 바울은 이번 방문기간 주로 예루살렘 근처에서 활동했다. 왜냐하면 유대의 교회들이 그의 얼굴을 알지 못했기 때문이다(갈 1:22). 바울은 이 예루살렘 여행 후 수리아(Syria)와 길리기아(Cilicia) 지방에 가서 복음을 전했다(갈 1:21).

누가는 사도행전 9:26-30에서 다른 자료를 제공한다. 예수님의 제자가 된 바울은 당연히 예루살렘에 있는 12제자들을 만나기 원했다. 그러나 바울이 예루살렘에 와서 12제자들을 만나려고 했을 때, 12제자들은 그를 의심할 수밖에 없었다. 제자들은 얼마 전까지 교회에 큰 해를 끼친 바울이 예수님의 제자가 되었다는 사실을 믿을 수가 없었다. 제자들의 마음속에는 바울이 더 큰 핍박을 가하기 위해 위장으로 접근해 오는 것 아닌가하는 생각이 있었다. 바울이 이렇게 난처한 상황에 있을 때 바나바는 적극적인 중재역할을 한다. 바나바는 바울 곧 사울을 '데리고' 사도들에게 간다(행 9:27). 여기 본문의 '데리고'(ἐπιλυβόμενος)는[23] 좀 더 강제성을 띤 의미를 가지고 있다. 바나바는

---

21) Ridderbos, *The Epistle of Paul to the Churches of Galatia*, p. 65.
22) *Ibid.*, p. 67: "결국 바울은 3년이 지난 후에야 예루살렘에 갔다(그가 회심하여 소명 받은 날로부터 계산해서)."

사울을 강하게 붙들고(take hold of, grasp) 바울의 개심에 대해 조사한 듯 하다.24) 바나바는 그 조사의 결과를 12사도들에게 전하면서 교제할 것을 권한다. 바나바의 바울에 대한 보고는 세 가지의 내용으로 구성되어 있다. ① 바울이 다메섹 도상에서 주님을 만났다. ② 주님께서 바울에게 말씀하셨다. ③ 바울이 다메섹에서 예수의 이름으로 복음을 담대히 선포했다.

바나바의 중재역할로 12사도와 바울은 교제의 악수를 나누게 되었다. 이처럼 바나바는 바울을 사도들에게 소개하고 바울이 어떻게 회개했으며 또 예수님이 그에게 나타난 사실과 다메섹에서 열심히 복음을 전했다는 사실을 설명하고 사도들과 교회를 확신시켰다. 바울이 예루살렘에 있을 때 그의 옛 친구들인 헬라파 유대인들에게 복음을 증거했다고 누가는 전한다. 그러나 헬라파 유대인들이 바울을 죽이려고 하므로 형제들이 이를 알고 바울을 가이사랴(Caesarea)를 거쳐 그의 고향인 다소(Tarsus)로 보냈다.

사도행전의 기록과 갈라디아서의 기록을 조화시키기 위해 많은 논란이 있어 왔다. 누가의 기록과 바울 자신의 기록을 조화시키는데 있어서 한 가지 기억해야할 것은 누가는 이전에 핍박자인 바울을 예루살렘 교회에 소개하기 위해 필요한 역사적 형편을 기록한 반면 바울은 교리적인 문제와 논쟁이 된 문제에 관하여 다른 사도들을 접촉했다는 관점으로 예루살렘 방문을 묘사하고 있다는 점이다.

그러므로 누가의 기록은 바울을 소개하는 면에 강조를 두었고(행 9:26, 27), 바울 자신의 기록은 복음전파에 있어서 자신의 독립성을 강조하고 있다(갈 1:1-20). 따라서 사도행전의 기록과 갈라디아서의 기록을 조화시킬 때 저자의 의도를 감안하지 않으면 안 된다.

---

23) 표준 새번역은 '맞아들여'로 번역했으나 의미를 약화시켰다.
24) R. C. H. Lenski, *The Interpretation of Acts of the Apostles*, p. 374.

5. 기록이 없는 8, 9년간의 바울의 생애

바울은 다메섹 도상에서 회심한 이후 예루살렘에 있는 제자들과 교제를 하게 된다. 그리고 바울은 예루살렘에서 예수 그리스도를 전파한다. 그런데 회심한 후 그리스도의 복음을 전파하는 바울에게는 항상 죽음의 그림자가 뒤따른다. 예루살렘에서도 헬라파 유대인들이 바울을 죽이려 한다. 이 사실을 안 형제들이 바울을 다소로 보낸다(행 9:29-30). 바울은 바나바가 그를 찾을 때까지 다소에 머물며 활동한다(행 11:25-26). 이 기간 동안 바울이 복음전파 사역에 적극적으로 참여한 사실이 암시되어 있다. 바울은 "내가 수리아와 길리기아 지방에 이르렀으나 그리스도 안에 있는 유대의 교회들이 나를 얼굴로는 알지 못하고 다만 우리를 박해하던 자가 전에 멸하려던 그 믿음을 지금 전한다"(갈 1:21-23)고 했다. 사도행전 15:41에 언급된 수리아와 길리기아 지방의 교회들이 바울 생애의 이 기간 동안에 설립되었으리라 생각된다.[25]

바울이 가진 복음에 대한 넓은 안목으로 보아 이 교회들은 유대인들과 이방인들로 구성되었으리라 생각된다. 바나바(Barnabas)가 후에 안디옥에서 도움이 필요할 때 바울을 찾아 그와 함께 이방인들을 위해 사역했다(행 11:25, 26). 선교사로서 바울이 겪은 다른 경험들도 이 기간 동안에 체험한 것으로 간주할 수 있다.

바울의 사역은 많은 지역의 이방인들에게서 호응을 받았지만 항상 유대인들의 반대도 따랐다는 것을 알 수 있다. 이 기간 동안에 바울은 복음의 포괄적인 성격과 유대주의와의 관계성 그리고 이방선교에 대한 문제를 심사숙고한 후 그의 사상을 정립하였을 수 있다.

바울이 체험한 "사십에서 하나 감한 매를 다섯 번 맞은 것," "세 번 태장으로 맞은 것," "한 번 돌로 맞은 것," "세 번 파선한 경험"과

---

25) William Hendriksen, *Survey of the Bible* (Grand Rapids: Baker, 1976), p. 185.

그 외에도 여러 가지 위험한 경험을 한 것들이 이 기간 동안에 발생했던 것으로 생각된다(고후 11:23-27). 그리고 고린도후서 12:1-9에 기록된 삼 층천 경험, 말할 수 없는 말을 들은 경험, 여러 가지 계시를 받은 사실, 육체의 가시로 인한 경험들이 개종 직후 아라비아에 머무를 때 발생했다고 생각할 수 있지만 또한 이들 경험이 8, 9년 간 기록이 없는 바울의 생애 기간에 발생한 것으로도 생각할 수 있다. 이 기간 동안 바울은 수리아와 길리기아 지방에서 대부분의 시간을 보냈을 것이다. 그리고 이 기간은 그의 앞에 놓여있는 더 큰 사역을 위해 정신적으로 영적으로 준비하는 기간이었다. "그러므로 내가 그리스도를 위하여 약한 것들과 능욕과 궁핍과 핍박과 곤란을 기뻐하노니 이는 내가 약할 그때에 곧 강함이니라"(고후 12:10)라고 바울은 고백했다. 여기서 복음을 위해 준비된 바울의 마음을 엿볼 수 있다.

■ 연구 문제 ■

1. 바울 생애의 배경에 대해 설명하라(행 7:58; 18:2; 21:39; 22:28; 23:6; 26:10; 빌 3:4-6).
2. 바울(사울)이 얼마나 열심히 교회를 핍박했는지 논의하라(행 7:54-60; 8:1-3; 9:1-2; 갈 1:13-14).
3. 바울의 회개 장면을 설명하라(행 9:3-18; 22:6-16; 26:12-18).
4. 개종직후 바울의 생애를 설명하라(행 9:19-30; 갈 1:16-24; 고후 11:32, 33).
5. 바울의 예루살렘 여행 목적과 그 여행에서 바나바의 역할을 논의하라 (행 9:26-30).

8
바울의 사역으로 확장된 교회(13:1-14:28)
<바울의 제1차 전도여행>

"1 안디옥 교회에 선지자들과 교사들이 있으니 곧 바나바와 니게르라 하는 시므온과 구레네 사람 루기오와 분봉 왕 헤롯의 젖동생 마나엔과 및 사울이라 2 주를 섬겨 금식할 때에 성령이 이르시되 내가 불러 시키는 일을 위하여 바나바와 사울을 따로 세우라 하시니 3 이에 금식하며 기도하고 두 사람에게 안수하여 보내니라 4 두 사람이 성령의 보내심을 받아 실루기아에 내려가 거기서 배 타고 구브로에 가서 5 살라미에 이르러 하나님의 말씀을 유대인의 여러 회당에서 전할새 요한을 수행원으로 두었더라 6 온 섬 가운데로 지나서 바보에 이르러 바예수라 하는 유대인 거짓 선지자인 마술사를 만나니 7 그가 총독 서기오 바울과 함께 있으니 서기오 바울은 지혜 있는 사람이라 바나바와 사울을 불러 하나님의 말씀을 듣고자 하더라"(행 13:1-7, 개역개정).

"22 제자들의 마음을 굳게 하여 이 믿음에 머물러 있으라 권하고 또 우리가 하나님의 나라에 들어가려면 많은 환난을 겪어야 할 것이라 하고 23 각 교회에서 장로들을 택하여 금식 기도 하며 그들이 믿는 주께 그들을 위탁하고 24 비시디아 가운데로 지나서 밤빌리아에 이르러 25 말씀을 버가에서 전하고 앗달리아로 내려가서 26 거기서 배 타고 안디옥에 이르니 이 곳은 두 사도가 이룬 그 일을 위하여 전에 하나님의 은혜에 부탁하던 곳이라 27 그들이 이르러 교회를 모아 하나님이 함께 행하신 모든 일과 이방인들에게 믿음의 문을 여신 것을 보고하고28 제자들과 함께 오래 있으니라"(행 14:22-28, 개역개정).

1. 파송과 형편

안디옥은 바울의 제 1차 전도여행의 출발지였다. 안디옥은 예루살렘 다음으로 초대 기독교와 밀접한 관계를 가지고 있다. 일곱 집사의 한 사람이 안디옥 사람 니골라(Nicolas)였다(행 6:5). 스데반 순교 후에 있었던 핍박으로 많은 제자들이 안디옥까지 피신하여 유대인들에게 복음을 전했다(행 11:19). 예루살렘 교회가 흉년으로 고생할 때 안디옥의 성도들은 구제금을 예루살렘 교회에 보냈다(행 11:27-30). 그리고 첫 이방 교회가 안디옥에 세워졌으며 제자들이 그리스도인이라고 처음으

바울의 제 1차 전도여행

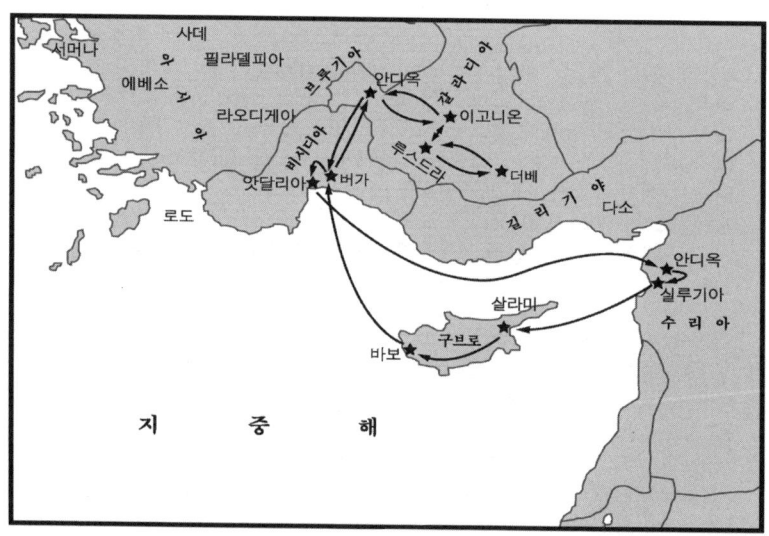

1. 안디옥에서 실루기아로, 여기서 배를 타고 구브로의 살라미에 이름. 행 13:2~4
2. 살라미에서 바보로, 행 13:5, 6(사울의 이름이 바울로 개칭됨. 행 13:9)
3. 바보에서 밤빌리아에 있는 버가로, 행 13:13(요한 마가는 예루살렘으로 돌아감)
4. 버가에서 비시디아 안디옥으로. 행 13:14
4. 안디옥에서 이고니온으로. 행 13:50, 51
6. 이고니온에서 루스드라로. 행 14:5, 6
7. 루스드라에서 더베로. 행 14:20
8. 루스드라, 이고니온, 안디옥을 거쳐 돌아오고 교회들을 세움. 행 14:21~23
9. 버가에서 앗달리아로. 행 14:25
10. 앗달리아에서 안디옥으로, 출발점으로 되돌아 옴. 행 14:26~28

로 불리어 진 곳이 안디옥이었고 기독교 외지 선교의 요람이 안디옥이었다(행 13:1).

(1) 바울과 바나바의 소명

성령의 계시는 안디옥 교회의 선지자들과 교사들인 다섯 사람에게 임했다(행 13:1 이하). 다섯 사람 중 네 사람은 헬라파 유대인들로 바나바(Barnabas), 니게르라 하는 시므온(Simeon who was called Niger), 구레네 사람 루기오(Lucius of Cyrene)[1] 그리고 사울(Saul)이었고, 다른 한 사람은 헤롯 안티파스(Herod Antipas)[2]와 함께 자라난 마나엔(Manaen)[3]으로 아마 유대인이었을 것이다. 그들의 배경과 활동으로 보아 이 사람들은 이방선교에 깊은 관심을 가지고 있었음에 틀림없다. 그들이 예배하고 금식할 때 성령이 "내가 불러 시키는 일을 위하여 바나바와 사울을 따로 세우라"(행 13:2)고 명했다. 여기 언급된 다섯 사람들은 모두 안디옥 교회의 지도자들이었고 그들이 한 그룹으로서 금식하며 기도하고 사울과 바나바에게 안수했다는 사실을 주목해야 한다. 그리고 그들은 두 사람을 파송했다(행 13:3). 이 구절에 나타난 어감으로 보아 바나바와 사울을 파송한 사실이 성급하게 이루어졌거나 안디옥 교회가 모르는 가운데 시행되었다고 생각할 수 없다. 바나바와 사울을 안수하고 파송한 것은 어떤 개인이 한 것이 아니라 안디옥 교회 전체가 한 것이다.

---

1) 행 11:20의 '구레네 몇 사람' 속에 루기오가 들어 있었는지는 확실하지 않다. 그러나 안디옥 교회가 구레네 출신 성도들의 영향을 받은 것은 확실하다.
2) Herod Antipas (B.C.4-AD39)는 미신적인 사람이었고(마 14:1-2), 여우처럼 간교한 사람이었기 때문에 예수님이 "저 여우에게 이르라"고 말씀하셨다(눅 13:32). 헤롯 안티파스의 통치하에서 세례요한이 목 베임을 당했고 예수님이 심판받고 십자가에 처형당하셨다.
3) 어떤 이는 마나엔을 요 4:46-53에 언급된 왕의 신하라고 하지만 이는 순전한 추측이다. 그러나 마나엔이 왕족들과 같이 교육을 받았기 때문에 초대교회에 큰 공헌을 할 수 있었다. 참조, Lenski, Acts, p. 493.

(2) 교회가 파송한 선교사들

전 교회가 선교사 파송에 참여한 사실이 확실하다(행 13:3). 파송된 선교사들이 선교활동 후 귀국하여 선교보고를 할 때 온 교회가 모여 보고를 들은 사실이 이를 확증한다. "거기서 배 타고 안디옥에 이르니 이곳은 두 사도가 이룬 그 일을 위하여 전에 하나님의 은혜에 부탁하던 곳이라, 그들이 이르러 교회를 모아 하나님이 함께 행하신 모든 일과 이방인들에게 믿음의 문을 여신 것을 보고하고 제자들과 함께 오래 있으니라"(행 14:26-28). 따라서 바나바와 바울의 선교활동은 교회의 뒷받침이 없는 자유스런 선교활동이 아니었다. 교회가 그들의 소명에 그리고 선교활동을 위해 그들을 따로 세우는 일에 깊이 관여한 것이다. 진실로 선지자들과 교사들이 바울과 바나바에게 안수할 때는 교회를 대표해서 한 것이었다. 그러나 교회만이 파송에 참여한 것은 아니다. 바나바와 사울은 성령의 보내심을 받았다(행 13:4). 여기서 성령의 인도와 교회의 결정이 조화를 이루어 균형 있게 나타난다.

바울과 바나바가 안수를 받음으로 전문적인 의미에서 그리스도의 사도가 된 것은 아니지만(갈 1:1) 적어도 안디옥 교회의 사도는 되었다. 왜냐하면 그들은 안디옥 교회의 파송을 받았기 때문이다(행 13:3; 14:26). 바울과 바나바의 사명을 위해 하나님이 그들을 부르셨고 안디옥 교회가 해야 할 일을 성취한 것이다. 바나바와 바울은 안디옥 교회와 그 인접 지역에서 오랫동안 봉사하므로 그들의 선교활동을 위한 준비를 해 왔다. 그들은 제 1차 전도 여행 시 요한 마가(John Mark)를 데리고 갔다(행 13:5). 정확한 연대는 말할 수 없지만 대략 AD 44-50년 사이에 있었던 것으로 간주된다.

램시(Ramsay)는 1차 전도여행이 2년 4개월이 걸린 여행이었다고 한다.[4] 램시 자신이 그 지역을 여러 차례 여행하므로 그 지역의 사정을

---

4) Ramsay (*op. cit.*, p. 365)는 AD46년 3월에서 48년 8월까지로 생각한다.

잘 알고 있었기 때문에 램시(Ramsay)의 주장을 진정으로 받아들여야 한다. 어떤 이는 바나바와 바울의 제 1차 전도여행이 몇 달 정도밖에 걸리지 않았다고 주장하나 신빙성이 희박하다.

(3) 안디옥 교회의 장점

안디옥 교회는 예수님의 대 전도명령을 성실하게 실천하는 교회였다. 누가는 사도행전 1:8의 예수님의 전도 계획을 안디옥 교회가 실천하고 있음을 증언하고 있다.

첫째, 안디옥 교회는 미약한 교회였지만 선교하는 교회였다. 스데반의 순교 후 흩어진 성도들이 안디옥에서 교회를 이루기까지는 긴 시간이 걸리지 않았다(행 8:4; 11:19-21). 안디옥 교회는 개척교회였고 이방도시에 복음이 뿌려져 생겨난 교회이므로 어려움도 있었다. 그러나 이런 어려운 형편에 있는 교회가 사명을 감당하기 위해 선교사를 파송함으로 기독교 역사상 최초로 선교사를 파송한 교회가 된 것이다.

둘째, 안디옥 교회는 성령의 지시를 따랐다. 사도행전 13:2에 "성령이 가라사대 내가 불러 시키는 일을 위하여 바나바와 사울을 따로 세우라" 하신 이 말씀을 순종한 것이다. 안디옥 교회는 작은 교회로 바나바와 사울을 선교사로 파송하지 못할 이유를 얼마든지 찾을 수 있었다. 그러나 안디옥 교회는 그런 이유를 찾지 않고 "주를 섬겨 금식할 때에"(행 13:2), "이에 금식하며 기도하고"(행 13:3)한 것처럼 하나님의 뜻을 분별하기 위해 애썼다.

셋째, 안디옥 교회는 제일 훌륭한 사람들을 선교사로 파송했다. 바나바와 사울은 안디옥 교회의 중요한 두 지도자였다. 안디옥 교회는 제일 좋은 것을 차지하려는 인간 본성을 극복하고 제일 귀하고 제일 훌륭한 두 인재를 선교사로 파송했다. 바울의 성공적인 전도여행이 여기에서 잉태되고 있었다.

2. 여정

바울과 바나바의 1차 전도여행 경로를 연구하는 것이 1차 전도여행 기간을 연구하는 것보다 더 중요하다.

(1) 안디옥에서 실루기아로

선교사들은 내륙 안디옥에서 해안 실루기아(Seleucia)로 내려갔다. 실루기아는 오론테스(Orontes)강 입구 근처에 있는 항구도시이다. 구브로가 그들의 선교활동의 첫 목적지였다는 것은 바나바가 구브로 태생이라는 것으로 알 수 있다. 실루기아에서 구브로까지는 약 96km이다.

(2) 구브로

사울 일행은 구브로의 살라미(Salamis)에 도착하여 여러 회당에서 하나님의 말씀을 전파하고 섬 전체를 횡단 여행하며 복음을 증거 했다. 구브로 섬은 그 길이가 약 224km이며, 그 폭은 약 96km가 된다. 그 당시 구브로 섬은 인구가 조밀한 편이었다. 따라서 선교사 일행은 구브로 섬에서 많은 시간을 드려 복음을 전했을 것이다.5) 선교사 일행이 구브로 섬의 서쪽 끝에 있는 바보(Paphos)에 도착했을 때 총독 서기오 바울(Sergius Paulus)을 만난다. 그 총독은 바울이 전한 말씀을 듣고 예수를 믿게 되었다(행 13:12). 총독 서기오 바울은 유대주의에 대해 약간의 지식이 있었고 엘루마(Elymas)라고 불리는 거짓선지자 박수 바예수(Barjesus)의 영향을 받았었다.

---

5) AD 325년에 구브로에 있는 교회가 세 사람의 감독을 니케야 회의(the Council of Nicaea)에 파송할 만큼 그 지역의 교회가 부흥 발전했다. See, T. C. Mitchell, "Cyprus," *The New Bible Dictionary*, J. D. Douglas ed. (Grand Rapids: Eerdmans, 1975), p. 285.

바예수가 바울의 전도를 방해하므로 바울은 그의 악행을 책망하고 바예수는 소경이 되었다(행 13:8-11). 바예수를 소경 되게 하신 하나님의 심판은 아주 적절한 심판이었다. 바예수는 그의 이름의 뜻처럼 '구원의 아들'이 아니요 '마귀의 자식'이었고, 사람들을 빛으로 인도하기보다는 어두움으로 인도했기 때문에 그 자신이 소경이 되게 함으로 어두움을 맛보게 하셨다. 이 사실은 서기오 바울이 회개할 수 있는 계기가 되었다. 서기오 바울의 사건은 사도행전 8:9-24에 나타난 대로 마술사 시몬(Simon)에게 복음을 전한 베드로의 경우와 비슷하다.

바보에서 사울이 총독 서기오 바울을 만난 후부터 사울은 계속 바울로 불린다(행 13:9). 이름을 바꾼 사실이 서기오 바울의 회개사건과 연관이 있는 것으로 생각된다. 그 당시 유대인들이 유대이름과 이방이름(헬라이름이나 로마이름)을 가지고 있었던 것은 보통 있는 일이었다.6) 누가가 여기서 사울을 바울로 바꾸어 부른 것은 아주 타당하다고 생각된다. 왜냐하면 주로 이방인들에게 복음을 전하는 전도여행이기 때문에 이방인들에게 익숙한 바울로 부르는 것은 당연한 것이다. 어떤 이는 서기오 바울이 사울을 바울로 바꾸도록 제시했다고 생각한다. 이 시점에서 선교사 그룹의 지도자 역할을 한 바울이 복음으로 소아시아(Asia Minor)를 정복할 것을 결정했다.

(3) 소아시아

구브로 섬의 서쪽 끝에 위치한 바보에서 배를 타고 바울과 바나바는 소아시아로 항해했다. 바보에서 소아시아까지는 약 272km이다. 주요 입항지인 앗달리아(Attalia)를 지나쳐서 버가(Perga)에 도착했다(행 13:13). 바울 일행이 버가에 도착했을 때 요한 마가는 확신을 잃고 예루살렘으로 돌아갔다(행 13:13)고 생각된다.

---

6) 예를 들면 바사바라고 하는 요셉(행 1:23)과 요한 마가(행 12:12, 25) 등이 그런 이름들이다.

어떤 이는 마가가 구브로의 바보를 떠나기 전에 바울 일행을 떠나 예루살렘으로 돌아갔다고 주장한다. "바울과 및 동행하는 사람들이 바보에서 배 타고 밤빌리아에 있는 버가에 이르니 요한은 저희에게서 떠나 예루살렘으로 돌아가고"(행 13:13)의 표현은 마가가 구브로를 떠나기 전 바울 일행을 떠났는지 버가에 도착 후에 바울 일행을 떠났는지 명확하지 않다. 그러나 본문에 사용된 동사의 시상으로 보아 바울 일행이 버가에 도착한 후 마가가 바울 일행을 떠난 것으로 생각된다.[7)

그러면 왜 마가가 바울 일행을 떠나 예루살렘으로 돌아갔는가? 바울은 마가가 "자기들을 떠나 함께 일하러 가지 아니한 자"(행 15:38)라고 평한다. 그러나 마가는 후에 바울에게 대단히 유용한 존재였다 (골 4:10; 딤후 4:11). 마가가 바울 일행을 떠난 이유를 몇 가지로 추측해 볼 수 있다. 첫째, 마가는 고향 생각에 젖어 바울 일행을 떠났을 수 있다. 마가는 예루살렘에 있는 넓은 집과 어머니가 보고 싶은 생각을 가졌을 수 있다. 그러나 이런 주장은 추측에 지나지 않는다. 둘째, 마가는 바나바의 생질이었는데(골 4:10) 처음 선교 팀을 따라 나섰을 때는 '바나바와 사울'의 표현에서 나타나듯(행 13:2, 7) 바나바가 리더 역할을 했는데 구브로의 바보에서 총독 서기오 바울을 만난 이후부터 '바울과 바나바'로 리더 역할이 바뀐 데 대해 불만을 가지고 바울 일행을 떠났다고 추측해 볼 수 있다. 이 주장 역시 성경 어디에서도 지지를 받을 수 없는 추측에 지나지 않는다. 셋째, 마가는 버가에 도착한 후 바울 일행이 버가 북쪽에 있는 가파르고 오르기 힘든 곳을 지나 비시디아 안디옥으로 가려고 하자 그 방향으로 전도

---

7) 누가는 본 구절의 '배 타고'(ἀναχθέντες), '이르니'(ἦλθον)를 모두 부정과거 시상으로 사용한다. 그리고 누가는 계속해서 '떠나'(ἀποχωρήσας)는 부정과거, 분사로 사용하고, '돌아가고'(ὑπέστρεψεν)는 부정과거, 직설법을 사용한다. 비록 행 13:13의 전반부와 후반부를 연결시켜 고찰할지라도 마가가 어느 곳에서 바울 일행을 떠났는지 확실하게 규정할 수는 없지만, 행 13:13 전반부는 바울 일행이 '밤빌리아에 있는 버가'에 도착한 것을 확실히 하고자하는 의도가 담겨 있기 때문에 마가가 버가에서 바울 일행을 떠났다고 추정할 수 있다.

여행 떠나는 데 대해 자신이 없었다. 그 지역은 도적 떼들이 들끓고 있는 곳이었다. 마가는 모험이 많은 일터에 들어가는 것을 두려워했음에 틀림없다.[8]

(4) 버가

바울 일행은 버가에서 잠시 머문 후 곧 북쪽 내륙지방으로 들어갔다. 바울 일행이 처음 버가를 방문했을 때 버가에서 복음을 전했다는 확실한 기록은 없으나(행 13:14) 안디옥으로 귀환하는 도중에는 버가에서 복음을 전했다(행 14:25).

(5) 비시디아 안디옥

비시디아 안디옥(Antioch of Pisidia)은 브루기아(Phrygia) 지방과의 접경에 위치한 도시이다. 지형은 험악하고 산이 많은 곳이다. 바울이 이 지역에서 고린도후서 11:26, 27에 언급한 여러 가지 수난을 받았을는지 모른다. 안디옥은 상업으로 중요한 곳이었고 군사 요충지였다. 많은 유대인들이 이곳에 거주하고 있었다. 바울과 바나바는 항상 하는 방법대로 비시디아 안디옥에서도 회당에서 가르치기 시작했다. 바울의 설교는 유대인들과 유대교에 입교한 사람들의 관심을 끌게 되었다(행 13:42-43). 여기서 비시디아 안디옥에서의 바울의 설교를 요약하는 것이 유익하리라 생각된다(행 13:16-18).

첫째, 이스라엘 백성의 과거역사(행 13:16-23)
바울은 '이스라엘 사람들과 및 하나님을 경외하는 사람들'(행 13:16)에

---

[8] 고후 11:26에 언급된 '강의 위험,' '강도의 위험,' '동족의 위험,' '이방인의 위험,' '시내의 위험,' '광야의 위험' 등은 전도여행이 얼마나 위험한 여행이었는지를 시사해 준다.

게 설교한다. 바울은 오랜 역사를 통해 하나님의 장중에 붙들린 이스라엘의 구원 사건들을 간략하게 재 진술한다. 애굽에서 인도해 내신 사건, 가나안(Canaan) 땅을 기업으로 주신 사건, 사사들과 사무엘을 통해 통치하시고 사울과 다윗 왕을 주신 사건 등을 언급한다. 다윗을 언급하면서 바울은 예수가 다윗의 씨에서 태어난 이스라엘의 구주라고 설명한다.[9]

둘째, 세례 요한의 준비적 사역(행 13:24-25)
세례 요한의 사역이 예수님을 위한 준비의 사역이라는 것을 지적한다. 세례요한은 회개의 세례를 선포했고 자신은 그리스도가 아니요 그리스도는 능력이 많으신 분으로 자신이 그분의 신발끈을 풀 수도 없을 만큼 존귀하신 분임을 분명히 밝힌다.

셋째, 예수님의 죽음과 부활(행 13:26-37)
그리스도의 죽음은 예루살렘의 지도자들에게 그 책임이 있다고 말하고 예수님의 부활과 그의 제자들에게 나타나신 사건들을 언급한다. 바울은 예수님의 죽음과 부활은 성경 말씀의 성취로 이루어졌다고 확실히 한다.
구속의 역사를 여기까지 설명하고 나서 바울은 구약예언, 즉 시편 2편 "너는 내 아들이라 오늘 너를 낳았다"(행 13:33)를 사용하여 그 뜻을 설명한다. 시편 2:7로 예수님이 하나님의 아들 됨을 증명하고 나서[10] 시편 16:10 "주의 거룩한 자로 썩음을 당하지 않게 하시리라"(행

---

9) 여기서 바울은 출애굽(Exodus)으로부터 시작하여 가나안 정복, 사무엘(Samuel) 때까지의 사사시대 그리고 사울(Saul)과 다윗(David)의 왕국을 언급한다. 그리고 그리스도가 다윗의 후손으로 태어났음을 강조한다. 이렇게 하여 바울은 유대인들과 대화의 접촉점을 찾는다. 왜냐하면 유대인들이 다윗의 혈통에서 메시아가 날 것이라는 일반적인 신앙을 가지고 있었기 때문이다.
10) Kistemaker (*Exposition of the Acts of the Apostles*, p. 483)는 바울이 시편 2:7을 여기서 인용한 것은 그의 탄생으로부터 죽음과 부활에 이르는 예수님의 지상 사역 전체를 포함하고 있다고 해석한다. Calvin (*The Acts of the Apostles*, Vol. 1, pp.

13:35)를 사용하여 그리스도의 부활을 전파한다. 그리고 바울은 이사야 55:3을 인용하여 예수님의 부활을 다시 한 번 확인한다.[11]

넷째, 설교의 결론(행 13:38-41)

바울은 예수님이 유대인들의 구주라고 말하며 예수 안에서만 죄사함을 얻을 수 있다고 선포한다(행 13:38). 바울은 칭의 개념과 모세 율법에 관한 견해를 언급한다(행 13:39). 복음을 받고 구원을 얻는 것이 심각한 문제라는 것을 강조하기 위해 심판을 언급한다(행 13:40-41). 바울은 죄사함을 선포하며 생명과 죽음 중 한 쪽을 선택하라고 촉구한다.

다섯째, 상반된 반응(행 13:42-48)

회당[12]에서 예배하는 자들은 바울의 설교를 듣고 호감을 갖게 되고 다음 안식일에도 설교해 줄 것을 요청했다(행 13:42). 바울과 바나바는 유대인들과 유대교에 입교한 사람들을 격려했다. "그 다음 안식일에는 온 시민이 거의 다 하나님의 말씀을 듣고자하여 모였다"(행 13:44). 복음전파의 놀랄만한 성공은 유대인들의 시기를 불러일으켜 유대인들

378-79)은 "'너는 내 아들이라 오늘 너를 낳았다'를 예수님의 부활과 연관시켜 설명한다. 칼빈은 예수님께서 성육신하실 때 하나님에 의해 일으킴을 받기 시작했지만 예수님의 부활은 완전하고 철저한 일으킴이었다"라고 해석한다(p. 379).

11) 행 13:33(시 2:7), 34(사 55:3), 35(시 16:10).

12) 본문에서 회당(Synagogue)은 유대 지도자들과 백성들이 만나는 장소요 율법이 거기에서 가르쳐졌다. 그래서 회당은 유대인의 신앙을 유지 및 전수시키는 데 큰 역할을 했다. 회당은 유대인들이 포로 생활할 동안 교육과 기도를 위한 장소로 시작된 듯하다. 그 때는 성전에서 경배할 수 없었기 때문이다(겔 20:1 참조). 1세기에는 유대인이 사는 곳이면 회당이 있었다. AD 70년 성전이 파괴될 때 394개의 회당이 예루살렘에 있었다는 전설이 있다. 회당은 예수님이 사용하셨고(눅 4:16), 사도들이 복음 선포를 위해 사용했다(행 13:5, 14). 회당은 장로들에 의해 다스려졌고 회당장이 예배를 주관했다(막 5:22). 안식일 예배는 5부분으로 되어 있다. ① Shema가 읽혔고(신 6:4-9; 11:13-21; 민 15:37-41) ② 18개의 간구와 축복이 포함된 기도의 순서가 있고 ③ 3년을 한 주기로 만든 율법이 읽혔고 ④ 선지서가 읽혔고(읽는 자가 원하는 곳 선택)(눅 4:16 이하) ⑤ 성경의 해석과 축복기도로 끝냈다.

은 바울의 말한 것을 변박하고 비방하게 되었다.

바울의 설교에 대한 긍정적 반응으로 예수를 믿는 사람이 있는 반면(행 13:42-44, 48) 부정적 반응으로 시기하고 비방하는 사람들이 있었다(행 13:45-47).

이 시점에서 바울과 바나바는 유대인들에게 복음 전하는 것을 잠시 중단하고 선교활동의 새로운 전환점을 선포한다. "하나님의 말씀을 마땅히 먼저 너희에게 전할 것이로되 너희가 그것을 버리고 영생을 얻기에 합당하지 않은 자로 자처하기로 우리가 이방인에게로 향하노라"(행 13:46). 이방선교를 위한 새로운 출발이 하나님의 명령이요 예언의 성취라고 선포한다(행 13:47). 이방인들은 이 소식을 듣고 기뻐했지만 유대인들은 핍박을 계속하여 바울과 바나바를 성 밖으로 쫓아내었다. 사도들은 '그들을 향하여 발의 티끌을 떨어 버리고' 성령과 기쁨이 충만한 가운데 사역을 계속했다(행 13:51-52).

바울의 설교는 여러 면에서 초대교회 사도들의 설교 형태와 같다. 구약의 역사와 메시아의 예언이 사용되었다. 믿음에의 요청과 죄의 용서 그리고 하나님의 심판으로부터 구원받는 것 등이 사도들의 설교의 특징이었다. 바울의 설교 내용 중 한 가지 강조된 것은 칭의가 모세의 율법에 의해서가 아니요 믿음으로 말미암는다는 사실이다(행 13:38-40).

(6) 이고니온

이고니온(Iconium)은 브루기아와 갈라디아 지방의 한 도시로 비시디아 안디옥으로부터 약 128km 떨어진 동남방에 위치하고 있다. 램시(Ramsay)는 바울과 바나바가 안디옥과 이고니온을 잇는 위대한 로마의 국도로 여행했을 것이라고 주장한다.

이고니온에서도 안디옥에서 처럼 성공적인 사역이 계속되었다. 유대인들이 여기서도 문제를 일으켰지만 성이 두 파로 나누어지고 관원들의 핍박이 있을 때까지는 복음전파의 사역이 계속되었다. 관원들과 유대인들의 핍박이 심해지자 바울과 바나바는 루스드라로 피신했다.

(7) 루스드라

루스드라(Lystra)는 이고니온으로부터 약 29km 떨어진 동남방에 위치한 로마의 식민지요 군사의 요충지였다.

루스드라에서 바울은 "발을 쓰지 못하는 한 사람"(개역: 절름발이)을 고친다(행 14:8). 이 이적으로 인해 그 도시의 사람들은 바울을 헤르메스(Hermes), 바나바를 제우스(Zeus) 신으로 생각하게 되었다(행 14:12). 제우스(Zeus) 신전의 제사장은 그들에게 희생제물을 바칠 준비가 되어 있었다. 바울은 이 오해를 해명하고 이 사건을 근거로 복음을 전파했다(행 14:15-18).

바울은 천지와 모든 만물을 창조하시고 보존하시는 살아 계시는 참 하나님을 경배하지 않고 다른 것을 경배하면 그것은 우상숭배하는 것이라고 과감하게 선포했다. 이방종교의 숭배는 자연을 그 숭배의 대상으로 삼기 때문에 잘못된 것이라고 선포했다.

본문의 설교는 바울이 말한 전체를 기록한 것이 아니고 누가가 발췌하여 기록했음이 틀림없다. 이번 루스드라 여행에서 바울이 얻은 큰 성과는 디모데(Timothy)의 개종이다. 디모데의 개종은 바울의 첫 번 루스드라 방문 시에 이루어졌음이 거의 확실하다. 바울이 두 번째 루스드라를 방문했을 때(행 16:1) 디모데는 형제들의 칭찬을 받았으며 바울은 그를 데리고 여행을 떠났다. 바울은 항상 디모데가 자신의 전도로 회개한 사람이라는 것을 명시한다(딤전 1:2, 18; 딤후 1:2; 2:1). 그리고 바울은 이 당시 전도여행 중 당한 역경을 디모데에게 연상시킨다(딤후 3:10, 11). 따라서 자연스러운 해석은 바울의 첫 번째 루스드라 방문 시 디모데가 개종했다고 생각하는 것이다. 디모데의 어머니는 이방인과 결혼한 유니게(Eunice)라는 유대인이었다. 그의 어머니는 아들을 성경 말씀으로 가르쳤다(행 16:1-3; 딤후 1:5; 3:15). 바울이 디모데와 그의 어머니 그리고 그의 외조모를 사랑한 사실로 보아 루스드라에서 선교활동 중 그들과 친교가 깊었으리라고 생각된다(딤후 1:5).

루스드라에서의 선교활동은 안디옥과 이고니온 으로부터 온 유대인들이 사도들을 핍박하므로 방해를 받게 되었다. 한때는 바울을 이방신으로 숭배하려고 했던 그 사람들이 이제는 바울을 돌로 쳐서 죽은 줄로 알고 끌어다가 성 밖에 내버렸다. 바울은 죽지 않았고 다음날 바나바와 함께 더베를 향해 전도여행을 계속했다(행 14:19-20).

(8) 더베

바울과 바나바가 더베(Derbe)에서 많은 사람을 제자로 삼았다는 사실 외에 다른 기록은 없다. 바울 일행의 복음 전파는 그들을 남 갈라디아의 동쪽 변경까지 여행하게 만들었다. 더베에서 바울은 지나온 도시들을 순서대로 다시 방문하여 제자들을 격려하고 권면할 것을 결심했다.

(9) 귀환 여행

바울과 바나바는 각 도시를 연속으로 방문하여 새로 개종한 자들을 가르치고 권면하였다. 그들은 왔던 길로 돌아가면서 루스드라, 이고니온, 안디옥을 차례로 방문하였다. 각 곳마다 새로운 개종자들로 교회를 설립하고 장로들을 택하여 안수함으로 교회 조직을 구성하고 교회를 장로들에게 부탁하였다(행 14:22,23).[13]

그들은 비시디아 안디옥에서 밤빌리아 버가로 귀환한다. 바울 일행이 처음 버가에 들렸을 때는 버가에서 복음을 전할 수 없었다 (행 13:13-14). 그러나 귀환 여행 때 바울 일행이 버가에 들렸을 때 그들은 복음을 버가에서 전할 수 있는 기회를 가졌다(행 14:25). 바울 일행은 버가에서 복음을 전한 후 항구도시 앗달리아(Attalia)로 내려갔다.

(10) 앗달리아에서 수리아 안디옥까지

그들은 앗달리아에서 배를 타고 수리아 안디옥으로 갔다. 안디옥에 도착했을 때 교회를 모으고 선교보고를 했다. "하나님이 함께 행하신 모든 일과 이방인들에게 믿음의 문을 여신 것을"(행 14:27) 보고했다.

3. 제 1차 전도여행의 평가

제 1차 전도여행을 성공리에 마칠 수 있었던 것은 바울과 바나바가 세운 전도 원리와 연관되어 있다.

① 그들은 복음이 아직 전파되지 않은 서쪽 지방을 선교의 대상

---

13) 사도행전 14:23은 "각 교회에서 장로들을 택하여 금식 기도하며 저희를 그 믿은바 주께 부탁하고"라고 기록한다. 바울은 각 지역에서 교회를 설립한 후에 교회를 보살필 장로들을 세웠다. 여기 "택한다"(χειροτονέω)는 신약성경에서 사도행전 14:23과 고린도후서 8:19에서 두 번 사용되었다. "택한다"는 "선택 한다" (elect), "지명 한다" (appoint)의 뜻을 가지고 있다. 사도행전 14:23은 "지명 한다"로 해석하는 것이 더 타당하며, 고린도후서 8:19은 "선택 한다"로 해석하는 것이 더 적합하다. 하지만 바울과 바나바가 사도의 권위로 교회의 장로들을 세웠기 때문에 오늘날 교회에서 장로들을 선택하는 판습과 상충되지 않는다. Cf. H. Balz, "χειροτονέω" *Exegetical Dictionary of the New Testament*, Vol. 3 (Grand Rapids: Eerdmans, 1993), p. 465.

지역으로 택했다. 이 지역을 그들이 선택한 것은 이 지역이 인구가 조밀한 곳이었기 때문이었다.

② 그들의 선교정책은 각 지역의 가장 중심 되는 도시와 인구가 가장 많은 지역을 택하여 먼저 복음을 전하는 것이었다. 그리고 도시 주변 지역에 거한 사람들에게 복음을 전파하는 책임은 그 도시의 교회가 책임지도록 하는 정책을 폈다.

③ 그들은 각 도시에 교회를 설립하고 장로를 택해 교회를 장로의 감독 하에 두었다. 그들은 교회를 위해 간단한 교리적 지침 이외에 다른 것을 부과하지 않았다.14)

④ 그들은 항상 유대인들에게 먼저 복음을 전했다. 그들은 이스라엘 백성이 하나님의 백성이라는 사실을 결코 잊지 않았다. 그러나 이방인들을 결코 소홀히 생각하지 않았고 유대인들이 복음을 거절할 때 그들은 이방선교를 강조하게 되었다.

⑤ 안디옥에서 행한 긴 설교로 보아 각 도시마다 예수의 생애와 죽음을 통해 하나님이 이스라엘을 위해 세우신 계획이 성취되어졌고, 부활하셔서 살아 계신 그리스도를 통해 구원을 얻을 수 있다는 비슷한 메시지가 선포되었을 것으로 생각할 수 있다.

핸드릭센(Hendriksen)이 열거한 여섯 가지의 바울의 선교전략은 다음과 같다.15)

① 바울은 성령의 인도로 비시디아 안디옥, 빌립보, 고린도, 에베소,

---

14) 어떤 이는 바울이 목회서신을 제외하고는 교회조직에 관심이 없었기 때문에 장로를 임명했을 리 없다고 말한다. 그러나 이방도시에 새로 믿기 시작한 여러 종류의 사람들이 모여 교회를 이루었는데 지도자 없이 그냥 내버려 두었을 리 없다. 바울은 교회를 설립하고 장로를 임명하여 그 교회의 영적 지도자로 세웠다. 참조, Guthrie, op. cit., p. 107.
15) Hendriksen, Survey of the Bible, pp. 190-97.

로마 등과 같은 큰 도시를 중심으로 사역했다. 작은 도시에는 큰 도시의 교회들로 인해 복음이 전파될 수 있으리라 확신했다. 그리고 바울은 일반적으로 다른 사람들에 의해 복음이 전파되지 않은 도시만을 선택하여 복음을 전파했다(롬 15:20).

② 바울은 회당을 복음증거의 장소로 사용했다. 그 이유는 회당에서 메시아의 오심과 사역에 관한 구약 예언이 읽혀졌기 때문이다. 또한 회당에서 유대인뿐만 아니라 유대교에 입교한 이방인들에게 복음을 증거 할 수 있었기 때문이다.

③ 바울은 성경에 근거하여 그리스도가 구약 예언의 핵심이요 중심 인물임을 증거 했다(행 17:1-4, 22, 23).

④ 바울은 항상 청중들의 필요에 따라 메시지를 전했다. 따라서 청중들의 즉각적인 관심을 모았고 그의 설교는 효과적이었다. 그는 "내가 여러 사람에게 여러 모습이 된 것은 아무쪼록 몇 사람이라도 구원하고자 함이라"(고전 9:22)라고 했다.

⑤ 바울은 복음을 전한 교회들을 여러 차례 방문하여 격려하고 굳게 했다. 그리고 그의 부재 기간 중 계속 사역할 수 있도록 장로를 임명하여 세우고 편지를 써서 교회들을 잘 보살폈다. 바울은 복음사역이 장로들을 통해서 효과적으로 계속될 것을 확실히 믿은 사람이었다.

⑥ 바울은 모든 교회들이 잘 연합될 수 있도록 하는 데 모든 노력을 다했다. 교회 간에 소식을 전달하고 그리스도 안에서 하나가 됨을 강조했다. "몸이 하나요 성령도 한 분이시니 이와 같이 너희가 부르심의 한 소망 안에서 부르심을 받았느니라. 주도 한 분이시요 믿음도 하나요 세례도 하나요 하나님도 한 분이시니 곧 만유의 아버지시라 만유 위에 계시고 만유를 통일하시고 만유 가운데 계시도다"(엡 4:4-6).

이런 원리에 비추어 볼 때 제 1차 전도여행은 큰 성공이었다. 사도들은 많은 사람에게 복음을 전하고 여러 도시에 복음을 선포했을 뿐만 아니라 인구가 많은 도시에 교회가 설립되어져서 도시 교회들이 인구가 적은 시골에 계속해서 복음을 전할 수 있게 되었다. 그러나 이렇게 성공적으로 복음이 전파되는 가운데서도 복음전파의 장애가 되는 유대인과 이방인 사이의 간격은 제 1차 전도여행 때에도 현저하게 나타났다.

■ 연구 문제 ■

1. 안디옥 교회가 바울과 바나바를 파송한 의의를 논의하고 왜 교회가 선교사를 파송하는 것이 유익한지 설명하라(행 13:1-3; 눅 24:46-47; 행 1:8).
2. 안디옥 교회의 장점을 설명하라(행 11:19-21; 13:1-3).
3. 바울과 바나바의 제 1차 전도 여행의 경로를 설명하라(행 13:4-15:35).
4. 비시디아 안디옥에서 행한 바울의 설교의 특징을 열거하라(행 13:14-41).
5. 선교 전략상의 관점에서 바울과 바나바의 제 1차 전도여행을 평가하라(행 13:4-14:28; 롬 15:20; 고전 9:22).

9
바울의 사역으로 확장된 교회(15:36-18:22)
<바울의 제 2차 전도여행>

"36 며칠 후에 바울이 바나바더러 말하되 우리가 주의 말씀을 전한 각 성으로 다시 가서 형제들이 어떠한가 방문하자 하고 37 바나바는 마가라 하는 요한도 데리고 가고자 하나 38 바울은 밤빌리아에서 자기들을 떠나 함께 일하러 가지 아니한 자를 데리고 가는 것이 옳지 않다 하여 39 서로 심히 다투어 피차 갈라서니 바나바는 마가를 데리고 배 타고 구브로 가고 40 바울은 실라를 택한 후에 형제들에게 주의 은혜에 부탁함을 받고 떠나 41 수리아와 길리기아로 다니며 교회들을 견고하게 하니라" (행 15:36-41, 개역개정)

"18 바울은 더 여러 날 머물다가 형제들과 작별하고 배 타고 수리아로 떠나갈새 브리스길라와 아굴라도 함께 하더라 바울이 일찍이 서원이 있었으므로 겐그레아에서 머리를 깎았더라 19 에베소에 와서 그들을 거기 머물게 하고 자기는 회당에 들어가서 유대인들과 변론하니 20 여러 사람이 더 오래 있기를 청하되 허락하지 아니하고 21 작별하여 이르되 만일 하나님의 뜻이면 너희에게 돌아오리라 하고 배를 타고 에베소를 떠나 22 가이사랴에 상륙하여 올라가 교회의 안부를 물은 후에 안디옥으로 내려가서" (행 18:18-22, 개역개정)

1. 배경

제 2차 전도여행은 예루살렘 공회가 끝난 직후 그리고 베드로가 안디옥을 방문(갈 1-2장)한 직후에 안디옥에서부터 출발하게 되었다. 누가는 바울의 제 2차 전도 여행을 통해 기독교가 이방인들 가운데 확장된 구체적인 사건들을 언급한다. 누가는 바울의 제 2차 전도여행에 큰 비중을 부여한다. 제 2차 전도여행을 하는 동안 바울은 홀로 복음을 가지고 외롭게 여행하는 전도자가 아니고 많은 복음 선교 사역자들 중 지도자로

등장한다. 전도사역이 진전됨에 따라 동역자의 수가 증가한다.[1]

바울의 제 2차 전도여행

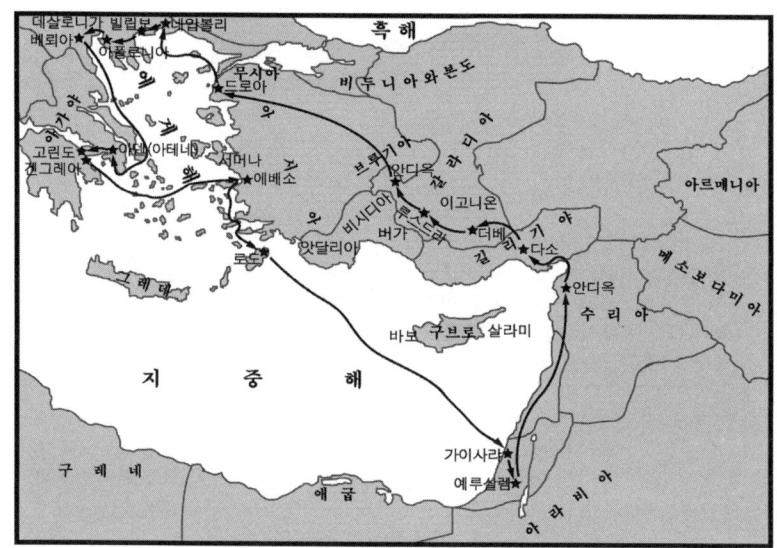

    1. 안디옥에서 루스드라로. 행 15:40~16:1
    2. 루스드라에서 드로아로. 행 16:6~8
    3. 드로아에서 빌립보로. 행 16:11, 12
    4. 빌립보에서 데살로니가로. 행 16:40~17:1
    5. 데살로니가에서 베뢰아로. 행 17:10
    6. 베뢰아에서 아덴으로. 행 17:14, 15
    7. 아덴에서 고린도로. 행 18:1
    8. 고린도에서 에베소로. 행 18:18, 19
    9. 에베소에서 예루살렘으로. 행 18:21, 22
  10. 예루살렘에서 안디옥으로. 행 18:22

---

1) R. C. H. Lenski, *The Acts of the Apostles*, p. 650: "이곳 드로아에서 누가는 바울과 동행한다. 더우기 누가는 실라와 디모데처럼 조력자로서 바울의 작은 선교단의 일원이 된다. 이 사실을 누가는 '우리가 곧 마게도냐로 떠나기를 힘쓰니 이는 하나님 이 …… 우리를(ἡμᾶς) 부르신 줄로 인정함이러라'고 기록하고 있다."

바울과 함께 일하지는 않지만 같은 선교사역을 위해 종사하는 다른 선교사들도 있었다. 바울만이 초대교회의 유일한 선교사였다고 생각하는 것은 잘못이다. 그저 누가가 바울의 사역만은 강조하고 다른 사도들의 사역은 기술하지 않은 것뿐이다. 바울은 베드로, 바나바, 다른 사도들 그리고 주의 형제들을 언급하고, 그들이 유명한 복음전도자인 것을 말했다(고전 9:5, 6). 유세비우스(Eusebius)의 전통은 사실에 근거하여 사도들이 각처로 흩어져 복음을 전했다고 전하고 있다. 도마(Thomas)는 파르티아(Parthia)에서, 안드레(Andrew)는 시디아(Scythia)에서, 요한(John)은 아시아(Asia)에서 복음을 전했고, 베드로(Peter)는 본도(Pontus)와 갈라디아(Galatia), 비두니아(Bithynia)와 갑바도기아(Cappadocia), 그리고 아시아(Asia)에서 복음을 전했다고 한다.[2]

바울의 제 2차 전도여행의 연대는 학자 간에 서로 다르나 대략 AD 50-53년 사이로 추정한다. 여행에 소요된 기간이 약 2년일 것이라는 견해에 대해서는 대부분 동의한다. 우리들은 예루살렘 공회가 AD 50년에 열렸고 제 2차 전도여행도 50년부터 시작되었다고 생각하면 큰 잘못이 없을 것이다. 그러나 AD 50년을 기준으로 1년이나 혹은 2년 전에 시작했다고 하거나 1년이나 2년 후에 시작했다고 해서 큰 잘못은 없다.

바울을 반대하는 유대주의자들은 바울의 2차 전도여행 기간 동안 바울이 설립한 교회를 방문하여 자신들의 견해를 주장했다. 갈라디아서의 내용이나 예루살렘 공회에 제기된 문제들을 볼 때 이 사실이 명백하다.

다른 유대기독교 선교사들과 사도들은 먼 곳에 흩어져 사는 유대인들에게 그리스도의 메시지를 전했다. 이것은 알렉산드리아(Alexandria) 출신 아볼로가 에베소에 와서 그리스도의 복음을 거의 완전하게 전하기 전에 이미 그가 복음을 들었다는 사실에서 증명된다. "이 사람은 일변이

---

[2] P. Eusebius, *Ecclesiastical History*, BK Ⅲ, Chapter Ⅰ.

좋고 성경에 능통한 자라 그가 일찍이 주의 도를 배워 열심으로 예수에 관한 것을 자세히 말하며 가르치나 요한의 세례만 알 따름이라 그가 회당에서 담대히 말하기 시작하거늘 브리스길라와 아굴라가 듣고 데려다가 하나님의 도를 더 정확하게 풀어 이르더라"(행 18:24-26). 분명 아볼로가 에베소에 오기 전에 그리스도의 복음에 접했다는 사실은 다른 선교사들이 그에게 복음을 전할 기회가 있었다는 것을 확증해 주는 것이다. 바울 역시 에베소에 갔을 때 이미 복음에 접한 제자들을 만났다 (행 19:1-3). 이 사실도 바울 이외의 다른 선교사가 그들에게 복음을 증거 했다는 것을 말해준다. 그러나 누가는 바울의 선교활동으로 복음이 확산되는 사실을 중요하게 취급한다. 누가는 바울의 사역으로 북방 왕국의 주요도시에 기독교가 설립된 것을 분명히 하고 있다. 역사적으로 볼 때 초대교회로서는 북방지역에 복음이 전파된 사실이 대단히 중요하다. 이는 로마를 향한 길이요 로마제국을 복음으로 정복하는 길이기 때문이다.

2. 사역자 선택

제 2차 전도여행은 제 1차 여행 때 개척한 교회들을 '방문하자고'3) 바울이 바나바에게 제의한데서 비롯되었다(행 15:36). '방문하자' (ἐπισκέπτομαι)의 의미로 볼 때 바울의 제안은 제 1차 전도여행 때 설립된 교회들을 권고하고 보살피기를 원하는 마음이 담겨있다. 바울은 이미 복음을 받고 교회를 이루어 신앙생활을 하고 있는 성도들을 방문하여 권면하고 사랑으로 보살피기를 원한 것이다.4) 이 때에

---

3) '방문하자'(ἐπισκεψώμεθα, ἐπισκέπτομαι의 부정과거, 가정법, 권고형)는 LXX에서는 자주 사용되나 신약에서는 11회(마 25:36, 43; 눅 1:68, 78; 7:16; 행 6:3; 7:23; 15:14, 36; 히 2:6; 약 1:27) 사용된다. 사용된 용례로 보아 누가가 가장 즐겨 쓴 용어이다.
4) ἐπισκέπτομαι가 사용된 구절을 살펴보면 그 의미가 "병자들을 방문하고 돌아보다"(마 25:36, 43; 행 7:23; 약 1:27), "하나님이 그의 백성을 권고하고 돌아보다"(눅 1:68,

마가(Mark)를 데리고 가는 문제로 바울과 바나바 사이에 심각한 의견의 차이가 있었다(행 15:37-39). 바나바는 마가를 데리고 구브로를 향해 떠났다. 여기서 우리는 그들이 제 1차 전도 여행 때 복음을 전한 사람들을 위해 열심히 사역했을 것으로 생각할 수 있다. 바울은 예루살렘 공회의 사자 역할을 했던 실라(Silas)를 동반자로 택했다(행 15:22). 실라는 선지자로서(행 15:32) 안디옥 교회에서 열심히 일했다. 그래서 바울은 실라를 택하여 주님의 사역에 동역자로 삼은 것이다(행 15:40). 바울처럼 실라도 로마의 시민이었다(행 16:37). 바울과 실라는 이방전도에 대해 같은 마음을 가지고 있었다. 제 2차 전도여행부터는 바울이 앞장서는 모습을 볼 수 있다. 성경본문은 분명히 바울이 바나바에게 전도여행 떠날 것을 제시했다고 전한다. 그리고 바나바 일행은 교회의 전송을 받은 기록이 없지만 바울 일행은 교회의 전송을 받고 떠났다(행 15:40).

바울과 바나바의 갈라섬은 그 동안 리더 역할을 한 바나바의 퇴진을 의미하고 바울이 리더십을 통해 이방 선교가 주도될 것을 시사하고 있다(행 9:15 참조). 또한 다른 측면에서 볼 때 누가는 사도행전 2장에서 8장까지 열두 사도 중심, 특히 베드로 중심으로 복음이 사도행전 1:8의 말씀처럼 예루살렘과 온 유대와 사마리아까지 전파되는 모습을 그리고 사도행전 13장부터 이방선교 즉 땅 끝까지 바울 중심으로 전개될 것을 묘사하기를 원했다. 그런데 바나바는 12사도 중심의 인물임으로 1차 전도여행에서 바울과 함께 사역했지만 2차 전도여행부터는 바울의 주도로 복음이 땅 끝까지 전파될 것을 예고해 준다.

78; 7:16; 행 15:14; 히 2:6), "택하다"(행 6:3), 그리고 "방문하다"(행 15:36) 등으로 사용된 것을 알 수 있다. 감독(Bishop, ἐπίσκοπος)이란 용어의 기원이 바로 ἐπισκέπτομαι에서 왔는데, 바울이 이 용어를 쓸 당시에 제 1차 전노여행 때 설립한 교회들을 '감독'이 필요한 기관으로 생각했는지는 확실하지 않다. 그러나 후에 감독 직무의 발전은 교회가 영구한 기관으로 정착되어 가는 특성을 보여준다. cf. L. Coenen, "ἐπίσκοπος, ἐπισκέπτομαι," *The New International Dictionary of New Testament Theology*, Vol. 1 (Grand Rapids: Zondervan, 1975), p. 192.

3. 복음전도 여정

(1) 안디옥

바울과 실라는 AD 50년이나 51년 봄에 안디옥을 떠났으리라 생각된다. 이 때 바울의 나이는 56세나 57세쯤 되었을 때이다. 그들은 교회에 의해 보냄을 받았다. "형제들에게 주의 은혜에 부탁함을 받고 떠나"(행 15:40)라고 누가는 기술한다. 그들의 여행목적은 제 1차 전도여행 때 설립한 교회들을 방문하는 것이었다. 이 목적을 성취하기 위해 그들은 적합한 여행코스를 잡았다.

(2) 수리아와 길리기아

바울과 실라는 안디옥에서 서북방 수리아(Syria)와 길리기아(Cilicia) 지방을 육로로 여행했다(행 15:41). 이 지방을 지나면서 그들은 바울이 전에 안디옥에서 목회할 때 복음을 전했던 교회들을 방문했다고 생각할 수 있다.

그리고 그들은 1차 전도여행 때 방문한 더베(Derbe)와 루스드라(Lystra)를 방문했다.

(3) 더베에서 안디옥까지 교회들을 재방문함

바울과 바나바가 제 1차 전도여행 때 방문한 도시인 더베(Derbe), 루스드라(Lystra), 이고니온(Iconium) 등의 도시에서 살고 있는 성도들을 바울은 제 2차 전도여행 때 다시 방문했다(행 16:1-5; 참조, 15:20, 21). 루스드라에서 디모데(Timothy)가 바울과 실라의 전도일행에 합세했다. 디모데의 부친은 헬라인이었지만 어머니가 유대인이었기 때문에 할례를 받았다(행 16:3).[5] 이 사실에서 바울이 예루살렘 공회가 결정한 원리

---

[5] 디모데의 어머니는 유니게(Eunice)였으며, 외조모는 로이스(Lois)였다(딤후 1:5). 디모데의 아버지는 이미 죽은 것으로 간주된다(행 16:3의 ὑπῆρχεν (ὑπάρχω)의 미완료)의

를 존중하면서도 그리스도 안에서 마음껏 자유를 누린 모습을 보여준다. 예루살렘 공회의 결정은 할례가 구원 얻는 데 아무런 역할도 할 수 없다는 것이다. 이제 할례는 받거나 말거나 큰 문제가 되지 않는다. 바울은 이방인들이 유대인 기독교인과 같은 취급을 받기 위해 할례를 받아야 한다는 사실을 용납하지 않았다. 그러나 이런 원리를 천편일률적으로 적용하지 않고 디모데의 경우는 유대인들에게 불평의 기회를 주지 않기 위해 할례를 받게 한 것이다. 바울의 태도는 유대인을 자극하지 않으려는 것이었음을 알 수 있다. 이 때에 디모데가 교회에 의해 복음전도자로 안수 받고(딤전 4:14), 그 안수식에 바울 자신도 참여했음이 확실하다(딤후 1:6).

제 2차 전도여행은 예루살렘 공회 이후에 행해진 것으로 공회에서 정한 원리를 소아시아 지방 교회들에게 전하므로 그들이 그 규례를 지키게 되었다. "여러 성으로 다녀갈 때에 예루살렘에 있는 사도와 장로들의 작정한 규례를 저희에게 주어 지키게 하니라"(행 16:4). 그런데 예루살렘 공회의 결정은 이방인들이 기독교인이 될 때 할례를 받을 필요가 없다는 내용이었다. 그런 결정에도 불구하고 바울이 디모데에게 할례를 행한 것은 예루살렘 공회의 결정의 정신을 반영하고 있는 것이다. 기독교인이 할례의식에 매어있지 않고 그것을 초월한 사실을 증거하고 있다.

누가는 바울이 제 1차 전도여행 때 방문한 교회들을 다시 방문한 사실을 간단히 기록하고 "여러 교회가 믿음이 더 굳어지고 수가 날마다 더하니라"(행 16:5)라는 일반적인 진술을 하므로 그 당시의 교회의 형편을 전하고 있다. 이 즈음에 바울일행이 새로운 선교지로 움직인 것을 우리는 볼 수 있다.

시상이 이를 지지한다). cf. M. Zerwick, *Biblical Greek*, p. 119(section 346).

(4) 새로운 개척전도

제 1차 전도여행 때 설립한 교회들을 방문한 후 바울과 실라는 새로운 지역으로 발을 옮긴다. 바울은 아시아의 로마 영토로 가서 복음을 전하기를 원했지만 성령은 이 행로를 허락하지 않았다. 일반적인 견해는 바울이 아시아를 지나쳐 브루기아(Phrygia)와 갈라디아(Galatia)를 통해 가면서 복음을 전하고 무시아(Mysia)를 통해 고대 트로이(Troy)인 드로아(Troas)까지 갔다고 생각하는 것이다(행 16:6-8). 이즈음에 행한 바울의 전도여행이 북 갈라디아 지방이었느냐(North Galatian Theory) 남 갈라디아 지방이었느냐(South Galatian Theory) 하는 문제로 논란이 있다. 이 문제는 바울의 갈라디아서의 수신자가 누구였느냐 와도 관련이 있게 된다. 바울이 북쪽 갈라디아를 방문했다고 주장하는 사람들은 바울이 이때에 비시디아 안디옥 북동쪽 전반을 여행하면서 안기라(Ancyra), 벳시노(Pessinus), 다비움(Tavium) 등의 도시들을 방문했다고 말한다. 이 설은 바울의 갈라디아서 수신자들이 갈라디아 교회들로서(갈 1:2), 갈라디아라는 말을 지역적으로 생각할 때 이는 바울이 비시디아 안디옥 동북방에 위치한 갈라디아를 방문하여 복음을 전하고 교회를 설립했다는 것을 증명한다고 주장한다.6) 그러나 사도행전 16:6-8의 내용이 북 갈라디아 설을 지지한다고 말할 수 없다. 리델보스(Ridderbos)는 바울이 남 갈라디아 지방으로 여행했을 것으로 생각하고 남 갈라디아설을 지지하는 몇 가지 이유를 다음과 같이 열거한다.

① 바울은 그가 방문한 곳의 명칭을 지리적인 지역명칭 보다는 로마 제국의 지역명칭으로 사용한다.
② 갈라디아서에 나타난 대로 수신자들이 유대인의 종교에 정통한 사실은 북 갈라디아에 있는 교회들보다 남 갈라디아에 있는 교회들의

---

6) H. Ridderbos, *The Epistle of Paul to the Churches of Galatia*, p. 225.

형편과 잘 어울린다. 남 갈라디아는 유대인들과의 접촉이 많았으나(참조, 행 13:14 이하; 14:1-7, 19) 북 갈라디아 켈트족(Celts)들은 일반적으로 고립된 생활을 해왔고 유대인들의 율법과 접촉이 많지 않았다.

③ 사도행전 13장, 14장에 바울이 남쪽 갈라디아 지방에 교회를 설립한 확실한 기록이 나타난다. 그러나 북 갈라디아 설은 사도행전 16:6과 18:23 등 문제된 구절의 지지를 받을 뿐이다.

④ 갈라디아서에 바나바의 이름이 세 번이나 나타난 것은(갈 2:1, 9, 13) 갈라디아교회를 설립할 때 바울과 바나바가 같이 수고했음을 증명한다. 이것이 사실이라면 바울과 바나바가 같이 여행한 곳은 남 갈라디아 지방이지 북 갈라디아 지방이 아니다.[7]

(5) 드로아

바울은 드로아(Troas)에서 밤에 환상을 보았다. 환상 중 마게도냐(Macedonia) 사람의 청을 받고 그것이 유럽에서 선교활동을 하도록 지시하는 하나님의 뜻으로 알았다. 이 마게도냐 사람의 환상(행 16:8-10)은 헬라화 된 유럽백성들에게 복음을 전하도록 하시는 하나님의 소명이었다. 하나님은 "바울 사도와 그의 일행을 위해 이중 안내"를 하신다. 즉 한편으로는 '금지와 제한'을 하고 다른 한편으로는 '허락과 촉구'를 하신다. 한 방향으로는 '금하고' 다른 방향으로는 초청을 한 것이다.[8] 누가는 "성령이 아시아에서 말씀을 전하지 못하게 하시거늘"(행 16:6)이라는 말씀과 "비두니아로 가고자 애쓰되 예수의 영이 허락하지 아니하시는지라"(행 16:7)라는 말씀으로 삼위일체의 2위와 3위가 복음전도의 방향전환에 개입하신 것을 전한다. 반면 바울이 본 환상은 복음이 마게도냐에 선해지기를 원한 것이다. 예수의 복음이 처음으로 아시아

---

7) *Ibid.*, pp. 23-31.
8) A. T. Pierson, *The Acts of the Holy Spirit* (London: Morgan and Scott, 1895). pp. 120-22.

에서 유럽으로 건너가게 된 것이다. 드로아에서 누가가 바울과 합세하여 여행한다.9) 누가는 전통에 의하면 안디옥 출생으로 전해진다. 이제 완전한 선교 팀이 이루어졌다.

바울을 리더로 한 선교 팀으로 바울, 실라, 디모데, 그리고 누가가 완전한 선교사단(a missionary team)을 이루었고 그들은 배를 타고 마게도냐로 향했다. 그들의 여행은 드로아에서 빌립보까지 이틀밖에 안 걸렸다(행 16:11, 12). 순풍이 이들의 여행을 도왔음에 틀림없다. 바울 일행이 귀환할 때 빌립보에서 드로아까지 5일이 걸린 것을 생각하면(행 20:6) 이 번 드로아에서 빌립보까지 이틀(2)밖에 안 걸린 것은 하나님의 비상한 인도가 있었기 때문이었다.

(6) 네압볼리에서 빌립보까지

네압볼리(Neapolis)는 빌립보(Philippi) 시를 위한 항구도시였다. 빌립보는 중요한 도시였고 로마의 식민지였다.

로마 정부의 관리들의 명칭이 사용된 것과,10) 그 도시에서 바울과 실라의 로마시민권이 존중된 사실은 빌립보가 로마정부의 원칙하에 조직되었다는 것을 증거하고 있다.

빌립보에서의 사역은 사도행전에 몇 가지만 기록되어 있다(행 16:12-40). 거기에는 유대인들이 많지 않았고 회당도 없었다. 오직 강가에 기도처가 있을 따름이었다(행 16:13). 이 기도처는 주로 여자들에 의해 사용되었고 바울의 전도를 듣고 처음으로 개종한 여자는 두아디

---

9) 사도행전에서 누가가 자신을 포함시켜 부를 때 사용한 '우리 구절'(we passage)이 여기에서(행 16:10) 처음으로 나타난다. 사도행전에서 '우리 구절'은 행 16:10-18; 20:6-16; 21:1-17; 27:1-28:16에서 집중적으로 사용된다.
10) 행 16:19의 '관리들'(τοὺς ἄρχοντας)(the authorities), 행 16:20, 35, 36, 38의 '상관들'(οἱ στρατηγοί)(the magistrates), 행 16:35, 38의 '부하들'(οἱ ῥαβδοῦχοι)(the officers)과 같은 명칭이 사용되었다.

라(Thyatira)성의 자주장사 루디아(Lydia)였다. 루디아는 세례를 받고 선교사들을 자기 집에 영접해 들였다.

복음전파는 이 단순한 시작으로 진전되었다. 누가의 기록에 함축된 의미로 보아 빌립보의 전체 백성이 복음의 도전을 받은 것 같다(행 16:16, 20, 30-32). 그리고 예수를 믿는 제자들이 생기게 되었다(행 16:40).

누가는 빌립보에서 일어난 몇 가지의 특별한 사건들을 소개한다. 귀신들린 젊은 여종이 바울과 실라를 따라와 소리 질러 말하기를 "이 사람들은 지극히 높은 하나님의 종으로 구원의 길을 너희에게 전하는 자라"(행 16:17) 했다. 왜 귀신이 복음전하는 일을 긍정적으로 언급하고 있는가? 귀신의 숨은 동기는 바울 일행을 귀신과 연계시킴으로 복음에 대한 잘못된 의식을 사람들의 마음속에 심어 주기 위한 것일 수 있다. 본문은 바울이 귀신들린 사람에 의해 '하나님의 종으로 구원의 길'을 전하는 자라는 말을 여러 날 듣고 '심히 괴로워'했다고 전한다(행 16:18). 바울이 '심히 괴로워'한 것은 귀신들린 여종의 상태를 불쌍히 여겼기 때문이기도 하지만 또한 귀신의 잘못된 숨은 의도를 파악했기 때문이기도 하다. 바울은 그 여종으로부터 귀신을 쫓아내 주었다. 본문에 귀신들린 여종이 고침을 받은 후 개종하고 세례를 받았다는 말은 없지만 누가가 이 사건의 이야기를 루디아 이야기와 간수 이야기 중간에 넣어 설명함으로 귀신들린 여종도 빌립보 교인이 된 것을 암시하고 있다. 귀신들린 여종이 점을 쳐서 그 주인에게 돈을 벌어 주었기 때문에[11] 그 종의 주인들이 바울과 실라를 잡아서 심히 때린 후 옥에 가두었다. 밤중에 지진이 일어나 옥문이 열리고 바울 일행을 맨 쇠고랑이 벗어지게 되었다. 그러나 바울과 실라는 도망하려하지 않고 자결하려는 간수를 말려 그의 생명을 구했다. 간수는 회개했고 바울과 실라를

---

11) 누가는 행 16:18의 "귀신이 즉시 나오니라"(ἐξῆλθεν)와 행 16:19의 "여종의 주인들은 자기 수익의 소망이 끊어진 것(ἐξῆλθεν)을 보고"를 같은 단어로 대칭시켜 귀신들린 여종의 주인들이 당한 상황을 유머러스하게 묘사했다. cf. I. H, Marshall, *Acts* (Tyndale), p. 269.

그의 집으로 데리고 가서 상처를 싸매고 복음을 들었다. 그리고 그 간수와 집안 식구가 모두 세례를 받았다(행 16:19-34). 아침에 관리들이 바울과 실라를 놓아주려고 했으나 바울과 실라는 로마시민으로 부당한 취급을 받은 데 대해 공적인 사과를 요구하면서 떠나기를 거부했다. 관리들은 바울과 실라가 로마사람이라는 말을 듣고 두려워 옥에 찾아와 바울과 실라를 권하여 성에서 떠나도록 요청했다.

누가가 사도행전에서 기록한 사실 이외에 더 많은 일들이 빌립보에서 성취되었다. 바울은 빌립보서에서 빌립보 교회의 열심, 헌신, 그리고 관용을 들어 다른 교회들에게 본으로 제시했다. 바울이 전도여행 하는 동안 빌립보 교회는 한 번 이상 바울을 경제적으로 도왔다(빌 4:16). 빌립보 교회는 수리아에 있는 교회들처럼 감독과 장로, 그리고 집사들이 있는 조직된 교회였다(빌 1:1).

누가(Luke)는 빌립보에 잠시 남아 그들의 지도자로 교회를 보살폈다.[12] 그리고 에바브로디도(Epaphroditus)와 글레멘드(Clement)는 빌립보 교회의 다른 훌륭한 지도자들이었다(빌 2:25; 4:3). 빌립보서에 나타난 빌립보 교회에 대한 바울의 사랑과 헌신으로 보아 복음이 옥토에 떨어진 것이 확실하다.

빌립보에서의 사역은 유럽에서 처음으로 복음을 전한 것으로서 그 성공이 바울에게 큰 격려가 되었음에 틀림없다.

---

[12] 누가(Luke)가 빌립보 교회에 잠시 남아 있었다고 추정할 수 있는 것은 바울이 제 2차 전도여행 중 빌립보를 떠난 후 데살로니가(행 17:1)와 베뢰아(행 17:10), 아덴(행 17:16)과 고린도(행 18:1)를 방문하고 에베소(행 18:19)를 거쳐 제 2차 전도여행을 마칠 때까지 실라와 디모데의 이름은 자주 등장하지만(행 17:10, 14-15; 18:5) 누가의 이름은 등장하지 않고, 또한 바울이 제 3차 전도여행을 시작하여 에베소(행 19:1)에서 3년 동안 교회를 섬기고(행 20:31) 마게도냐와 헬라(고린도)를 방문한 후(행 20:1-3) 빌립보를 거쳐 드로아까지 갈 때까지 누가의 이름이 언급되지 않은 사실과 누가가 자신을 포함하는 것을 알리는 '우리 구절'이 제 2차 전도여행 기간 중 빌립보에서의 사건을 설명하는 사도행전 16:10-18에 나타났다가 멈추고 제 3차 전도여행을 마무리하고 예루살렘으로 귀환할 때 다시 행 20:5 이하에서 '우리 구절'이 계속되는 것을 볼 때 누가는 제 2차 전도여행 때 빌립보에서 교회를 섬기다가 제 3차 전도여행 때 예루살렘으로 귀환하는 바울과 합세한 것으로 추정된다.

(7) 데살로니가(행 17:1-9)

바울은 빌립보(Philippi)에서 약 160km 떨어진 데살로니가(Thessalonica)를 향해 서쪽으로 이동하면서 디모데(Timothy)와 실라를 데리고 떠났다. 바울의 목적은 역시 가장 영향력 있는 도시를 중심으로 일하는 것이었다.

데살로니가는 마게도냐와 아가야 지방의 주요한 도시였다. 바울은 데살로니가전서에서 이 사실을 명백히 한다. "주의 말씀이 너희에게로부터 마게도냐와 아가야에만 들릴 뿐 아니라 하나님을 향하는 너희 믿음의 소문이 각처에 퍼졌으므로 우리는 아무 말도 할 것이 없노라"(살전 1:8). 그 도시는 마게도냐 지방의 큰 도시로 읍장이 다스리는 자치적인 행정체제를 가진 자유도시였다(행 17:6).

바울은 이 도시 회당에서 연속으로 세 안식일에 복음을 선포했다(행 17:2). 바울의 복음 선포는 세 가지 특징을 포함한다. 첫째, 바울은 구약 성경을 사용해서 예수님의 사건을 설명했다(행 17:2). 이런 방법은 예수님의 방법과 같은 방법이다(눅 24:27, 44). 둘째, 바울은 복음의 핵심이 예수님의 죽음과 부활임을 확실히 한다(행 17:3). 오순절 이후 선포된 복음의 핵심은 예수님의 죽음과 부활이었다(행 2:23-24; 3:15; 4:10; 5:30; 10:39-40; 13:27-30). 셋째, 바울은 나사렛 예수가 그리스도임을 선포했다(행 17:3). 이는 베드로가 오순절 때 선포한 내용과 일치한다. "너희가 십자가에 못 박은 이 예수를 하나님이 주와 그리스도가 되게 하셨느니라"(행 2:36).[13] 이처럼 바울은 구약을 사용해서 예수가 그리스도요, 죽은 자 가운데서 다시 살아났다는 것을 증거 했다. 그 중에 몇몇 유대인들과 많은 경건한 이방인들 그리고 상당수의 귀부인들이 복음을 믿어 적은 교회가 그곳에 설립되었다(행 17:4).

바울은 데살로니가서에서 이 지역의 전도활동에 대한 좀 더 많은

---

13) John Stott, *The Spirit, The Church, and the World*, p. 271.

자료를 제공한다(살전 1:5-9; 2:13-16). 데살로니가에 설립된 교회는 주로 이방인들로 구성되었다. 사도행전은 바울이 데살로니가에서 3주 이상 머문 것을 증명한다. 연속 세 안식일이라는 표현은(행 17:2) 유대인들이 회당사용을 허락한 기간을 가리킨 듯하다. 유대인들은 곧 소동을 일으켰다(행 17:5). 이로 인해 바울은 선교활동에 회당을 더 이상 사용할 수 없게 되었다. 그러나 바울은 믿는 성도들을 다른 장소에 모이게 하여 그들을 계속 가르쳤다. 비록 누가가 명확하게 언급하지 않지만 야손(Jason)의 집이 사도들과 성도들을 위한 모임의 장소이었을지 모른다. 여하간 유대인 폭도들은 야손의 집에 달려들어 야손과 몇 사람의 성도들을 끌러내 그 도시의 관리에게 데리고 갔다. 그 폭도들이 고발하는 내용은 "천하를 어지럽게 하던 이 사람들이 여기도 이르매 야손이 그들을 맞아들였도다. 이 사람들이 다 가이사의 명을 거역하여 말하되 다른 임금 곧 예수라 하는 이가 있다"(행 17:6, 7)는 것이다. 이것은 유대인들이 복음을 반대하기 위해 내세운 심각하고도 새로운 계략이다. 사도들이 세상을 뒤집는 사람들이라는 진술은 의미심장한 내용이다(행 17:6). 그러나 더 중요한 진술은 기독교인들이 로마정부를 대항한다는 것이다. 왜냐하면 뒤따라오는 3세기 동안의 교회역사를 통해 기독교인들이 받는 혐의는 그들이 가이사(Caesar)를 대항한다는 것이었다. 그 혐의 내용이 여기 분명히 기록되어 있다. 즉 그들은 가이사 이외에 다른 임금 예수를 섬긴다는 것이다. 기독교인들이 이런 핍박을 견디기가 어려웠을 것은 명확한 사실이다. 누가의 기록으로는 가이사 이외에 다른 임금 예수를 섬긴다는 비난에 기독교인들은 아무런 반응도 보이지 않았다. 이런 비난에 대해 바울은 로마서 13:1의 내용과 비슷한 대답을 했을 것이다. 즉 "각 사람은 위에 있는 권세들에게 복종하라 권세는 하나님으로부터 나지 않음이 없나니 모든 권세는 다 하나님께서 정하신 바라"는 말씀이다. 바울은 이렇게 로마정부에 대한 일시적인 충성을 선포했을 것이다. 사실상 바울보다 후기의 순교자들이 하나님이 정하신 정부에 대해 일시적인 충성까지도 할 수 없다는 절대적인 태도를 취한 듯하다. 유대인들의 분노와 그 성에서의 소동으로 인해 복음을 받고 예수를 믿은 제자들은 사도들을 베뢰아로 보내게 되었다.

(8) 성경을 상고한 베뢰아 사람들(행 17:10-14)

밤에 데살로니가(Thessalonica)를 떠난 바울과 실라는 디모데와 함께 베뢰아(Berea)로 갔다. 베뢰아는 데살로니가에서 서남쪽으로 약 75km 떨어져 있는 도시이다. 바울 일행은 베뢰아에서 환영을 받았는데 유대인들까지 바울 일행을 영접했다. 베뢰아 사람들은 데살로니가에 있는 유대인들 보다 더 신사적이었다(행 17:11). 칼빈(John Calvin)은 사도행전 17:11을 "이제 이들은 데살로니가에 있는 사람들 중 고상함이 탁월한 사람들이어서(now these were outstanding in nobility among the Thessalonians) 간절한 마음으로 말씀을 받고 이것이 그러한가 하여 날마다 성경을 상고하므로"라고 번역한다. 칼빈(Calvin)은 누가가 데살로니가 사람들의 고상함을 언급하게 된 이유 세 가지를 든다. ① 높은 위치에 있는 사람들은 예수를 믿기가 어려운데 데살로니가에 있는 고상한 사람들이 예수를 믿게 된 사실을 통해 하나님의 성령의 놀랄만한 사역을 증거 하기 위해서였다. ② 그리스도의 은혜가 지위의 고하를 막론하고 모든 사람에게 베풀어진다는 사실을 증거 하기 위해서였다. ③ 비교적 짧은 시간에 데살로니가에서 그리스도의 왕국이 확장되게 된 이유를 지적하기 위해서였다. 즉 고상한 사람들이 먼저 복음을 받았기 때문에 그들의 영향으로 보통계층의 사람들은 쉽게 복음을 받게 되었다는 것이다.14) 그러나 칼빈의 조직적인 설명에도 불구하고 본문을 문맥에 비추어 생각할 때 본문은 데살로니가 사람들에 대한 칭찬이 아니라 베뢰아 사람들에 대한 칭찬임이 확실하다.

---

14) John Calvin, *The Acts of the Apostles*, vol. II, pp. 99f.

베뢰아 사람들은 함께 성경을 공부했고 유대인과 이방인 할 것 없이 많은 개종자가 나타나게 되었다(행 17:11, 12). 그러나 데살로니가 유대인들이 베뢰아까지 바울을 따라와 소동을 일으켰다. 따라서 기독교인들은 바울을 아덴(Athens)까지 선편으로 호송했다(행 17:14). 그러나 실라와 디모데는 베뢰아에 남아 있었다. 아덴에 도착하자 바울은 자기를 호송한 사람들에게 베뢰아에 돌아가면 실라와 디모데를 속히 아덴으로 보내라고 부탁했다(행 17:15).

(9) 아덴에 온 바울(행 17:16-34)

바울은 며칠 동안 아덴에서 실라와 디모데가 도착할 것을 기다린 것 같다. 그러나 실라와 디모데는 아덴에서 바울과 합세하지 않았고 바울이 고린도에 도착했을 때 거기서 바울과 합세했다(행 18:5). 그 전에 디모데는 바울이 아덴에 있었을 때 잠시 아덴에 들렸다가 다시 데살로니가 지방으로 되돌아갔다(참조, 살전 3:1, 2). 데살로니가 지방에서 디모데는 교회를 굳게 하고 그 후 실라와 함께 고린도로 가서 바울과 합세했을 것이다. 모리스(Morris)는 누가가 디모데의 아덴 여행을 기록하지 않은 이유로 다음과 같이 말한다. "사도행전의 저자는 디모데가 아덴에 갔다가 데살로니가로 돌아온 여행을 생략했다. 그것은 이상할 것이 없는데 그 이유는 그 여행이 그의 기록목적에 중요하지 않았기 때문이다. 그러나 그 여행이 바울의 기록목적에는 중요한 것이었기 때문에 바울은 그 여행을 언급하고 있다"[15] 따라서 바울은 상당기간 동안 아덴에 혼자 있게 되었다. 그는 시간을 선용하여 아덴도시를 관찰하게 되었다. 바울은 '알지 못하는 신에게'라고 새긴 단을 보게 되었다(행 17:23). 이것이 계기가 되어 바울은 그 도시의 철학자들과 변론하게 되었다. 누가는 바울이 만난 그 도시의 철학자들이 에비구레오

---

15) Leon Morris, *The First and Second Epistles to the Thessalonians* (NICNT, Grand Rapids: Eerdmans, 1970), p. 98.

(Epicurean)와 스도이고(Stoic) 철학자들로 그들이 바울과 쟁론했고 또 바울을 아레오바고(Areopagus)에 소개했다고 전한다. 아레오바고는 보통 공회소로 어떤 사람이 도시의 원로들과 철학자들이 모인 앞에서 의견을 발표할 수 있었던 곳인 것 같다.

아레오바고가 정확하게 어디 있었느냐 하는 것과 아레오바고의 본질에 대해 많은 논란이 있어왔다. 어떤 사람은 그 곳이 말스(Mars) 언덕의 광장이라고 생각하고[16] 다른 사람들은 시장근처에 있는 아레오바고 재판소 자체를 가리킨다고 생각한다. 그리고 어떤 사람은 바울의 아레오바고 연설이 공중 앞에서 행해졌다고 생각하고,[17] 다른 사람들은 바울이 새로운 신을 도시에 전파한 죄로 심판받고 있었다고 생각한다. 그러나 어떤 공식적인 심판이 있었던 것 같지 않다. 오히려 아레오바고는 도시의 지도자급 인사들이 모여 바울의 새로운 교리를 듣는 공개장소였다고 생각된다.[18]

아레오바고 설교(행 17:22-31)는 바울의 전도방법을 이해하는 데 대단히 중요하다. 바울은 저들이 섬기는 제단에 '알지 못하는 신에게'('Α γνώστῳ θεῷ)라고 새긴 비명(碑銘)을 보고 그것을 전도의 접촉점으로 삼는다(행 17:23). 그는 아덴사람들이 신에 대한 모든 관심과 경건에도 불구하고 참다운 신을 알지 못하고 있다고 증거 했다. 그리고 바울은 그들에게 참 신에 대해 선포했다.

하나님은 우주의 창조자요, 주재자로서 손으로 만든 전에 사시지 아니하시고 물질적인 제사에 관심이 없으신 분이시다. 하나님은 세상과 인류를 만드신 창조주이시다. 인간은 그를 하나님으로 알아야 하고 또 찾아야 한다. 그러나 불행하게도 인간은 우상 섬기듯 하나님을 섬긴다. 그럴지리도 하나님이 알지 못하는 시대에는 이를 허물치

---

16) John Calvin, *The Acts of the Apostles*, Vol. Ⅱ, p. 108.
17) *Ibid.*
18) F. F. Bruce, *The Book of The Acts*, p. 352.

아니하셨지만 이제는 이방인들이 복음을 듣고 회개하여 그를 믿어야 한다고 선포했다. 이는 심각한 도전이었다. 왜냐하면 하나님은 예수 그리스도를 통해 의로써 세상을 심판할 것이기 때문이다(행 17:31). 그리고 이 예수는 하나님의 아들로서 죽은 자 가운데서 살아나신 분이기 때문이다.

여기서 누가는 바울이 아덴에서 이방인들에게 행한 설교를 요약하여 기록했다. 그 설교의 내용으로 보아 바울은 이방인들의 철학적인 사고방식을 이용하여 그들에게 접근했고 도전했다. 바울은 예수 그리스도가 심판주요 죽은 자 가운데서 부활하셨다는 사실을 그들에게 선포하기 전에 예수님의 생애, 그의 수난 당하심, 그의 죽음, 그리고 그의 수난과 죽음의 의미 등에 대해 더 증거 했을 수도 있다. 그러므로 설교의 내용과 형식으로 보아 바울의 메시지를 누가가 요약하여 기록했다는 것을 알 수 있다. 기록된 메시지를 연구하면 바울이 이방철학의 생활 현실에 복음으로 어떻게 접촉하고 접근했는지 찾아낼 수 있다.

아레오바고 설교는 바울이 그리스도의 부활을 언급했을 때 갑자기 끝난다. 이 시점에서 철학자들의 지혜와 복음의 참 지혜가 상충된 것이다. 철학자들은 그들의 철학에서 부활이라는 새로운 요소를 용납할 수 없었던 것이다. 전혀 새롭게 용납할 수 없는 요소가 그들의 사상에 잠입한 것이다. 그들은 그 새로운 요소를 그들의 사상으로 받아들일 수 없었다. 그들은 흔히 자연인이 초자연적인 것을 대할 때 취하는 태도를 보였다. 즉 그들은 조롱하는 태도를 취했다. 어떤 이는 아레오바고 설교가 복음제시를 위해 적합하지 않다고 비평한다. 비평의 근거는 바울이 아레오바고에서 철학적인 설교를 한 관계로 많은 열매를 얻지 못한 것을 실망하고 고린도에 이르러 "예수 그리스도와 그가 십자가에 못 박히신 것 외에는 아무것도 알지 아니하기로 작정하였"(고전 2:2)다는 데서 찾는다. 그러나 이런 비판에 대해 몇 가지로 답을 할 수 있다.

첫째, 누가는 어느 곳에서도 아덴에서의 바울의 복음전도를 실패로 기록하지 않는다. 사도행전에 기록된 바울의 설교는 청중들의 형편을 의식하고 전달된 메시지이다. 아덴에서는 도시의 특성상 많은 철학자들이 있었기 때문에 철학적인 설교를 했을 뿐이다.[19]

둘째, 사도행전에 아덴 교회가 없기 때문에 이런 비판을 하지만 그것은 정확한 설명이 아니다. 비록 다른 지역에서보다는 아덴에서 개종자가 많지 않았지만 아레오바고 관원 디오누시오(Dionysius), 다마리(Damaris), 다른 사람들(행 17:34)이 예수를 믿었다.

셋째, 바울이 아덴에서 예수님의 십자가의 죽음을 전파하지 않았다고 비판하지만 그것은 바른 평가가 아니다. 바울은 항상 예수님의 죽음과 부활을 연계시켜 전파한다. 바울이 아덴에서 예수님의 부활을 설교했을 때(행 17:31) 십자가를 언급하지 않았을 리 없다.

넷째, 바울이 고린도에서 그리스도의 십자가만 전하겠다고 고백한 것은 아덴에서의 설교가 실패했기 때문이라고 비판하지만 이는 바울의 결심의 방향성을 곡해한 것이다. 바울이 고린도에서 그리스도의 십자가만을 전하겠다고 다짐한 것은 과거의 사역에 대한 반영의 표현이 아니요 미래 사역에 대한 결심이요 결단이다. 바울은 하나님의 창조주 되심, 주님 되심, 그리고 심판주 되심을 부인한 것이 아니요, 세상의 지혜와 지식을 부인하고 헬라의 수사법을 배격한 것이다. 바울의 아덴에서의 사역은 결코 실패한 사역이 아니었다.

(10) 고린도

아덴(Athens)에서의 전도를 뒤로하고 바울은 고린도(Corinth)로 이동했다. 어떤 사람은 바울이 아덴에서 사용한 자신의 전도방법을 만족스럽게 생각하지 않았다고 말힌다.

---

19) 박형용, "바울의 신학과 설교,"「신학정론」제 4권 1호(1986, 5): 39-77.

그래서 그들은 바울이 고린도에 와서 방법을 바꾸어 "예수 그리스도 와 그가 십자가에 못 박히신 것 외에는 아무 것도 알지 아니하기로 작정하였"다고 말한다(고전 2:2). 그러나 바울이 고린도에 오기 전에 그리스도 외에 다른 것을 전한 것은 아니다. 그리고 바울은 아덴에서 믿는 자를 얻었다.

바울은 고린도로 향하면서 새로운 결심을 다짐했는데 이 결심은 미래 지향적인 결심이었다.[20] 바울의 사역에 대한 태도는 "뒤에 있는 것은 잊어버리고 앞에 있는 것을 잡으려고"(빌 3:13) 달려가는 태도이다. 바울의 고린도 사역은 대단히 성공적이었다. 그는 18개월 동안 고린도에서 전도활동을 했다(행 18:11). 고린도는 주요한 도시로 상업의 중심지요, 아가야(Achaia) 지방의 총독(Proconsul) 갈리오(Gallio)가 거주한 곳이었다. 고린도는 많은 종족과 계층의 사람들이 모여든 국제 도시였다. 그리고 여러 가지 면으로 향락에 도취된 도시요 부도덕한 도시였다. 아덴의 사람들이 지성적인 분위기를 좋아하는 반면 고린도 사람들은 육감적인 분위기를 더 좋아했다. 흥미 있는 사실은 복음이 아덴의 지성인들에게보다는 고린도의 도덕적 타락자들에게 더 잘 전파되었다는 것이다.

바울은 유대인 부부 아굴라(Aquila)와 브리스길라(Priscilla)와 같이 기거하면서 복음을 전했다(행 18:2-3). 그들은 장막을 만드는 업에 종사하는 사람들로서 바울과 업이 같으므로 함께 거하면서 복음사역의 동역자들이 된 것이다(행 18:18, 26; 참조, 롬 16:3; 고전 16:19; 딤후 4:19). 아굴라와 브리스길라는 글라우디오(Claudius) 황제의 명에 의해 로마에서 쫓겨나 고린도에 온 사람들이었다(행 18:2). 수에토니우스

---

[20] F. W. Grosheide, *Commentary on the First Epistle to the Corinthians* (*NICNT*, Grand Rapids: Eerdmans, 1968), p. 59: "바울 사도가 고린도에 와서야 예수 그리스도를 전파하겠다고 결심한 것은 아니다. 오히려 본문은 아덴에서의 불행을 생각하면서(참조, 행 17장) 고린도에 갈 때 자신의 사명을 명백하고 새롭게 다짐했다는 뜻이다."

(Suetonius)는 이 황제의 칙령에 대해 언급하기를, 크레스투스의 선동 때문에(impulsore Chresto) 유대인들이 계속적인 폭동에 가담했으므로 글라우디오 황제가 그들을 로마에서 추방했다고 한다.21) 글라우디오 황제가 칙령을 내린 해를 어떤 이는 49년 다른 이는 50년 또는 52년으로 잡는다.22)

수에토니우스(Suetonius)가 그리스도(Christus)를 잘못 명칭하여 크레스투스(Chrestus)라고 기록했다. 만일 수에토니우스가 어떤 익명의 폭도를 생각했다면 '어떤 크레스투스'라고 기록했을 것이다. 그러므로 수에토니우스가 기독교 창시자 그리스도를 염두에 두고 그레스투스라고 썼음이 분명하다.23) 이 사실은 복음이 글라우디오(Claudius) 황제때 이미 로마에 소개되었다는 것을 증거 한다.

어떤 이는 이 사실로 미루어 아굴라와 브리스길라가 고린도에 오기 전에 이미 그리스도의 추종자였다고 한다. 비록 이 견해가 상당한 지지를 받지만24) 본문은 그렇게 말하지 않는다. 본문은 단순히 그들이 유대인이었기 때문에 추방되었다고 말한다. "글라우디오가 모든 유대인을 명하여 로마에서 떠나라"(행 18:2)했다.

그러므로 브리스길라와 아굴라가 고린도에 오기 전에 이미 기독교인이었는지에 대해서는 확실히 알 수 없다. 그러나 한 가지 확실한 것은 그들이 고린도에서 바울과 업이 같아 같이 기거했으며 바울을 만난 후부터는 기독교인이 되었다는 사실이다.25) 이들 부부가 믿음을

---

21) Suetonius, *Life of Claudius* XXV. 4: "As the Jews were indulging in constant riots at the instigation of Chrestus, he banished them from Rome."
22) Claudius 황제(AD41-54)가 그의 집권 초기에는 유대인들에게 융화정책을 폈기 때문에 Dio Cassius(*History*, IX.6)의 주장처럼 유대인을 쫓아낸 칙령이 Claudius 집권 초기에 있있디고 할 수 없다. 오히려 Orosius (*History*, vii. 6. 15f)가 내세운 Claudius의 통치 9년째 되던 해에 이 칙령이 있었다고 생가된다. Cf. Josephus, *Antiquities of the Jews*, 19,5,2f.; F. F. Bruce, *The Book of the Acts*, p. 368. Note 9.
23) F. F. Bruce, *The Book of the Acts*, p. 368.
24) *Ibid.*, p. 369.
25) W. J. Conybeare and J.S. Howson, *The Life and Epistles of St. Paul* (Grand Rapids:

갖게 되고 그들의 집은 고린도 교회의 성도들이 모여 말씀을 듣고 교제하는 중심지가 되었다. 바울은 매 안식일마다 회당에서 말씀을 가르치고 평일에는 장막을 만들므로 생계를 꾸렸다.

바울은 고린도에서 개인전도에 많은 시간을 사용했다. 드디어 실라와 디모데가 데살로니가의 소식을 가지고 고린도에 도착하여 바울과 합세했다(행 18:5). 곧 유대인들 사이에 분쟁이 일어나 어떤 유대인들이 바울을 대적했다. 바울은 옷을 떨면서 "너희 피가 너희 머리로 돌아갈 것이요 나는 깨끗하니라 이 후에는 이방인에게로 가리라"(행 18:6)고 했다. 그때부터 바울은 경건한 이방인 디도 유스도(Titius Justus)의 집에 들어가 거기서 복음사역을 계속했다. 유스도의 집은 바로 회당 옆이었지만 유대인들의 예배와 경쟁 상태에 있진 않았다. 회당장 그리스보(Crispus)와 그의 온 식구가 예수를 믿게 된 사실이 이를 증명한다. 대부분의 개종자들은 가난한 사람들이었고 또한 이방인들이었다(고전 1:26). 복음사역은 18개월 동안 계속되었고 고린도뿐만 아니라 인접도시에도 복음이 전파되었다.

바울은 이때에 고린도에서 심각한 정신적 고심을 감수한 것으로 믿어진다. 그는 이때에 예수 그리스도의 십자가만 전하기로 결심했다. 바울은 고린도에서 두려워 떨었지만 환상을 통해 주님의 격려를 받았다.

> "밤에 주께서 환상 가운데 바울에게 말씀하시되 두려워하지 말며 침묵하지 말고 말하라 내가 너와 함께 있으매 어떤 사람도 너를 대적하여 해롭게 할 자가 없을 것이니 이는 이 성중에 내 백성이 많음이라"(행 18:9,10, 개역개정).

바울은 고린도에 있을 동안 자신이 두려워하며 심히 떨었다고 고백한다(고전 2:1-5). 이처럼 바울이 고린도에 설립한 위대한 교회는 많은

Eerdmans, n.d.), pp. 300-301.

해산의 진통을 통해 태어나게 된 것이다(고전 4:15). 이런 고난은 계속되었다. 그의 서신들이 증거한대로 바울은 그 다음 수개월 동안 많은 어려움과 고난을 겪으며 고린도 교회를 위해 수고했다. 바울의 고린도에서의 복음 전도는 수사학자 세네카(Seneca, 약 B.C. 50-약 AD 40)의 아들이요, 철학자 세네카(Seneca, 약 B.C. 3-약 AD 65)의 형인 갈리오(Gallio)26)가 아가야의 총독이 되었을 때 위기에 처하게 되었다. 이 때에 유대인들이 일제히 바울을 대적하여 바울이 율법을 어겨 하나님을 공경하라고 사람들을 권한다고 고소했다(행 18:12, 13).

갈리오는 이 고소가 유대주의의 두 분파 간에 생긴 종교적인 싸움에 불과하기 때문에 재판자리에 앉을 수 없다고 거절했다. 갈리오의 행동은 그 당시 기독교에 대한 로마정부의 태도를 예증해 준다. 기독교가 유대주의의 한 분파로 간주되었기 때문에 유대주의 테두리 안에서 합법적인 종교로 보호를 받은 것이다. 이방인들은 유대인들이 평화로운 기독교인들에게 대항해서 총독에게 고소한 사실에 대해 분노를 일으켰다. 그들은 이 불만의 표시로 회당장 소스데네(Sosthenes)를 갈리오의 재판자리 앞에서 때렸다. 따라서 바울은 체포되지 않았고 유대인들은 이 사건으로 면박을 당하게 되었다.

바울은 고린도에 머물면서 AD 52-53년에 데살로니가 전·후서와 갈라디아서를 쓴 것으로 추정된다. 그런데 바울의 전도여행이 남 갈라디아 지방이라고 생각하는 사람들은 바울이 갈라디아서를 이때에 고린도에서 기록했다고 주장하지만 북 갈라디아설을 주장하는 사람들은 기록연대를 후기, 즉 제 3차 전도여행 때 에베소(Ephesus)에서 기록했을 것으로 생각한다.27) 사도행전 16:6을 어떻게 해석하느냐에 따라 남북 갈라디아

---

26) 갈리오의 본명은 Marcus Annaeus Novatus로 Cordova에서 태어났다. 그가 Tiberius 황제 통치 때 그의 부친과 함께 로마에 와서 수사학자 Lucius Junius Gallio에 의해 입양되었다. 그 후부터 Gallio라는 이름을 계속 사용했다. Gallio는 누구나 와 갈어울리는 성격의 소유자로 전해진다. 참조, Bruce, *The Book of the Acts*, pp. 373f.
27) Donald Guthrie, *New Testament Introduction* (Downers Grove: IVP, 1974), p. 457;

설로 갈라진다. 그러나 사도행전의 기록을 참조할 때 바울이 개종한 후 다소에서 8, 9년 동안 머문 사실이나(행 9:30; 11:25-26 참조) 제1차 전도 여행 때 방문한 지역들이 남 갈라디아 지역에 속한 것을 볼 때, 그리고 제 1차 전도 여행 후 할례 문제로 예루살렘 지도자를 찾은 것과 갈라디아서의 기록 동기가 일치한 것으로 볼 때, 바울은 남 갈라디아 지역에 있는 교회에 갈라디아서를 썼다고 생각하는 것이 가장 적합하다.

(11) 귀환여행

고린도에서 18개월 동안 머문 후 바울은 안디옥을 향해 떠난다. 아굴라와 브리스길라가 바울과 같이 고린도를 떠나 에베소(Ephesus)까지 동행한다(행 18:18, 19). 아굴라와 브리스길라는 에베소에 머물러 있고, 바울은 잠시 회당에서 복음을 전한 후, 배를 타고 에베소를 떠나 가이사랴(Caesarea)에 상륙하여(행 18:22) 예루살렘으로 올라가 거기서 교회의 안부를 물은 후 수리아 안디옥(Syrian Antioch)으로 갔다.

이것으로 제 2차 전도여행이 완결된다. 대부분의 학자들은 바울의 제 2차 전도여행이 2년 반 걸렸을 것으로 추정한다. 바울은 몇 개월 동안 안디옥에 머문 후 다시 제 3차 전도여행을 떠난다. "안디옥으로 내려가서 얼마 있다가 떠나 갈라디아와 브루기아 땅을 차례로 다니며

H. Ridderbos, *The Epistle of Paul to the Churches of Galatia*, pp. 31-35; R. C. H. Lenski, *The Interpretation of St. Paul's Epistles to the Galatians, Ephesians and Philippians* (Minneapolis: Augsburg Publ. House, 1961), p. 17: "갈라디아서가 쓰여 졌다고 생각되는 가장 적합한 연대는 바울이 고린도(Corinth)에 있었던 53년 4월경이다. J. G. Machen (*The New Testament: An Introduction to its Literature and History*, The Banner of Truth Trust, 1976, p. 123)은 '북 갈라디아설'을 근거로 갈라디아서가 바울이 에베소에서 3년 동안 머무는 기간 특히 그 기간 중 후반부에 기록되었을 것으로 추정한다. 한편 Hendriksen (*Survey of the Bible*, p. 325)은 바울이 고린도에서 데살로니가 전·후서보다 먼저 갈라디아서를 기록했다고 추정하고, Tenney (*New Testament Survey*, Grand Rapids: Eerdmans, 1974, p. 268)는 바울이 예루살렘 공회 전 AD 48-49년에 안디옥에서 갈리디아서를 기록했다고 추정한다.

모든 제자를 굳건하게 하니라"(행 18:22, 23).

■ 연구 문제 ■

1. 바울의 제 2차 전도여행의 경로를 설명하라(행 15:40-18:23).
2. 바울의 제 2차 전도여행 방문지역이 남 갈라디아 지역이었는지 아니면 북 갈라디아 지역이었는지 논의하라(행 16:1-10; 16:6-8 참조; 갈 2:1, 9, 13).
3. 누가가 바울의 제 2차 전도여행 시 빌립보에 남아 교회를 섬긴 사실을 '우리 구절'과 연계하여 설명하라(행 16:10-18; 20:5-16).
4. 바울의 제 1차 전도 여행과 2차 전도여행의 차이를 설명하라(행 13:4-15:35; 15:40-18:23).
5. 빌립보 전도 시 발생한 세 가지 사건들을 설명하라(행 16:12-40).
6. 바울의 데살로니가에서의 복음전도를 논의하라(행 17:1-9).
7. 바울의 제 2차 전도여행 중 실라, 디모데, 누가가 어떻게 바울과 합세했으며, 어떤 기여를 했는지 설명하라(행 16:1, 9-10; 17:14-15).
8. 아레오바고에서 행한 바울의 설교의 특징을 설명하라(행 17:22-31).
9. 바울이 고린도에 머물면서 쓴 세 서신은 어떤 것이었는지 논의하고 각 서신의 내용을 간략히 요약하라(행 18:11; 데살로니가전·후서, 갈라디아서).

10
바울의 사역으로 확장된 교회(18:23-21:17)
<바울의 제 3차 전도여행>

"23 얼마 있다가 떠나 갈라디아와 브루기아 땅을 차례로 다니며 모든 제자를 굳건하게 하니라 24 알렉산드리아에서 난 아볼로라 하는 유대인이 에베소에 이르니 이 사람은 언변이 좋고 성경에 능통한 자라 25 그가 일찍이 주의 도를 배워 열심으로 예수에 관한 것을 자세히 말하며 가르치나 요한의 세례만 알 따름이라 26 그가 회당에서 담대히 말하기 시작하거늘 브리스길라와 아굴라가 듣고 데려다가 하나님의 도를 더 정확하게 풀어 이르더라" (행 18:23-26, 개역개정).

"22 보라 이제 나는 성령에 매여 예루살렘으로 가는데 거기서 무슨 일을 당할는지 알지 못하노라 23 오직 성령이 각 성에서 내게 증언하여 결박과 환난이 나를 기다린다 하시나 24 내가 달려갈 길과 주 예수께 받은 사명 곧 하나님의 은혜의 복음을 증언하는 일을 마치려 함에는 나의 생명조차 조금도 귀한 것으로 여기지 아니하노라 25 보라 내가 여러분 중에 왕래하며 하나님의 나라를 전파하였으나 이제는 여러분이 다 내 얼굴을 다시 보지 못할 줄 아노라 26 그러므로 오늘 여러분에게 증언하거니와 모든 사람의 피에 대하여 내가 깨끗하니 27 이는 내가 꺼리지 않고 하나님의 뜻을 다 여러분에게 전하였음이라 28 여러분은 자기를 위하여 또는 온 양 떼를 위하여 삼가라 성령이 그들 가운데 여러분을 감독자로 삼고 하나님이 자기 피로 사신 교회를 보살피게 하셨느니라" (행 20:22-28, 개역개정).

"12 우리가 그 말을 듣고 그 곳 사람들과 더불어 바울에게 예루살렘으로 올라가지 말라 권하니 13 바울이 대답하되 여러분이 어찌하여 울어 내 마음을 상하게 하느냐 나는 주 예수의 이름을 위하여 결박당할 뿐 아니라 예루살렘에서 죽을 것도 각오하였노라 하니 14 그가 권함을 받지 아니하므로 우리가 주의 뜻대로 이루어지이다 하고 그쳤노라 15 이 여러 날 후에 여장을 꾸려 예루살렘으로 올라갈새 16 가이사랴의 몇 제자가 함께 가며 한 오랜 제자 구브로 사람 나손을 데리고 가니 이는 우리가 그의 집에 머물려 함이라" (행 21:12-16, 개역개정).

사도행전은 제 2차 전도여행이 끝난 후 얼마 있다가 제 3차 전도여행을 시작한 것으로 기록한다(행 18:23). 제 3차 전도여행을 위해 바울이 안디옥을 떠날 때는 아마 AD 53년이나 54년 봄이었을 것이다. 바울은 비록 에베소가 전에는 그에게 금지구역이었지만(행 16:6) 2차 전도여행

바울의 제 3차 전도여행

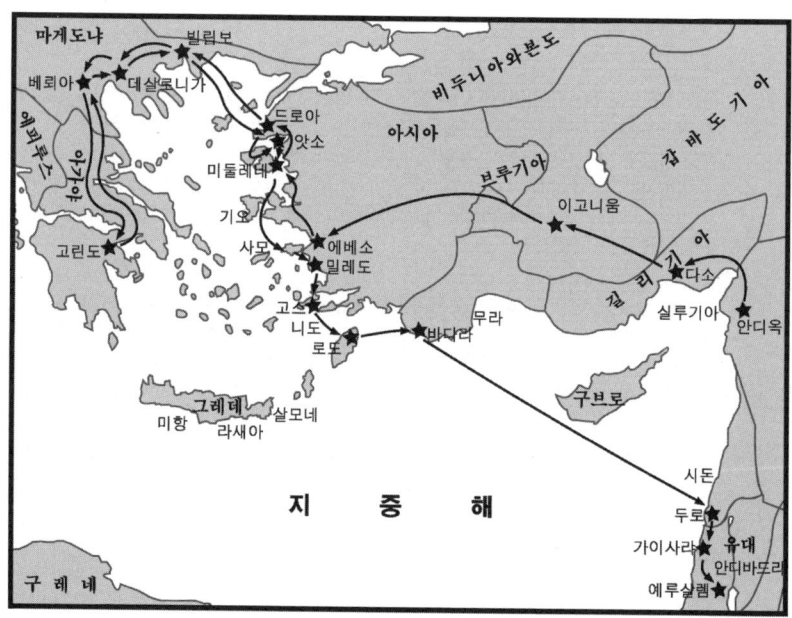

1. 안디옥에서 갈라디아로. 행 18:22, 23
2. 갈라디아에서 브루기아를 거쳐 에베소로. 행 19:1
3. 에베소에서 마게도냐를 거쳐 고린도로. 행 20:1, 2
4. 고린도에서 마게도냐를 거쳐 드로아로. 행 20:3~6
5. 드로아에서 밀레도로. 행 20:13~15
6. 밀레도에서 로도와 바다라를 거쳐 두로로. 행 21:1~3
7. 두로에서 가이사랴를 거쳐 예루살렘으로. 행 21:7~15

때 방문한 후 다시 방문하겠다고 약속했다(행 18:21). 누가는 3차 전도여행을 기록함에 있어서 바울이 에베소에서 행한 복음전도를 중요하게 취급한다. 바울의 3차 전도여행은 사도행전 18:23부터 시작되는데 누가는 바울이 안디옥을 떠나 갈라디아(Galatia)와 브루기아(Phrygia) 지방을 거쳐 가면서[1] 제자들을 굳게 했다고 기록한다.

바울의 3차 전도여행은 에베소에 많은 강조를 둔다. 그런데 바울이 에베소에 도착하기 전에 어떤 한 종류의 기독교가 에베소에 이미 소개되었었다(행 18:24-28). 알렉산드리아에서 난 아볼로(Apollos)라는 유대인이 예수 그리스도를 전파하는 데에 열심이었지만 오직 요한의 세례만 알고 있었을 뿐이다. 아볼로는 대략 일(1)년 동안 에베소에 머문 것으로 추정된다.[2] 따라서 브리스길라와 아굴라가 복음의 원리를 더 좋은 방법으로 풀어 설명해 주었다. 아볼로가 에베소에 오기 전에 기독교의 진리를 어느 정도라도 알고 있었다는 사실은 세례 요한의 영향과 예수님의 메시지가 초기에 알렉산드리아까지 미칠 만큼 널리 퍼져 있었다는 것을 증명해 준다. 아볼로는 알렉산드리아에서 예수에 대해 배웠고 그 후 에베소에 와서 약간 불완전한 방법으로 복음을 전파한 것이다.

바울이 에베소에 왔을 때 아볼로의 제자들을 만났다. 누가는 "바울이 윗 지방으로 다녀 에베소에 와서 어떤 제자들을 만났다"(행 19:1)고 기록하고 있다. 바울은 그들이 성령에 대해 아는지 물어 보았다. 그들은 성령과 그의 능력에 대해 알고 있지 못했다. 바울은 세례요한의 사역의 뜻과 예수님의 복음에 대해 설명했다. 그리고 그들은 주 예수의 이름으로 세례를 받았다. 바울은 그들에게 안수하고 성령이 그들에게 임하므로 그들은 방언을 말하고 예언을 하게 되었다(행 19:5-7). 에베소의 새로

---

1) 북 갈라디아설을 주장하는 학자들은 바울이 방문한 살라디아와 보루기아의 순서를 중요시한다. 그들은 바울이 안디옥을 떠나 갈라디아와 브루기아를 순서대로 거쳐 에베소로 갔다고 말한다.
2) Jerome Murphy-O'Connor, *Paul: A Critical Life* (Oxford: OUP, 1997), p. 275.

운 제자들은 모두 열두 사람쯤 되었다(행 19:7). 바울의 에베소 사역은 초기 기독교회 내에서 발생한 변칙적인 것을 교정하는 역할을 했다.

세례요한의 세례만 받은 에베소 사람들은 진정한 그리스도인이었다고 할 수 없다. 바울의 말씀선포를 듣고 주 예수의 이름으로 세례를 받았을 때에 비로소 기독교인이 된 것이다.

1. 에베소에서의 바울의 계속적 사역

바울의 오랜 소망은 에베소에서 일하는 것이었다. 이제 바울은 복음 선포를 열심히 하게 되었다. 바울은 다시 회당에서 복음을 강론하고 거기서 어떤 사람들은 마음이 굳어 믿지 아니하므로 그들을 떠나 두란노(Tyrannus) 서원에서 약 2년 동안 계속 하나님 말씀을 강론하게 되었다.

에베소에서의 복음전도 방법이 다른 도시에서의 것과 큰 차이가 없다. 바울은 먼저 회당에서 가르치고 유대인들이 그를 배척할 때까지 그들과 함께 일을 한다. 이 당시 바울을 돕는 사람들은 브리스길라와 아굴라였다. 바울은 에베소에서 호별방문을 많이 했다(행 20:20). 디모데와 에라스도(Erastus)가 바울과 함께 있었다. 바울은 에베소 체류 말(末) 쯤에 디모데와 에라스도를 마게도냐로 보내 복음전도를 위해 미리 준비하려 하였다. 바울이 에베소에 체류한 기간은 2년 3개월과 에베소를 떠나기 전에 출발을 연장하므로 얻은 기간을 합치면 모두 약 3년쯤 된다(행 20:31).3)

---

3) D사본(Western Text)은 행 19:9 끝에 Τυράννου τινὸς ἀπὸ ὥρας πέμπτης ἕως δεκάτης를 첨가하므로 바울 사도의 매일 활동이 5시에서 10시 즉 오늘날 계산으로 오전 11시부터 오후 4시였음을 말해준다. 이 시간은 주민들이 낮잠(siesta time) 자는 시간이었다. 여기서 바울의 활동에 대해 추측해 볼 수 있는 것은 바울은 주민들이 낮잠 자는 시간동안 사용되지 않은 장소를 싼값으로 빌려 복음을 듣기 위해 그에게 찾아온 사람들에게 불편을 덜어주었다고 생각할 수 있다. 그리고 바울은 자신의 생계를

에베소에서 복음을 전하는 동안 발생한 몇 가지 중요한 사건은 기억해둘 만하다. 그 중에 하나는 병 고치는 이적을 행한 것이다. 이 때에 바울의 손수건과 앞치마를 병자들에게 돌리는 일이 발생했다. "사람들이 바울의 몸에서 손수건이나 앞치마를 가져다가 병든 사람에게 얹으면 그 병이 떠나고 악귀도 나가더라"(행 19:12).

마술하는 어떤 유대인들이 바울이 이적을 행한 것을 모방했다. 유대의 한 제사장 스게와(Sceva)의 일곱 아들도 바울을 모방하다가 큰 봉변을 당했다. 악령이 스게와의 일곱 아들들에게 "내가 예수도 알고 바울도 알거니와 너희는 누구냐"(행 19:15)라고 반문했다. 그리고 악귀 들린 사람이 두 사람에게 뛰어 올라 그들을 상하므로 그들이 벗은 몸으로 집에서 도망했다.

바울이 에베소에서 사역하는 동안 많은 마술사들이 죄를 고백하고 마술을 버리고 그들의 책을 불살라 태워버렸다(행 19:18, 19).

바울은 디모데와 에라스도를 마게도냐에 미리 보낸 후에 에베소에서 위기를 겪게 되었다(행 19:22). 은장색 데메드리오(Demetrius)가 아데미(Artemis)[4] 신상을 은으로 만들어 많은 수입을 올렸는데 바울의 복음 전파로 사람들이 우상을 사지 않게 되고 따라서 데메드리오는 손해를 보게 되었다. 데메드리오는 같은 업에 종사하는 사람들을 모아 난동을 부렸다. 그래서 바울과 동행하는 가이오(Gaius)와 아리스다고(Aristarchus)가 붙잡혔다. 이 폭도들은 서기장에 의해 진정되었고 이 일이 있은 후 바울은 마게도냐로 떠났다.

유지하기 위해 이른 아침에 일을 했고(행 20:34), 대낮에는(오전 11시-오후 4시) 두란노 서원에서 가르쳤고(행 19:8-10), 그리고 나머지 시간에 기독교인을 개인적으로 방문하고(행 20:31) 또 기독교인 가정을 방문했을 수 있다(행 20:20) 그리고 날이 저물 때 생계를 위해 다시 일을 계속했을 수 있다. 이 추측이 사실이라면 바울 사도는 바쁜 나날의 생활을 했음에 틀림없다. 참조, Harrison, op. cit., p. 291.
4) Latin어로 Diana를 가리킴.

2. 에베소 사역의 특징

바울의 에베소에서의 복음전도는 다음과 같은 몇 가지의 특징을 가지고 있다.

첫째로, 가르침과 말씀선포에 있어서 철저했다(행 20:18-21, 26, 27, 31). "아시아에 들어온 첫날부터 지금까지 내가 항상 여러분 가운데서 어떻게 행하였는지를 여러분도 아는 바니 곧 모든 겸손과 눈물이며 유대인의 간계로 말미암아 당한 시험을 참고 주를 섬긴 것과 유익한 것은 무엇이든지 공중 앞에서나 각 집에서나 거리낌이 없이 여러분에게 전하여 가르치고 유대인과 헬라인들에게 하나님께 대한 회개와 우리 주 예수 그리스도께 대한 믿음을 증언한 것이라"(행 20:18-21). "오늘 여러분에게 증언하거니와 모든 사람의 피에 대하여 내가 깨끗하니 이는 내가 꺼리지 않고 하나님의 뜻을 다(πᾶσαν τὴν βουλὴν τοῦ θεοῦ) 여러분에게 전하였음이라"(행 20:26, 27). 바울은 또한 삼 년이나 밤낮 쉬지 않고 눈물로 각 사람을 훈계했다(행 20:31).

둘째로, 바울은 많은 이적을 에베소에서 행했다. 복음은 일반 백성들에게 뿐만 아니라 부유한 계층에 있는 사람들에게까지도 성공적으로 전파되었다. 바울을 돕는 보조자들은 인근지역에 복음을 전하고 그곳에 교회를 설립했다. 바울은 병을 고치고 악귀를 쫓아내는 등의 이적으로 복음을 효과 있게 전파했다.

셋째로, 바울의 전도활동은 에베소에서 많은 저항을 받았다. 특히 은장색 데메드리오의 극렬한 반대는 대단했다(행 19:23-41). 누가는 이 사실을 비교적 자세하게 기록하여 전하기를 원했다.

넷째로, 에베소에서 고린도 교회의 형편을 들으므로 많은 근심이 더하게 되었다. 바울은 에베소에 있으면서도 고린도 교회와 계속적인 접촉을 가지고 있었다.[5] 따라서 바울은 고린도 교회의 형편 때문에 마음이 편하지 못했다(고전 16:8; 참조, 행 19:22).

3. 에베소에서 기록한 서신들

바울의 에베소에서의 사역은 고린도 교회에서 발생한 불순한 사건의 소식을 전해 듣고 더 부담스러운 것이 되었다. 고린도전서는 고린도 교회 내에 분쟁, 시기, 당파심, 부도덕이 있었을 뿐만 아니라 교리에 견고하지 못한 것을 증거하고 있다. 이런 문제가 고린도 교회 내에 발생한 때는 대략 56년이나 57년이다.

바울과 고린도 교회 사이에 교환된 소식에 대해 다음과 같이 개요할 수 있다.

(1) 고린도전서 이전에 쓴 편지

바울이 고린도전서를 써서 고린도 교회에 보내기 전에 이미 다른 편지를 써 보냈다는 사실이 고린도전서 5:9에서 분명히 나타난다. 비록 이 서신이 보존되지는 않았지만,[6] 그 내용은 고린도에 있는 기독교인들이 음행 하는 사람들에게 어떻게 대해야 할 것을 바울이 지시한 것임에 틀림없다. 바울의 지시는 음행 하는 사람들과 사귀지 말라는 것으로 그 구체적인 설명을 고린도전서 5:9-11에서 찾을 수 있다. 이 내용은 고린도 교회가 당면한 어려운 문제점을 제시하고 있다. 그리고 고린도전서 5:9-11의 내용은 고린도 교회가 바울이 전에 지시한 내용을

---

5) R. C. H. Lenski, *The Interpretation of I and II Corinthians* (Minneapolis: Augsburg Publ. House, 1963), p. 13: "바울로부터 온 소식이 고린도 성도들에게 전달된 것과 같이, 53년에서 57년 어간에 여러 차례 고린도에서부터 온 소식이 바울에게 구두로 전달되었다고 생각하는 것이 옳다." 바울은 53년-57년 사이에 3년 동안이나 에베소에 머물고 있었다.
6) Lenski, *I and II Corinthians*, p. 225. Lenski는 고후 7:8의 편지도 고전 5:9의 편지와 같은 것이라고 말 한다; F. W. Grosheide, *op. cit.*, p. 127.

잘못 이해하고 있었다는 사실도 함축하고 있다.

고린도전서는 바울이 에베소에서 디모데를 고린도로 보내 고린도 교회의 어려운 일들을 보살피게 한 사실을 말하고 있다(고전 4:17; 16:10, 11).

(2) 고린도전서

디모데(Timothy)를 육로로 고린도에 보낸 직후 바울은 고린도전서를 썼다(행 19:22; 고전 4:17). 바울은 디모데가 고린도에 도착하기 전에 고린도전서가 고린도 교회에서 읽혀지기를 원했다. 그러므로 디모데가 고린도에 도착하거든 잘 대접하라고 권고한다(고전 16:10, 11). 바울은 사신들을 통해 고린도전서를 고린도 교회에 보낸다. 부정의 문제보다 더 심각한 문제가 고린도 교회 내에 있었다. 분쟁이 일어나고 불화와 분파가 생겨나게 되었다(고전 1:11-13). 고린도전서 16:17은 고린도 교회가 바울에게 사신을 보내어 특히 음행의 문제에 대해 충고를 요청한 사실을 암시하고 있다.[7] 바울에게 보고된 고린도 교회의 다른 잘못은 공적 예배를 남용하고, 잘못된 자만심을 가지고 있으며, 부활에 대한 잘못된 견해를 가지고 있고 또한 실제로 음란한 행위가 교회 내에 있었다는 것이다. 이런 문제들을 바울은 고린도전서를 쓰면서 자세하게 다루어 고린도 교회에 전한다.

(3) 기록되지 않은 바울의 고통스런 고린도 방문(참조, 고후 12:14; 13:1)

고린도후서는 바울이 에베소를 떠난 후에 기록했다. 아마 마게도냐의 빌립보에서 AD 57년 가을에 기록했으리라 추정된다.[8] 그런데 고린도후서 12:14절과 13:1절에서 바울은 세 번째로 고린도를 방문할 준비가

---

7) Grosheide, op. cit., p. 403.
8) P. E. Hughes, Commentary on the Second Epistle to the Corinthians, p. xxxv.

되어 있다고 말한다. 이 사실은 바울이 이전에 고린도를 두 번 방문했음을 증거 한다. 사도행전의 기록으로는 고린도후서를 쓰기 전에 바울의 고린도 방문은 오직 제 2차 전도여행 때 방문한 것뿐이다. 그러면 바울의 두 번째 고린도 방문은 언제 어떤 형편 가운데서 행해졌는가?

바울의 두 번째 고린도 방문은 고통스런 방문으로 그가 에베소에 체류할 때 잠시 방문한 것이다.9) 바울의 이 방문은 고린도 교회의 형편이 분쟁 가운데 있었기 때문에 마음 아픈 방문이었다(고후 2:1; 12:14; 13:1, 2). 이 두 번째 방문은 고린도전서를 쓴 후 그러나 고린도후서를 쓰기 전에 있었다고 생각된다. 분명히 고린도 교회는 디모데의 지도를 따르지 않고 음란한 사람들에 대해 올바른 권징을 시행치 않은 것이다(참조, 고후 1:19; 행 19:22).

그러므로 바울은 고린도를 방문하여 많은 고통과 반대를 무릅쓰고 문제를 일으킨 사람들을 치리한 것이다. 그러나 바울이 에베소에 돌아왔을 때 들리는 소식은 바울이 행한 권징이 교회 내에 평화를 가져다주지 못하고 문제는 더 심각하게 되었다는 것이다. 유대주의자들은 교회 내에 적대감을 불러일으키고 음란한 행위는 계속되었다.

(4) 고린도 교회를 근심시킨 편지(참조, 고후 7:8)

어떤 사람들은 고린도후서 7:8에 언급된 바울의 편지가 고린도전서를 가리키지 않고 또한 바울이 고린도전서에 언급한 "전에 쓴 편지"(고전 5:9)와도 다른 것으로 이 편지가 현재 보존되지 않은 별개의 편지라고 주장한다. 이 편지는 디도(Titus)가 고린도 교회에 전달했다고 한다. 렌스키(Lenski)는 고린도전서 5:9을 해석하면서 고린도전서 5:9에 언급된 편지와 고린도후서 7:8에 언급된 편지가 같은 편지라고 주장한다.10)

---

9) *Ibid.*, pp. 459-462. Hughes는 고후 12:14의 세 번째 방문이 왜 실제적인 세 번째 방문이어야 하는지 그 이유를 설명하고 결론으로 두 번째 방문은 바울이 에베소에서 3년 간 머무는 동안 발생했다고 말한다(p. 462).

그러나 우리는 고린도후서 7:8의 편지가 현존하는 고린도전서를 가리킨다고 해도 하등의 잘못이 없는 줄로 안다. 고린도전서의 내용이 고린도 교회를 근심시킬 만큼 과격하지 않다는 이유로 이 견해를 받아들이는 데 주저하는 사람이 있지만 사실상 고린도전서 속에 책망의 내용이 얼마든지 있다. 터툴리안(Tertullian)이 고린도전서를 평하면서 "잉크로 쓰여 지지 않고 쓸개즙으로 쓰여 졌다"고 한 것은 그 일면을 잘 묘사한 것이다.11) 그러므로 바울이 고린도후서를 쓰면서 "내가 편지로 너희를 근심하게 한 것을 후회하였으나 지금은 후회하지 아니함은 그 편지가 너희로 잠시만 근심하게 한 줄을 앎이라"(고후 7:8)고 쓸 때 고린도전서를 가리켰다고 생각할 수 있는 것이다.12)

4. 마게도냐 지방과 빌립보에서의 사역 (행 20:1; 고후 2:13)

마게도냐(Macedonia) 지방에서 바울의 전도여행의 특징은 고린도후서 7:5에 잘 나타나 있다. "우리가 마게도냐에 이르렀을 때에도 우리 육체가 편치 못하고 사방으로 환난을 당하여 밖으로는 다툼이요 안으로는 두려움이라"(고후 7:5). 바울은 마게도냐로 가기 전에 드로아(Troas)에서 디도(Titus)를 만나 고린도 교회의 소식듣기를 갈망했다. 그러나 바울이 드로아에 도착했을 때 디도는 드로아에 없었다(고후 2:12, 13).13) 그래서 바울은 계속 마게도냐로 여행하게 되고 거기서

---

10) Lenski, *I and II Corinthians*, p. 224: "We have a parallel in II Cor. 7:8, where Paul refers to this present letter with the identical phrase."
11) Tertullian, *De Pudicitia*, XIV.
12) John Calvin, *The Second Epistle of Paul to the Corinthians, and the Epistles to Timothy, Titus and Philemon*, p. 98; P. E. Hughes, *op. cit.*, pp. 270f.
13) 사도행전에 디도(Titus)의 이름이 나오지 않는다. 램시(Ramsay)는 그 이유를 디도가 사도행전 저자 누가(Luke)의 형제였기 때문이었다고 추측한다(See W. M. Ramsay, *St. Paul the Traveller and Roman Citizen*, Grand Rapids: Baker, 1962, p. 390). 디도의

디도를 만나 고린도 교회의 소식을 듣고 위로를 받았다(고후 7:5-7). 고린도 교회의 형편은 바울이 에베소에서 들은 것처럼 분쟁과 파당과 음행이 있는 근심스런 형편이 아니요 회개하고 서로 화해하는 형편이어서 격려를 받을 만 하다고 디도가 보고했다(고후 7:9-12). 바울은 디도의 보고를 받고 고린도후서를 기록하여 디도 편에 고린도로 보냈다. 고린도후서는 AD 57년경 마게도냐 지방에서 기록되었다고 생각된다. 고린도후서를 전달하는 일 외에 디도에게 주어진 다른 중요한 임무는 전번 고린도 방문시에 완성하지 못한 헌금을 거두는 일을 완성하고 그 헌금을 유대로 가져오는 것이었다. 디도가 고린도후서를 가지고 고린도로 떠난 후 바울은 마게도냐 지방에서 그 해 가을과 겨울을 지낸 것 같다(참조, 행 20:2). 이때에 바울이 마게도냐 서북쪽에 있는 일루리곤(Illyricum) 지방까지 폭넓게 복음을 전한 듯하다(롬 15:19). 그 후 바울은 고린도에 도착하여 거기서 석 달을 머물렀다(행 20:3).

5. 고린도에서의 사역

바울은 고린도에서 로마서를 썼다. 로마서는 그 당시의 역사적 형편을 약간 제시해 준다. 로마서의 내용은 바울의 복음전파 활동 없이도 기독교가 그 당시 세계의 수도 로마까지 전파된 것을 가르쳐 준다. 이 사실은 바울의 선교활동이 초대교회의 유일한 선교활동이 아니었다는 것을 증거 한다. 로마 교회가 어떻게 시작되었는지 정확하게 말할

이름이 사도행전에 언급되지 않았지만 그가 바울을 보좌했음은 틀림없다. 디도의 활동은 고린도 교회의 문제가 심각했을 때 두드러지게 나타난다. 고후 8:1-6의 내용으로 보아 바울이 디도를 고린도 교회에 보내 헌금하는 일을 주도하게 했으나 디도는 이 일을 완성하지 못하고(D. Guthrie, "Titus," *The New Bible Dictionary*. J. D. Douglas ed., Grand Rapids: Eerdmans, 1979, p. 1284) 고린도를 떠나 바울을 만나기 위해 마게도냐로 되돌아갔다. 바울은 디도를 마게도냐에서 만나 고린도 교회의 소식을 듣고 고린도후서를 디도의 손에 들려 보내면서 전에 완성치 못한 헌금사업을 완성토록 지시한 것이다(고후 8:6, 16-24; 9:1-15).

수는 없지만 로마에서 팔레스틴 지역으로 여행 온 사람들이 팔레스틴에서 복음을 듣고 오순절(Pentecost) 후에 다시 로마로 돌아가 설립한 것으로 생각된다(행 2:10).

순례자들이 예루살렘에서 멀리 이태리까지 여행하고 또 이태리에서 예루살렘으로 여행함으로 로마 교회는 튼튼하게 서갔고, 그 외에 핍박으로 많은 기독교인들이 이태리까지 도망하게 됨으로 로마 교회는 더욱 튼튼해 졌다(행 8:1, 4). 로마 교회의 발전은 이미 온 로마제국에 널리 알려졌다(롬 1:8, 13; 16:19). "내가 예수 그리스도로 말미암아 너희 모든 사람에 관하여 내 하나님께 감사함은 너희 믿음이 온 세상에 전파 됨이로다"(롬 1:8). 로마 교회는 바울이 로마서를 쓰기 꽤 오래 전에 설립되었음이 틀림없다. 로마의 기독교인들은 성령의 은사를 소유했고 교회의 조직적인 면도 약간 있었던 것 같다(롬 12:7, 8).

그러나 로마서가 로마 교회에 보내진 것이 아니요 로마에 있는 하나님의 사랑하심을 입은 모든 사람에게 보내졌다는 것을 아는 것이 중요하다(롬 1:7). 그 이유는 로마 교회가 그 당시까지 구체적으로 조직되지 않았다는 것을 보여주기 때문이다. 만약 구체적으로 조직된 로마 교회가 있었다면 바울이 로마서를 로마 교회로 보내었을 것이다. 로마서는 로마의 주변에 흩어져 사는 성도들의 여러 모임이 있었던 것을 제시한다(롬 16:1-23). 전체 성도들이 모이면 큰 그룹이 되었을 것이지만, 바울이 후에 로마를 방문할 때까지는 정규적인 완전한 조직교회로 활동한 것 같지 않다. 바울이 로마서 마지막 장에서 많은 친구들에게 문안한 것으로 보아 그는 로마에 있는 많은 사람들을 알고 있었다.

그들 중 약간은 다른 곳에서 바울과 함께 수고한 동역자들이었다. 이 사실은 선교정책의 한 흥미 있는 원리를 제시해 준다. 즉 바울의 복음전파로 회개한 개종자들이 널리 흩어져 복음의 메시지를 전하므로 바울이 로마에 가기도 전에 그의 영향이 이미 그곳에 미친 것을 볼 수 있다. 로마서는 바울의 장래계획에 대한 약간의 자료를 제공해 준다. 바울은 오랫동안 로마에서 복음 전하기를 갈망했다(롬 1:9, 10, 13, 15; 15:22-24, 28; 행 19:21). 그는 또한 서바나(Spain)로 가는 그의 장기적인 복음전도 계획의 전진기지로 로마를 사용하기를 원했다(롬 15:23, 28). 그러나 그 동안 그 계획이 성취되지 못하고 막혀 있었다.

이제 그는 예루살렘을 향해 가는 길인데 그의 장래가 어떻게 될지 알 수 없는 형편에 처해 있었다(롬 15:30, 31; 참조, 행 20:22, 23). 이렇게 장래가 불확실한 형편가운데 있었기 때문에 바울은 그가 로마를 방문했다면 전파했을 복음을 자세하게 기록하여 로마에 있는 성도들에게 보낸 것이다.[14] 그러므로 로마서는 가르치는 형식으로 복음을 진술하고 있다.

이 교훈적 강조가 서신 전체에 면면히 나타나고 있다. 틀림없이 바울은 로마 교회가 복음전도 상 중요한 위치에 있는 것을 알았다. 그래서 자신이 로마 교회를 방문할 기회가 없을 수도 있기 때문에 로마 교회를 복음으로 잘 가르쳐 무장하기 위해서는 로마서를 써야 할 필요성을 느끼고 이 서신을 써서 로마로 보낸 것이다. 그 이후의 역사의 기록은 로마에 가기를 원하는 바울의 소망이 성취되고 서바나 여행도 실현되었을 가능성을 제시해 준다.

6. 고린도에서 예루살렘까지

AD 58년 봄에 바울과 그의 동료들은 고린도를 떠나 예루살렘으로 가는 계획을 세웠다. 그들의 원래 계획은 고린도에서 배를 타고 수리아(Syria)로 직접 가는 것이었다. 그런데 유대인들이 바울을 해치려고 공모

---

14) 서신 초두부터 복음에 대한 자세한 설명이 있는 것에 주의하라(롬 1:2-4). 바울은 복음이 아들에 관한 것으로 그 아들이 육신으로는 다윗의 혈통에서 나셨고, 성결의 영으로는 죽은 가운데서 부활하여 능력으로 하나님의 아들로 인정되신 우리 주 예수 그리스도시라고 설명한다. 바울은 여기서 성육신 하여 수난 당하시고 십자가를 지시기까지 비하하셨다가(롬 1:3), 부활 승천하신(롬 1:4) 예수 그리스도의 인격과 사역 전체가 복음의 내용이라고 천명한다. cf. John Murray, *The Epistle to the Romans*, pp. 5-12.

하므로 바울은 원래의 계획을 수정하게 되었다(행 20:3). 램시(Ramsay)는 그 때의 상황을 "바울의 의도는 아가야와 아시아에 사는 유대인들이 유월절 참석을 위해 예루살렘으로 가는 여행자를 태운 배를 타려고 했을 것이다. …… 배 안에 적대적인 많은 유대인들이 있었기 때문에 바울을 죽여 그의 시체를 배 밖으로 버릴 수 있는 기회를 찾는 것은 아주 쉬웠을 것이다. 그래서 바울은 마지막 순간에 그의 계획을 변경하여 '마게도냐로 다녀 돌아가도록' 결정하였다"15)라고 설명한다. 바울은 닥칠 위험을 내다보면서 만용을 부리지 않고 핍박과 위험을 피해 마게도냐로 돌아서 예루살렘으로 향한다(행 20:3).

바울이 고린도에서 선편으로 마게도냐로 갔는지 육로로 해서 마게도냐로 갔는지는 분명하지 않다. 사도행전 20:4은 바울이 베뢰아(Berea), 데살로니가(Thessalonica), 드로아(Troas), 빌립보(Philippi)를 방문한 것을 암시하고 있다. 디모데와 다른 동료들이 빌립보에서 바울 일행과 합세했다.16) 아시아까지 함께 가는 동행자들은 먼저 드로아로 건너 갔다(행 20:4-5). 바울과 누가는 빌립보에서 무교절을 지킨 후 빌립보에서 배 타고 떠나 소아시아 연안을 거쳐 닷새 만에 드로아에 도착했다(행 20:6).17)

(1) 드로아에서의 강론

바울 일행은 드로아에서 7일을 머문다(행 20:16). 그리고 성도들이 주의 날(안식 후 첫날)에 바울의 강론을 듣는다. 바울의 강론이 밤중까

---

15) Wm. M. Ramsay, *St. Paul the Traveller and the Roman Citizen*, p. 287.
16) 누가(Luke)도 이 여행에 동참한 것 같다. '우리 구절'이 여기서 다시 시작된다.
17) 바울 일행이 마게도냐 사람의 환상을 보고 드로아에서 빌립보로 갈 때는 이틀이 걸렸는데(행 16:11) 바울이 제 3차 전도 여행 중에 예루살렘으로 귀환할 때 빌립보에서 드로아로 갈 때는 닷새가 걸렸다(행 20:6). 거의 같은 거리를 항해하는데 이런 시간적 차이가 생긴 이유는 바울 일행이 드로아에서 빌립보로 건너 갈 때는 성령과 예수의 영이 도왔기 때문이라고 사료된다(행 16:6-10 참조).

지 계속된 것으로 보아 모임은 해질 무렵 시작된 듯하다. 모임은 개인의 집 윗 다락에서 모였다(행 20:8). 윗 다락은 바로 그 집의 3층을 가리킨다 (행 20:9). 윗 다락에 등불이 많이 켜져 있었기 때문에 밤의 공기가 탁하였고 바울의 강론이 길어지자 창 옆에 앉은 유두고(Eutychus)까지 졸릴 형편이었다. 유두고는 사도행전 20:9에 '청년'(νεανίας)으로 묘사 되었지만 사도행전 20:12에 '아이'(παῖς)로 묘사된 것으로 보아 8세에서 14세 정도의 소년이었을 것이다.[18] 누가는 유두고가 3층 누에서 떨어진 이유를 유두고의 실수로 돌리지 않고 바울 사도의 강론이 길어졌기 때문이라고 설명한다(행 20:9). 바울은 다음날 드로아를 떠날 것이기 때문에 강론을 밤중까지 계속하게 되었다. 유두고가 3층 누에서 떨어져 죽었으나 바울이 그를 살린다(행 20:10-12). 바울은 유두고를 살린 후 성도들과 함께 떡을 먹고 계속해서 날이 새기까지 강론한 후 드로아를 떠난다(행 20:11-12).

(2) 드로아의 모임에서 배울 수 있는 예배에 대한 몇 가지 원리

첫째, 주님의 제자들은 안식 후 첫날, 즉 주일에 모였다(행 20:7). 그들은 주일날 모여 말씀을 듣고 주님의 만찬을 나누고, 그리고 애찬 (love feast)을 먹었다. 신약성경에서 본 구절이 최초로 주일날 예배를 증거 하는 증거 구절이다.[19]

둘째, 말씀의 선포가 있었고 주님의 만찬이 있었다. 말씀의 선포는 첫 부분으로 해질 때부터 밤중까지 있었고(행 20:7), 둘째 부분으로는

---

18) Jan-Adolf Bühner, "παῖς," *Exegetical Dictionary of the New Testament*, Vol. 3 (Grand Rapids: Eerdmans, 1993), p. 5: "In Matt. 2:16; 17.18 par. Luke 2:43; Acts 20:12 παῖς designates a young boy, one younger than an adolescent" 참조, 『시사 Elite 영한사전』 (시사영어사간, 1989)은 adolescence를 남자는 14-25세, 여자는 12-21세의 성장기로 잡는다.
19) Simon J. Kistemaker, *Exposition of the Acts of the Apostles*, p. 716: 사도행전에서 "떡을 뗀다"는 표현은 성만찬에 참여하는 것을 가리킨다(행 2:42).

밤중부터 해 뜰 때까지 있었다(행 20:11). 여기서 초대 교회 성도들의 말씀에 대한 열정과 애착을 볼 수 있다. 초대 교회의 예배는 말씀과 성례가 병행되어졌다.

셋째, 바울의 말씀 강론은 단순한 설교만이 아니었고, 질문과 대답의 형식도 사용하고, 토의의 방법도 사용했다. "날이 새기까지 이야기하고"에서 '이야기하고'는 질문과 대답 형식의 대화를 가리킨다(참조, 행 24:26).[20]

바울 일행은 선편으로 아시아 연안 미둘레네(Mitylene), 기오(Chios), 사모(Samos), 밀레도(Miletus) 등을 거쳐 팔레스틴 연안, 두로(Tyre)에 상륙하여 배의 짐을 내리고 다시 돌레마(Ptolemais)로 가 하루를 형제들과 같이 지내고 다음날 가이사랴(Caesarea)에 도착했다. 바울은 오순절 전으로 예루살렘에 도착하기 위해 급히 여행했다(행 20:16). 그래서 바울은 오랜 시간과 정열을 바쳐 복음을 전했던 에베소에 들리지 못하고 밀레도에서 에베소 교회 장로들을 청하여 거기서 눈물겨운 작별인사를 한다(행 20:17-37). 에베소 교회를 사랑하는 바울의 마음이 에베소 교회 장로들에게 한 말 속에 역력하게 나타난다.

여기서 바울이 에베소 교회 장로들에게 행한 설교의 특징을 요약하는 것이 유익하리라 생각된다.

첫째, 사도행전에 기록된 바울의 설교는 일반적으로 9개로 계산한다 (행 13:16-41; 14:14-18; 17:16-34; 20:17-38; 22:1-21; 23:1-11; 24:10-21; 26:1-23; 28:17-20). 그런데 아홉 개의 설교 중 에베소 교회 장로들에게

---

20) 행 20:11의 '이야기하고'는 ὁμιλήσας(ὁμιλέω의 부정과거, 분사)로 서로 간 묻고 대답하는 형식으로 대화함을 뜻한다. 참조, M. Lattke, "ὁμιλέω, ὁμιλία," *EDNT*, Vol. 2 (Grand Rapids: Eerdmans, 1991), pp. 509-10. 그리고 행 20:7, 9에 사용된 '강론'은 διελέγετο(διαλέγομαι의 미완료)로 토의의 방법으로 이야기했음을 시사하고 있다. 참고, G. Petzke, "διαλέγομαι," *EDNT*, Vol. 1 (Grand Rapids: Eerdmans, 1990), p. 307: "In Acts, Paul is regularly the subject of διαλέγομαι, which is used in the sense of *speak* (*argumentatively*): 17:2, 17; 18:4, 19; 19:8f.; 20:7, 9; 24:25."

행한 설교(행 20:17-38)가 신약 성도들에게 설교한 유일한 예이다. 다른 설교들은 유대인들이나, 이방인들 그리고 유대와 로마의 권력자들 앞에서 행한 설교들이었다.

둘째, 에베소 교회 지도자들을 장로로(행 20:17), 감독자로(행 20:28) 불렀다. 이는 장로와 감독을 특별히 구별하지 않고 사용한 증거이다.

셋째, 에베소 교회 장로들에게 행한 바울의 설교는 바울 서신의 주제와 일치하고 있음을 볼 수 있다. 그 주제를 요약하면 다음과 같다:

하나님의 뜻(살전 4:3; 5:18; 엡 1:5; 행 20:27)
하나님의 은혜(고전 15:10; 엡 2:8; 행 20:24, 32)
그리스도의 구속하는 피(롬 3:25; 5:9; 엡 1:7; 행 20:28)
고난의 필연성(롬 8:17-18; 빌 1:29; 행 20:23-24)
거짓 선생의 위험(골 2:8; 살후 2:2-3; 행 20:29-30)
경주하는 성도들의 삶(고전 9:24-27; 딤후 4:7; 행 20:24)
성도들의 기업(롬 8:17; 갈 3:29; 행 20:32)

넷째, 에베소 교회 장로들은 팀을 이루어 교회를 봉사했다. 오늘날과 같은 피라미드식의 구조가 아니었다.

다섯째, 바울의 설교의 내용은 하나님께 대한 회개와(행 20:21), 그리스도께 대한 믿음(행 20:21), 그리고 하나님 나라(행 20:25)로 요약할 수 있다.

(3) 밀레도에서 예루살렘까지(행 21:1-17)

바울과 에베소 장로들은 서로 다시 만날 수 없는 것을 알았기 때문에 서로 목을 안고 크게 울었다(행 20:36-38). 에베소 장로들과의 이별은 눈물겨운 이별이었다.

① 밀레도에서 두로까지(행 21:1-6)

바울 일행은 밀레도를 떠나 밀레도 남쪽에 있는 작은 섬 고스에 들렸다가 이튿날 동남쪽에 있는 좀 더 큰 섬인 로도를 거쳐 바다라로 갔다(행 21:1).[21] 바울 일행은 바다라에서 배를 타고 구브로 섬을 왼편으로 바라보면서 두로(Tyre)에 상륙하여 거기서 7일간 머문다.

바울이 두로(Tyre)에 도착했을 때 제자들은 성령의 감동으로 바울이 예루살렘에 가는 것을 말렸다. 왜냐하면 위험이 바울을 기다리고 있다고 성령이 그들에게 경고했기 때문이다(행 21:4). 그러나 제자들의 권고도 바울의 결심을 바꿀 수는 없었다. 바울 일행은 일주일 후에 아쉬운 작별을 하고 두로를 떠난다(행 21:5-6).

② 두로에서 예루살렘까지(행 21:7-17)

바울 일행은 두로를 떠나 돌레마이에 이르고 거기서 형제들과 하루를 함께 있다가 이튿날 떠나 가이사랴에 도착한다(행 21:7-8). 가이사랴에는 약 20여 년 전 이곳에 와서 정착한 빌립의 가족이 있었다(행 8:40 참조, 행 21:8-9). 빌립에게는 시집가지 않은 네 딸이 있었다. 바울 일행이 가이사랴(Caesarea)에서 빌립(Philip)의 집에 머물고 있을 때 유대로부터 온 선지자 아가보(Agabus)가 바울이 예루살렘에 올라가면 결박될 것을 예언했다. 아가보가 바울의 띠를 사용하여 자기의 손발을 묶으면서 "성령이 말씀하시되 예루살렘에서 유대인들이 이같이 이 띠 임자를 결박하여 이방인의 손에 넘겨주리라" (행 21:11)고 말했다. 그러나 바울은 주 예수의 이름을 위하여 죽을 것도 각오했다고 말하면서 예루살렘에 가는 계획을 변경하지 않고 자신의 확신을 재천명했다(행 21:13). 바울이 권함을 받지 않으므로 그들은 "주의 뜻대로 이루어지이다"(행 21:14) 라고 말하고 더 이상 권면하지 않았다.

---

21) Bezae 사본(D^{gr})과 p^{41}은 '무라'를 첨가한다. W. Ramsay는 바울 일행이 무라를 들렸을 것으로 추정한다. cf. W. Ramsay, *St. Paul the Traveller and the Roman Citizen*, pp. 298-99.

③ 성령의 인도가 상충된 것일까?(행 21:4, 11; 20:22-23 참조)

바울은 밀레도에서 자신이 "성령에 매여 예루살렘으로 간다" (행 20:22)라고 말한다.22) 이 말씀은 성령의 강권적인 인도로 바울이 예루살렘으로 가고 있음을 암시한다. 그런데 바울이 두로에 도착했을 때 "제자들이 성령의 감동으로 바울더러 예루살렘에 들어가지 말라"(행 21:4)고 권면한다. 여기서 두 문맥을 비교해 볼 때 바울은 성령의 인도로 예루살렘에 간다고 증언하고 있는데(행 20:22), 같은 성령의 감동으로 제자들은 바울에게 예루살렘으로 들어가지 말라고 권면하는 듯 보인다(행 21:4). 성령의 인도가 서로 상충되는 듯 보인다. 그러나 성령의 인도는 서로 상충되지 않는다.

문맥을 자세히 살펴보면 바울이 밀레도에서 성령에 사로잡혀 예루살렘으로 가는 것은 확실하지만 예루살렘에서 무슨 일이 벌어질지는 알지 못했다. 바울이 알고 있었던 내용은 '결박과 환난'이 그를 기다리고 있다는 사실이다(행 20:22-23). 이는 성령께서 바울에게 앞으로 어떤 일을 그가 해야 하며 또 어떤 일이 그를 기다리고 있는지를 알려 주신 것을 뜻한다. 그러나 두로에 있는 제자들은 비록 "성령의 감동으로 바울더러 예루살렘에 들어가지 말라"(행 21:4)라고 권면은 하고 있지만 바울이 예루살렘에서 당할 고난의 의미가 무엇인지는 이해하지 못했다.23)

칼빈은 '성령이 주신 다른 은사들'(different gifts of the Spirit)이란 관점에서 이 난제를 해석한다. 성령은 두로와 가이사랴에 있는 제자들에게는 바울의 앞날에 무슨 일이 일어날 것인지는 알려 주셨다. 그러나

---

22) 본문의 πνεῦμα를 바울의 심령으로 번역한 역본은 AV, NASB, JB, 한글개역(심령에 매임을 받아) 등이요, 성령(The Holy Spirit)으로 번역한 역본은 NEB, NIV, RSV, 표준새번역, 표준신약전서, 새번역 신약, 공동번역, 개역개정 등이다. 바로 다음절인 행 20:23에 성령(τὸ πνεῦμα τὸ ἅγιον)이란 표현이 사용된 것으로 보아 행 20:22의 πνεῦμα도 성령으로 번역하는 것이 타당하다.
23) Kistemaker, *Exposition of the Acts of the Apostles*, p. 745.

성령은 그 제자들에게 바울의 소명이 요구하는 것이 무엇인지 알려주지 않았다(행 9:15-16 참조). 그들은 바울이 가야할 삶의 코스 중 어떤 것이 가장 적절한 코스인지를 알지 못했다. 반면 성령 하나님은 바울이 예루살렘에 올라가면 결박과 환난이 그를 기다린다고 알려주시므로(행 20:22-23) 바울이 앞으로 일어날 일에 대해 더 잘 준비된 상태로 임할 수 있도록 도우시고, 그리고 앞으로 예루살렘에서 일어날 일들이 바울의 삶에 고통과 고난을 가하는 일인 것을 미리 알게 함으로 바울의 인내가 더 견고하게 되도록 하신 것이다.24) 문맥에 비추어 볼 때 칼빈의 해석이 타당한 해석이라 사료된다.

가이사랴를 떠난 바울 일행은 구브로 사람 나손(Mnason)이라는 제자를 데리고 예루살렘으로 향했다(행 21:16). 그 이유는 예루살렘에 있을 동안 그의 집에서 머물기 원했기 때문이다. 아마 가이사랴의 제자들이 나손을 데려가도록 권했을 것이다. 이것이 바울의 제 3차 전도여행의 마지막이다(행 21:17).

7. 바울의 도시 중심 선교

바울의 1차, 2차, 3차 전도여행을 분석해 보면 우리는 바울이 인구가 많은 도시를 선택하여 거기에서 복음을 전하고 교회를 설립한 사실을 발견하게 된다. 그리고 바울은 교회가 어느 정도 든든해지면 그 교회의 지도자를 세우고 자신은 다른 도시로 떠난다. 바울의 이와 같은 선교 전략은 대단히 효과적인 것이었다. 스토트(John Stott)는 "바울의 의도적인 정책은 한 도시에서 다른 도시로 전략적인 목적을 가지고 움직였던 것 같다. 바울이 도시들을 방문하게 된 이유는 아마 도시에는 유대인의 회당이 있었고, 많은 인구가 있었으며, 영향력 있는 지도자들이 있었기

---

24) John Calvin, *The Acts of the Apostles*, vol. II, p. 193.

때문이었을 것이다. 그래서 그의 제 1차 전도여행에서 바울은 구브로에 있는 살라미(Salamis)와 바보(Paphos)를 방문했고, 갈라디아의 안디옥(Antioch), 이고니온(Iconium), 루스드라(Lystra), 더베(Derbe)를 방문했으며, 제 2차 전도여행에서는 마게도냐에 있는 빌립보(Philippi)와 데살로니가(Thessalonica), 그리고 베뢰아(Berea)를 방문했고, 아가야 지역의 아덴(Athens)과 고린도(Corinth)에서 복음을 전했다. 그의 제 3차 전도여행의 대부분은 에베소(Ephesus)에서 복음을 전했다. 참으로 누가는 사방으로 연결된 도로를 가지고 있는 영향력의 중심인 도시를 주요 거점으로 하여 교회를 점차 설립함으로 로마 제국의 대부분에 복음이 확산되어진 것을 묘사하고 있다"25)라고 설명한다.

바울의 도시 전도 전략은 몇 가지 특징을 가지고 있다. 첫째, 바울은 먼저 유대인들의 회당을 찾는다. 바울은 유대인들에게 먼저 복음을 전한다. 유대인들이 복음을 배척할 경우 바울은 회당을 떠나 더 중립적인 지역에서 복음을 전한다. 고린도에서는 디도 유스도의 집에서 복음을 전했고(행 18:7), 에베소에서는 두란노 서원에서 복음을 전했다(행 19:9). 둘째, 바울의 도시 선교의 다른 특징은 중요한 도시에 가능한 오래 머문다는 것이다. 바울은 도시에 먼저 교회를 설립하고 그 교회로 하여금 주변 지역을 복음화 하도록 전략을 세운 듯하다. 바울은 고린도에서 약 18개월 간 머물렀고(행 18:11), 에베소에서는 약 3년 간 머물면서 복음을 전하고 교회를 세워 나갔다(행 20:31). 셋째, 바울의 도시 선교의 또 다른 특징은 자신의 복음에 대한 확신을 전달하기 위해 많은 노력을 기울였다는 사실이다. 누가는 바울의 복음 전도를 묘사하면서 '권면한다'라는 용어를 자주 사용한다(행 18:4, 13; 19:8). '권면하다'(πείθω)라는 용어는 상대방을 설복시킨다는 뜻을 가지고 있다.26)

---

25) John Stott, *The Spirit, the Church and the World*, p. 293.
26) A. Sand, "πείθω," *EDNT*, vol. 3, p. 63; O. Becker, "πείθομαι," *The New International Dictionary of New Testament Theology*, Vol. 1 (Grand Rapids: Zondervan, 1975), pp. 589-90.

■ 연구 문제 ■

1. 바울의 3차 전도여행의 경로를 설명하라(행 18:23-21:17).
2. 바울의 에베소 사역의 특징을 설명하라(행 19:23-41; 20:18-21; 고전 16:8).
3. 바울이 제 3차 전도여행 시 고린도에서 로마서를 쓴 의의를 복음확산의 관점에서 논의하라(행 20:1-3; 롬 1:9-15; 15:22-1).
4. 바울이 에베소 장로들에게 행한 설교의 특징을 설명하라(행 20:17-35).
5. 바울의 도시 전도전략의 특징을 설명하라(행 18:7; 19:9; 20:31).
6. 바울이 예루살렘에서 당할 고난에 대한 성령의 인도가 상충되는 것인지 아니면 다른 해석이 가능한지 논의하라(행 20:22-23; 행 21:4, 11).

11
핍박과 바울의 복음 증거(21:18-26:32)

"20 그들이 듣고 하나님께 영광을 돌리고 바울더러 이르되 형제여 그대도 보는 바에 유대인 중에 믿는 자 수만 명이 있으니 다 율법에 열성을 가진 자라 21 네가 이방에 있는 모든 유대인을 가르치되 모세를 배반하고 아들들에게 할례를 행하지 말고 또 관습을 지키지 말라 한다 함을 그들이 들었도다 2 그러면 어찌할꼬 그들이 필연 그대가 온 것을 들으리니 23 우리가 말하는 이대로 하라 서원한 네 사람이 우리에게 있으니 24 그들을 데리고 함께 결례를 행하고 그들을 위하여 비용을 내어 머리를 깎게 하라 그러면 모든 사람이 그대에 대하여 들은 것이 사실이 아니고 그대도 율법을 지켜 행하는 줄로 알 것이라 25 주를 믿는 이방인에게는 우리가 우상의 제물과 피와 목매어 죽인 것과 음행을 피할 것을 결의하고 편지하였느니라 하니 26 바울이 이 사람들을 데리고 이튿날 그들과 함께 결례를 행하고 성전에 들어가서 각 사람을 위하여 제사 드릴 때까지의 결례 기간이 만기된 것을 신고하니라"(행 21:20-26, 개역개정).

"25 바울이 이르되 베스도 각하여 내가 미친 것이 아니요 참되고 온전한 말을 하나이다 26 왕께서는 이 일을 아시기로 내가 왕께 담대히 말하노니 이 일에 하나라도 아시지 못함이 없는 줄 믿나이다 이 일은 한쪽 구석에서 행한 것이 아니니이다 27 아그립바 왕이여 선지자를 믿으시나이까 믿으시는 줄 아나이다 28 아그립바가 바울에게 이르되 네가 적은 말로 나를 권하여 그리스도인이 되게 하려 하는도다 29 바울이 이르되 말이 적으나 많으나 당신뿐만 아니라 오늘 내 말을 듣는 모든 사람도 다 이렇게 결박된 것 외에는 나와 같이 되기를 하나님께 원하나이다 하니라 30 왕과 총독과 버니게와 그 함께 앉은 사람들이 다 일어나서 31 물러가 서로 말하되 이 사람은 사형이나 결박을 당할 만한 행위가 없다 하더라 32 이에 아그립바가 베스도에게 이르되 이 사람이 만일 가이사에게 상소하지 아니하였더라면 석방될 수 있을 뻔하였다 하니라"(행 26:25-32, 개역개정).

1. 예루살렘(행 21:18-23:11)

바울 일행은 예루살렘에 도착하여 기쁨의 영접을 받았다. 다음날 바울 일행은 야고보와 교회의 장로들을 만났다. 그들은 기쁨과 감사로 바울 일행을 영접했다. 바울은 야고보와 교회장로들에게 이방인들 가운데서의 복음전도에 대한 긴 보고를 드렸다. 그들은 이 보고를 듣고 모두 하나님께 영광을 돌렸다(행 21:19, 20). 그런데 바울의 율법에 대한 태도와 유대인들의 모세율법에 대한 열심이 의논의 주제가 되었다(행 21:20).

야고보와 장로들은 유대 기독교인들이 바울의 율법에 대한 태도를 이해할 수 없을까 봐 두려워한 듯하다. 물론 유대인 불신자들은 바울의 태도를 이해할 수 없었다. 교회의 지도자들은 바울의 예루살렘 방문 때문에 어떤 사건이 발생할 것을 예측했다. 그러므로 그들은 바울에게 모세의 율법에 대해 긍정적인 태도를 가지고 서원한 다른 네 사람과 함께 성전에서 결례를 행하라고 권한다(행 21:23-26).

교회 지도자들이 권하는 계획을 그대로 실천하기로 하고 바울은 다른 네 사람과 함께 서원하고 머리를 깎고 결례를 행하게 되었다. 바울이 교회 지도자들의 제안을 따른 것은 구원 방법에 관한 교리적인 문제의 양보가 아니라 문화와 의식과 전통에 관한 양보였다.[1] 바울은 예루살렘 공회에서 할례가 구원의 요건이 아님을 결정했음에도 불구하고 얼마 되지 않아 디모데에게 할례를 행했다(행 16:2-3). 이 시점에서 할례를 행하는 것은 바울의 대담성을 보여주고 바울의 고차원적인 자유를 보여준다. 바울로서는 할례를 행하건 행하지 않건 그것은 큰 문제가 되지 않았다. 바울은 결례를 행하는 것이 오해를 불러일으킬 수 있는 행동이지만 그리스도의 복음 전파에 유익하다면 담대하게 실행에 옮겼다. 왜냐하면 예루살렘 공회의 결정으로 할례는 구원의 요건과 무관하기 때문이다. 바울이 교회의 지도자들의 제안을 받아들여 결례를 행한

---

[1] John Stott, *The Spirit, the Church, and the World*, p. 342.

것도 같은 이치에서이다. 브루스(F. F. Bruce)는 "바울처럼 진정으로 자유함을 얻은 사람은 자기 자신의 자유 함에 속박 당하지 않는다."2)라고 바울의 그리스도 안에서의 자유 함을 잘 묘사한다. 바울의 이런 자유는 "내가 여러 사람에게 여러 모습이 된 것은 아무쪼록 몇 사람이라도 구원하고자 함이니"(고전 9:22)의 원리에 따라 실행된 것이다.

바울을 포함한 다섯 사람이 드리는 특별예배의 기간은 7일간이었다(행 21:27). 처음 6일은 방해받지 않았지만 7일째 되는 날 아시아에서 온 유대인들이 백성을 자극해 폭동을 일으켰다. 그 폭동은 바울이 이방인을 성전에 데리고 갔다는 거짓 비난에 의해 책동된 것이었다. 그들의 비난은 전혀 근거가 없는 것이었다. 유대인들이 에베소 사람 드로비모(Trophimus)가 바울과 함께 성내에 있었던 것을 본 것 이외에는 다른 근거가 없었다(행 21:29). 유대인들은 바울을 성전 밖으로 끌고 나가 죽도록 때렸다.

로마 군대의 천부장이 병정들을 데리고 와서 거의 죽도록 매 맞은 바울을 구했다. 천부장은 바울이 이전에 난을 일으킨 애굽 출신 유대인으로 생각했었다. 바울이 헬라 말로 천부장에게 말할 때에야 천부장은 바울이 애굽출신 유대인이 아님을 깨닫고 폭도들에게 말할 수 있는 기회를 주었다. 바울이 폭도들 앞에서 행한 변호가 사도행전 22:1-21에 기록되었다. 그는 무리들에게 히브리 방언으로 말했다(행 21:40; 22:2). 바울은 먼저 자신이 유대인으로 출생한 사실, 그의 배경, 가말리엘(Gamaliel) 문하에서 배운 사실, 율법에 대한 자신의 열심, 그리고 그리스도의 도(道)를 심히 핍박한 사실을 말한다. 그리고 예수 믿는 자를 핍박하기 위해 다메섹으로 가다가 회개하게 된 사실을 자세하게 설명한다. 바울은 자신의 회개경험을 자세히 말한다. 여기에 기록된 바울의 회개 경험은 사도행전 9:1-18의 기록과 연관시켜 읽어야 한다.3) 바울은 그가

---

2) F. F. Bruce, *The Book of the Acts* (*NICNT*), p. 432, n. 39 : "A truly emancipated spirit such as Paul's is not in bondage to its own emancipation."

어떻게 음성을 들었고, 어떻게 예수 믿도록 도전 받았으며, 어떻게 소경이 되고 그리고 어떻게 후에 다시 보게 되었는지를 자세히 설명한다. 바울은 또한 어떻게 죄 용서함 받는 세례를 받았고 어떻게 주님을 경배했는지 설명한다.

그 후 바울은 다른 기록에서 찾을 수 없는 한 사건에 대한 이야기를 한다(행 22:17-20). 바울은 그가 예루살렘에 돌아와서 성전에서 기도할 때에 비몽사몽간에 예수 그리스도를 보았다. 예수님은 바울에게 "속히 예루살렘에서 나가라 그들은 네가 내게 대하여 증언하는 말을 듣지 아니하리라"(행 22:18)고 말했다. 바울은 이에 대해 예루살렘에 있는 모든 사람들이 자기가 교회를 핍박하고 스데반의 순교에 가담한 사실을 알고 있기 때문에 자기를 반대하지 않을 것이라고 대답했다. 그러나 주님은 "떠나가라 내가 너를 멀리 이방인에게로 보내리라"(행 22:21)라는 확고한 명령을 하셨다. 이 말까지 했을 때 유대인들이 다시 폭동을 일으켰다(행 22:22). 이때에 천부장이 바울을 영문 안으로 데리고 들어가도록 명했다. 그리고 바울을 채찍질하도록 명했다. 병정들이 채찍질할 준비를 할 때에 바울이 곁에 서 있는 백부장에게 로마시민을 정죄하지도 않고 채찍질하는 것이 법에 합당한지를 물었다. 바울이 로마 시민이라는 소리를 백부장에게 들은 천부장은 직접 바울을 심문했다. 천부장이 많은 돈을 들여 로마 시민권을 얻었다고 하자 바울은 "나는 나면서부터라"(행 22:28)라는 유명한 말로 대답했다.

다음날 천부장인 글라우디오 루시아(Claudius Lysias)가 사건의 진상을 알기 위하여 공회를 주선하고 그 앞에 바울을 세워 심문 받게 했다(행 22:30). 바울과 공회와의 면담은 험악한 분위기였다. 바울은 먼저 자신이 하나님 앞에서 깨끗한 양심으로 살았다고 증언했다.

바울이 "여러분 형제들아 오늘까지 나는 범사에 양심을 따라 하나님

---

3) 사도행전에 바울의 회개 경험이 세 번 기록되어 있다. 행 9:1-18; 22:6-16; 26:12-26의 구절이 그것들이다.

을 섬겼노라"(행 23:1)라고 말했을 때 왜 대제사장 아나니아(Ananias)가 바울의 입을 치라고 명했을까? 이는 아마도 아나니아가 바울의 말이 신성모독이나 다름없다고 생각했었기 때문에 그랬을 것이다.

입을 얻어맞은 바울이 "회칠한 담이여 하나님이 너를 치시리로다 네가 나를 율법대로 심판한다고 앉아서 율법을 어기고 나를 치라 하느냐"(행 23:3)라고 반박한다. 그 때 옆에 섰던 사람이 바울이 비방하는 대상이 대제사장임을 밝히자 곧 "나는 그가 대제사장인 줄 알지 못하였노라"(행 23:5)라고 사과한다. 어떻게 바울이 그가 대제사장인줄 알지 못했을까?

헨첸(E. Haenchen)은 이 부분을 해석하면서 이 부분은 "너무 믿기 어려워 신학자들로 하여금 필사적인 노력을 하게 한다"4)라고 평한다.

① 어떤 이는 "이 재판이 비공식적인 모임이었고 대제사장이 제사장 옷을 입지 않았기 때문에 분별하기가 어려웠다"라고 한다.

② 어떤 이는 관정에서 떠드는 소리 때문에 바울이 누가 그의 입을 치라고 했는지 알지 못했기 때문이라고 한다.

③ 어떤 이는 "당신과 같은 사람이 어떻게 대제사장이 될 수 있겠는가"라고 냉소적으로 말한 것이라고 한다.5)

④ 스토트는 바울의 시력이 약한 관계로 관정 저편에 있는 사람 모습을 정확하게 보지 못해서 생긴 일이라고 해석한다.6)

⑤ 키스터마커는 바울이 입을 얻어맞고 예의에 어긋난 대우를 받자 잠시 화가 나서 그런 말을 했지만 곧 마음을 가다듬고 모세의 법(출 22:28)을 인용하여 사태를 수습했다고 해석한다. 키스터마커는 누가가 약점을 가진 인간 바울을 묘사하고 있다고 해석한다.7)

---

4) E. Haenchen, *The Acts of the Apostles: A Commentary* (Basil: Blackwell, 1971), p. 640.
5) Calvin, *The Acts of the Apostles*, Vol. II, pp. 229-30.
6) J. Stott, *The Spirit, The Church and the World*, p. 352.
7) Kistemaker, *Acts* (*NTC*), p. 811.

그러나 문맥에 비추어 볼 때 누가는 바울이 공회를 주목하였다고 기록하고(행 23:1), 바울이 "회칠한 담이여 하나님이 너를 치시리로다"(행 23:3)라고 말한 대상이 대제사장 아나니아 임을 옆에 선 사람이 확인해 주자 바울이 "나는 그가 대제사장인 줄 알지 못하였노라" (행 23:5)라고 말한 것으로 보아 바울은 처음에 대제사장을 알아 볼 수 없었다고 생각하는 것이 옳다.

바울이 바리새인들과 사두개인을 갈라놓게 한 것은 바른 동기에서가 아니지 않은가?(행 23:6-7)라고 질문하는 사람이 있다. 바울은 공회 앞에서 정당한 심판을 받을 수 없는 것을 깨닫고 지혜로운 방법으로 공회를 혼란에 빠뜨리게 만들었다. 바울은 자신이 바리새인으로 부활을 가르침으로 심문을 받는다고 외쳤다. 이로 인해 부활을 믿는 바리새인과 부활을 믿지 않는 사두개인 사이에 분쟁이 일어나 공회가 혼란에 빠지고 말았다(행 23:7-10). 바울은 부활교리를 믿었으며 그리고 이 부활교리야 말로 기독교의 근본이라고 생각했다. 그러나 사두개인들의 입장이 바울의 부활교리를 받을 수 없었기 때문에 결국 부활을 믿는 바리새인들과 다투게 된 것뿐이다. 그리하여 큰 분쟁이 나서 천부장이 바울이 찢겨질까 염려하는 상황에 이르게 되었다(행 23:10). 여러 가지 상황으로 보아 바울이 살아서 예루살렘을 떠날 수 있을는지 의심스럽게 되었다. 이 때에 주님은 바울에게 밤에 나타나신다. "담대하라 네가 예루살렘에서 나의 일을 증언한 것 같이 로마에서도 증언하여야 하리라"(행 23:11; 참조, 행 9:15). 주님은 적절할 때 바울을 격려하고 계신다.

2. 바울을 죽이려는 유대인의 음모(행 23:12-35)

40여명의 유대인들이 당을 지어 바울을 죽이지 않으면 먹지 않겠다고 굳게 맹세했다. 그들은 바울을 죽이지 않고는 먹지도 않고 마시지도 않겠다고 맹세를 했다(행 23:12-13). 이 과격파 유대인들의 음모는 바울의 생질에 의해 탄로가 났다. 바울의 생질이 이 음모의 사실을 바울을 통해 천부장에게 알렸다.8) 천부장 루시아(Lysias)는 즉시 바울을 가이사랴로 호송할 계획을 세웠다.

천부장은 백부장을 시켜 밤 제 3시(저녁 9시)에 가이사랴까지 갈 보병 200, 마병 70, 창군 200명 도합 470명을 준비해 바울을 호송케 했다. 470명은 그 병영의 거의 절반의 군대에 속한다. 그렇다면 한 사람의 보호를 위해 이렇게 많은 군대가 필요했을까?

그래서 어떤 이는 창군($\delta\varepsilon\xi\iota o\lambda\alpha\beta o\upsilon\varsigma$)이 창을 든 군인이 아니라 중간에 교대하는데 필요한 '끌고 가는 말들'로 번역해야 한다고 제시한다(행 23:23).9) 그러나 예루살렘에서 가이사랴까지는 약 40마일 정도이며 마병이 70이요 보병이 200명인 것으로 보아 '끌고 가는 말들'로 번역할 수는 없다. 마병이 70인데 왜 마병의 말을 교대할 끌고 가는 말이 200일까? 한 번 교대를 예상했으면 140이 되어야 하고 두 번 교대를 예상했으면 210이 되어야 하지 않을까? 그리고 보병 200은 말을 타고 가지 않았을 것이기 때문에 200마리의 끌고 가는 말이라는 생각은 잘 맞지 않는다. 그리고 보병은 안디바드리(Antipatris)까지 호송 책임을 완수하고 이튿날 마병에게 바울을 계속 호송하도록 한 후 영문으로 돌아갔다(행 23:31-32). 그렇게 철저한 보호는 하나님의 사역자 바울을 목숨까지 걸고 죽이겠다는 유대인들로부터 보호하시는 하나

---

8) 어떤 이는 "바울의 생질이 병영 안의 감옥에 있는 바울에게 이처럼 쉽게 접근할 수 있었다면 바울을 죽이려는 폭도들은 바울에게 왜 접근할 수 없었을까"라고 의문을 표시한다. 그러나 그 당시의 감옥 상황은 친구들이 죄수를 쉽게 방문할 수 있도록 되어 있었느나. cf. J. Stevenson, *A New Eusebius* (London: SPCK, 1957), p. 135. 설혹 폭도들이 병영 속에 있는 바울을 방문할 수 있었다고 해도 바울을 죽일 수는 없었을 것이다.
9) Kirsopp Lake, *The Beginnings of Christianity*, IV (New York: The Macmillan Company, 1932), p. 293.

님의 방법이라고 생각된다. 40명의 격렬 분자와 그들의 동조자들로부터 바울을 보호하기 위해서는 군인들의 숫자가 월등하게 많지 않으면 임무를 성공시킬 수 없었던 것이다. 이런 의미에서 로마의 천부장은 훌륭한 군인 전략가였다.

470명의 로마군대가 예수 그리스도의 이름과 복음 때문에 감금된 죄수 한 사람의 안전을 위해 동원되었다. 천부장 루시아는 총독 벨릭스(Felix)에게 보낸 편지에서 바울이 송사 당하는 이유를 분명히 밝히고 또한 바울을 죽이려는 음모가 있기 때문에 총독에게 보낸다는 사실을 기록하여 바울을 가이사랴로 보낸다.

사도행전 23:26-30은 천부장 루시아가 총독 벨릭스에게 보낸 편지 내용이다. 이 편지를 어떻게 누가가 입수하여 여기 기록했을까? 어쩌면 이 편지가 관정에서 낭독되었을 수 있고 혹은 벨릭스가 바울에게 그 내용을 밝혔고 그것을 바울이 누가에게 전했을 수 있다(참고, 행 23:34; 24:24). 그런데 편지 내용에서 천부장 루시아는 간교한 조작을 한다. 그는 바울이 유대인에게 붙잡혀 죽게 된 것을 로마 사람인 줄 알고 군사를 거느리고 가서 구했다고 말한다. 루시아는 바울이 로마 사람인 줄을 미리 알고 그를 구했다고 말한다. 그러나 실제는 그가 구한 후에 바울을 결박하여 채찍질하려고 할 때 바울이 로마시민권 소유자임을 밝혀서 알게 된 것이다(행 21:32; 22:22-29 참조).

여기서 우리는 자신의 유익을 위해 사실을 왜곡시킨 인간의 모습을 본다. 누가는 바울을 송사하는 사실에서 유대인들의 편견과 거짓을 드러내는 한편, 또한 로마사람들의 관용과 공의를 드러내고 있는 것이다.

3. 가이사랴의 감옥생활(행 24:1-26:32)

바울은 이제 가이사랴(Caesarea)에서 로마병정들의 보호아래 유대인들의 폭행으로부터 안전하게 되었다. 바울은 가이사랴에서 2년 간 감금 생활을 하게 된다(행 24:27). 그동안 그는 존경을 받고 방문객을 맞을 수 있었으며 그의 복음전도의 소명을 감당할 수 있을 만큼 자유를 누리면서 지냈다.

총독 벨릭스(Felix)는 기독교 신앙과 바울이 기독교운동의 지도자로서 중요한 위치에 있다는 것을 약간 알고 있는 사람이었다. 그래서 그는 뇌물을 받을 수 있을 줄 생각하고 바울을 감금하여 두었다(행 24:26). 벨릭스는 바울 사건에 대한 결정을 연기하다 결국 로마로 소환을 받게 되고 바울은 그의 후계자에게 맡겨진다(행 24:27).

가이사랴의 감옥생활은 바울에게 자유가 있었다. 그는 친구를 만나 볼 수 있었고 벨릭스(Felix)와 그의 아내 드루실라(Drusilla)와 함께 기독교 신앙에 대해 이야기할 수 있었다(행 24:24-25). 이때에 바울은 기독교 신앙을 벨릭스에게 전했다. 성경은 이 사실을 "바울이 의와 절제와 장차 오는 심판을 강론하니 벨릭스가 두려워하여 대답하되 지금은 가라, 내가 틈이 있으면 너를 부르리라"(행 24:25)라고 말한 것으로 증언한다.

바울과 이런 대화를 나눈 벨릭스가 바울에게 자유는 주었지만 뇌물을 바라고 바울 사건을 처리하지 않고 연기하다가 문제를 해결하지 못한 채 로마로 소환 당하고 말았다.

(1) 총독 벨릭스 앞에선 바울(행 24:1-27)

벨릭스는 바울을 송사하는 사람이 예루살렘으로부터 도착하면 그를 심문하기 위해 바울을 헤롯 궁에 가두어 둔다(행 23:35). 5일 후에 대제사장 아나니아가 장로들과 함께 변사인 더둘로(Tertullus)를 대동하고 가이사랴에 도착했다.

① 더둘로가 바울을 고소한다(행 24:2-9).

더둘로는 오늘날의 제도로는 검사에 해당한다. 더둘로는 벨릭스에게 아첨하는 말로 고소를 시작한다(행 24:3-4 참조). 더둘로의 고소 내용은 주로 셋으로 요약된다.

첫째, "이 사람은 전염병 같은 자라 천하에 흩어진 유대인을 다 소요하게 하는 자"(행 24:5) 이다. 바울이 전염병으로 유대인을 다 소요하게 하는 자라고 말한다. 그 당시 정치적인 상황으로 이 고소는 상당히 심각한 고소이다.

둘째, 바울은 '나사렛 이단의 우두머리'이다(행 24:5).[10] 여기 사용된 '이단'(αἱρέσεως)이란 말은 사도행전에서 '사두개인의 당파'(행 5:17)라고 할 때도 사용되었고 '바리새파'(행 15:5; 26:5)라고 할 때도 사용되었으므로 오늘날 사용하는 '이단'의 의미보다는 당파나 분파를 가리키는 뜻으로 사용되었다고 생각함이 타당하다.

셋째, 바울은 "성전을 더럽게 하는 자다"(행 24:6). 이는 에베소 사람 드로비모의 사건과 연관된 듯하다(행 21:29). 이는 유대인들이 곡해했던 사건이다.

더둘로는 이런 고소 이유 때문에 바울을 잡았다고 점잖하게 말한다 (행 24:6). 그러나 실제로는 유대인들이 바울을 마구 때리고 린치를 하려고 했다(행 21:30-31).

② 바울의 변호(행 24:10-21)

바울은 벨릭스 총독의 허락을 받고 더둘로가 고소한 내용에 대해 변호를 시작한다.

첫째 고소, "소요하게 하는 자"라고 고소한 내용에 대한 변호.

바울은 예루살렘에 올라 간지 12일밖에 되지 않았기 때문에 시간적으로 폭동을 일으킬 수 있는 상황이 아니며(행 24:11), 예루살렘에서

---

10) 신약성경 중 이곳에서만 '나사렛'이란 용어가 기독교인을 가리키는데 사용된다.

내가 백성을 소동하게 했다는 사실에 대해 증인들이 없다고 답한다(행 24:11-13).

둘째 고소, "나사렛 이단의 우두머리"라고 고소한 내용에 대한 변호.

바울은 자신이 나사렛 이단의 추종자임을 밝힌다. 바울은 '도를 따르는' 사람이었지 유대인들의 고소 내용처럼 이단은 아니라고 변호한다.

바울은 자신이 조상의 하나님을 섬기고, 율법과 선지자의 글에 기록된 것을 믿고, 그리고 하나님께 대한 소망이 유대인들의 소망과 같다고 고백한다(행 24:14-15).

셋째 고소, "성전을 더럽게 하는 자"라고 고소한 내용에 대한 변호.

바울은 성전을 더럽혔다는 사실에 대해서는 완강히 부인한다. 그 이유는 그들의 고소 내용이 진실이 아니었기 때문이다.

③ 벨릭스의 판결 연기(행 24:22-27)

벨릭스는 '도에 관한 것'(행 24:22)을 다른 사람들 보다 비교적 잘 알고 있었다. 이는 그의 유대인 아내 드루실라(Drusilla)에 의해 가능했을 수 있다. 드루실라는 헤롯 아그립바 I세의 막내딸이었다. 그래서 드루실라는 헤롯 아그립바 II세와 버니게의 동생이 된다(행 25:13). 드루실라는 미인이었기 때문에 벨릭스가 유혹하여 본 남편을(Azizus, King of Emesa) 떠나게 하고 아내로 맞이했다. 드루실라는 벨릭스의 세 번째 아내였다.

그런데 벨릭스는 바울을 판결하는데 입장이 난처했다. 그 이유는 첫째, 글라우디오 루시아가 바울의 무죄를 천명했고(행 23:29), 둘째, 공회(Sanhedrin)도 역시 바울에게서 죄를 확정할 수 없었으며(행 23:9), 셋째, 변사 더둘로(Tertullus)도 바울이 죄인이라는 명백한 근거를 제시하지 못했다(행 24:1-8).

그래서 벨릭스는 바울의 무죄를 선언해야 함에도 불구하고 두 가지 이유로 바울을 감옥에 가두어 두고 판결을 연기하였다. 그 첫째 이유는 뇌물을 바울에게서 받을 소망이 있었으며(행 24:26), 둘째 이유는 유대인들의 환심을 사고자(행 14:27)했기 때문이다.

벨릭스는 우유부단한 태도로 뇌물을 받을 생각과 유대인의 환심을 사기 위해 바울을 판결하지 않고 가이사랴 감옥에 2년이나 가두어 두었다. 결국 벨릭스는 바울의 문제를 해결하지 못한 채 후임 베스도에게 그의 자리를 물려주고 로마로 소환 당했다(행 24:27).[11]

(2) 베스도의 부임과 심문 받는 바울(행 25:1-26:32)

벨릭스의 후계자로 부임한 새로운 총독은 보르기오 베스도(Porcius Festus)였다(행 25:1).[12] 베스도가 예루살렘으로 올라가자마자 그는 유대인들로부터 바울을 심문하겠으니 가이사랴에서 예루살렘으로 데려 오라는 요청을 받았다. 베스도는 얼마 있다 자신이 가이사랴로 떠날 것을 말하고 유대인들의 대표자들을 가이사랴로 보내라고 명했다(행 25:5).

유대인들의 대표자들이 가이사랴에서 바울을 송사하지만 자신들의 송사의 정당성을 증명하지 못했다(행 25:6-8). 이에 베스도가 바울에게 예루살렘에 올라가 심문 받기를 원하느냐고 물었다. 베스도의 이런 질문은 유대인들의 환심을 사기 위해서였다(행 25:9).

바울은 예루살렘 공회(Sanhedrin) 앞에서는 정당한 재판을 받을 수 없을 것을 깨닫고 자신이 로마시민인고로 자신의 문제를 가이사(Caesar)가 판단해 주도록 정식으로 요청했다(행 25:9-12).

---

11) 요세푸스는 벨릭스가 유대인들과 시리아인들 사이의 분쟁을 너무 야만적으로 진압시켰기 때문에 로마로 소환되어 엄한 형벌을 받을 뻔했으나 Pallas가 네로(Nero) 황제에게 호소하여 형벌을 면제받았다고 기술한다. cf. Flavius Josephus, *The Works of Flavius Josephus*, Vol.Ⅳ (Grand Rapids: Baker, 1974), pp. 136-37 (*Antiquities of the Jews*, Book XX, Chapter 8, Sections 7 and 9.)

12) F. Josephus, *Antiquities of the Jews*, BK. XX, chap. 8, sec. 9, 10.

① 베스도 앞에서 행한 바울의 변호(행 25:6-12)

누가는 유대인들이 어떤 죄목으로 바울을 고소했는지 구체적으로 설명하지 않는다. 그러나 바울의 변명에서 그 내용이 밝혀진다. 유대인들이 고소한 내용은 유대인의 율법, 성전, 그리고 가이사에게 관한 것(행 25:8)으로 요약된다.13) 바울을 고소한 내용에는 종교적 특성과 정치적인 특성이 혼합되어 있다. 바울이 일으켰다는 소위 소요는 그 기원은 종교적이지만 그 성격상 사회적인 문제가 결부되어 있다(행 24:5-6). 그래서 로마 군대가 개입하게 되었다. 바울은 로마 법정에서 오히려 공의를 기대할 수 있으리라 믿고 자신의 재판을 가이사에게 맡긴다(행 25:11). 베스도는 바울의 호소를 배석자들과 의논한 후 허락한다(행 25:12).

② 베스도가 아그립바 Ⅱ세에게 바울이 고소당한 내용을 설명함(행 25:13-22)

베스도가 바울을 심문한 직후 헤롯 아그립바 Ⅱ세(Herod Agrippa II)와 그의 여동생 버니게(Bernice)가 베스도를 방문하여 총독으로 새로 부임한 것을 축하했다. 이때에 베스도는 그들에게 바울이라는 사람이 가이사에게 호소한 사실을 설명했다. 바울은 아그립바왕과 버니게 앞에 설 수 있도록 허락 받았다. 베스도는 바울을 소개하고 바울이 율법문제로 구류된 것과 그가 황제에게 호소한 사실을 설명했다. 아그립바는 바울이 왜 갇혀있는지 그 이유를 바울로부터 듣기를 원했다. 이때에 바울은 그의 기독교 신앙에 대한 유명한 변증을 하게 된다(행 26:1-32 참조).

③ 아그립바 Ⅱ세 앞에 선 바울(행 25:23-26:32)

아그립바 Ⅱ세 앞에서의 바울의 심문은 바울이 받은 다섯 번의

---

13) 이와 같은 고소 내용은 유대인들이 상습적으로 사용한 거짓 죄목들이다. 유대인들이 스데반을 고소할 때도 비슷한 죄목을 사용했다(행 6:13).

심문 중 가장 긴 심문이었다.14) 심문이 긴 만큼 바울의 변호 역시 길었다.

첫째, 베스도가 아그립바 II세에게 사건을 소개한다(행 25:24-27).

베스도의 사건 소개는 진실과 거짓의 혼합으로 이루어져 있다. 진실은 유대인들이 바울을 죽여야 한다고 예루살렘에서와 가이사랴에서 두 번 고소한 사실과, 베스도 자신이 바울에게서 죽일만한 죄를 찾지 못한 점이다(행 25:24-25). 거짓은 베스도가 "황제께 확실한 사실을 아뢸 것이 없으므로"(행 25:26)라고 말했는데 사실은 그가 황제에게 "바울은 죄가 없다"라고 보고했어야 했다.

둘째, 바울의 변호(행 26:1-23)

락함(R. B. Rackham)은 "헤롯가의 창시자 헤롯대왕은 아기 예수를 죽이려고 했다. 그의 아들 갈릴리의 분봉 왕 헤롯 안디바는 세례요한을 목 베었으며 예수님으로부터 '여우'라는 명칭을 들었다. 그의 손자 헤롯 아그립바 1세는 세베대의 아들 야고보를 칼로 목 베어 죽였다. 이제 우리는 아그립바 1세의 아들(아그립바 II세) 앞에 바울이 서 있음을 본다"15)라고 헤롯가(家)와 기독교와의 악연을 잘 설명했다.

바울은 아그립바 II세의 허락을 받아 자신을 변호한다. 바울은 먼저 자신의 성장 배경을 설명한다(행 26:4-8). 바울은 "우리 종교의 가장 엄한 파를 따라 바리새인의 생활을 하였다"(행 26:5)라고 진술한다. 이 말씀은 바울이 "가말리엘의 문하에서 우리 조상들의 율법의 엄한 교훈을 받았고"(행 22:3)라고 말한 내용과 맥을 같이 한다. 그러므로 바리새인들이 자신을 고소하는 것은 이치에 맞지 않다고 바울은 말하고 있는 것이다. 바울은 심문 받는 이유가 "하나님이 우리 조상에게

---

14) 바울이 받은 다섯 번의 심문은 다음과 같다. ① 유대인들 앞에서 받은 심문(행 22:1-16), ② 공회 앞에서 받은 심문(행 23:1-10), ③ 벨릭스 앞에서 받은 심문(행 24:1-23), ④ 베스도 앞에서 받은 심문(행 25:1-9), 그리고 ⑤ 아그립바 II세 앞에서 받은 심문(행 26:1-32) 이다.

15) R. B. Rackham, *The Acts of the Apostles: An Exposition*, p. 457.

약속하신 것"(행 26:6) 때문이라고 밝힌다. 그리고 바울은 이스라엘 백성들이 하나님의 약속성취를 바라는 그 소망이 예수 그리스도 안에서 성취되었음을 확실히 한다.16)

다음으로 바울은 자신이 그리스도를 심하게 핍박했다고 고백한다(행 26:9-11). 바울은 자신이 개종하기 전에는 '예수의 이름을 대적'(행 26:9)하는 삶이 그의 일상의 삶이었다고 고백한다. 그래서 바울은 자신이 예수의 추종자들을 핍박했고 대제사장의 허락 하에 기독교인들을 옥에 가두고 죽이는 데 가편 투표를 던졌다고 말한다. 여기서 '가편 투표'를 던졌다는 뜻은 스데반의 순교 시에 자신의 역할을 설명하는 것이요(행 7:58; 22:20 참조) '외국성'까지 가서 핍박했다는 뜻은 다메섹까지 기독교인을 찾아 나선 자신의 여행을 가리킨다(행 9:1-3 참조).

그 다음으로 바울은 자신의 회심과 사명을 설명한다(행 26:12-18). 바울은 자신의 일행이 기독교인을 핍박하기 위해 다메섹으로 가는 도중 '해 보다 더 밝은 빛'(행 26:13)이 자신과 일행을 비치므로 일행 모두가 땅에 엎드러졌다고 증언한다. 그 때 바울은 히브리 방언으로 한 음성을 듣는다. "사울아 사울아 네가 어찌하여 나를 박해하느냐 가시채를 뒷발질하기가 네게 고생이니라"(행 26:14). 여기서 바울은 적어도 두 가지의 진리를 깨닫는다. 하나는 바울 자신이 죽었다고 생각한 예수가 살아 있다는 사실이요, 또 하나는 기독교인을 핍박하는 것은 예수 그리스도를 핍박하는 것이라는 사실이다.

그런데 세 곳에 기록된 바울의 회심 기록(행 9:3-18; 22:6-16; 26:12-18)이 거의 비슷하지만 본문에 나타난 "가시채를 뒷발질하기가 네게 고생이니라"는 특이한 표현이다. 이 말은 농업 생활에서 얻어진 격언이다. 브루스는 이 격언의 뜻을 해석하면서 바울의 마음속에 그리스도교가 진리라는 의식이 있었음을 가리킨다고 해석한다. 브루스는 스데반이

---

16) '소망'은 바울이 자신을 변호할 때 자주 사용하는 용어이다. 참조, 행 23:6; 24:15; 26:6-7; 28:20).

순교할 때의 설교와 태도는 바울이 용납할 수 있는 이상으로 설득력이 있어서 거기에서 바울은 큰 감명을 받고 이런 의식을 억누르기 위해 더욱 열심히 기독교를 핍박했을 것이라고 해석한다.17) 브루스의 이런 해석은 바울의 회심에 바울의 양심의 가책이 한 몫을 한 것으로 해석할 수밖에 없기 때문에 받기 어렵다.

반면 스패로-심슨(Sparrow-Simpson)은 "미련한 황소가 가시채를 뒷발질하면서도 자기 길로만 가려는 것처럼 사울도 자기의 길 외에 더 나은 길이 있음을 알지 못했다. 바울은 하나님이 그를 위해 정해 놓은 길을 알지 못하고 자신의 길을 열심히 걸어갔다"라고 해석한다. 이 해석은 바울의 회심의 초자연적인 성격을 인정하는 해석이다.18) 바울은 다메섹 도상의 사건을 통해 자신이 사도로 임명된 사실을 밝힌다. 예수님은 바울에게 나타나셔서 바울을 사환과 증인으로 삼으셨고(행 26:16), 바울을 이스라엘과 이방인들로부터 구하셨고(행 26:17), 구원의 진리를 선포할 수 있도록 보내셨다(행 26:17-18). 이 말씀은 바울이 사도로서 임명을 받고 보냄을 받은 사실을 증언한다.

바울의 변증은 아그립바와 베스도 그리고 바울의 유명한 대화로 끝을 맺는다. 베스도는 "바울아 네가 미쳤도다 네 많은 학문이 너를 미치게 한다"(행 26:24)라고 말했고, 아그립바왕은 바울이 예수를 믿으라고 권고할 때 "네가 적은 말로 나를 권하여 그리스도인이 되게 하려 하는도다"(행 26:28)라고 말했다. 이때에 바울은 "말이 적으나 많으나 당신뿐만 아니라 오늘 내 말을 듣는 모든 사람도 다 이렇게 결박된 것 외에는 나와 같이 되기를 하나님께 원하나이다"(행 26:29)라고 말했다.

바울과의 면담이 끝난 후, 아그립바왕은 바울이 가이사에게 호소하지만 않았으면 석방할 수 있을 뻔했다고 자신의 견해를 피력했다.

---

17) F. F. Bruce, *The Book of the Acts* (*NICNT*), p. 491.
18) R. P. C. Hanson, *The Acts*, p. 238. 본서 제 7장 해석 참조.

그러나 황제에게 하는 호소는 일단 요청하기만 하면 그대로 시행되어야 한다. 그때의 형편은 베스도가 바울을 황제에게 보내야 하는 고소의 조건을 찾을 수 없었고 바울이 로마에 도착하면 곧 석방될 것이 예상되었다.

④ 예수님이 받은 재판과 바울이 받은 재판 비교(눅 23:1-25; 행 23:29; 25:25; 26:31-32)

누가는 로마의 법정에서 바울이 재판 받는 일을 예수님과 비교한다. 누가는 로마의 법 제도가 완전하다고 믿지는 않지만(행 24:26 참조, 벨릭스의 뇌물 받을 가능성), 예수님의 경우나 바울의 경우나 동족들은 죄를 정하고 고소했으나 로마의 법은 무죄함을 선언한 사실을 기록한다.

예수님의 경우 빌라도는 세 번 예수님의 무죄를 선언한다.

첫째, 빌라도는 대제사장과 무리들에게 "내가 보니 이 사람에게 죄가 없도다"(눅 23:4)라고 선언했다.

둘째, 헤롯이 심판한 후 같은 대상에게 "내가 너희 앞에서 심문하였으되 너희가 고발하는 일에 대하여 이 사람에게서 죄를 찾지 못하였고"(눅 23:13-15)라고 말했다.

셋째, 빌라도는 무리가 "십자가에 못 박게 하소서"할 때 그들에게 세 번째로 말하기를 "이 사람이 무슨 악한 일을 하였느냐 나는 그에게서 죽일 죄를 찾지 못하였나니 때려서 놓으리라"(눅 23:22) 했다.

바울의 경우도 세 번 무죄임이 확증된다.

첫째, 바울 스스로도 무죄함을 천명하지만 천부장 글라우디오 루시아가 총독 벨릭스에게 편지하면서 "한 가지도 죽이거나 결박할 사유가 없음을 발견하였나이다"(행 23:29)라고 바울의 무죄를 인정한다.

둘째, 베스도가 아그립바 왕에게 말하기를 "내가 살피건대 죽일 죄를 범한 일이 없더이다"(행 25:25)라고 바울의 무죄를 인정한다.

셋째, 아그립바 왕이 바울을 심문한 끝에 (행 26:31-32)라고 바울의 "이 사람은 사형이나 결박을 당할만한 행위가 없다 하더라 …… 이 사람이 만일 가이사에게 상소하지 아니하였더라면 석방될 수 있을 뻔하였다"무죄를 인정한다.19)

누가는 이처럼 바울의 심판을 예수님의 심판과 병행시켜 생각할 수 있도록 서로 비슷한 점을 열거하며 동족은 그를 배척하고 고소하나 로마의 법이 그의 무죄를 인정하고 있음을 증거하고 있다. 바울이 제 1차 감금에서 풀려나고 목회서신을 쓰고 다시 활동한 사실은 이를 증명한 셈이다. 바울이 로마서 13:1-7에서 위에 세운 권세에 대해서 쓴 내용이 어느 정도 로마의 법 집행과 통하는 면이 있다.20)

■ 연구 문제 ■

1. 바울이 예루살렘에서 행한 설교의 특징을 설명하라(행 21:39-22:29).
2. 바울을 죽이기 위한 유대인들의 음모를 설명하라(행 23:12-35).
3. 대제사장과 장로들의 변호사 더둘로의 고소내용은 무엇이었으며 바울은 고소에 대해 어떻게 변호했는가?(행 24:1-21).
4. 베스도 앞에서 행한 바울의 변호를 설명하라(행 25:6-12).
5. 아그립바 II세 앞에서 행한 바울의 변호를 설명하라(행 26:1-23).
6. 빌라도의 법정에 선 예수님과 로마 법정에 선 바울을 비교하라(눅 23:4, 13-15, 22; 행 23:29; 25:25; 26:31-32).

---

19) John R. W. Stott, *The Spirit, The Church and The World*, pp. 337-38.
20) *Ibid.*, p. 338.

12
드디어 로마에(27:1-28:31)

"1 우리가 배를 타고 이달리야에 가기로 작정되매 바울과 다른 죄수 몇 사람을 아구스도대의 백부장 율리오란 사람에게 맡기니 2 아시아 해변 각처로 가려 하는 아드라뭇데노 배에 우리가 올라 항해할새 마게도냐의 데살로니가 사람 아리스다고도 함께 하니라 3 이튿날 시돈에 대니 율리오가 바울을 친절히 대하여 친구들에게 가서 대접 받기를 허락하더니 4 또 거기서 우리가 떠나가다가 맞바람을 피하여 구브로 해안을 의지하고 항해하여 5 길리기아와 밤빌리아 바다를 건너 루기아의 무라 시에 이르러 6 거기서 백부장이 이달리야로 가려 하는 알렉산드리아 배를 만나 우리를 오르게 하니 7 배가 더디 가 여러 날 만에 간신히 니도 맞은편에 이르러 풍세가 더 허락하지 아니하므로 살모네 앞을 지나 그레데 해안을 바람막이로 항해하여 8 간신히 그 연안을 지나 미항이라는 곳에 이르니 라새아 시에서 가깝더라." (행 27:1-8, 개역개정).

"23 그들이 날짜를 정하고 그가 유숙하는 집에 많이 오니 바울이 아침부터 저녁까지 강론하여 하나님의 나라를 증언하고 모세의 율법과 선지자의 말을 가지고 예수에 대하여 권하더라 24 그 말을 믿는 사람도 있고 믿지 아니하는 사람도 있어 25 서로 맞지 아니하여 흩어질 때에 바울이 한 말로 이르되 성령이 선지자 이사야를 통하여 너희 조상들에게 말씀하신 것이 옳도다 26 일렀으되 이 백성에게 가서 말하기를 너희가 듣기는 들어도 도무지 깨닫지 못하며 보기는 보아도 도무지 알지 못하는도다 27 이 백성들의 마음이 우둔하여져서 그 귀로는 둔하게 듣고 그 눈은 감았으니 이는 눈으로 보고 귀로 듣고 마음으로 깨달아 돌아오면 내가 고쳐 줄까 함이라 하였으니 28 그런즉 하나님의 이 구원이 이방인에게로 보내어진 줄 알라 그들은 그것을 들으리라 하더라 29 (없음) 30 바울이 온 이태를 자기 셋집에 머물면서 자기에게 오는 사람을 다 영접하고 31 하나님의 나라를 전파하며 주 예수 그리스도에 관한 모든 것을 담대하게 거침없이 가르치더라." (행 28:23-31, 개역개정).

로마는 그 당시 역사적으로 가장 장엄한 정치적 성공을 이룬 도시라 할 수 있다. 로마는 그 당시 전 세계를 행정적으로 다스리고 있었다. 로마는 정복당한 백성들과 종교들을 비교적 인간답게 처우하고 있었다. 로마는 로마인, 헬라인, 유대인, 야만인들이 함께 사회생활을 할 수 있는 사회구조를 형성하고 있었다. 로마는 우편제도, 도로망, 통신시

바울의 로마 여행과 투옥

1. 가이사랴에서 시돈으로. 행 27:3
2. 시돈에서 무라로. 행 27:5
3. 무라에서 미항으로. 행 27:8
4. 미항에서 멜리데섬으로. 행 28:1
5. 멜리데섬에서 수라구사로. 행 28:12
6. 수라구사에서 레기온으로. 행 28:13
7. 레기온에서 보디올로. 행 28:13
8. 보디올에서 삼관으로. 행 28:15
9. 삼관에서 로마로. 행 28:16

설, 행정력 등에 평판이 나 있었다. 그러나 로마는 복음을 필요로 하고 있었다. 그래서 바울은 로마를 방문하기 원한 것이다(롬 1:10-12; 15:16).

1. 가이사랴에서 그레데까지(행 27:1-12)

사도행전 27장은 그 기록이 정확하고 생생하다. 누가가 이 부분을 기록할 때 누구에게서 자료를 얻어 기록했다기보다 자신이 직접 목격 했음이 틀림없다. 여기서 네 번째 '우리 구절'(행 27:1-28:16)을 찾을 수 있다.[1]

바울과 함께 배에 탄 다른 죄인들은 누구였을까? 그들은 이미 사형선고를 받은 사람들로서 로마의 원형극장에서 사자나 짐승에 찢겨 죽음으로 로마 백성을 즐겁게 해 주도록 하기 위해 로마로 호송되는 죄인들로 생각된다. 어떻게 아리스다고(Aristarchus)와 누가가 바울과 동행할 수 있었을까? 아마 그들은 바울의 종(노예)으로서 그렇게 했을 것이다.[2] 바울은 골로새서 4:10에서 아리스다고를 '나와 함께 갇힌 아리스다고'로 설명한다.

바울이 탄 아드라뭇데노 배는 가이사랴를 떠나 시돈과 무라(Myra)성까지 간다(행 27:1-5). 무라성에서 바울 일행은 이달리야로 가려는 알렉산드리아 배로 갈아탄다(행 27:6).

바울이 탄 알렉산드리아 배는 미항에 도착했으나(행 27:8) 미항(Fair Havens)은 겨울나기가 불편하여 뵈닉스(Phoenix)에 가서 과동하기로 작정하고 항해를 계속했다(행 27:11-12). 바울이 "여러분이여 내가 보니 이번 항해가 하물과 배만 아니라 우리 생명에도 타격과 많은 손해를 끼치리라"(행 27:10)라고 경고했지만 백부장은 선장과 선주의 말을 더

---

1) '우리 구절'이 나타난 곳은 ① 행 16:10-18, ② 행 20:6-16, ③ 행 21:1-17, ④ 행 27:1-28:16 이다.
2) Ramsay, *St. Paul, The Traveller and The Roman Citizen*, p. 316.

믿고 미항을 떠나 뵈닉스로 향했다. 뵈닉스는 그레데 항구로 한편은 동북을, 한편은 동남을 향하고 있었다(행 27:12).[3)]

어떤 역본은 본문의 '동북'과 '동남'을 '서남'과 '서북'으로 번역한다. 번역본의 숫자로 보아서 '동북'과 '동남'보다는 '서북'과 '서남'이 우세하다. 그러면 이런 차이가 어디에서 왔는가? 이 문제의 해결을 두 가지로 생각해 볼 수 있다. 첫째 해결은 본문의 '카타'(κατά)를 어떻게 해석하느냐이다. '카타'를 '향해서,' 혹은 '향하여'(toward)로 해석하여 바람이 부는 방향을 생각하며 해석하는 경우이다. 이 경우 바람이 서북쪽 방향으로 그리고 서남쪽 방향으로 분 것이다. 반면 '카타'를 '아래로'(down)라는 뜻으로 해석하면 그레데 항구는 서남풍과 서북풍을 내려다보는 장소인 동북쪽과 동남쪽에 위치한 것이다.[4)]

둘째 해결은 선박 쪽에서 항구의 위치를 보느냐 항구 쪽에서 지형을 설명하느냐에 따라 분별하는 방법이다. 선박 쪽에서 뵈닉스를 보면 동북쪽과 동남쪽을 향해 있다고 말할 수 있다. 그러나 항구 쪽에서 지형을 설명한다면 뵈닉스는 서남쪽과 서북쪽을 바라다보는 위치에 있는 것이다. 따라서 선박 쪽이냐 항구 쪽이냐의 관점은 다르지만 같은

---

3) 본 구절에 특별한 본문 비평의 문제가 없음에도 불구하고 본 구절의 번역이 현저한 차이를 보이고 있다. 개역한글은 "βλέποντα κατὰ λίβα καὶ κατὰ χῶρον"을 "뵈닉스는 그레데 항구라 한 편은 동북을, 한 편은 동남을 향하였더라"로 번역했고, NASB는 "facing northeast and southeast,"로 번역했고, 중국성경(1994년 南京판)은 "一面朝 東北, 一面朝 東南"으로 번역했다. 반면 표준 새번역은 "뵈닉스는 크레타 섬의 항구로, 서남쪽과 서북쪽을 바라보는 곳이다"로 번역했고, 개역개정은 "뵈닉스는 그레데 항구라 한쪽은 서남을, 한쪽은 서북을 향하였더라" 로 번역했고, 새번역 신약은 "뵈닉스는 그레데 항구의 하나로 서남쪽과 서북쪽을 바라보는 곳 이었습니다"로 번역했으며, 표준신약전서는 "뵈닉스는 그레데의 항구로서 서남과 서북을 향하고 있었다"로 번역했고, 공동번역은 "페닉스는 그레데 섬에 있는 항구로 서남쪽과 서북쪽을 바라볼 수 있는 곳 이었다"로 번역했고, A.V.는 "which is an haven of Crete, and lieth toward the south west and north west."로 번역했다. 그리고 NIV는 "facing both southwest and northwest"로 번역했다. 화란어 성경도 '서남'(het zuidwesten)과 '서북'(noordwesten)으로 번역했다.
4) Marvin R. Vincent, *Word Studies in the New Testament*, Vol. 1 (Grand Rapids: Eerdmans, 1975), p. 592.

지형의 항구를 설명하고 있는 것이다.

그러면 어떻게 번역하는 것이 본 문맥에 더 타당한 번역인가? 문맥은 뵈닉스 항구를 선박 쪽에서 설명하고 있다고 생각하는 견해보다는 뵈닉스 항구 자체 지형을 설명하고 있다는 견해를 지지한다. 그렇다면 "뵈닉스는 그레데 항구로 서남쪽과 서북쪽을 향해 위치해 있다"라고 번역하는 것이 더 타당하다. 미항을 떠나 바다로 나온 배는 뵈닉스에 입항하지 못하고 얼마 못 가서 유라굴로 대풍으로 표류하기 시작하게 된 것이다.

2. 유라굴로 광풍(행 27:13-20)

유라굴로(Eurakylon)는 헬라어의 '동풍'(Euros)의 뜻과 라틴어의 '북풍'(Aquilo)의 뜻이 합쳐진 합성어이다. 이 바람은 그레데의 산 쪽으로부터 불어 내리는 바람이었다. 그래서 유라굴로 광풍은 알렉산드리아 배를 바다 쪽으로 밀어내게 된 것이다.

선원들은 배가 위험에 처하자 예비 책을 강구했다.
- 가우다(Cauda)라는 작은 섬 아래서 숨을 돌릴 여유를 찾아 간신히 구명정을 배 안으로 끌어 올렸다(행 27:16-17).
- 선체를 둘러 감아 파손을 방지했다(행 27:17).
- 모래 언덕에 걸리지 않게 하기 위해 돛을 내리고 닻을 내렸다(행 27:17).
- 이튿날 짐을 바다에 버렸다(행 27:18).
- 사흘째 되는 날 배의 기구들을 버렸다(행 27:19).

인간적인 노력은 별로 효과를 거두지 못한다. 그 이유는 하나님이 바울의 여정을 주관하고 계셨기 때문이다. 여러 날 동안 해와 별이 보이지 않고 큰 광풍이 그대로 불고 있어 선원들이 소망을 버렸을 때 바울이 나서서 격려의 말을 한다(행 27:20-21).

3. 바울의 권면(행 27:21-38)

(1) 바울이 용기를 잃지 않도록 권면(행 27:21-26)

바울은 배는 잃겠지만 생명을 잃지 않을 것을 말하고 용기를 북돋아 준다(행 27:22). 바울의 확신은 하나님의 약속에 그 뿌리를 내리고 있다. 바울은 "내가 속한 바 곧 내가 섬기는 하나님의 사자가 어제 밤에 내 곁에 서서 말하되 바울아 두려워하지 말라 네가 가이사 앞에 서야 하겠고 또 하나님께서 너와 함께 항해하는 자를 다 네게 주셨다 하였으니 그러므로 여러분이여 안심하라 나는 내게 말씀하신 그대로 되리라고 하나님을 믿노라"(행 27:23-25)라고 증언한다.

(2) 바울은 배에 탄 모든 사람이 함께 있어야 구원 얻을 수 있다고 권면한다(행 27:27-32).

풍랑을 만난 지 14일째 되는 날 선원들은 육지에 가까워지는 것을 느꼈다(행 27:27). 물의 깊이가 20길쯤(약 36m) 되었을 때 사공들이 도망하려고 구명정을 배에서 내리고 있었다.
바울은 이 때 모든 사람이 배에 있지 아니하면 구원을 얻지 못할 것이라고 함께 있을 것을 권면한다(행 27:31). 백부장 율리오(Julius)가 전에는 바울의 말을 믿지 않았지만(행 27:11), 이 때 바울의 권면을 들은 후 군사들을 시켜 구명정의 줄을 끊어 버린다(행 27:32).

(3) 바울이 음식을 먹도록 권함(행 27:33-38)

바울은 배에 탄 사람들이 "머리카락 하나도 잃을 자가 없으리라"(행 27:34)고 안심시킨 후 음식을 먹도록 권했다. 그리고 바울은"떡을 가져다가 모든 사람 앞에서 하나님께 축사하고 떼어 먹기를 시작하매"(행 27:35) 배에 탄 사람들도 안심하고 떡을 먹었다. 어떤 이는 여기서의 떡 떼는 것이 떡을 가져다가 축사하고 떼어먹었기 때문에 성만찬이라고 해석하지만 이 식사는 보통의 식사였다. 이 시점에서 누가는 배에 탄 사람의 숫자가 276명임을 밝힌다(행 27:37).[5]

바울은 성령에 의해 인도 받은 사람이었지만 동시에 상식을 중요하게 생각하는 사람이었다. 바울은 믿음의 사람이었지만 행위를 또한 중요하게 생각했다. 바울은 그들의 생명을 구해 주시겠다는 하나님의 약속을 믿었지만 동시에 선원들이 먹어야 할 필요를 역설한 것이다.

4. 바울 일행이 구원받음(행 27:39-44)

바울이 탄 배가 도착한 곳은 어느 섬인지 알 수 없었으나 육지가 가까이 있는 줄 알고 계속 배를 항진해 들어가다 두 물이 합쳐지는 곳에서 배가 깨어지게 되었다(행 27:41). 이 때 군사들이 죄수가 헤엄쳐서 도망할까 하여 죄수들을 죽일 계략을 세우나 백부장이 바울을 구원하기 위해 군사들의 뜻을 막고 헤엄칠 수 있는 사람은 헤엄치고 다른 이들은 나무 조각 등의 도움을 받아 육지에 상륙토록 하였다. 군인들이 죄수를 죽이려고 한 것은(행 27:42) 로마의 법률에 어떤 죄수가 도망하면 지킨 간수가 죄수의 죄를 받아야 했기 때문이다.

---

[5] Josephus는 *Vita*, 3에서 600여명과 함께 자신을 태운 배가 유대로부터 지중해를 가로질러 이태리로 항해했음을 밝힌다. 본문의 276명은 많은 숫자가 아니다.

5. 멜리데(말타)에서 독사에 물린 바울(행 28:1-6)

바울 일행이 상륙한 섬은 시실리 남쪽 약 96km 떨어진 멜리데(현재 Malta) 섬이었다. 본문은 멜리데 섬사람들을 발바로이((βάρβαροι: barbaroi)라고 묘사했지만(행 28:2, 4) 실제적으로 야만인들은 아니었던 듯싶다. 헬라인들은 다른 언어를 사용한 모든 사람을 가리켜 발바로이 (barbaroi)라고 부르는 관행이 있었기 때문에 원주민을 "발바로이"로 불렀을 것이며, 또한 원주민들이 조난당한 사람들에게 "불을 피워(행 28:2) 영접한 사실은 그들이 야만인이라는 뜻의 "발바로이"가 아님을 증거 한다. 비가 오고 추운 날에(행 28:2) 모닥불은 구조된 사람들에게 큰 위안이 되었다. 특히 그들은 심한 광풍과 싸운 후 잠시 안식을 맛본 상태이니 원주민들의 따뜻한 영접이 큰 위안으로 다가 왔을 것이다.

바울도 나뭇단을 불에 넣기 위해 거들었다. 그런데 나뭇단에서 나온 독사가 손을 죄고 있었다(개역과 개역개정: 손을 물고 있는지라). 정황으로 보아 독사가 바울의 손을 문 것 같다. 이 광경을 본 원주민들은 바울이 죽을 줄 알았는데 죽지 않자 오히려 그를 신으로 생각했다(행 28:6, 참조, 막 16:15-18).

6. 바울이 섬에서 병자를 고침(행 28:7-10)

보블리오는 섬에서 제일 높은 사람이었다. '제일 높은'(πρῶτος)은 가장 유력한 사람이었거나 어쩌면 최고의 공직자였을 것으로 생각된다.
그런데 보블리오(Publius)의 부친이 '열병과 이질'에 걸렸다. 롱게네커(Longenecker)는 이 열병을 '말타 열병'(Malta fever)으로 진단한다. 이 말타 열병은 말타와 지브랄탈(Gibraltar), 그리고 다른 지중해 지역에서 흔히 찾아 볼 수 있는 병이었다.6) 바울이 그 섬에서 '가장 높은' 사람 보블리오의 아버지의 병을 고쳐줌으로 후한 대접을 받게 된다(행 28:8-10). 사도행전 28:9에 '고침을 받고'(θεραπεύω)7)라는 의학적인 용어를 쓰지만 보블리오의 부친은 이적적으로 치유되었음이 확실하다. 이 소식을 듣고 다른 병자들이 바울에게 나아와 고침을 받았다(행 28:9).

7. 드디어 로마에(행 28:11-16)

바울 일행은 3개월 간 말타(Malta)섬에서 겨울을 났다. 어쩌면 그 기간이 11월 중순에서 그 다음 해 2월 중순까지 인 듯싶다. 그들은 알렉산드리아 배를 타고 로마로 향한다. 그 배의 기호는 디오스구로로 '쌍둥이 형제'라는 뜻을 가지고 있다.

바울 일행은 말타에서 떠나 시실리의 수도였던 수라구사(Syracuse)8)에 도착하여 거기서 3일간 머문다(행 28:12). 그리고 수라구사를 떠나 북향하여 이태리 남단 레기온(Rhegium)에 도착하여 하루를 지낸다(행 28:13). 레기온을 떠난 바울 일행은 남풍의 덕택으로 약 320km를 항해하여 이튿날 보디올(Puteoli)에 도착한다. 여기서 바울 일행은 성도들을 만나 그들과 함께 일(1)주일을 같이 보내게 된다. 보디올을 떠난 바울 일행은 이제 육로로 로마로 향한다. 바울 일행은 압비오 광장과 트레이스 타베르네(τριῶν ταβερνῶν)까지 마중 나온 로마의 성도들을 만나

---

6) Richard N. Longenecker, "The Acts of The Apostles," *The Expositor's Bible Commentary*, Vol. 9, Frank E. Gaebelein ed. (Grand Rapids: Zondervan, 1981), p. 556
7) 본문에서 θεραπεύω가 미완료시상으로 사용된 것으로 보아 많은 환자들이 계속적으로 고침 받았음을 알 수 있다.
8) 수라구사는 B.C. 734년에 고린도 식민지로 설립되었다가 B.C. 212년에 로마의 관할로 들어갔다. cf. Bruce, *The Book of The Acts* (*NICNT*), p. 526.

하나님께 감사를 드리고 많은 격려를 받는다(행 28:15). 로마에 가기를 소원했고 바울로서는 로마의 성도들을 그의 생애 처음으로 만난다는 사실이 감격스런 일이 아닐 수 없었을 것이다. 바울은 부활하신 예수님께서 "담대하라 네가 예루살렘에서 나의 일을 증언한 것같이 로마에서도 증언하여야 하리라"(행 23:11; 참조, 행 27:24; 9:15)고 약속하신 것처럼 비록 죄수의 몸이지만 그리스도를 대신한 복음의 대사로 드디어 로마에 도착한 것이다. 바울은 로마에 들어가 한 로마 군사의 감시 아래 비교적 자유스러운 상태로 약 2년 동안의 제 1차 감금 생활을 시작한다(행 28:16, 30-31).

8. 옥중에서 복음 전파(행 28:17-31)

(1) 유대인들에게 복음 전파(행 28:17-23)

바울은 긴 여행의 피로가 풀리기도 전 로마에 도착 후 3일 만에 유대인 지도자들을 청한다. 그는 유대 지도자들에게 세 가지 사실을 강조한다. 첫째, 바울은 자신이 이스라엘 백성이나 관습을 거슬러 잘못 행한 일이 없다고 강조한다(행 28:17). 둘째, 바울은 체포된 후 로마인들이 자신의 잘못을 찾을 수 없어 석방해 주려고 했음을 강조한다(행 28:18). 셋째, 바울은 유대인들의 반대에 부딪쳐 석방이 불가능해지자 할 수 없이 가이사에게 호소하게 되었다고 강조한다. 그리고 바울은 자신이 죄수가 된 것을 '이스라엘의 소망'(행 28:20) 때문이라고 유대지도자들에게 설명한다.

바울의 이 말을 듣고 유대 지도자들은 첫째, 그들이 유대에서부터 바울에 대해 편지를 받은 일도 없고, 둘째, 유대에서 온 형제가 바울에 대해 나쁜 말을 한 것도 들은 일이 없다고 대답한다(행 28:21). 그리고 그들은 날짜를 정하여 바울의 견해를 듣기 원했다. 정한 날이 되어 바울이 기거하는 곳에 사람들이 많이 모이자 바울은 하나님 나라에 대해 강론했다. 12사도의 관심도 하나님 나라 확장이었듯이(행 8:12 참조) 바울의 관심도 하나님 나라 확장이었다(행 28:23). 바울은 이 부분에서 가이사의 나라와 하나님 나라의 다른 점도 강론했을 것이다. 그리고 바울은 구약을 인용하여 예수님을 설명했다. 바울은 예수님의 사건이 구약의 성취요 따라서 예수가 메시아임을 증거 했다(행 28:23).

(2) 이방인들에게 복음 전파(행 28:24-28)

바울의 복음 전파는 청중을 두 갈래로 나누게 만들었다. 어떤 사람은 바울의 말을 믿었고, 다른 사람은 바울의 말을 믿지 않았다. 바울은 이런 유대인들의 상황을 이사야서를 인용하여 설명한다. 바울은 이사야 6:9-10을 인용하여 유대인들이 복음을 배척하였으므로 하나님의 구원이 이방인에게로 넘어갔다고 설명한다(행 28:26-28). 하나님의 구원이 유대인의 배척으로 이방인들에게 넘어간 사실을 바울은 4번 언급한다. 그 첫 번째는 비시디아 안디옥에서(행 13:46)이며, 두 번째는 고린도에서(행 18:6)이며, 세 번째는 에베소에서(행 19:8-9)이고, 마지막으로 네 번째는 로마에서(행 28:28)이다.

(3) 바울이 2년 동안 복음을 전파함(행 28:30-31)

사도행전 마지막 두 절은 바울이 감금당한 기간, 감금된 상태, 그리고 바울이 전파한 복음의 내용을 간략히 설명하고 있다.

첫째, 감금당한 기간은 2년이었다(행 28:30).
바울은 2년의 1차 감금 후에 풀려나 아시아 지역과(목회서신 참조) 서바나(?)에 다시 전도여행 했을 것으로 추정된다. 2년의 감금 기간 동안 빌레몬서, 골로새서, 에베소서, 빌립보서 등 옥중서신을 기록했다.

둘째, 감금당한 상태는 비교적 자유스러웠다(행 28:30-31).

바울의 1차 감금 상태는 사도행전 28:16, 23, 30-31의 내용으로 보아 자유스럽게 사람을 만나고 복음을 전할 수 있는 상태였다고 생각된다. 바울이 빌립보서를 쓰면서 빌립보 성도들에게 '가이사의 집 사람들 중 몇'(빌 4:22)이 문안한다고 적을 수 있었던 것은 그가 로마 감옥에서 비교적 자유스럽게 복음을 전할 수 있었음을 증거 한다.9)

셋째, 바울이 전파한 복음의 내용은 하나님 나라와 주 예수 그리스도께 관한 것이었다(행 28:31).

바울은 언제나 다메섹 도상에서 만난 예수가 그리스도임을 전파하고 이스라엘의 소망이 예수 안에서 성취되었음을 전파했다. 그리고 하나님의 나라가 예수를 통해 설립되어졌으며 이 나라는 세상적인 나라가 아니요 영적인 나라임을 선포했다.

■ 연구 문제 ■

1. 바울의 로마여행의 경로를 설명하라(행 21:18-28:16).
2. 유라굴로 광풍과 하나님의 인도를 논의하라(행 27:14-44).
3. 고난 중에도 담대한 권면으로 동료들을 안심시킨 바울의 확신을 설명하라(행 27:21-38).
4. 멜리데에서 행한 바울의 이적을 논의하라(행 27:1-10).
5. 바울이 로마 옥중에서 어떻게 복음을 전파했는지 논의하라(행 28:17-31).

---

9) 박형용, 『빌립보서 주해』 (수원: 합동신학대학원출판부, 1997), p. 249.

13
바울의 마지막 몇 년

다음에 인용된 두 구절은 사도행전의 구절이 아니요, 바울이 로마 감옥의 제 1차 투옥에서 풀려난 후 빌립보에서 에베소교회를 섬기고 있는 디모데에게 편지한 내용이며, 또한 다시 붙잡힌 후 로마 감옥에 제 2차로 투옥되어 순교의 날을 기다리면서 쓴 서신이다.

"11 오직 너 하나님의 사람아 이것들을 피하고 의와 경건과 믿음과 사랑과 인내와 온유를 따르며 12 믿음의 선한 싸움을 싸우라 영생을 취하라 이를 위하여 네가 부르심을 받았고 많은 증인 앞에서 선한 증언을 하였도다 13 만물을 살게 하신 하나님 앞과 본디오 빌라도를 향하여 선한 증언을 하신 그리스도 예수 앞에서 내가 너를 명하노니 14 우리 주 예수 그리스도께서 나타나실 때까지 흠도 없고 책망 받을 것도 없이 이 명령을 지키라 15 기약이 이르면 하나님이 그의 나타나심을 보이시리니 하나님은 복되시고 유일하신 주권자이시며 만왕의 왕이시며 만주의 주시오 16 오직 그에게만 죽지 아니함이 있고 가까이 가지 못할 빛에 거하시고 어떤 사람도 보지 못하였고 또 볼 수 없는 이시니 그에게 존귀와 영원한 권능을 돌릴지어다. 아멘"(딤전 6:11-16, 개역개정).

"14 그러나 너는 배우고 확신한 일에 거하라 너는 네가 누구에게서 배운 것을 알며 15 또 어려서부터 성경을 알았나니 성경은 능히 너로 하여금 그리스도 예수 안에 있는 믿음으로 말미암아 구원에 이르는 지혜가 있게 하느니라 16 모든 성경은 하나님의 감동으로 된 것으로 교훈과 책망과 바르게 함과 의로 교육하기에 유익하니 17 이는 하나님의 사람으로 온전하게 하며 모든 선한 일을 행할 능력을 갖추게 하려 함이라"(딤후 3:14-17, 개역개정).

바울의 생애가 사도행전 28장에 기록된 대로 로마의 감옥생활로 끝을 맺었다고 할지라도 바울의 광범위한 사역이 충분하게 나타난다.

바울은 친히 북쪽 로마제국의 주요한 도시에 그리스도의 교회를 설립했다. 그의 노력으로 복음이 소아시아에, 그리스에, 마게도냐에 전파되고 북쪽 팔레스틴에도 전파되었다. 교회가 설립되고 이방선교는 성공했으며 교회는 초창기 유대주의의 탈을 벗고 급성장 하게 되었다. 그리고 서신을 통해 교회에 큰 영향을 미치게 되었다. 그러나 사도행전 마지막장에 기록된 내용 이상으로 바울의 마지막 생애에 대해 배울 것이 더 많이 있다는 것을 알아야 한다. 적어도 누가로서는 사도행전 마지막 장이 바울생애의 마지막 장이 된다. 사도행전에서 바울 생애는 갑자기 끝을 맺는다.[1]

1. 로마 감옥에서의 석방

바울의 생애가 죄수의 몸으로 로마에 도착한 그것으로 끝나지 않는다. 분명히 바울이 네로(Nero) 황제의 핍박으로 로마에서 순교한 것은 사실이다. 초기의 전통은 계속적으로 이를 증거하며 이를 모든 사람들이 의심 없이 수납한다.

그러나 바울이 어느 해에 순교했는지는 논란의 여지가 있다. 전통은 바울이 AD 67년이나 68년에 순교했을 것으로 전한다. 바울이 AD 68년에 순교했으면 그가 순교할 당시 그의 나이는 74세의 고령이었다.

이 연대를 사도행전 마지막장과 조화시키면 바울이 로마에서 대단히 오랫동안 감옥생활을 한 것으로 나타난다. 그러나 실제로 그렇게 긴 감옥생활은 불가능한 것이다. 그리고 바울이 AD 64년 여름 네로

---

1) 바울의 생애가 갑작스럽게 끝나는 것으로 보아 누가가 기독교 역사의 제 3권을 계획했지만 그 계획을 성취하지 못했다고 추측하기도 한다. W. M. Ramsay (*St. Paul the Traveller and Roman Citizen*, pp. 27f., 309)는 행 1:1의 πρῶτος를 근거로 누가가 3권의 작품을 계획하고 있었다고 추정한다.

(Nero)의 처음 핍박이 있기 전에 순교했다고 생각할 수 없는 것이다. 그렇다면 바울은 가이사에게 호소된 후 석방되어 계속적으로 여행하며 복음을 전하고 또 가르쳤다고 생각할 수 있다. 아마 이 동안에 서바나(Spain)에 복음을 전했는지도 모른다.

2. 일차 감금에서 석방된 이유

첫째로, 바울 자신이 석방될 것을 확신했다(빌 1:25; 2:24). 그가 이렇게 확신할 수 있었던 것은 그 당시의 형편에 대한 약간의 지식을 가지고 있었기 때문이라고 생각할 수 있다.2)

둘째로, 로마의 관리들이 지금까지 바울을 관대하게 취급한 사실로 보아 그가 석방되었다고 생각할 수 있다. 바울이 로마에 오기 전에 이미 로마 총독이 가이사에게 상소하지 않았다면 바울을 석방할 수 있을 뻔하였다고 말했다. 가이사로 보아서는 기독교는 합법적인 종교인 유대주의의 다른 하나의 형태에 지나지 않는다. 로마의 핍박이 있기 전까지는 믿는 사람들이 기독교인이라는 이유로 로마정부에 의해 벌을 받지 않았다. 그러므로 가이사가 바울을 석방하지 않을 하등의 이유도 없는 것이다.

셋째로, 전통이 바울의 석방을 증거하고 있다. 로마의 클레멘트(Clement of Rome: AD 96)는 "바울이 온 세상에 의를 전하고 서쪽 첨단까지 방문했다"고 전한다.

클레멘트가 이 글을 로마에서 기록했기 때문에 그가 말한 서쪽 첨단은 서바나를 뜻함이 틀림없다. 무라토리안(Muratorian) 정경(약 AD 170-200)도 바울이 서바나(Spain)까지 여행했다는 사실을 마치 그 당시 일반적인 견해인 것처럼 진술한다.3) 유세비우스(Eusebius) 역시 바울이

---

2) Donald Guthrie, *New Testament Introduction*, p. 598.

석방된 후 복음 사역을 계속하다 다시 체포되어 로마에서 순교하였다고 전한다.4) 전통에 너무 많은 강조를 둘 수는 없지만 이와 반대되는 전통이 없다는 사실은 의미심장하다.

그리고 네로(Nero) 황제가 통치할 때 기독교가 서바나에 존재했다는 증거가 있다. 이 전통 역시 바울이 서바나를 방문하고 싶다는 사실을 감안하지 않고는 설명할 수 없는 것이다(참조, 롬 15:23).

넷째로, 바울이 처음 로마 감금에서 석방되지 않았다면 바울이 쓴 목회서신과 상충이 된다. 바울이 쓴 목회서신을 보면 바울이 로마감옥에서 일단 풀려났다가 다시 투옥된 것을 찾을 수 있다(참조, 딤전 1:3; 딛 1:5). 바울은 사도행전 기록처럼 1차 로마 감옥에 감금되었다가 석방되어 다시 전도활동을 하면서 디모데전서, 디도서를 기록했고 그 후 다시 2차로 로마에 투옥되어 감옥생활을 하면서 디모데후서를 쓴 것으로 생각된다.

이런 이유로 볼 때 바울이 1차 감금으로 순교했다고 생각할 수 없다.5) 바울은 제 1차 감금에서 석방된 후, 계속 복음을 전파했음이 틀림없다.

3. 마지막 서신들

바울은 제 1차 감옥생활을 하면서 골로새서, 빌레몬서, 에베소서, 빌립보서를 썼다(엡 3:1; 빌 1:12-18; 4:22; 골 4:10, 18; 몬 1, 9, 10, 23). 바울은 2년 동안 감옥생활을 하는 중 비교적 자유스럽게 활동하면서

---

3) E. F. Harrison, *Introduction to the New Testament* (Grand Rapids: Eerdmans, 1971), p. 355.
4) Eusebius, *Ecclesiastical History*, Book II, Chapter 22: "After pleading his cause, he is said to have been sent again upon the ministry of preaching, and after a second visit to the city, that he finished his life with martyrdom."
5) J. Moffat (*Introduction to the New Testament*, Edinburgh 1918, p. 313)은 바울이 1차 감금에서 석방되지 않았다고 일축해 버린다.

복음을 전하고 서신을 썼다. 그 후 바울은 감옥에서 석방되었다. 바울의 석방과 제 2차 감옥생활에 대해 디모데전후서와 디도서에서 그 근거를 찾을 수 있다. 사도행전에 기록된 바울의 전도여정에 디모데전서와 디도서를 맞추어 넣는다는 것은 불가능하다.

왜냐하면 디모데전서와 디도서에 기록된 바울의 여러 여행과 복잡한 바울의 활동 그리고 이 서신들에 기록된 보조자들의 이름이 사도행전의 여정에 맞아 들어가지 않기 때문이다.6) 그리고 이 서신들이 언급한 교회 내의 문제점들과 위험한 일들이 사도행전에 기록된 바울의 여정가운데서는 나타나지 않는다. 또 그러한 사실들은 AD 64년에 로마에서 있었던 네로의 바울 석방설을 지지한다. 바울은 AD 64년 로마에 화재가 발생하기 직전 감옥에서 풀려난 것으로 추정된다. 로마의 역사가 타키투스(Tacitus)와 로마의 전기 작가 수에토니우스(Suetonius)는 네로 황제가 로마의 화재를 기독교인들에게 그 책임을 돌렸다고 기록한다.7) 그러므로 우리는 바울이 네로의 핍박 전에 석방된 후 계속 여행한 관계로 네로가 핍박할 때는 로마에 없었던 것으로 추측할 수 있다. 유대 시온주의자들의 봉기가 AD 66년에 있었고 베스파시안(Vespasian) 황제(AD 69-79) 때 디도(Titus) 장군을 통해 AD 70년에 예루살렘과 성전을 파괴 한 사실은 그 당시의 로마의 유대인에 대한 정책을 짐작하게 한다.

디모데전서와 디도서는 교회 내에 계속적인 필요가 있었던 것을 지적한다. 바울은 디모데(Timothy)를 에베소에 머물게 하여 그 곳의 책임을 맡기고(딤전 1:3), 디도(Titus)를 그레데(Crete)에 머물게 하여 그 곳 교회의 책임을 맡겼다(딛 1:5). 디모데와 디도는 잠정적으로 교회의 책임을 맡은 것이지 그 교회의 영구적인 목회자로 부임한 것은 아니었다.

그들은 사도의 사신들로서, 교회를 튼튼히 하고 교회의 구소에 대해

---

6) E. F. Harrison, *Acts: The Expanding Church*, pp. 405f.
7) *The New Encyclopaedia Britannica*, Vol. 8 (Micropaedia), 1994, p. 606 참조.

가르쳐야 했다. 그러므로 디모데전서와 디도서에는 교회에서 봉사할 장로들과 집사들의 자격을 설명하고 어떻게 선택하여야 한다는 것을 가르치고 있다(딤전 3:1-13; 딛 2:1-8). 두 서신 모두 교회 내에 있었던 이단과 부도덕에 대해 지적하고 있다.

디모데후서 역시 사도행전에 나타난 바울의 여정에 맞추어 조화를 이룰 수 없다.

디모데후서에서 바울은 드로비모(Trophimus)가 병들어 그를 밀레도 (Miletus)에 남겨 두었다고 한다(딤후 4:20). 그러나 사도행전의 기록은 바울이 드로비모와 함께 예루살렘에 있었다고 전한다(행 20:15; 21:28, 29). 이 사실에서 바울이 3차 전도여행 시 밀레도에 들렸을 때 드로비모를 거기에 남겨두지 않은 것이 확실하다.

그러므로 디모데후서에 바울이 드로비모를 밀레도에 남겨두었다는 기록은 사도행전과 잘 맞지 않는다. 이는 바울이 로마에서 1차 감금당한 후 풀려나 계속 전도여행을 했음이 확실하다.

4. 마지막 여행

목회서신들은 바울이 1차 로마감금 생활에서 풀려난 후 기록되었음이 틀림없다. 그러므로 목회서신들은 마지막 몇 해 동안의 바울의 전도활동에 대해 약간의 자료를 제공한다. 빌립보서 2:19과 24절의 내용으로 보아 바울이 감금생활에서 석방된 후 빌립보를 방문했으리라고 상상할 수 있다.[8] "내가 디모데를 속히 너희에게 보내기를 주 안에서 바람은 너희의 사정을 앎으로 안위를 받으려 함이라"(빌 2:19). "나도 속히 가게 될 것을 주 안에서 확신하노라"(빌 2:24).

---

8) R. C. H. Lenski, *The Interpretation of St. Paul's Epistles to the Galatians, Ephesians and Philippians*, p. 812.

13. 바울의 마지막 몇 년

바울은 빌립보에서 골로새(Colossae)로(참조, 몬 22; 골 4:9),[9] 골로새에서 그레데(Crete)로 갔을 것이다(딛 1:5). 바울이 소아시아 지방과 그리스 지방을 여행하는 동안 아가야(Achaia) 서해안에 위치한 니고볼리(Nicopolis)에서 한 겨울을 보냈을 것이다(딛 3:12). 소아시아로 돌아와 병든 드로비모(Trophimus)를 밀레도(Miletus)에 남겨두고(딤후 4:20) 드로아(Troas)에 있는 가보(Carpus)를 방문했을 것이다(딤후 4:20). 바울이 가보의 집에 겉옷과 가죽종이로 된 책을 남겨 두게 된 것은 화라(Farrar)가 제안한대로 이곳에서 갑자기 체포되어 그의 소유품들을 가지고 갈 수 없는 형편이었기 때문이라고 생각할 수 있다.

헨드릭센(Hendriksen)[10]은 바울이 1차 로마 감금에서 석방된 후 여행한 경로를 다음과 같이 구성한다.

① 석방된 후 즉시 디모데를 빌립보에 보내 자신의 방문을 전한다(빌 2:19-23).

② 소아시아를 향해 여행을 시작한다. 가는 도중 디도(Titus)를 그레데(Crete)에 머물게 하여 교회의 조직을 완성하게 한다(행 2:11; 딛 1:5).

③ 바울이 에베소에 도착한 후 계획한대로 골로새까지 방문하고(몬 22) 다시 에베소로 돌아온다.

④ 에베소에서 빌립보 교회의 소식을 가지고 온 디모데를 만난다. 바울은 디모데에게 에베소에 머물러 교회를 돌보라고 부탁한다(딤전 1:3, 4).

⑤ 바울은 계획한대로 마게도냐로 간다(빌 2:24; 딤전 1:3). 후일 다시 에베소에 돌아올 것을 소망한다(딤전 4:13). 마게도냐 지방 아마 빌립보에서 디모데전서와 디도서를 쓴다(이는 오로지 가능성에 지나지 않는

---

[9] R. C. H. Lenski, *The Interpretation of St. Paul's Epistles to the Colossians, to the Thessalonians, to Timothy, to Titus and to Philemon* (Minneapolis: Augsburg Publ. House, 1961), p. 973.
[10] W. Hendriksen, *op. cit.*, pp. 405f.

다. 많은 사람들이 디도서는 후일 에베소에서 썼을 것이라고 생각한다.)

⑥ 바울은 에피루스(Epirus) 지방에 있는 니고볼리(Nicopolis)에서 겨울을 지낸다. 거기서 디도와 합세한다(딛 3:12).

⑦ 바울이(디도와 함께?) 서바나(Spain)로 여행한다(롬 15:24).

⑧ 다시 소아시아로 돌아와 병든 드로비모(Trophimus)를 밀레도(Miletus)에 남겨 둔다(딤후 4:20).

⑨ 드로아(Troas)에 있는 가보(Carpus)의 집을 방문하고, 거기에 그의 겉옷과 가죽 종이로 된 책을 남겨둔다(딤후 4:13). 여기서 바울은 다시 체포된다. 그 당시의 로마황제 네로(Nero)는 포악한 통치를 했고 AD 64년에 로마 시에 화재가 났을 때 백성들이 네로의 짓이라고 하자 네로는 기독교인들이 불을 질렀다고 하여 백성들의 비난을 기독교인들에게 돌린다. 그러는 동안 기독교는 금지된 종교로 낙인이 찍힌다. 이런 역사적인 상황으로 볼 때 대략 AD 65-68년 사이에 바울 사도는 드로아(Troas)에서 체포되어 두 번째로 감금된다.

⑩ 에라스도(Erastus)가 머물러 있는 고린도를 거쳐(롬 16:23; 딤후 4:20) 바울은 로마로 호송된다. 그의 제 2차 감금은 가혹하고 짧은 것이었다(딤후 1:16, 17; 2:9). 그는 사형선고를 받고 로마(Rome)에서 4.8km 떨어진 곳에 있는 오스티안 도로(Ostian Way)에서 목 베임 받으므로 순교했다. 그가 순교하기 직전 디모데후서를 썼다. 죽음이 그를 기다렸지만 그는 승리를 외쳤다(딤후 4:6-8). 누가(Luke)는 끝까지 바울과 함께 있었다.

이상의 내용이 증명하는 것처럼 바울이 제 1차 로마감금에서 석방된 후 어떤 경로로 여행했는지에 대해서는 여러 가지 견해가 있다. 주어진 자료를 가지고 가장 합리적인 여정을 구성할 수밖에 없다. 어떤 이는 바울이 1차 감금에서 석방 후 아시아(Asia)를 방문하려고 했지만 그 계획을 취소하고 직접 서바나(Spain)로 갔을 것이라고 추측한다. 바울의 서바나 여행과 거기서의 사역에 대해서는 막연한 전통에 의존할 수밖에 없다. 바울이 서바나 여행을 먼저 했다고 생각할 경우 소아시아 여행은 그 이후에 있었던 것으로 추측된다.

5. 최후의 감금

디모데후서는 바울의 제 2차 감금의 형편이 제 1차 감금의 형편과 전혀 다른 것으로 기록한다. 바울은 다시 로마에 감금되었다(딤후 1:8; 2:9; 4:6). 복음을 인하여 죄인의 누명을 쓰고 감금되었다(딤후 2:9). 재판을 받을 때 비록 친구들은 그를 버렸지만 주님은 그의 곁에 서서 그를 강건하게 하시고 그를 사자의 입에서 건져 주셨다(딤후 4:10, 16, 17). 그러나 바울은 결국 사자(가이사)의 손에 죽게 될 것을 예상했다 (딤후 4:6).

네로(Nero)는 로마를 AD 54-68까지 통치한 황제이다. 그런데 AD 64년 9일 동안(7월 19일-28일) 큰 불이 로마 시를 거의 태우는 불상사가 발생했다. 네로는 로마의 화재의 원인을 기독교인들에게 전가하여 AD 64년부터 기독교인을 핍박하기 시작했다. 네로는 자신의 어머니와 부인과 많은 다른 가까운 친척들을 외인과 적을 죽이듯이 여러 가지 방법으로 죽였다. 네로는 AD 68년 6월 9일 자살함으로 그의 14년의 통치를 마감한다.[11]

디모데후서에서는 다른 서신들과 달리 친구들이 떠나감에 대해 많은 관심을 보였고 알렉산더(Alexander)와 같은 신자의 행동에 대해서 염려했다. 많은 사람들은 구리 장색 알렉산더가 바울을 고소하는 증인 역할을 했으리라 생각한다. 알렉산더가 사도행전 19:33과 디모데전서 1:20의

---

11) Jerome Murphy-O'Connor, *Paul: A Critical Life* (Oxford and New York: Oxford University Press, 1997), pp. 368-71.; Eusebius, *Ecclesiastical History*, Book 2, Chapter 25 (Grand Rapids: Baker, 1977), p. 79: "His own mother and wife, with many others that were his near relatives, he killed like strangers and enemies, with various kinds of deaths.."

알렉산더와 같은 인물일 가능성이 높다. 이 알렉산더는 공개적으로 바울을 고소했다.12) 그러나 바울은 으불로(Eubulus), 부데(Pudens), 리노(Linos), 글라우디아(Claudia)와 같은 다른 동료들을 얻었다(딤후 4:21).

바울은 악인(κακοῦργος)으로 고소되어 로마관리에 의해 감금되었다. 코니베어(Conybeare)와 하우손(Howson)은 바울이 로마를 불태운 사람들과 공모하고 동조한 죄로 감금되었다가 그 증거가 없으므로 일차 석방되었을 것이라고 추측한다.13) 램시(Ramsay)는 바울의 죄목이 사회의 관습을 해이하게 하고 황제의 권위를 약화시키는 반역죄였다고 추정한다.14) 분명히 여러 가지의 죄목으로 바울을 고소했을 것이다. 아직 선고받기 이전이요 죄수로 감금된 상태에서 여러 가지 죄목이 있을 수 있기 때문이다. 바울은 자신이 기독교인이기 때문에 고소되었다는 말을 하지 않지만 본질은 바로 그 사실에 있었다. 바울은 사형선고 받을 것을 확실히 알고 있었다(딤후 4:6-8). 이런 형편 가운데서 바울은 디모데후서를 썼다. 그러므로 디모데후서는 바울사도의 유언과도 같은 하나님의 말씀이다.

이것이 바깥세상과의 마지막 접촉이요 교회와도 마지막 접촉이었다. 바울은 유언과도 같은 디모데후서에서 디모데에게 복음에 진력할 것과 교회와 믿음을 위해 책임을 다하고 주 예수 그리스도께 철저한 헌신이 필요하다고 말한다. 바울은 젊은 디모데가 교회를 위해 일할 것에 대해 관심을 보인다. 악이 횡행할 것을 경고하고 주를 위해 고난을

---

12) W. J. Conybeare and J. S. Howson, *The Life and Epistles of St. Paul* (Grand Rapids: Eerdmans, n.d.), p. 779: "구리 세공업자 알렉산더가 내게 해를 많이 입혔으며"(딤후 4:14)의 '해를 많이 보였다'(πολλά μοι κακὰ ἐνεδείξατο)는 고전 헬라어에서 법정적 의미를 가지고 있다. 그러므로 신약에서도 같은 의미로 사용되었다고 생각할 수 있다. 이는 알렉산더가 공적인 자리에서 공개적으로 바울을 고소했다는 의미를 포함한다.
13) M. Ramsay, *St. Paul the Traveller and Roman Citizen*, p. 361에서 재인용.
14) *Ibid.*

달게 받으라고 권고한다. 그리고 디모데에게 성경만이 믿음과 행위의 확실하고 절대적인 표준이 된다고 가르친다. 디모데후서는 죽음 앞에서 기쁨으로 끝을 맺으며 하나님의 뜻이 자신의 생애를 통해 성취되어졌다는 확신 가운데서 끝을 맺는다.

디모데후서를 마지막으로 남기고 바울은 하나님의 부름을 받는다. 전통에 의하면 바울이 오스티안 도로(Ostian Way)에서 목 베임 받아 죽었다고 한다.15) 그리고 바울이 처형된 장소에 매장되었다고 한다.

바울이 처형된 장소에 오늘날 그의 순교를 기념하는 '성 밖의 바울 사도'(St. Paul outside the Walls)라는 장엄한 교회가 서 있다. 이렇게 하여 대 사도요, 대 저술가요, 대 전도자인 바울은 천국복음 전파를 통하여 교회와 왕국을 확장하고 복음으로 세계를 정복하여 그의 일생을 하나님의 영광을 위해 바쳤다.

"나는 선한 싸움을 싸우고 나의 달려갈 길을 마치고 믿음을 지켰으니 이제 후로는 나를 위하여 의의 면류관이 예비 되었으므로 주 곧 의로우신 재판장이 그날에 내게 주실 것이며 내게만 아니라 주의 나타나심을 사모하는 모든 자에게도니라"(딤후 4:7, 8).

■ 연구 문제 ■

1. 바울이 1차 감금에서 석방된 사실을 어떻게 증명할 수 있는가?(빌 1:25; 2:24; 딤전 1:3; 딛 1:5).

---

15) Eusebius, *Ecclesiastical History*, II, 25.

2. 바울이 제 1차 감옥 중에 기록한 서신들은 어떤 것이었는지 설명하고 그 내용들을 요약해 보라(에베소서, 빌립보서, 골로새서, 빌레몬서).

3. 바울이 제 1차 감옥에서 석방된 후 여행한 경로를 설명하라(빌 2:19, 24; 딤전 1:3-4; 4:13; 딤후 4:13; 딛 1:5; 3:12).

4. 바울 생애의 마지막을 설명하라(딤후 1:8; 2:9; 4:6, 10).

부 록

I. 질문으로 간추린 사도행전
II. 오순절 사건에 대한 베드로의 해석
III. 오순절 성령 세례 사건
IV. 신약 교회의 설립과 하나님 나라의 확장
V. 누가의 글에 나타난 특수 용어부록

부록 I
질문으로 간추린 사도행전

사도행전은 누가복음과 연관시켜 연구해야 한다. 누가복음과 사도행전은 한 권의 책으로 전편, 후편으로 나누어진 것과 같다. 누가복음 1:1-4의 서문은 누가복음뿐만 아니라 사도행전의 서문도 되는 것이다. 누가복음은 예수님의 인격을 강조하고 왕국의 주되신 예수님이 하나님 나라를 실현시키고 교회의 핵심을 설립하신 사실을 설명한다. 그리고 사도행전은 예수님께서 자라나는 어린 아이 같은 그의 교회를 통해서 그의 성령으로 계속 일하시고 가르치신 내용을 기술한다.

이제 사도행전의 전체 조망을 한 후 각 장을 좀 더 구체적으로 공부하기로 한다.

1장	———	준비 장
2장-8장	———	복음이 열두 사도(특히 베드로)중심으로 예루살렘으로부터 사마리아까지 전파됨
9장-12장	———	이방선교(전도) 준비 장
9장	———	이방인의 사도 바울의 회심
10장	———	이방인의 대표 고넬료와 그의 가정 회심
11장	———	이방인 선교의 보루 안디옥 교회 설립
12장	———	야고보 사도 순교와 베드로 사도 순회전도 시작

13장-28장	───	바울 사도 중심의 복음이 땅 끝까지 전파됨
13:1 -14:28	───	바울 사도의 제 1차 전도여행
15장	───	예루살렘 공회, 이방인 선교지지
15:36-18:22	───	바울 사도의 제 2차 전도여행
18:23-21:17	───	바울 사도의 제 3차 전도여행
21:18-26:32	───	가이사랴에서의 감옥생활
27:1 -28:31	───	바울 사도의 로마여행과 1차 투옥

■ 사도행전 공부의 토의 문제 ■

1. 제자들의 하나님 나라 이해는 어떤 것이었는가?(행 1:6)

사도행전 1:6의 "주께서 이스라엘 나라를 회복하심이 이때니이까"를 원문에 가깝게 번역하면 제자들의 하나님 나라에 대한 생각이 나타난다. 원문은 "주여, 나라를 이스라엘에 회복하실 때가 이 때입니까"이다. 이는 제자들이 예수님 부활 이후에도 이스라엘 중심적인 하나님 나라 개념을 가지고 있었음을 증거 한다.

2. 가룟 유다는 어떻게 죽었는가?(행 1:18; 마 27:5)

가룟 유다는 목매어 죽었지만(마 27:5) 시체가 땅에 떨어질 때 날카로운 바위에 부딪치는 관계로 배가 터져 창자가 흘러나오게 되었다(행 1:18). 마태복음과 사도행전의 기록은 가룟 유다의 죽음의 원인과 결과를 묘사하고 있다.

3. 맛디아를 택한 것이 바른 일인가?(행 1:20-26)

오순절 사건이 발생하기 전에 사도의 수를 12로 채워야 한다. 그러므로 사도행전 1장에서 맛디아 택한 것을 기록한 것은 잘한 일이다.

숫자 십이(12)는 완전을 상징한다. 교회의 터 역할(엡 2:20)을 할 사도들의 수가 완전하게 되어야 한다. 그래서 누가는 사도행전 2:1-4의 오순절 사건이 있기 전 사도행전 1장에서 가룟 유다 대신 맛디아를 택해 사도의 수를 열 두(12) 사도로 채운 것이다.

4. 사도의 자격이 무엇인지 토의 하시오(행 1:21-22).

사도의 자격은 ① 예수님의 공생애 기간 동안 예수님과 함께 동행했던 사람 ② 예수님의 부활을 증거 할 수 있는 사람이다(행 1:21-22).

5. 오순절 때 발생한 방언은 어떤 방언인가?(행 2:4, 8-13)

오순절 때 발생한 방언은 고린도전서에 언급된 방언과는 다른 일상 사용하는 언어였다. 제자들은 거기에 참석한 각 나라 사람들의 언어를 할 수 있는 은사를 받았다.

6. 유대인들의 절기를 묵상해 보십시오.

유월절(출 12:2-14), 초막절(레 23:42; 민 29:12-40), 오순절(맥추절, 칠칠절, 출 34:22; 행 2:1; 20:16; 고전 12:13)이 유대인들의 삼대 절기이다. 오순절은 추수와 관련된 즐거운 날이다.

7. 성령세례와 성령 충만의 차이는 무엇인가?(행 2:1-4; 고전 12:13; 행 6:5, 10; 11:24)

성령세례는 단회적인 것으로 성도들이 예수 믿을 때 경험하는 것이요(고전 12:13), 성령 충만은 예수 믿은 이후 성령의 요구에 순종하면서 사는 삶을 가리킨다(엡 5:18-6:9).

8. 초기 사도들의 (특히 베드로) 설교의 내용이 무엇이었는지 묵

상하시오

베드로의 설교 내용은 (1) 성취의 도래, (2) 예수님의 사역, 죽음, 부활에 대한 재 언급, (3) 예수가 메시아임을 구약을 인용하여 증명, (4) 회개의 호소 등을 포함하고 있다.

9. 하나님의 우편은 어떤 자리인가?(행 2:35)

하나님의 우편은 장소를 가리키지 않고 존귀, 권세, 영광의 자리를 가리킨다. 하나님은 영이시기 때문에 우리들이 생각하는 장소적인 우편과 좌편이 있을 수 없다.

10. 초대 교회의 특징들은 어떤 것들인가?(행 2:42-47)

초대 교회의 특징들은 말씀, 기도, 교제, 기쁨, 일체감, 음식을 통한 교제, 전도 등이다. 초대교회의 특징은 예수님이 잡히시기 전 요한복음 17장에서 아버지께 간구한 성별기도(대제사장적 기도)의 내용과 거의 일치한다.

11. 이적의 목적이 무엇인지 묵상하시오(행 3:1-12).

이적의 목적은 그리스도의 복음을 전하기 위한 것이다. 사도들은 이적을 사용해서 복음을 전하곤 했다. 이적은 이적을 발생하게 하신 분께로 눈을 돌리게 한다.

12. 예수님의 고난당하신 것을 예언한 구약의 말씀은 어떤 것들이 있는가?

구약의 많은 구절이 예수님의 고난을 예언하고 있지만 그 중에서도 이사야 53:1-12; 시편 22:10-21은 예수님의 고난을 구체적으로 묘사한다.

13. '만물을 회복하실 때'가 언제를 가리키는지 묵상하시오(행 3:19-21).

'만물을 회복하실 때'는 예수님의 재림 때를 가리킨다. 바울은 예수님의 재림 때를 가리켜 "만물을 그에게 복종하게 하실 때"(고전 15:28)라고 표현한다.

14. 사도들이 기도하러 올라간 성전은 어떤 성전이었는가?(행 3:1; 4:1)

예수님 당시에 있었던 성전은 헤롯 성전을 가리킨다. 솔로몬 성전부터 헤롯 성전에 이르기까지의 다음의 역사를 참조하라.

* 솔로몬 성전 - B.C. 967 건축 시작, 성전건축 설명(왕상 6장-7장; 대하 3장-4장), B.C. 586년 유다가 망할 때 바벨론 왕 느부갓네살에 의해 파괴되었다.

* 제 2성전 스룹바벨 성전 - 바사 왕 고레스가 BC 538년에 내린 칙령으로 BC 536년 성전 재개가 시작되나 주변의 반대로 성전 건축이 15년 동안 중단된다. 다리오 왕이 BC 520년 성전 건축 재개를 시작하여 BC 516년 3월 12일 성전 건축을 완성한다(스 6:15). 안티오커스 에피파네가 BC 167년 성전을 더럽힘, B.C. 164년에 유다 마카비가 성전을 정결하게 함(수전절, 봉헌절. 요 10:22)

* 헤롯 성전 - B.C.19년 건축 시작, 제 2성전을 보수, AD 64년까지 계속 건축함. AD 70년 로마의 Tito 장군에 의해 파괴됨.

15. 성경에서 구원의 길이 몇 가지나 있다고 말하는지 묵상하시오(행 4:12; 롬 10:9-10; 고전 12:3).

구원을 받는 길은 오직 하나밖에 없다. 그 길은 예수 그리스도가 우리들의 구세주임을 믿는 길이다. 하나님은 예수 그리스도 이외의 이름으로 구원을 받을 수 있도록 계획하시지 않았다. 성경은 "다른 이로써는 구원을 받을 수 없나니 천하사람 중에 구원을 받을 만한 다른 이름을 우리에게 주신 일이 없음이라'(행 4:12)고 명확히 한다.

16. 베드로와 요한이 공권력 앞에서 어떻게 담대해 질 수 있었는가?(눅 22:54-62; 요 21:15-19; 행 1:8; 2:1-4; 4:19-20)

성령 하나님께서 예수님이 누구인지를 분명히 알 수 있게 했고 복음 전도를 위해 특별한 능력을 제자들에게 부여했기 때문이다. 베드로와 요한은 하나님의 말씀 듣는 것을 더 중요하게 생각했다.

17. 사도들이 풀려난 후 교회가 기도했다고 전한다(행 4:23). 기도의 내용은 주님이 창조주요, 주권자이심을 선포한 것이다(행 4:24-30). 제자들의 기도는 보복의 기도가 아니요 확신의 기도였다 (행 4:30-31). 제자들의 기도와 우리들의 기도를 비교 묵상하시오.

사도들은 감사와 도고의 기도를 많이 드리고 하나님의 창조주 되심, 구원자 되심을 많이 인정한 반면, 우리들은 우리 자신의 필요를 위해 많은 시간을 사용한다.

* 기도의 종류(딤전 2:1) 참조
① 기도(prayer), ② 간구(supplication), ③ 도고(intercession), ④ 감사(thanksgiving)

18. 바나바의 성품에 대해 묵상하시오(행 4:36-37; 9:26-27; 11:19-26; 13장-15장).

바나바의 성품은 온유하고, 다른 사람을 잘 돕고, 다른 사람을 잘 위로하는 것이다. 바나바는 곤경에 빠진 바울을 도왔고(행 9:26-30), 교회의 사역이 번성하게 되자 바울을 찾아 함께 교회의 사역을 감당했다(행 11:19-26).

19. 아나니아와 삽비라를 단호하게 벌한 이유가 무엇인지 묵상하시오(행 5:3-4, 9, 11).

어린 초대교회의 순수성을 지키기 위해서이다. 그리고 아나니아와 삽비라가 성령 하나님을 속였기 때문이다. 흥미 있는 사실은 사도행전 5:3의 '감추었느냐'(νοσφίσασθαι)가 여호수아 7:1의 '가졌음이라'(ἐνοσφίσαντο)와 같은 용어라는 점이다. 여호수아 7:1은 갈미의 아들 아간이 외투 한 벌, 은 200세겔, 오십 세겔 중의 금 하나를 취하였다. 이 말씀은 사도행전 5:3의 아나니아와 삽비라가 자신들을 위해 소유의 일부를 취한 것임을 뜻한다.

20. 대제사장과 사두개인 당파가 사도들을 옥에 가두었다(행 5:17-18). 그 후에 어떤 일이 발생했는지 논의하시오(행 5:19-32).

주의 사자가 옥문을 열고 사도들을 자유롭게 만들었다. 그런데 감탄할 사건은 그 다음날 새벽에 옥문을 지킨 보초들은 지난밤에 무슨 일이 벌여졌는지 알지 못하고 계속 옥문을 지키고 있었다. 사도들은 성전에서 백성들을 가르치고 있었다(행 5:25).

참고적으로, 대제사장을 역임한 안나스의 권세가 얼마나 컸는지는 그의 아들들과 사위, 그리고 손자가 연속적으로 대제사장직을 맡은 데서 분명히 드러난다.

제 10대   안나스(Annas, AD 6-15)
제 12대   엘리아잘(안나스의 아들, AD 16-17)
제 14대   요셉 가야바(안나스의 사위, AD 18-37)
제 15대   요나단(안나스의 아들, AD 37 부활절에서 오순절)
제 16대   데오빌로(인나스의 아들, 37년부터-41)
세 18대   맛디아(안나스의 아들, AD ?)
제 24대   아나누스(안나스의 아들, AD 62)
제 27대   맛디아[데오빌로(16대)의 아들, AD 65-67]

21. 가말리엘의 연설은 핍박받는 교회에 어떤 영향을 미쳤는지 논의하시오(행 5:33-42).

가말리엘의 연설은 교회가 유대주의의 울타리 안에서 기초를 든든히 세워갈 수 있는 기회를 얻는 데 도움이 되었다.

22. 사도행전에 기록된 집사의 자격과 디모데전서 3장에 기록된 집사의 자격에 대해 논의하시오(행 6:1-6; 딤전 3:8-13).

사도행전 6장은 집사의 자격으로 '성령과 지혜가 충만하여 칭찬 듣는 자'(행 6:3)로 묘사하지만 디모데전서 3장에서는 좀 더 구체적으로 자격을 정의한다. 집사들은 "정중하고 일구이언을 하지 아니하고 더러운 이를 탐하지 아니하고 깨끗한 양심에 믿음의 비밀을 가진 자"(딤전 3:8-9)이어야 하며 또한 "한 아내의 남편이 되어 자녀와 자기 집을 잘 다스리는 자"(딤전 3:12)이어야 한다.

23. 그 당시 종교 지도자들의 이중적인 마음을 묵상하시오(행 6:11, 14과 13절을 비교).

외형적으로는 율법을 충실히 지키는 것으로 보이나 거짓 증인을 세워 스데반을 모함하고 있다. 이들의 신앙은 속과 겉이 다르다. 그 당시 종교 지도자들의 마음은 부패한 인간의 마음의 표본이다.

24. 스데반의 설교는 하나님께서 아브라함을 부르시는 때로부터 시작하여 솔로몬이 성전을 봉헌하는 때까지 유대인의 역사를 개요한다. 그리고 스데반이 "지극히 높으신 이는 손으로 지은 곳에 계시지 아니하나니"(행 7:48)를 시작으로 유대인들의 잘못을 지적하자 유대인들이 돌로 치기 시작한다. 그 이유를 묵상하시오.

유대인들은 예루살렘 성전을 그들의 종교적 핵심으로 삼고 있었다. 스데반이 "지극히 높으신 이는 손으로 지은 곳에 계시지 아니하며"라고 한 말은 유대인들의 신앙의 근본을 흔드는 것과 같다. 스데반은 구약의 특징인 성전 중심의 신앙생활을 부정하고 있는 것이다. 스데반은 예수 그리스도 중심의 신앙을 말하고 있다.

25. 예수님은 일반적으로 하나님의 우편에 앉아 계신 것으로 묘사된다. 그런데 스데반이 "인자가 하나님 우편에 서신 것을 보았다"(행 7:55-56)는 뜻은 무엇인지 묵상하시오.

부활하신 예수님이 앉고 서는 것은 큰 문제가 되지 않는다. 그러나 예수님은 자신의 이름을 위해 순교하는 스데반을 앉아서 지켜 볼 수는 없었다. 이런 표현은 부활하신 예수님 자신의 행동을 묘사하는 것이 아니요, 예수님의 성도들에 대한 사랑을 묘사해 준다.

26. 빌립의 복음전도와 첫 번째 이단에 대해 논의하시오(행 8:5-8; 26-40).

시몬이 성령의 권능을 돈으로 사려고 했다. 시몬(Simon)의 이름을 따서 영어로 Simony가 성직매매를 가리킨다. 시몬은 하나님 나라에 분깃을 갖지 못한 첫 번째 이단이 되었다(행 8:21).

27. 마태복음 28:16의 명령은 열한 제자에게만 주었던 명령입니까, 믿는 자 모두에게 주었습니까? 믿는 자 모두에게 주었다면 믿는 자라면 누구나 세례를 줄 수 있습니까?

마태복음 28:16-20은 일반적인 명령이다. 마태복음 28:20의 주 동사는 μαθητεύσατε(제자를 삼으라)이다. 세 분사인 πορευθέντες(가서), βαπτίζοντες(세례를 주고), διδάσκοντες(가르치고)는 주 동사를 수식하는 역할을 한다. 세례 베푸는 것은 말씀 선포와 직결되어 있다. 따라서 현재의 교회 내에서는 말씀 선포자인 목사가 세례를 베풀 수 있고 일반 성도는 세례를 베풀 수 없다.

28. 사도행전 8장에 보면 빌립이 집사 신분으로 세례를 주었다. 오늘날 교회에서 장로나 집사가 세례를 줄 수 있습니까?

그 때는 교회가 분명한 조직이 없을 때이다. 빌립은 공궤보다는 말씀 선포에 더 치중했다. 이 사실 자체가 교회 조직이 분명하지 않을 때임을 밝힌다. 사도행전 11:30에 안디옥의 그리스도인이 유대교회를 위해 보내온 선물을 장로들이 받았다. 사도행전 14:23에 바울과 바나바가 장로를 임명했다. 사도행전 15:6-23(22, 23절)에 사도들과 장로들이 연합하여 교회를 다스렸다. 장로의 임무는 다스리고, 가르치고, 행정 하는 것이다.

세례는 말씀 선포와 관련이 있다. 말씀이 선포되면 성령이 역사하여 믿음이 생기게 되고(롬 10:17) 그 믿음으로 구원을 얻는다(롬 10:9, 10). 구원 얻는 자는 세상으로부터 구별되어야 한다. 그래서 세례를 주어 구별시킨다. 그러므로 세례는 말씀 선포와 연관이 있다. 그래서 오늘날 말씀 선포를 전담하고 있는 목사가 세례를 준다.

29. 사마리아 성은 언제 건축했는가?

이스라엘 왕 오므리(Omri; 885-874 BC)가 세멜(Shemer)에게 은 두 달란트를 주고, 사마리아 산을 사고 그 산 위에 성을 건축하고, 그 건축한 성 이름을 그 산 주인이었던 세멜의 이름을 따라 사마리아라 불렀다(왕상 16:24).

30. 사마리아 교회에 대한 예루살렘 교회의 영향과 그 의의를 묵상하시오(행 8:14-15).

유대와 사마리아는 항상 긴장관계에 있었다. 복음은 예루살렘으로부터 시작되었고 복음을 직접 받은 사람들은 예수님의 12제자들이다. 따라서 예루살렘 교회가 사마리아 교회에 영향을 끼친 것은 교회의 일치와 복음의 순수성을 위해 반드시 필요한 것이다.

31. 빌립이 사마리아에서 복음 전하는 것과 예수님의 사마리아 사역은 어떤 관계인지 묵상하시오(행 8:14-15; 요 4:1-42).

빌립이 사마리아에서 복음을 전한 사실은 예수님께서 먼저 닦아 놓은 길을(요 4장) 가고 있는 것이나 다름없다. 사실상 빌립은 예수님이 뿌린 열매를 수확하고 있다.

32. 사마리아에서 발생한 성령의 사역에 대해 논하시오(행 8:15-19).

앗수르가 북 왕국 수도 사마리아를 B.C. 722년에 정복하고 혼혈정책(왕하 17:32 이하)을 폈다. 사마리아 사람들은 모세오경만 인정했다.

유대인들이 바벨론에서 귀환한 후 성전을 건축할 때 사마리아 사람들이 협력을 제의했으나 유대인들이 거절했다. 예, 산발랏/도비야 등(스 4:2-3). 그래서 적대감이 심화되었다.

사마리아 사람들은 B.C. 400년 그리심 산에 건축한 성전에서 예배를 드렸다(요 4:20). 그런데 B.C. 128년 유대인 요한 힐가누스가 그리심 산에 있는 성전을 불태워 버렸다. 그래서 유대인과 사마리아인 사이에 적대감이 더 심화되었다.

예수님 당시 사마리아 여인과의 대화(요 4:1-26)는 이런 사회적 배경을 잘 드러내고 있다.

33. 에디오피아의 내시가 "지도해 주는 사람이 없으니 어찌 깨달을 수 있느냐"(행 8:31)라고 말한 내용이 성경해석과 무슨 관계가 있는지 묵상하시오.

빌립이 에디오피아 내시를 위해 성경을 해석한 사실에서 우리는 성경해석에는 성령의 인도가 필요하고, 사람을 사용하여 해석하며,

성경은 해석되어야 함을 배우게 된다.

34. 세 곳에(행 9:1-9; 22:6-16; 26:12-23) 기록된 바울의 회심의 특징들은 무엇인가 묵상하시오.
바울의 회심이 기록된 세 장의 특징들은 다음과 같다.
행 9장 - 바울의 회심에 관한 순수한 역사적 사건을 묘사하고 있다.
행 22장 - 바울이 자신의 회심을 유대인 앞에서 변호하는 것, 유대인 아나니아의 역할이 부각되어 설명된다.
행 26장 - 바울이 아그립바 왕 앞에서 자신의 회개사건을 묘사한다. 아나니아를 언급하지 않고 주님의 명령을 한마디로 요약한다.

35. 사도행전 9장은 동행자들이 서 있었고 바울은 엎드러진 것(행 9:4, 7, 8)으로 묘사하고 사도행전 26장은 바울과 동행자 모두 땅에 엎드러진 것(행 26:14)으로 묘사되었는데 이 문제는 어떻게 해결할 수 있는가?
원래 부활하신 예수님은 사울(바울)에게 관심이 있었다. 그래서 사울과 그 일행에게 '홀연히 하늘로서 빛이'(행 9:3) 비출 때 가장 충격을 많이 받은 사람은 사울이었다. 그래서 바울과 그 일행이 모두 엎드러졌으나(행 26:14), 가장 늦게 일어난 사람은 사울이었다(행 9:4, 7, 8). 누가는 사울의 회심 장면의 전반부와 후반부를 설명하고 있다.

36. 사도행전 9장은 같이 가던 사람들이 소리만 듣고 아무도 보지 못한 것(행 9:7)으로 묘사하고, 사도행전 22장은 동행한 사람들이 빛은 보면서도 소리는 듣지 못한 것(행 22:9)으로 묘사했는데 이 문제는 어떻게 해결할 수 있는가?
사도행전 9장의 경우는 소리를 소유격 명사(ἀκούοντες τῆς φωνῆς)로 사용하고 사도행전 22장의 경우는 소리를 목적격 명사(ἤκουσαν τὴν

φωνήν)로 사용했다. 사도행전 9장의 경우는 같이 가던 사람들이 음성을 들었지만 무슨 내용인지 이해할 수 없었다는 뜻이요, 사도행전 22장의 경우는 동행한 사람들이 무슨 의미인지 알 수 없었다는 뜻이다.

37. 사울은 그리스도인들을 핍박했다. 그런데 왜 부활하신 예수님이 "사울아, 사울아 네가 어찌하여 나를 박해하느냐"(행 9:4)라고 말했는지 묵상하시오.

예수님은 자신을 성도들과 동일시하시기 때문이다. 바울은 성도들이 예수님과 함께 부활했고, 함께 일으킴을 받았고, 함께 왕 노릇할 것이라고 설명한다(딤후 2:11-12).

38. 사도행전에 나타난 '아나니아'라는 이름을 가진 사람이 어떤 사람이었는지 비교 묵상하시오(행 5:1-6; 9:10-18; 23:2-5).

사도행전에 아나니아라는 이름을 가진 사람이 셋이다. 첫 번째 아나니아는 사도행전 5장에 나타나는데 삽비라의 남편으로 성령과 주의 영을 시험하고(행 5:3, 9) 사도들을 속여서 즉시 영혼이 떠나간 사람이다. 두 번째 아나니아는 다메섹 도상에서 장님이 된 사울의 눈을 뜨게 하는데 직접적 역할을 한 사람이다(행 9:17-18). 세 번째 아나니아는 대제사장으로 바울이 "회칠한 담이여 하나님이 너를 치시로다"(행 23:3)라고 말한 대상이다.

39. 복음서와 사도행전에 언급된 헤롯 왕을 열거하고 각각의 헤롯과 연관된 성경적 사건들을 기록하시오.

헤롯家의 왕들	헤롯 대왕	헤롯 안디바	헤롯 아그립바 1세		헤롯 아그립바 2세
사 건	예수님 탄생	세례요한 순교	야고보 순교	베드로 투옥	바울 심문
성경본문	마 2:1	마 14:1-12	행 12:1-2	행 12:1-23	행 26장

40. 고넬료는 "성령을 받기 전에(행 10:47) 기독교인이었는지, 아니었는지 묵상하시오(행 10:1-2, 47-48).

고넬료는 경건한 이방인으로 구제와 기도를 열심히 했지만(행 10:1-3), 성령을 받기 전에는 기독교인이 아니었다.

41. 하나님이 고넬료와 베드로에게 거의 동시에 계시를 주신 이유가 무엇인지 묵상하시오(행 10:1-8; 9-23)

하나님은 이방인 고넬료의 회심을 통해 이방전도를 준비하셨다. 베드로는 고넬료 회심의 사건을 예로 들어 예루살렘 교회에서 할례의 무용성을 강조했다.

42. 사도행전 10장에 기록된 베드로의 설교의 요점이 무엇인지 묵상하시오(행 10:39-42).

예수님의 죽음과 부활이 설교의 요점이다. 예수님은 그의 죽음과 부활을 통해 죄 문제를 해결하시고 구속을 성취하셨다 그러므로 주님의 죽음과 부활은 복음의 내용이요, 마땅히 전파되어야 할 중심 메시지여야 한다.

43. 고넬료 가정에 있었던 성령의 역사를 논의하시오(행 10:44-48).

고넬료 가정에서 성령의 임함은 성도들이 안수할 때나 기도할 때 임한 것이 아니요, 베드로가 말할 때에 임했다. 다음을 비교해 보라.

사도행전 2장 - "오순절 날이 이미 이르매"(행 2:1)
사도행전 8장 - "두 사도가 그들에게 안수하매"(행 8:17)
사도행전 9장 - "아나니아가 그에게 안수하여 이르되"(행 9:17)
사도행전 10장 - "베드로가 이 말을 할 때에"(행 10:44)
사도행전 11장 - "내가 말을 시작할 때에"(행 11:15)

사도행전 19장 - "바울이 그들에게 안수하매"(행 19:6)

44. 이방인들이 하나님의 말씀을 받았는데 할례자들이 왜 베드로를 힐난했는지 논의하시오(행 11:1-3).

할례자들은 아직도 이방인을 하나님의 백성의 테두리 안에 영접할 수 없었기 때문이다. 유대인들은 이방인들을 사람으로 취급하고 있지 않고 있는 것이다.

45. 베드로가 "내가 주의 말씀에 요한은 물로 세례를 주었으나 너희는 성령으로 세례를 받으리라 하신 것이 생각났노라"(행 11:16)는 어떤 말씀이 생각났다는 뜻인지 묵상하시오.

사도행전 1:5의 말씀, 즉 오순절 사건에 대한 예수님의 말씀이 생각난 것이다. 베드로는 이 사건을 통해 하나님이 유대인과 이방인을 구분하시지 않는다는 것을 알았다.

46. 예루살렘 교회가 안디옥에 바나바를 파송한 이유가 무엇인지 묵상하시오(행 11:22; 참고, 행 8:14).

안디옥 교회가 순수한 복음을 받았는지 확인하고 예루살렘 교회와의 일치를 위해 바나바 파송이 필요했다. 예루살렘 교회는 다른 지역에 설립된 교회가 올바른 교훈위에 세워졌는지를 확인했다.

47. 바나바가 다소에 가서 사울을 찾아 함께 안디옥 교회에서 사역한 의의를 묵상하시오(행 11:25-26).

바나바는 항상 복음 중심으로 생각하고 자신의 공로를 자신에게만 돌리려 하지 않았다. 바나바는 '제 2인자'의 위치에 만족하는 겸손의 사람이었다. 바나바는 인재를 인재로 만드는 귀한 성품을 소유한 사역자였다.

48. 가룟 유다의 죽음으로 결원이 생길 때는 맛디아를 택해 충원했는데(행 1:23-26), 야고보 사도가 순교했을 때는 왜 충원을 하지 않았는지 묵상하시오(행 12:2).

하나님의 뜻이 12사도를 계속 충원하시지 않겠다는 의미이다. 사도들이 자신의 직무를 성실히 수행하고 세상을 뜰 때에는 성경은 계속 충원할 필요를 말하지 않는다. 이제 신약 교회는 기록된 하나님의 계시에 의존하여 생활해야 한다.

49. 마리아의 집에 모인 성도들의 기도에 대한 태도와 우리들의 기도에 대한 태도를 묵상하시오(행 12:5, 12-16).

성도들은 하나님께 기도할 때 의심하지 말고 기도해야 된다는 교훈을 배우게 된다. 성도들은 사도들이 감옥에서 풀려날 것을 위해 기도하면서 정작 베드로가 풀려나와 그들 앞에 섰을 때에 그들은 베드로의 풀려난 사실을 믿지 못했다.

50. 헤롯의 교만이 어떤 결과를 가져 왔는지 묵상하고 그 교훈을 배우십시오(행 12:20-23).

교만은 패망의 선봉이 된다(잠 16:18). 헤롯의 교만은 자신의 멸망을 가져온다.

헤롯 아그립바 1세에 대해 1세기 유대 역사학자 Flavius Josephus는 *Antiquities of the Jews*, 19.8.2에서 헤롯이 은으로 만든 옷을 입고 백성 앞에 나타났을 때, 햇빛이 그 옷을 비추므로 보는 사람들의 눈이 부셨고, 사람들은 공포에 싸여 헤롯을 신으로 추앙했지만 헤롯은 그들을 꾸짖지도 않고 거절하지도 않았다고 전한다. 그리고 헤롯이 한 부엉이(owl)가 그의 머리 위의 한 줄에 앉은 것을 본 후 심한 복통을 앓으면서, "너희들이 나를 신으로 불렀지만 나는 이 생애로부터 고별하라는 명을 받았다"라는 말을 남기고 세상을 떠났다고 요세푸스는 기록하고 있다.

51. 안디옥 교회는 개척교회였지만 이방선교의 보루가 되었다. 안디옥 교회의 장점을 묵상하시오(행 13:1-3).
첫째, 미약한 교회였지만 선교하는 교회였다. 둘째, 성령의 지시를 따른 교회였다. 셋째, 제일 좋은 인재를 선교사로 파송했다.
안디옥 교회는 유대인과 이방인이 섞여 있는 교회였다.
바나바-유대인,
니게르라하는 시므온-이방인
구레네 사람 루기오-이방인
헤롯의 젖동생 마나엔-유대인
사울-유대인

52. 금식의 의의에 대해 묵상하시오(행 13:2-3).
금식은 그 자체로 목적이 될 수 없다. 금식은 다른 목적을 위해 실행되어야 한다. 본문은 주를 예배(섬겨)하고(행 13:2), 기도하기 위해(행 13:3) 금식했다고 기록한다.

53. 선교사 파송은 누구의 책임인지 묵상하시오(행 13:1-3; 14:26-28).
안디옥 교회가 바울과 바나바를 선교사로 파송한 것은 선교사에 대한 교회의 책임을 보여준다.
① 전 교회가 선교사 파송에 참여했다(행 13:3). 파송된 선교사들이 선교 활동 후 귀국하여 선교 보고를 할 때 온 교회가 모여 선교 보고를 들었다(행 14:26-28).
② 교회만이 선교사 파송에 참여한 것은 아니다. 바나바와 사울은 성령의 보내심을 받았다(행 13:4). 여기서 성령의 인도와 교회의 결정이 조화를 이루어 균형 있게 나타난다.

54. 비시디아 안디옥에서의 바울의 설교 내용을 묵상하시오(행 13:16-41).

바울의 설교 내용은 이스라엘의 과거 역사(행 13:17-23); 세례요한의 준비적 사역(행 13:24-25); 예수님의 죽음과 부활(행 13:26-41)을 포함하고 있다.

55. 가나안 일곱 족속은 어느 족속인가?(행 13:19)

가나안 일곱 족속은 ① 가나안 족속 ② 헷 족속 ③ 히위 족속 ④ 브리스 족속 ⑤ 기르가스 족속 ⑥ 아모리 족속 ⑦ 여부스 족속이다(신 7:1).

56. 사도행전 13:19에 언급한 450년은 어떻게 이해해야 하는가?

450년은 애굽 생활 400년, 광야 40년, 그리고 가나안에서 땅을 나누기까지 10년을 합친 연수이다.

57. 루스드라에서의 바울의 설교의 특징은 무엇이었으며 비시디아 안디옥에서의 설교와 무슨 차이가 있는지 묵상하시오(행 14:14-18).

① 이스라엘 역사나 구약 인용 없음 ② 우상 숭배의 무익함 지적 ③ 창조주 하나님 강조(참조, 출 20:11; 시 146:6 사용) ④ 하나님의 섭리적 은혜 강조.

루스드라의 청중이 바울과 바나바에게 제사를 드리려고 할 때 사도들은 옷을 찢는다. 옷을 찢는 행동은 한탄의 표현(수 7:6), 슬픔의 표현(삼하 1:11-12), 참을 수 없는 상태의 표현(마 26:65) 등의 뜻이 있다. 청중이 이방인들이었기 때문에 이스라엘이나 구약성경을 언급하지 않고 창조주 하나님을 언급한다(참고, 마태복음 족보, 마 1:1-16; 누가복음 족보, 눅 3:23-38 비교).

58. 할례 문제(율법 문제)에 대한 하나님의 역사적 섭리를 고넬료 가정의 회심 사건(행 10:1-48)과 예루살렘 공회에서의 베드로의 설교 (행 15:7-11)를 비교하면서 묵상하시오.

하나님은 특별한 방법으로 베드로를 고넬료에게 보내신다. 베드로는 하나님이 고넬료 가정에 자신을 보내시고 그 가정을 구원하는 과정에서 이방인들을 차별하시지 않는다는 하나님의 뜻을 알게 된다. 이와 같은 경험을 미리 한 베드로는 예루살렘 공회에서 이방인들에게 "할례"를 해야 하느냐 하지 않아도 되느냐를 결정할 때 하나님의 뜻을 분명히 밝혀 이방선교의 기초를 놓는데 기여한다.

59. 예루살렘 공회의 결정과 복음이 전 세계적으로 전파되어야 할 하나님의 계획과 어떻게 일치하는지 묵상하시오(행 15:17).

이방인이 할례를 받지 않고도 그리스도의 교회에 들어올 수 있다는 결정은 이방선교의 문을 활짝 열어 논 것이다. 예루살렘 공회는 할례가 구원의 요건이 아님을 분명히 밝히므로 유대인과 이방인의 차이를 없애고 복음 안에서는 모든 사람들이 차이가 없음을 분명히 했다.

60. 예루살렘 공회는 이방인들이 할례는 받지 않아도 되지만 우상의 제물, 피, 목 매어 죽은 것, 음행은 금했다. 그 결정의 의의를 묵상하시오(행 15:19-20, 28-29).

예루살렘 공회의 결정은 교회의 순수성과 일치를 위해서 유대인들의 과거 관습과 이방인들의 과거 관습 때문에 교회에 들어 온 후에도 있을 수 있는 불목의 관계를 해결하기 원하는 것이다. 유대인들은 오랜 기간 율법과 규칙이 있는 삶을 살았고, 이방인들은 자유분방한 삶을 살았다. 그러므로 이방인들은 예수를 구주로 믿은 다음에도 자신들의 삶의 행태가 지속될 수 있기 때문에 예루살렘 공회는 필요한 조치를 만든 것이다.

61. 바울이 디모데에게 할례를 행했다(행 16:3). 이와 같은 행위는 예루살렘 공회의 결정과 상치되는 것이 아닌지, 만약 아니라면 무슨 의의가 있는지 묵상하시오(교회의 화합과 그리스도인의 자유).

예루살렘 공회의 결정은 구원과 할례가 무관함을 확실히 했다. 그런 상황에서 바울은 복음 전도에 유익하면 할례를 행할 수도 있고, 행하지 않을 수도 있는 자신이 누리는 자유를 행사한 것이다.

62. 바울 일행이 아시아에 복음을 전하려고 하자 성령이 막았고(행 16:6), 또 예수의 영이 막았다(행 16:7). 누가가 이렇게 성령과 예수의 영을 교대로 사용한 이유를 묵상하시오(고전 15:45; 고후 3:17 참조).

예수님의 부활 이후 성령의 사역과 예수님의 사역이 기능적으로 동일하기 때문이다. 예수님은 부활 이후 "살려주는 영"(Life-giving Spirit)(고전 15:45)이 되셔서 성도들의 구원 경험에 관한한 성령의 사역과 동일한 사역을 하신다. 예수님의 사역과 성령의 사역을 동일 시 하는 것은 본체론적 의미에서가 아니요 경륜적 의미에서이다.

63. 바울의 2차 전도 여행의 경로를 그리면서 복음의 확산의 의의를 묵상하시오(행 15:40-18:22).

바울의 2차 전도 여행기간 동안 복음이 아시아에서 유럽으로 넘어간 사실은 특별한 의의를 가진다.

64. 세례 요한의 세례와 예수님의 세례의 차이가 무엇인지 묵상하시오(행 19:1-7).

세례 요한의 세례는 구속적 효능이 없지만 예수님의 세례는 구속적 효능을 가지고 있다. 그런 이유로 세례 요한의 세례만 받은 성도들이 예수님의 이름으로 세례를 다시 받았다.

65. 바울이 에베소 교회를 어떻게 목회했는지 사도행전 20:17-38을 근거로 논의하고 묵상하시오.

바울은 겸손과 눈물로 에베소 교회를 목회하고(행 20:19), 생명을 아끼지 않고 에베소 교회를 섬겼으며(행 20:24), 하나님의 모든 뜻(행 20:27)을 쉬지 않고 가르쳤다.

66. 바울의 3차 전도 여행의 경로를 그리면서 복음의 확산의 의의를 묵상하시오(행 18:23-21:17).

바울의 3차 전도 여행은 에베소에서의 사역이 특별하며 복음이 아시아 거의 전역에 전파되는 계기를 마련한다. 바울은 하나님의 쓰임을 받아 복음을 아시아 지역뿐만 아니라 유럽의 여러 지역에 그리스도의 복음을 전파한다.

67. 빌립의 집이 가이사랴에 있게 된 경위를 고찰하시오(행 6:5; 8:40; 21:8).

빌립은 다른 여섯 사람과 함께 집사로 선택되어(행 6:5) 활동한다. 특히 빌립은 스데반처럼 공궤의 일 보다는 복음 전도에 더 많은 시간을 할애한다. 빌립이 사마리아에서 복음을 전하고(행 8:4-13) 에디오피아 내시에게 복음을 전한 후 가이사랴에 와서 정착하게 된다(행 8:26-40; 21:8).

68. 사도행전 22장에 나온 바울 자신의 회심에 대한 간증에서 강조된 내용이 무엇인지 고찰하시오(행 22:6-16).

사도행전 22장에 나온 회심에 대한 바울 자신의 간증에서 강조된 내용은 바울의 회심에서 아나니아가 어떤 역할을 했느냐이다. 바울은 상황이 유대인들에게 자신의 회심을 설명하는 경우이기 때문에 경건한 사람 아나니아(행 21:12)의 역할을 강조하기 원했다.

69. 더둘로의 고소와 바울의 변증을 고찰하고 묵상하시오(행 24:1-23).

더둘로(Tertullus)는 다음과 같이 바울을 고소한다.
(1) "**이 사람은 전염병 같은 자라**"(행 24:5). 그 당시 정치 상황으로 보아 이 고소는 심각한 고소이다.
(2) "**나사렛 이단의 우두머리**"이다(행 24:5). 여기 사용된 '이단'이란 말은 사도행전에서 '사두개인의 당파'(행 5:17), '바리새파'(행 15:5; 26:5)라고 할 때 사용되었으므로 오늘날 사용하는 '이단' 개념보다는 당파 혹은 분파를 가리킨다.
(3) "**성전을 더럽게 하는 자라**"(행 24:6). 이는 에베소 사람 드로비모(Trophimus) 사건과 연관된 듯하다(행 21:29). 이는 유대인들의 곡해이다.

반면 더둘로의 고소에 대해 바울은 다음과 같이 변증한다.
(1) 예루살렘에 올라간 지 12일밖에 되지 않아 폭동을 일으킬 수 없고 이 사실에 대해 증인이 없다(행 24:11-13).
(2) 자신이 나사렛 이단의 추종자임을 밝힌다. 바울은 자신이 유대인들이 따르는 것과 같은 '도를 따르는' 사람이라고 설명한다.
(3) 바울은 성전을 더렵혔다는 고소 내용은 완강히 부인한다. 왜냐하면 그들의 고소가 거짓이었기 때문이다.

70. 그 당시 정치 지도자들이 바울을 석방시키지 않고 가이사랴에 감금해 둔 이유가 무엇인지 묵상하시오(행 24:26-27).

그 당시 정치 지도자들이 바울을 석방시키지 않고 감금해 둔 이유는 두 가지이다. 첫째는 바울에게서 뇌물을 받을까하는 소망 때문이요, 둘째는 유대인들의 인기를 얻기 위해서이다(행 24:26-27). 그 당시 정치 지도자들은 그들이 행사하는 권세가 하나님으로부터 나왔음을 알지 못하고 공의를 행하지 않았다(롬 13:1-3).

71. 사도행전 26장에 기록된 바울의 회심 간증의 특징은 무엇인가 묵상하시오(행 26:12-18).

사도행전 26장의 바울의 회심 간증은 아그립바 왕 앞에서 하나님이 바울의 생애를 어떻게 사용하실 것인지를 밝히는 내용이다. 여기서 "가시채를 뒷발질하기가 네게 고생이니라"(행 26:14)가 나타난다. 이 말씀은 미련한 황소가 고통스러운 일을 경험하면서도 자기 길로만 가려는 것처럼 바울도 자기의 길 외에 더 나은 길이 있음을 알지 못하고 전진했다는 뜻이다. 바울은 하나님이 그를 위해 정해놓으신 길을 알지 못하고 자신의 길을 열심히 걸어갔다.

72. 바울의 로마여행 일정을 고찰하고 하나님의 간섭하심을 묵상하시오(행 27:1-28:15).

하나님은 바울의 로마여행 중 유라굴로 광풍을 만나게 하여 죄수인 바울로 하여금 하나님이 그와 함께 하심을 군인들과 다른 죄수들에게 나타나게 한다. 그리고 하나님은 그의 사자를 때때로 바울에게 보내셔서 "바울아 두려워하지 말라 네가 가이사 앞에 서야 하겠고 또 하나님께서 너와 함께 항해하는 자를 다 네게 주셨다"(행 27:24)라고 격려하시고 로마까지 가게 될 것을 약속해 주신다(행 27:22-24, 31-34).

73. 바울이 로마 감금 기간 동안 선포한 내용의 요약이 무엇인지 고찰하고 묵상하시오(행 28:23, 31).

바울은 하나님 나라와 주 예수 그리스도에 관한 것을 가르치고 선포했다(행 28:23, 31). 바울의 메시지에는 항상 "하나님 나라"와 "예수 그리스도의 죽음과 부활"이 포함되어 선포되었다. 바울은 예수님이 시작한 "하나님 나라"(마 4:17; 행 1:3)를 복음 선포를 통해 계속적으로 확장하는 사역을 감당하였다.

부록 II
오순절 사건에 대한 베드로의 해석

베드로의 설교에는 명령형과 권고 형이 많이 나온다(행 2:21, 38; 3:6, 19; 4:19 등). 베드로는 오순절 사건을 구약의 예언에 비추어 부활 후의 전망으로 해석하고[욜 2:28-32(MT 3:1-5); 행 2:14-21] 계속해서 이스라엘 백성들에게 그리스도의 사건의 의미를 설교한다. 베드로의 설교는 사도행전 2:38에서 회개를 권고함으로 절정에 다다른다. 베드로의 설교에서 두 가지 중요한 강조점을 찾아볼 수 있다. 첫째, 오순절 사건을 종말론적으로 해석한 것이다. 요엘서의 '그 후에'를 '말세에'로 고쳐 오순절 사건이 종말론적 사건임을 명백히 했다(행 2:14-21). 둘째, 그리스도의 부활과 승천을 강조하고 오순절 사건과의 관계를 명백히 했다(행 2:22-36).

베드로의 설교는 구약성경을 해석하고 구약의 예언에 호소하는 형식으로 진행된다. 즉 구약을 주해 적으로 설명하는 것이다. 베드로가 오순질 사건을 설명하면서 구약을 인용한 사실은 낮게 평가할 수 없는 중요한 내용이다. 왜냐하면 이는 성경 전체적인 체계를 생각하게 하고 신약적인 전망으로 구약을 어떻게 해석하는지를 설명해 주기 때문이다.

베드로는 성경에 직접 호소함으로 오순절 사건을 설명한다. "새 술에 취하였다"(행 2:13)고 하는 청중들의 비방이 베드로로 하여금 설교를 시작하게 한다. 베드로는 요엘 선지자에 의해 예언된 성령을 부어 주시는 일이 무리들이 방금 목격한 것처럼 실현되었다고 증거 한다. 헬라어 투토 에스틴(τοῦτό ἐστιν, 행 2:16)이 바로 이 사실을 강조하고 있다. 구약의 예언이 성취된 사실을 강력하게 표현한 것이다.

베드로는 결정적인 의미가 결여된 '그 후에'(כֵן אַחֲרֵי הָיָה)라는 표현에 결정적인 의미를 부여하여 '말세에'(ἐν ταῖς ἐσχάταις ἡμέραις)로 표현한다. 베드로의 이와 같은 용어 변경은 어떻게 설명될 수 있을까? 베드로가 이 말을 바꾸어 사용한 것은 우연히 되어진 것이 아니요 숙의 끝에 되어진 것이다. 베드로는 이런 용어의 변경을 통해서 예언적인 대망이 실재(實在)로 성취되어져 하나님의 종말론적인 통치, 메시아 왕국의 임함을 묘사하고 있다. 그리고 베드로는 구약의 예언을 책임성 있게 해석하는 표본을 보여주면서 요엘서의 예언이 오순절에 실현되어졌다고 증명하고 있는 것이다. 일반적인 표현으로 예언된 요엘서의 내용이 종말론적인 형편에 맞추어 구체적으로 해석되어졌다.

베드로는 요엘서를 인용하여 오순절을 설명하면서 성령의 부어주심에만 국한하지 않는다. 베드로는 구약성경 요엘 3:5 상(MT, 참조, 행 2:21)까지 계속해서 인용한다. 구약의 예언적 구절을 인용하면서 "누구든지 주의 이름을 부르는 자는 구원을 받으리라"(행 2:21)는 복음의 호소까지 포함시킨다. 이 사실은 오순절 사건이 복음 선포의 보편성과 직접적인 연관이 있음을 보여준다. '누구든지' 구원의 메시지를 받을 수 있게 된다. 즉 오순절은 예언된 대로 복음 선포의 전 세계적 성격을 함의하고 있다. 사도행전 2:17-18은 오순절 사건을 설명함이 틀림없다. 그러나 사도행전 2:19-20의 내용은 오순절 사건과 무슨 관계가 있는가? 사도행전 2:19-20의 내용도 오순절 사건을 예언한 요엘서 예언의 한 부분으로 되어있다. 사도행전 2:19-20에 묘사된 사건들은 오순절 사건과 유기적으로 연관되어 있음에 틀림없다. 베드로는 여기서 미래에 있을 마지막 심판인 피와 불과 연기의 심판을 묘사하고 있다. "주의

크고 영화로운 날이 이르기 전에 해가 변하여 어두워지고 달이 변하여 피가 되리라"(행 2:20). 마지막 심판을 묘사하는 동일한 어조의 말씀을 성경 다른 곳에서도 찾을 수 있다. "이제 하늘과 땅은 그 동일한 말씀으로 불사르기 위하여 보호 하신 바 되어 경건하지 아니한 사람들의 심판과 멸망의 날까지 보존하여 두신 것이니라." "주의 날이 도둑같이 오리니 그날에는 하늘이 큰 소리로 떠나가고 물질이 뜨거운 불에 풀어지고 땅과 그 중에 있는 모든 일이 드러나리로다"(벧후 3:7, 10).

마지막 심판에 관한 묘사가 오순절 사건을 설명하는 말씀과 함께 나타난 사실은 의미심장하다. 세례요한이 예수님의 사역을 묘사하면서 "그는 성령과 불로 너희에게 세례를 베푸실 것이요, 손에 키를 들고 자기의 타작마당을 정하게 하사 알곡은 모아 곳간에 들이고 쭉정이는 꺼지지 않는 불에 태우시리라"(눅 3:16-17)고 했다. 예수님의 사역은 성령과 불로 세례를 주는 사역이다. 성령의 세례는 축복의 세례이고 불의 세례는 심판의 세례이다. 이는 두 개의 세례가 아니요 한 세례의 양면성을 보여 준다.[1] 따라서 사도행전 2:17-18에서는 오순절에 발생한 성령 세례가(행 1:5) 신자들에게(교회에게) 주신 축복의 세례로 묘사되어졌고, 사도행전 2:19-20에서는 심판의 세례가 장차 불신자들에게 임할 마지막 심판으로 언급된 것이다.

요엘서를 인용하여 오순절 사건을 설명한 베드로는 구약 예언이 어떻게 취급되어져야 하는지 그 좋은 예를 보여준다. 이것은 신약의 전망으로 구약 예언을 다루는 예이다. 베드로의 해석은 요엘서의 예언 가운데 나타난 장시간의 간격을 가진 두 사건을 한꺼번에 망원경으로 보는 것과 같다. 즉 강림의 첫째 요소가 오순절 사건이요, 둘째 요소가 마지막 심판의 사건인데 베드로는 망원경으로 이 두 요소를 한꺼번에 본 것이다. 비록 본문 내에 이 두 사건을 떼어놓는 시간적인 요소가

---

[1] 박형용, 『교회와 성령』 (수원: 합동신학대학원출판부, 1997), p. 24.

있기는 하지만 그렇다고 해서 본문 내용의 통일성이 파괴되거나 그 구조가 흐려지진 않는다. 오순절 사건과 마지막 심판은 '이미 그러나 아직'(already but not yet)이라는 시간적 긴장성을 지니고 있음에도 불구하고 한 강림의 두 면을 정확하게 보여주고 있다. 예수님의 왕국 교훈이나 바울서신에서도 한 강림의 두 면을 보여준다. 즉 '현재'와 '미래'의 이중적 초점을 보여준다.

베드로는 성령의 감동에 의지해서 오순절을 설명하는 부분(행 2:17, 18)과 심판의 사건을 설명하는 부분(행 2:19, 20)사이에 "그들이 예언할 것이요"(καὶ προφητεύσουσιν)를 첨가한다. 요엘서의 내용 속에는 "그들이 예언할 것이요"가 나타나지 않고 있다. 그러나 베드로는 이 말을 사도행전 2:17-18과 사도행전 2:19-20 사이에 첨가함으로 17, 18절과 19, 20절의 강조가 다른 것을 명백히 했다. 베드로가 구약 예언 전체를 볼 때 그 예언이 특별한 구조를 지니고 있기 때문에 18절 끝에 가서 무엇을 삽입해도 좋다고 생각한 것이다. 결국 베드로는 오순절 사건을 통해 예수님 세례의 다른 면인 심판의 요소까지 내다볼 수 있었던 것이다.

베드로는 오순절이 예언의 성취라는 것을 지적한 후 곧 그리스도에게 초점을 돌린다(행 2:22-36). 본 구절에서는 예수님의 죽음보다 예수님의 부활과 승천을 더 강조한다. 현대 신학은 이 사실을 가리켜 이는 초대 기독교가 그리스도의 속죄의 죽음을 고맙게 여기지 않았다고 하지만 이는 근거 없는 주장에 지나지 않는다. 매몰된 탄광 속에서 구사일생으로 살아난 남편을 볼 때 슬픔 대신 기쁨이 앞설 수밖에 없듯이 죽음에서 살아나신 그리스도를 생각할 때 그리스도의 죽음 대신 그의 부활과 승천을 강조할 수밖에 없었던 것은 당연한 것이다. 여기서는 오직 강조가 어느 쪽에 있느냐의 문제이다. 예수님의 죽음과 부활과 승천은 다 같이 중요하며 떼려야 뗄 수 없는 관계에 있다. 예수님의 죽음 없이 어찌 부활이 있을 수 있으며 예수님의 부활 없이 죽음이 무슨 효과가 있겠는가?

　베드로는 여기서 예수님의 부활과 승천을 강조함으로, 청중들이 예수님에게 행한 사실과 하나님이 예수님에게 행한 사실을 비교함으로 청중들을 궁지에 몰아넣고 있다. 그들이 예수님을 죽인 사실과(행 2:23, 36) 하나님이 예수님을 살리신 사실을 비교하고 있는 것이다.

　이제 베드로는 다윗의 입을 빌어 언급된 말씀을 인용한다. 시편 16:8-11과 110:1은 다윗 자신의 형편을 가리키지 않는다. 시편 16편은 예수님의 부활을 가리키고 시편 110편은 예수님의 승귀를 가리킨다. 다윗은 이 사실의 예언자 역할을 한 것이다. 여기서 베드로의 예언 취급이 해석적이고 건설적임이 명백히 드러난다.

　사상의 진전을 볼 때 다윗이 미리 보았던 것은(행 2:31) 예수님의 부활이었음이 명백하다. 다윗은 예수님의 부활과 함께 그의 승천과 승귀의 상태를 본 것이다. 예수님의 부활과 승천은 분리될 수 없는 것이기 때문에 논리적인 연결이 없어도 명백하다. 그리고 예수님의 승귀의 사건은 예수님 자신이 약속하신 성령을 아버지로부터 받은 사실과 연관된다(행 2:33). 예수님은 이 성령을 제자들에게(교회에게) 부어 주신 것이다.

　여기서 예수님의 부활, 승천, 오순절 사건이 깊은 유대관계를 갖고 있음이 나타난다. 그리고 교회가 아버지의 약속을 받기 위해서는 그리스도가 먼저 성령을 받아야 한다. 많은 형제 중에서 맏아들이 먼저 그 약속을 받아야 하며 우리가 세례 받기 전에 예수님이 먼저 세례를 받아야 한다.

　베드로의 설교는 계속해서 부활과 승천을 강조한다. "그런즉 이스라엘 온 집은 정녕 알지니 너희가 십자가에 못 박은 이 예수를 하나님이 주와 그리스도가 되게 하셨느니라"(행 2:36). 이 구절이 부활과 승천을 가리키지 않는다고 크게 잘못 생각할 수 있다. 그러나 베드로는 "하나님이 이 예수를 주와 그리스도가 되게 하셨다"고 말함으로 그리스도의 부활과 승천을 강조하고 있다. 이는 예수님이 죽은 후에야 주님이 되었다고 주장하는 초대 기독교회의 양자론(adoptionism)과는 다르다. 양자론은 예수님의 메시아 의식을 부인하는 주장이다.

이 구절의 뜻은 누가복음과 사도행전에 나타난 예수님의 생애의 구조 안에서 이해되어져야 한다. 예수론(Jesuology)과 기독론(Christology)을 분리하는 것은 사도적 가르침이 아니다.

어떤 이는 예수님이 부활을 통해서만 그리고 부활 후에야 주와 그리스도가 되었다고 주장한다.2) 또 다른 이는 그보다 더 과격한 입장을 취한다. 로빈슨(Robinson)은 사도행전 3:12-26에서 가장 원시적인 기독론을 찾을 수 있다고 말하면서 예수님은 그리스도로 선택된 자(Christ-elect)이지 그리스도는 아니며 하늘로부터 돌아올 때에야 비로소 그리스도가 될 것이라고 한다. 로빈슨은 사도행전 2장과 3장의 기독론이 서로 상충된다3)고 생각하기 때문에 임의적으로 잘못된 해석을 하는 것이다.

예수님은 부활 전에도 그리스도였고 부활 후에도 그리스도였다. 사도행전 2:36의 뜻은, 예수님께서 주와 그리스도이심이 부활하심으로 온천 하에 공포되었다는 것이다.

같은 사상이 로마서 1:4과 빌립보서 2:9에도 나타난다. "성결의 영으로는 죽은 자들 가운데서 부활하사 능력으로 하나님의 아들로 선포되셨으니 곧 우리 주 예수 그리스도시니라"(롬 1:4). "이러므로 하나님이 그를 지극히 높여 모든 이름 위에 뛰어난 이름을 주사 하늘에 있는 자들과 땅에 있는 자들과 땅 아래에 있는 자들로 모든 무릎을 예수의 이름에 꿇게 하시고 모든 입으로 예수 그리스도를 주라 시인하여 하나님 아버지께 영광을 돌리게 하셨느니라"(빌 2:9-11).

---

2) J. Weiss, *Das Urchristentum*, 1917, pp. 85ff.
3) J. A. T. Robinson, "The Most Primitive Christology of all?" *Journal of Theological Studies*, 1956, pp. 177-189; cf. H. Ridderbos, *The Speeches of Peter in the Acts of the Apostles*, p. 20.

베드로는 사도행전 2:36에서 예수론과 기독론을 구분하지 않았다. 단순히 이스라엘 백성이 십자가에 못 박은 예수를 하나님이 주와 그리스도로 만 천하에 공포해 주셨음을 증거하고 있다. 그리스도의 부활, 승천, 오순절 성령세례 사건을 밀접히 연관시킨 베드로가 그리스도의 주되심을 만 천하에 공포한 것은 너무도 당연한 일이다.

이처럼 베드로는 그리스도의 죽음, 부활, 승천의 사건과 오순절 사건을 긴밀히 연관시켜 설명한 다음 권고로써 설교를 마친다. "너희가 회개하여 각각 예수 그리스도의 이름으로 세례를 받고 죄 사함을 받으라 그리하면 성령의 선물을 받으리니 이 약속은 너희와 너희 자녀와 모든 먼 데 사람 곧 주 우리 하나님이 얼마든지 부르시는 자들에게 하신 것이라"(행 2:38-39).

부록 Ⅲ
오순절 성령세례 사건

오늘날 성령에 관한 관심도가 교회 내에서 높아졌다. 과거의 교회역사를 보면 삼위일체(三位一體)의 삼위(三位) 되신 성령에 관해서는 별로 관심을 보이지 않은데 비해 근래에는 오순절파 운동의 영향을 받아 성령과 그 사역에 관한 연구가 교회 내에서 큰 비중을 차지하게 되었다.

성령에 관한 관심도가 교회 내에서 높아지는 것은 고무적인 일이요 격려할 만한 경향이다. 그러나 오늘날 교회 내에서 발견되는 성령에 관한 견해는 성경 말씀에 기초한 바른 견해보다는 오순절파 운동의 영향을 받아 형성된 잘못된 견해가 많은 것을 볼 수 있다. 아무도 하나님의 성령과 그의 사역에 대해 획일적인 선언을 할 수 없는 것은 사실이다. 그러나 하나님께서 성경말씀을 성령의 감동으로 정확무오하게 기록해 놓으신 사실을 믿는다면 적어도 성경이 성령에 대해서 어떻게 말씀하시는 지에 대해 관심을 가져야 한다. 어떤 인간의 경험에 의지해서 성령을 이해하기보다 성경 말씀에 근거해서 성령을 이해해야 할 것이다.

성령의 사역을 올바로 이해하기 위해서는 먼저 사도행전 2장에 기록된 오순절 사건부터 바로 이해해야 된다. 오순절 사건이 예수님의 구속사역과 어떤 관계에 있으며 교회와는 무슨 관계에 있는지 등을 알아야

만 오늘날 역사하시는 성령에 관해 바로 알 수 있는 것이다.

1. 구약의 예언

신약에서 성취된 많은 구속 사건들이 구약 예언을 배경으로 하고 있다. 사도행전 2장에 나타난 성령세례 사건 역시 구약에서 예언된 사건이다. 오순절 사건이 발생한 후 제자들이 성령 충만함을 받고 성령의 말하게 하심을 따라 다른 방언으로 말하게 되었다(행 2:4). 이 사건을 옆에서 지켜본 여러 지방 사람들은 제자들이 자기 지방 언어로 말함을 듣고 놀랄 수밖에 없었다. 그런데 어떤 이는 제자들의 방언 말함을 듣고 새 술에 취했다고 조롱하게 되었다. 이 조롱의 말을 들은 베드로와 사도들은 오순절 성령세례 사건을 구약 요엘서의 내용을 인용하여 설명하였다. 베드로가 요엘서를 인용한 사실은 요엘서의 예언이 오순절 사건으로 성취된 것을 가리킨다. 그리스도가 받을 수난이 구약에서 예언되고(사 53장; 시 22편 등) 성취된 것처럼 오순절 사건도 요엘서 2:28-32에서 예언되고 오순절 날에 성취된 것이다(행 2:1-4). 구약의 예언이 역사적으로 성취되었다는 것은 하나님의 구속 역사 진행에 있어서 오순절 사건이 특별한 위치를 차지하고 있다는 것을 증거해 준다.

2. 예수님의 증언

예수님의 생애는 십자가와 부활을 향해 움직이는 생애이다. 예수님이 성육신하신 것도 십자가의 길을 가기 위한 것이었다. 예수님의 공생애를 복음서에서 더듬어 보면 십자가로 향한 이 길을 막는 일은 용납되지 않았다. 가이사랴 빌립보 지방에서 "주는 그리스도시요 살아계신 하나님의 아들이시니이다"(마 16:16)라고 아름답고 유명한 신앙

고백을 한 베드로가 십자가의 길을 막으려고 할 때 예수님은 십자가의 길이 쓴 잔임을 잘 알면서도 "사탄아 내 뒤로 물러가라 너는 나를 넘어지게 하는 자로다. 네가 **하나님의 일**을 생각하지 아니하고 도리어 **사람의 일**을 생각하는도다"(마 16:23)라고 혹독한 책망을 하셨다. 이처럼 십자가로 향한 예수님의 생애는 하나님의 뜻이요 예수님 자신의 소원이었다.

그런데 십자가의 구속 사역을 생각하시면서 예수님께서 오순절 성령세례 사건에 대해 분명한 언급을 하셨다. "그러하나 내가 너희에게 실상을 말하노니 내가 떠나가는 것이 너희에게 유익이라. 내가 떠나가지 아니하면 보혜사가 너희에게로 오시지 아니할 것이요 가면 내가 그를 너희에게로 보내리니 그가 와서 죄에 대하여, 의에 대하여, 심판에 대하여 세상을 책망하시리라"(요 16:7-8). "진리의 성령이 오시면 그가 너희를 모든 진리 가운데로 인도하시리니 그가 스스로 말하지 않고 오직 들은 것을 말하며 장래 일을 너희에게 알리시리라 그가 내 영광을 나타내리니 내 것을 가지고 너희에게 알리겠음이라"(요 16:13-14). "내가 아버지께로부터 너희에게 보낼 보혜사 곧 아버지께로부터 나오시는 진리의 성령이 오실 때에 그가 나를 증언하실 것이요"(요 15:26). "내가 아버지께 구하겠으니 그가 또 다른 보혜사를 너희에게 주사 영원토록 너희와 함께 있게 하시리라"(요 14:16). "보혜사 곧 아버지께서 내 이름으로 보내실 성령 그가 너희에게 모든 것을 가르치고 내가 너희에게 말한 모든 것을 생각나게 하리라"(요 14:26). "내가 너희를 고아와 같이 버려두지 아니하고 너희에게로 오리라"(요 14:18).

예수님의 말씀의 내용을 종합해 보면 예수님이 십자가에서 죽으시지 않으면 다른 보혜사가 오시지 않을 것이요 제자들에게는 손해라는 것이다. 그러므로 예수님은 십자가의 길을 기아하고 부활하신 후 다른 보혜사 즉 성령이 제자들에게 임하여 그들과 함께 영원히 거하시면서 예수님에 대해 증거하시며, 죄에 대하여, 의에 대하여, 심판에 대하여 말씀하실 것이다. 그리고 성령의 임함으로 예수님께서 친히 성령으로 제자들과 함께 하실 것을 명백히 하셨다(참조, 요 14:18).

여기서 예수님의 생각의 방향이 그의 죽음과 부활, 승천을 거쳐 오순절 성령세례 사건에 있음을 본다. 예수님은 자신의 죽음, 부활, 승천을 오순절 사건과 밀접히 연관시키신다. 이렇게 볼 때 예수님의 죽음과 부활이 단회적인 유일한 사건이라면, 예수님의 죽음 및 부활과 불가분의 관계에 있는 오순절 사건도 단회적인 유일한 사건일 수밖에 없다.

3. 세례요한의 증언

세례요한은 예수님에 대해 다음과 같이 예언한다. "나는 물로 너희에게 세례를 베풀거니와 나보다 능력이 많으신 이가 오시나니 나는 그의 신발끈을 풀기도 감당하지 못하겠노라 그는 성령과 불로 너희에게 세례를 베푸실 것이요 손에 키를 들고 자기의 타작마당을 정하게 하사 알곡은 모아 곳간에 들이고 쭉정이는 꺼지지 않는 불에 태우시리라"(눅 3:16-17). 예수님에 대한 세례요한의 이 말씀은 예수님의 사역이 세례의 사역이 될 것을 증거하며 오순절을 염두에 두고 말한 것임이 확실하다. 누가복음과 사도행전이 한 저자에 의해 기록되었고 그 관계가 마치 전편 후편과 같은 관계에 있다는 사실을 감안할 때[1] 예수님에 대한 세례요한의 말씀은 오순절 사건을 예언한 것임이 분명하다. "요한은 물로 세례를 베풀었으나 너희는 몇 날이 못되어 성령으로 세례를 받으리라"(행 1:5)고 하신 예수님의 말씀에서 확증된다.

세례요한이 예수님의 사역에 대해 말하게 된 이유는 군중들의 마음 속에 생긴 의문을 해결해 주기 위해서였다. 군중들은 세례요한의 사역

---

[1] 누가복음 서두와 사도행전 서두 그리고 눅 24:44-49과 행 1:3-11이 중첩된 것을 연구하면 누가복음과 사도행전의 관계가 명확해진다.

을 보면서 "이 사람이 대망했던 그리스도인가"라고 생각하게 되었다 (눅 3:15). 이스라엘이 대망 했던 종말론적 통치를 시작할 그 분, 즉 약속된 왕국을 성취할 분이 바로 요한이 아닌가 하고 생각한 것이다. 군중들의 이러한 생각은 구약 전체를 배경으로 하는 메시아 대망 사상에 그 뿌리를 둔 것이며 세례요한의 대답은 그러한 사상에 부응한 대답이었다. 세례요한의 대답은 자신과 예수님의 왕국에 대한 입장을 한 문장으로 요약한 것이다. 요한의 세례와 예수님의 세례가 비교된 것은 많은 사람의 관심을 끌기 위해서도 아니요 요한의 사역을 극적으로 만들기 위한 것도 아니다. 오히려 그것은 요한의 사역이나 예수님의 사역에 있어서 중심되는 활동이 세례의 사역임을 가르쳐 주기 위한 것이었다. 세례요한은 예수님이 설립하실 왕국의 특징이 세례라는 것을 명백히 하면서 준비적인 사역으로 회개의 세례를 베푼 것이다. 여기서 요한의 사역과 예수님의 사역 사이에 분명한 구분이 있음을 본다.[2] 요한은 무리들이 대망 하는 '메시아-왕'이 아니며 단순히 그 길을 예비하는 선구자로서 물세례를 준다고 했다(눅 3:4-6). 무리들이 대망 하는 '메시아-왕'은 자기 뒤에 오실 분으로 능력이 많고 성령과 불로 세례를 베푸실 분이라고 말했다. 세례요한의 말에 나타난 내용은 자신은 오로지 외적이고 준비적인 세례를 베푸는 자요 그리스도는 내적인 정화와 재생을 가져오며 진정한 세례를 베풀 자라는 것이다.

---

[2] 세례요한의 사역과 예수님의 사역을 비교함에 있어 성경기록이 그 관계를 명백히 하고 있음을 본다. 마 4:12-17은 "예수께서 요한이 잡혔음을 들으시고 갈릴리로 물러 가셨다가 나사렛을 떠나 스불론과 납달리 지경 해변에 있는 가버나움에 가서 사시니 …… 이때부터 예수께서 비로소 전파하여 이르시되 회개하라 천국이 가까이 왔느니라 하시더라"고 기록했고, 막 1:14-15은 "요한이 잡힌 후 예수께서 갈릴리에 오셔서 하나님의 복음을 전파하여 이르시되 때가 찼고 하나님의 나라가 가까이 왔으니 회개하고 복음을 믿으라 하시더라"이며, 눅 3:20-22에는 요한의 잡힘이 기록된 후(20절) 예수님의 공생애의 시작을 표시하는 예수님의 세례사건이 기록되었다(21-22절).
요한의 사역과 예수님의 사역을 비교할 때 요한의 사역의 종료와 예수님의 사역의 시작을 어떤 한 시점에 맞추어 구분할 수는 없겠으나 복음서 저자들이 두 사역의 시간적 선후를 명백히 한 사실은 의미심장한 내용이다.

세례요한은 예수님의 사역 즉 왕국활동을 전체적으로 관찰할 때 예수님의 사역의 가장 중심되는 특징을 성령과 불로 세례 주는 것이라고 지적한다. 세례요한은 외적이며 상징적인 물세례를 주었지만 예수님은 성령과 불로 내적인 참 세례를 베푸실 것이다.3) 예수님이 이렇게 내적인 정화와 재생을 가져오는 진정한 세례를 베풀 수 있는 것은 그가 '메시아-왕'이었기 때문이다. 세례요한의 세례와 예수님의 세례는 상징과 실재의 관계에 있다. 그러므로 세례요한의 말은, 자신은 선구자로서 물세례가 자신의 역할의 초점이 되지만 예수님은 성취자로서 성령과 불세례가 그의 역할의 초점이 된다는 뜻이다.

4. 성령과 불세례

그러면 예수님이 베풀 성령과 불세례는 어떤 세례인가? 어떤 이는 성령과 불세례가 두 세례를 뜻한다고 주장한다. 오리겐(Origen) 이후 받아진 이 견해는, 하나는 적극적인 세례요 다른 하나는 소극적인 세례를 가리킨다고 한다. 즉 의로운 자를 성령으로 축복하는 세례와 악한 자를 불로 심판하는 세례를 뜻한다고 한다. 이 견해는 문제의 핵심을 파헤치는 예리한 통찰력을 보여주지만 본문을 자세히 관찰할 때, 성령과 불로 세례를 베풀 것이라는 말씀은 두 세례를 가리키기보다는 한 세례의 두 국면을 가리키는 것이다.

그 이유는 첫째, 본문(눅 3:16 하)의 전치사 엔(ἐν)이 성령(πνεύματι ἁγίῳ)과 불(πυρί)을 같이 받고 있기 때문이다. 누가가 두 세례를 염두에 두고 이 본문을 썼다면 전치사를 따로 사용했을 것이다.4) 그러므로

---

3) Norval Geldenhuys, *Commentary on the Gospel of Luke* (*NICNT*, Grand Rapids; Eerdmans, 1968), p. 140. 세례 요한의 세례와 예수님의 세례의 비교는 세례 요한의 세례가 성령세례의 상징으로 제한된 효과를 가지고 있는 반면 예수님의 성령세례는 완전한 정결의 성취를 뜻하는 데 있다. See, I. Howard Marshall, *Commentary on Luke* (*NIGTC*, Grand Rapids: Eerdmans, 1978), pp. 147f.

본문의 뜻은 두 요소를 지닌 한 세례를 가리킨다고 생각할 수 있다. 둘째, 세례를 받는 사람들인 '너희들'(ὑμᾶς)이 요한의 세례의 대상도 되고 예수님의 세례의 대상도 되는 같은 그룹의 사람들이다. 그리고 "성령과 불로 너희에게 세례를 베푸실 것이요"(눅 3:16 하)의 '너희들'도 성령의 세례와 불세례를 모두 받게 되는 대상이 되는 것이다. 그러므로 성령과 불로 세례 준다는 뜻을 두 세례로 생각하면 한 그룹의 사람들이 축복의 세례도 받고 심판의 세례도 받게 되는 것이다. 오히려 세례 요한의 세례를 받을 '너희들'과 성령과 불로 세례 받을 대상인 '너희들'을 광범위하게 생각하는 것이 타당하다. 세례 요한이 "나는 물로 너희에게 세례를 베풀거니와"(눅 3:16) 했을 때 자신의 사역이 어떤 사역인지는 분명히 천명하지만 세례 받는 대상에 대해서는 개념을 구체화시키지 않고 일반적인 의미로 너희들이라고 쓴 것이다. 예수님의 경우도 마찬가지이다. 세례 요한은 예수님의 사역이 어떤 사역이 될 것이라는 것을 본문에서 말하고 있지, 예수님이 베풀 세례의 대상에 대해서는 구체적으로 언급하지 않는다. 그러므로 본문의 뜻은 두 세례를 가리키는 것이 아니라 한 세례의 두 국면을 가리킨다고 생각하는 것이 타당하며, 본문에 언급된 세례의 대상 속에는 축복의 세례를 받을 대상은 있고 심판의 세례를 받을 대상도 있는 것으로 생각하는 것이 타당하다.

그리고 예수님이 베풀 두 세례의 국면이란 오순절 때의 성령을 부어 주심과 재림 때의 심판을 가리킨다. 이 두 국면은 비록 시간적인 간격을 지닐지라도 구약의 예언과 구약의 오순절 사건의 해석(부록 I)을 볼 때 명백하게 드러난다. 예수님은 심판자로서 그를 믿는 자들에게는 축복의 성령을, 그를 받지 않는 자들에게는 멸망의 심판을 주시게 된다. "하나님이 그 아들을 세상에 보내신 것은 세상을 심판하려 하심이

---

4) R .C. H. Lenski, *The Interpretation of St. Luke's Gospel* (Minneapolis: Augsburg Publishing House, 1961), p. 201. Lenski는 불이 정결을 상징하는 것으로 해석한다. 따라서 성령과 불 모두 은혜의 범주에 속한다. cf. Lenski, *The Interpretation of the Acts of the Apostles*, p. 59.

아니요 그로 말미암아 세상이 구원을 받게 하려 하심이라 그를 믿는 자는 심판을 받지 아니하는 것이요 믿지 아니하는 자는 하나님의 독생자의 이름을 믿지 아니하므로 벌써 심판을 받은 것이니라"(요 3:17-18).

믿은 자들이 심판을 면제받고 축복의 성령세례만 받도록 하기 위해서 예수님은 믿는 자들의 대표로서 십자가상에서 하나님의 심판 세례를 받으신 것이다. "나는 받을 세례가 있으니 그것이 이루어지기까지 나의 답답함이 어떠하겠느냐"(눅 12:50)는 말씀이나 "내가 마시는 잔을 너희가 마실 수 있으며 내가 받는 세례를 너희가 받을 수 있느냐"(막 10:38)는 말씀은 예수님의 십자가 고난을 예수님이 받을 세례로 묘사하고 있는 것이다(요 18:11).

이처럼 예수님의 사역에 대한 세례요한의 말과 예수님의 십자가 사건 그리고 오순절 성령강림 사건을 연관시켜 볼 때 예수님께서는 오순절에 그의 백성(교회)에게 축복의 성령세례를 주시기 위해서 자신이 십자가에서 심판을 받으신 것이다. 그러므로 예수를 믿고 그와 연합된 자들은 예수님이 주실 세례의 파괴적인 국면과는 상관이 없는 것이다. 그러므로 오순절에 있었던 성령세례는 그의 백성을 인치시고 메시아의 백성으로 공표하신 사건이다.

5. 예수님이 받으신 세례

그리스도가 세례요한에게 세례 받은 사실은 단순히 개인적인 문제가 아니다. 만약 예수님이 세례 받은 사실이 개인적인 문제라면 그 세례는 의미가 없는 것이다. 왜냐하면 죄 없으신 예수님이 회개의 세례인 요한의 세례를 받을 필요가 없기 때문이다. 예수님이 요한에게 받으신 세례의 의미는 다음과 같다.

첫째, 예수님께서는 메시아로서 왕국의 위임을 공개적으로 받으신 것이다. "너는 내 사랑하는 아들이라 내가 너를 기뻐하노라"(눅 3:22)는 하늘의 음성이 이를 증명한다. 이 말씀은 예수님이 세례 받기 전에는 메시아가 아니었다는 뜻이 아니요 단순히 세례 받으심을 기점으로 온 천하에 메시아이심이 천명되고 그 메시아가 왕국 활동을 시작하실 것을 공표한다는 뜻이다.

둘째, 예수님께서 그의 백성과 동일시됨을 뜻한다. 그리스도와 그에게 접붙임 받은 자들 사이의 연합 개념이 나타난다. 자신에게 속한 자들의 진정한 대표자가 되시기 위해서는 그들과 동일하게 되셔야 한다. 예수님의 성육신 개념이나 대제사장 개념(히 5, 7장) 역시 연합개념과 상통한다.

셋째, 하나님께서는 성자가 메시아 임무를 수행하는 데 꼭 필요한 성령을 부어 주셔서 예수님을 무장 시키셨다. 메시아 앞에 놓여 있는 왕국 활동을 위해 성령으로 예수님을 무장시킨 것이다.

예수님이 요한에게 받은 세례와 오순절 성령세례 사건을 비교해 볼 때 왕국 활동을 시작하는 예수님에게 성령을 부어 주셔서 예수님을 무장시킨 것처럼, 동일한 왕국 활동을 시작하는 교회에게 오순절에 성령을 부어 주심으로 무장시켜 주신 것이다. 메시아의 백성들이 성령을 받기 위해서는 메시아 자신이 먼저 성령을 받아야 했다.[5]

6. 오순절 사건과 성도들의 구원

오순절 사건이 세기적인 사건이요 유일한 사건이라면 개인 성도들과는 어떤 관계가 있는가? 구약의 예언이나 예수님 자신의 증언을 볼 때 오순절 사건은 예수님의 죽음, 부활, 승천과 분리해서 생각할 수 없다. 따라서 예수님의 죽음, 부활, 승천 및 오순절은 하나의 단위를

---

5) G. W. H. Lampe, *The Seal of the Spirit* (London: SPCK, 1976), pp. 50ff.

이룬 구속사건이다.

　신자들은 예수님의 대속적인 죽음을 자신에게 적용시켜 구원을 말하고 칭의를 말한다. 비록 예수님의 대속적 죽음이 2천년 전에 완성된 사건이지만 누구든지 예수를 구주로 고백하고 참으로 그를 믿으면 의롭다 인정함을 받고 구원을 받게 되는 것이다. "네가 만일 네 입으로 예수를 주로 시인하며 또 하나님께서 그를 죽은 자 가운데서 살리신 것을 네 마음에 믿으면 구원을 받으리라 사람이 마음으로 믿어 의에 이르고 입으로 시인하여 구원에 이르느니라"(롬 10:9-10). 이는 성경적이요 개혁주의적인 진리이다. 사람이 진정으로 예수를 믿으면 그 순간부터 그는 성도의 반열에 속하는 것이다. 그러나 우리는 여기서 다른 한 가지 사실을 간과해서는 안 된다. 그것은 죄인은 스스로 예수를 구주로 고백할 수 없다는 사실이다. 누구든지 성령의 사역이 없이는 예수를 구주로 고백할 수도 없고 그를 하나님의 아들로 믿을 수도 없는 것이다. "하나님의 영으로 말하는 자는 누구든지 예수를 저주할 자라 하지 아니하고 또 성령으로 아니하고는 누구든지 예수를 주시라 할 수 없느니라"(고전 12:3). 이 말씀은 성령님의 역사가 있어야 사람이 예수를 구주로 고백할 수 있다는 뜻이다. 누구든지 예수를 구주로 고백하면 2천년 전의 사건인 예수님의 죽음으로 인해 의롭게 되듯이, 2천년 전의 사건인 오순절 성령세례 사건도 우리들이 예수를 믿는 순간부터 적용되는 것이다. 예수님의 죽음과 부활이 구약시대의 성도들에게나 신약시대의 성도들에게나 동일하게 적용되듯이 오순절 사건도 동일한 효과를 내는 것이다. 그러므로 역사적으로 유일하고 특별한 오순절 성령세례 사건을 개인 성도들의 구원과 연관시켜 볼 때, 개인 성도가 구원받을 그 때, 즉 의롭다 인정함을 받을 때 그는 성령세례를 받은 것으로 생각할 수 있다(골 2:12). 바울은 "우리가 유대인이나 헬라인이나 종이나 자유인이나 다 한 성령으로 세례를 받아 한 몸이 되었고 또 다 한 성령을 마시게 하셨느니라"(고전 12:13)라고 말한다. 이는 사람이 처음 교회로 접붙힘 받을 때 성령세례 받은 것을 증거한다.

지금까지 고찰한 대로 오순절 사건에 대한 구약의 예언, 예수님의 증언, 세례요한의 증언 등을 예수님의 사역과 그의 죽음에 비추어 생각할 때 오순절 사건은 단순한 사건이 아니요 세기적인 사건이며 특별한 사건임을 볼 수 있다. 이제 구속 역사적인 입장에서 오순절에 관한 몇 가지 신학적인 요소를 간추려 보자.

(1) 누가복음 3:15 이하에서 세례요한이 예수님에 대해 말한 것은 왕국의 개념과 결코 분리시켜 생각할 수 없다.

요한의 말은 구속적 역사적인 뜻을 내포하고 있으며 오순절 성령강림으로 실현되었다. 세례 요한은 "나는 물로 너희에게 세례를 베풀거니와 나보다 능력이 많으신 이가 오시나니 나는 그의 신발 끈을 풀기도 감당하지 못하겠노라 그는 성령과 불로 너희에게 세례를 베푸실 것이요"(눅 3:16)라고 예수님에 관해 말한다. 예수님의 구속사역을 전체적으로 생각하면 오순절 사건은 그의 교회와 백성을 위해 성령을 선물로 주시기 위한 사역이라고 생각할 수 있다.

(2) 누가는 오순절 사건을 구속역사의 절정으로 묘사한다.

람프(Lampe)는 사도행전 2장의 오순절 사건을 위대한 전환점으로 생각한다. 그는 "세례요한의 설교에서는 성령세례가 종말론적 소망(Eschatological hope)의 일부에 지나지 않았지만, 예수님의 부활을 통해 성령세례는 실현된 종말론(Realized eschatology)이 되었다"[6]고 말한다. 우리는 오순절 사건이 그리스도의 부활-승천과 직접 연결되어 있다는 사실을 인식해야 한다. 그러므로 죽음과 부활이 절정으로 취급된 것처럼 오순절 사건도 역시 절정으로 취급되어야 한다. 비록 이 사건들이

---

6) *Ibid.*, p. 47.

시간적으로는 구별되지만 잘 짜여진 하나의 단위를 형성하고 있다. 즉 그리스도의 죽음-부활-승천과 오순절 사건은 구속역사에 있어서 하나의 통일을 이루고 있는 것이다.

따라서 오순절 사건은 구속역사에 있어서 기초가 되는 사건으로 세기적인 사건임을 이해하여야 한다. 왜냐하면 구속역사의 흐름에 있어서 중요한 위치를 차지하는 오순절 사건은 그리스도의 사역에 있어서도 절정을 이루고 있기 때문이다.

이와 같이 오순절 사건은 구속사에 있어서 부차적이거나 보조적인 사건이 아니라 필수적인 사건이다. 그러므로 오순절파가 주장하는 것처럼 오순절 사건은 신자들의 경험에 있어서 두 번째 축복을 주는 근거가 된다고 생각할 수 없다.

(3) 예수님이 받은 세례와 오순절 사건 사이에는 깊은 연관성이 있다.

오순절 사건은 옛 시대와 새로운 시대가 만나는 구속역사의 분수령이라고 할 수 있다. 그런데 오순절 사건의 경험은 예수님을 위해서가 아니라 그의 제자들을 위해서 발생했다. 예수님이 요단에서 성령으로 세례 받음으로 새로운 언약 시대에 진입하신 것 같이 제자들은 오순절 성령세례 사건을 계기로 새로운 시대에 진입하게 된 것이다. 메시아에게 속한 백성들이 성령을 받기 위해서는 먼저 메시아가 성령을 받아야 한다. 예수님이 받을 세례와 오순절 성령세례는 밀접한 관계를 가지고 있는 것이다.

예수님의 대속적인 죽음이 메시아 시대의 기쁨을 많은 사람들에게 주었듯이 오순절 날까지는 한 사람에게만 제한되었던 새로운 언약이 예수님의 명령을 충실히 순종하여 예루살렘에 머물렀던 모든 사람에게 제공된 것이다.[7]

---

7) J. D. G. Dunn, *Baptism in the Holy Spirit* (Naperville: Alec R. Allenson, 1970), p. 40.

예수님이 요단강에서 경험한 사건과 제자들이 오순절에 경험한 사건 사이의 관계성을 이해할 때에만 역사적이고 구속적인 오순절 사건의 특별한 의미가 부각되어 나타난다. 예수님이 받은 세례는 예수님이 메시아라는 사실을 확증하며 동시에 그것은 그의 유일한 왕국 사업을 위해 받으신 은사인 것처럼, 오순절 사건은 메시아적인 새로운 공동체 즉 새로운 언약 단체를 구성하는 것이요 왕국의 복음전파 사업을 위해 그 단체를 무장시킨 사건이다.

오순절 사건은 교회가 메시아의 공동체 됨을 확증한다. 성령세례 이후 교회가 설립된 것은 하나님의 약속에 의한 것이었다. 예수님께서 성령세례를 묘사하실 때 "내가 내 아버지께서 약속하신 것을 너희에게 보내리니"(눅 24:49)[8] "내게서 들은 바 아버지께서 약속하신 것을 기다리라"(행 1:4)[9]고 하신 말씀은 성령세례 사건이 하나님의 약속의 성취임을 분명히 하신 것이다. 그리고 예수님이 받으신 세례의 사건 역시 하나님께서 성령을 부어 주신 사건이다. 이와 같이 볼 때 예수님이 받으신 세례와 오순절 사건은 둘 다 아버지의 사역이며 성령을 부어 주신다는 면에서 깊은 연관성을 가지고 있는 것이다.

(4) 오순절 사건에서 성령이 차지하는 중요성 때문에 예수님의 임재를 간과해서는 안 된다.

요한의 말대로 오순절에 세례 베푸신 이는 바로 예수님이시다. 여기서 성령의 사역과 예수님의 사역에 대한 바울 사도의 교훈을 고찰하는 것이 오순절 성령세례 사건을 이해하는 데 도움이 될 것이다. 바울의 교훈은 오순절 사건에 기독론적인 요소가 뚜렷함을 증명해준다.

바울은 고린도전서 15:45과 고린도후서 3:17에서 성령과 그리스도를 밀접하게 연관시킨다. 바울은 부활 후의 그리스도의 기능과 성령의

---

8) ἐγὼ ἀποστέλλω τὴν ἐπαγγελίαν τοῦ πατρός μου ἐφ' ὑμᾶς.
9) ἀλλὰ περιμένειν τὴν ἐπαγγελίαν τοῦ πατρὸς ἥν ἠκούσατέ μου.

기능을 동일시했다. 따라서 마지막 아담인 그리스도를 살려주는 영10) 이라 표현할 수 있었다. 즉 성육하신 그리스도가 부활을 기점으로 해서 기능적인 면에서 성령과 동일시되어진 것이다. 그러나 그들은 그 활동과 구속적인 면에서 동일시 된 것뿐이지 본체론적인 의미에서는 아니다.

이와 같은 전망에서 고찰할 때 오순절 사건 때에 그리스도가 성령으로 세례를 주었다는 말은 결국 그리스도 자신이 임재 하였다는 것을 뜻한다. 삼위일체적인 표현을 사용한다면 그리스도는 하나님 아버지의 약속하신 것을 성령의 능력으로 나타내신 것이다. 구속 역사적인 전망으로 볼 때 오순절 사건은 승귀하신 그리스도의 임재라고 말할 수 있다. 영화롭게 되신 둘째 아담이 살려주는 영으로 오신 것이다. 그의 백성에게 오셔서 새로운 언약 공동체를 구성하시고 그 공동체로 하여금 왕국 사업을 할 수 있도록 자신의 임재로 무장시킨 것이다.

이와 같은 기독론적인 강조는 요한복음 14:18에서도 찾을 수 있다. 문맥을 보면 예수님이 "이는 내가 아버지께로 감이라"(요 14:12)라고 제자들에게 설명하신다. 그리고 예수님의 요청에 의해 아버지께서 보혜사 즉 성령을 보내실 것이다(요 14:16, 26). 제자들에게 버림당하지 않을 것을 확신시키기 위해서 예수님은 즉시 부언하시기를 "내가 너희를 고아와 같이 버려두지 아니하고 너희에게로 오리라"(요 14:18)고 하셨고 "그날에는 내가 아버지 안에, 너희가 내 안에, 내가 너희 안에 있는 것을 너희가 알리라"(요 14:20) 하셨다.

여기서 그 날이란 오순절을 가리키며 동시에 성령을 주실 것을 암시하는 것이다. 여기에 나타난 명확한 사상의 구조는 승천과 오순절을 연결시키고 있는 것이다. 구속 역사의 과정에 있어서 예수님은 영으로서 다시 오시기 위해 분명히 육체적으로는 떠나셔야 했던 것이다. 요한

---

10) πνεῦμα ζῳοποιοῦν은 'Life-giving Spirit'으로 부활 후의 그리스도의 기능을 표현하는 데 매우 적절한 용어이다.

복음 7:39의 성령에 관한 언급에서도 예수께서 아직 영광을 받지 못하셨기 때문에 성령이 아직 너희에게 계시지 아니하였다고 표현했는데 이는 그리스도가 아버지에게 가는 것이 성령 임재의 절대적인 조건임을 말하는 것이다. 또한 요한복음 14:28도 같은 의미로 사용했다. "내가 갔다가 너희에게로 온다 하는 말을 너희가 들었나니 나를 사랑하였더라면 내가 아버지께로 감을 기뻐하였으리라 아버지는 나보다 크심이라."

여기서 제자들이 기뻐해야 할 이유는 예수님이 아버지께로 가셔야만 성령이 임재하실 수 있기 때문이다. 그리스도의 육체적 부활과 영적 임재는 개혁신앙의 성만찬 개념에서 그 사상을 찾아볼 수 있다. 주님은 육체적으로는 우리와 분리되어 있지만 영적으로는 우리 안에 임재하고 계시는 것이다.

(5) 오순절 사건에서 성령의 중심적인 역할 때문에 칭의 적인 요소 즉 법정적인 요소를 간과해서는 안 된다.

오순절 사건은 아버지가 아들을 통해 전달한 법정적 선언이라고 이해할 수 있다. 하나님은 오순절 사건을 통해 교회가 하나님 앞에서 의로운 단체라는 것을 선포하시며 또한 확증하셨다. 오순절 사건은 분명히 교회에 능력을 부어 준 사건일 뿐만 아니라 하나님의 교회 됨을 효과적으로 표명하는 사건이다. 신약성경이 주님과 교회의 연합을 명백히 설명하듯이 오순절 사건은 주님의 죽음으로 인해 특히 그의 부활로 인해 설립된 교회의 위치를 분명하게 설명하는 것이다.

오순절 사건이 법정적인 요소를 내포한다는 뜻은 메시아가 먼저 법정적인 시련의 과정을 경험해야 한다는 사실을 함축하고 있다. 메시아의 공동체 즉 메시아의 백성인 교회가 멸망을 피하기 위해서는 메시아 자신이 그의 백성을 대신해서 수난을 당하여야 한다. 다른 말로 표현하면 메시아가 마땅히 종말론적 심판을 받아야 하고 하나님의 진노를 참아내야 한다. 그는 비난과 저주로 세례를 받아야 하며 부활로 말미암아 그 심판의 세례로부터 승리해야 한다.11)

주님이 오순절에 그의 백성에게 세례를 주시기 위해 오실 때에는 그의 시련을 통한 승리로 인해 그의 백성들은 멸망과 불과 진노에서 벗어나게 된다. 그러므로 오순절 성령세례는 전적으로 긍정적이며 축복만을 포함하고 있는 것이다.

예수님은 부활 이후에 오순절 사건을 성령의 세례라고만 말함으로 불의 요소 즉 멸망의 요소는 제거하고 축복의 요소만 지적하셨다(행 1:5). 따라서 메시아의 백성들에게는 오순절 사건은 긍정적인 의미만 내포하고 있다.

그러나 오순절 사건 때에 '불의 혀처럼 갈라지는'이라는 표현 가운데 불이라는 개념이 내포되었음을 주의해야 한다. 세례요한이 "그는 성령과 불로 너희에게 세례를 베푸실 것이요"(눅 3:16)라고 말한 내용을 배경으로 관찰할 때 "불의 혀처럼 갈라지는 것이 …… 임하여 있더니"(행 2:3)라는 의미는 적어도 불의 기능이 파괴적으로는 사용되지 않은 것을 지적해 주고 있다. 심판은 이미 제거되었고 따라서 그 불은 태워버리는 불이 아니다.

이런 관점에서 볼 때 오순절 성령세례를 통해 예수님께서는 그의 교회가 왕국 봉사를 할 수 있도록 능력을 부여하셨을 뿐만 아니라 그의 교회가 더 이상 하나님의 진노 아래 있지 않다는 사실을 효과적으로 표현하는 것이라고 결론지을 수 있다. 다른 말로 표현하면, 오순절 성령세례 사건은 교회가 진노 아래 있지 않고 오히려 의롭다함을 받았다는 사실을 표명하는 것이다.

(6) 오순절 사건은 구속역사에 있어서 세기적인 사건이며 유일

---

11) 눅 9:22에 나타난 δεῖ는 그리스도가 승리하기 이전에 수난을 먼저 받아야 할 것을 시사한다.

한 사건이다. 따라서 오순절 사건은 반복될 수 없는 사건이다.

오순절 사건은 때때로 있는 일련의 성령 강림 중의 첫 번째가 아니며, 필요에 따라 반복되는 여러 세례 중의 하나도 아니다. 오순절 사건은 하나의 예가 아니며, 마치 한번 발생한 후 그 효과가 줄어지면 새롭게 성령을 부어주심으로 활력소를 재 주입시키는 그런 성질의 사건도 아니다. 교회 내에서 성령의 사역의 다양성 때문에 우리는 성령이 한동안 쇠퇴되었다가 다시 재생되고 퇴각했다가 다시 돌아오는 것처럼 오해하게 된다. 그러나 오순절 사건은 성령의 유일한 사역으로서 단회적인 것이다.

또한 그리스도의 죽음과 부활 그리고 승천이 반복될 수 없는 것처럼 오순절 사건도 이들 사건과 밀접히 연관되어 있기 때문에 반복될 수 없음이 확실하다.

(7) 오순절 사건은 교회론 적으로 의미심장한 사건이다.

오순절은 교회를 위하여 있었던 사건이다. 우리는 기독교회가 오순절에 시작되었다고 말할 수 있다. 오순절 이전에는 교회가 존재하지 않았다고도 말할 수 있다. 물론 이것은 오해를 자아내는 진술이 될 수 있다. 하나님의 백성은 항상 있는 것이다. 믿음으로 말미암아 은혜로 구원받은 신구 언약 공동체는 언제든지 있었다. 그러나 오순절 이전에는 성령이 주어지지 않았다. 이런 의미로 생각할 때 교회 역시 설립되지 않았다(요 7:37-39)고 말할 수 있다.

그의 교회를 세우기 위해 흔들릴 수 없는 반석으로 부활하신 그리스도께서 영원한 영적 기초를 놓으신 것이다. 생명을 주시는 영으로서 예수님은 오순절 날에 성령을 부어주심으로서 그 기초를 놓으신 것이다.

"내가 이 반석 위에 내 교회를 세우리라"(마 16:18)고 베드로에게 약속하신 예수님의 말씀이 오순절 사건을 통해 실현된 것이다. 이것은 부인할 수 없는 성취이다.

오순절 성령세례 사건과 개인 성도의 중생과는 어떤 관계가 있는가? 베드로가 오순절 이전에 중생했는가? 아브라함이나 모세가 중생했는가? 오순절 성령세례 사건은 역사적으로 유일한 사건이지만 이 사건이 개인의 구원경험에 적용될 때는 개인의 중생사건과 때를 같이 한다. 이는 예수님의 죽음과 부활사건이 역사적으로 유일한 사건들이지만 그 사건들이 개인의 구원경험에 적용될 때는 신구약 시대를 막론하고 개인의 칭의로 적용되는 것과 같다. 예수님의 죽음과 부활이 개인에게 적용될 때는 성도의 생애에 단회 적으로 발생하는 칭의 사건으로 적용된다. 마찬가지로 오순절 성령세례 사건이 성도의 생애에 적용될 때는 성도의 칭의(구원)를 가능하게 하는 성령의 사역으로 나타난다. 그러므로 개인의 구원 경험으로 볼 때는 칭의의 사건이 바로 성령세례의 사건이 되는 것이다.

구약성도와 신약성도에게 적용되는 성령의 사역이 모든 면에서 같다고 할 수 있을까? 어떤 이는 구약시대의 성령의 사역은 사건 중심적으로 발생했지만 오순절 이후는 계속적으로 성도들 안에 거주한다고 주장한다. 이런 주장은 구약에 나타난 성령의 사역과 신약에 묘사된 성령의 사역을 비교할 때 어느 정도 타당성을 찾을 수 있다. 그러나 구약시대에는 성령이 외적인 사역만 했고 신약에 와서야 내적인 사역을 했다고 획일적인 주장만을 할 수는 없다. 다윗의 기도 속에 나타난 "주의 성령을 내게서 거두지 마소서"(시 51:11) 라는 말씀은 단순히 그의 위에 역사하고 있는 성령을 거두지 말아 달라는 호소로 생각할 수 없다. 오히려 다윗이 죄를 심각히 회개하며 용서와 구원을 요청하고 있음을 볼 때 그 호소는 그의 인격의 심오한 부분에서 우러나온 호소이며 이런 호소는 성령의 내적 사역이 없이는 불가능하다. 그러므로 성령이 다윗 안에 내주했음이 확실하다.

아브라함의 경우도 마찬가지이다. 믿음의 조상 아브라함을 볼 때 그의 신앙은 오로지 중생의 역사가 아니고는 다른 데서 그 기원을 찾을 수 없다. 히브리서 11장에 나온 구약 성도들의 생애 역시 성령의 내적인 역사가 그들 속에 있었음을 증거하고 있는 것이다(출 31:3 참조).

그러나 구약 성도들은 "증거를 받았으나 약속된 것을 받지 못했고" (히 11:39) 하나님께서는 신약성도를 위해 "더 좋은 것을 예비하셨다" (히 11:40). 그러면 하나님께서 신약성도들을 위해 예비하신 더 좋은 것은 무엇인가? 그것은 신약성도들이 승귀하신 그리스도, 즉 생명을 주시는 영과 연합되는 경험이다.12) 예수께서 수난을 당하신 후 영광에 들어가셨는데 영광에 들어가신 예수 그리스도와 연합되는 경험을 신약의 성도들이 경험하게 되는 것이다.

구약성도들의 하나님과의 교제는 예표적이고 준비적이었다. 이는 최종적 성격이 결여되어있고 영화롭게 되신 그리스도와 영원히 결합된다는 경험을 맛보지 못한 것이었다.

그리고 오순절 사건은 구속역사의 전환점으로서 복음전파의 교회시대를 시작시킨다. 누가는 구원역사의 새로운 시대를 시작하는 전환점으로 오순절을 설명한다. 이 사실은 오순절이 누가의 첫째 책인 누가복음을 끝마치는 사건으로 기록되지 않고 오히려 두 번째 책인 사도행전을 시작하는 사건으로 기록된 것을 보아 알 수 있다(행 1:1 이하와 눅 1:1-4을 비교). 그러나 더욱 명백한 사실은, 누가가 예수님이 부활 후 출현하신 사건들 및 승천사건으로 끝을 맺는 예수님의 시대와 오순절로 시작되는 성령의 시대를 분명히 구분한데서 찾을 수 있다. 이 두 시대는 10일간의 중간시기에 의해 이미 분리되었다. 이 중간시기 동안 부활하신 예수님이나 영감을 주시는 성령의 사역이 현저하게 드러나지 않았으며 구시대를 회상하는 제비의 방법으로 맞디아가

---

12) R. B. Gaffin, Jr., "The Holy Spirit," *The Westminster Theological Journal*, Vol. XLIII, No. 1 (Fall, 1980): 71ff.

선택되었다(행 1:26).13)

이와 같이 예루살렘, 유대, 사마리아, 땅 끝까지 이르러 복음을 전파해야 할(행 1:8) 새로운 시대가 오순절 성령강림 사건으로 시작되었다.

---

13) J. D. G. Dunn, "Feast of Pentecost," *NIDNTT*, Vol. Ⅱ, pp. 786f.; J. D. G. Dunn, *Baptism in the Holy Spirit*, pp. 44ff.; Henry E. Dosker, "Pentecost," *ISBE*, Vol. Ⅳ, p. 2318 : "The almost universal opinion among theologians and exegetes is this : that Pentecost marks *the founding of the Christian Church as an institution*. This day is said to mark the dividing line between the ministry of the Lord and the ministry of the Spirit."

부록 IV
신약 교회 설립과 하나님 나라 확장

신약 교회의 설립은 우연히 이루어진 것이 아니다. 신약 교회는 삼위일체이신 하나님의 확실한 계획과 하나님께서 그 계획을 역사상에 실현시킴으로 설립되게 되었다. 그리고 하나님께서 신약 교회를 설립하신 이유는 그의 구원계획과도 무관함을 성경은 증거하고 있다.

1. 오순절을 향한 예수님의 의식

예수님의 죽음과 부활, 그리고 승천은 구속 성취를 위해 필요 불가결한 사건이었다.[1] 그러나 하나님의 구속 계획은 예수님의 죽음과 부활로만 끝나지 않는다. 하나님은 예수님이 성취하신 구속의 복음을 땅끝까지 전파할 공동체가 필요했다(눅 24:46-48). 그래서 하나님은 오순절 사건을 계획하셨고 예수님은 오순절을 의식하면서 공생애를 진행하신다.

복음서와 사도행전의 기록을 보면 예수님의 의식은 오순절을 향하

---

1) 이 사건들의 중요함은 한 성도가 구원받을 때 필요한 믿음의 내용과 일치함에서도 나타난다. 한 성도가 구원받기 위해서는 "하나님께서 그(예수님)를 죽은 자 가운데서 살리신 것을 네 마음에 믿으면 구원을 받으리라 사람이 마음으로 믿어 의에 이르고 입으로 시인하여 구원에 이르느니라"(롬 10:9-10)와 같은 신앙고백을 해야 한다.

고 있음을 본다. 예수님은 자신의 십자가 고난이나 부활이 궁극적으로 오순절 성령 강림 사건을 통해 제자들에게 의미있게 나타날 것을 말씀하신다. "내가 너희에게 실상을 말하노니 내가 떠나가는 것이 너희에게 유익이라 내가 떠나가지 아니하면 보혜사가 너희에게로 오시지 아니할 것이요 가면 내가 그를 너희에게로 보내리니 그가 와서 죄에 대하여, 의에 대하여, 심판에 대하여 세상을 책망하시리라"(요 16:7-8).

여기서 '떠나가는 것'은 예수님의 죽음을 뜻하고 보혜사를 보내주심은 오순절 사건을 내다보고 하신 말씀이다(요 14:16, 26; 15:26; 16:13 참조). 죽음을 앞에 둔 예수님은 죽음 너머에 있을 오순절을 바라보면서 '내가 떠나가는 것이 너희에게 유익'[2]하다고 말씀하신다. 예수님의 이 말씀은 예수님과 성령이 동시에 하나님의 백성을 보살필 수 없다는 뜻이 아니요, 예수님의 사역의 종말론적인 성격을 보여주고 있다. 하나님의 구원하시는 통치는 예수님의 죽음, 그의 부활, 그의 승천, 그리고 세상의 시작이 있기 전 그가 하나님 아버지와 함께 누렸던 그 영광으로 복귀하시기까지는 충분히 시작될 수 없다. 예수님께서 성육신 이전의 영광으로 복귀하시는 것은 그의 부활과 승천을 통해서이다. 성경은 예수님의 부활과 승천이 있어야 오순절 성령강림 사건이 뒤따를 것을 가르친다.[3] 예수님의 떠나가고 보혜사의 오심은 하나님의 구원 사역의 구속 역사적 맥락에서 이해하여야 한다. 예수님께서 성육신하신 것은 하나님의 구원 사역의 성취를 위한 것이다. 그러나 예수님이 '내려오신 것'(성육신)은 이전 계시던 곳으로 '올라가시기'(승귀)위해서이다(참조, 엡 4:9; 요 3:31). 예수님이 '떠나가는

---

[2] '너희에게 유익하니라'(συμφέρει ὑμῖν)는 표현은 대제사장 가야바가 예수님의 죽음이 너희에게 유익하다고(요 11:50) 쓴 것과 같은 표현이다. 하나님은 악한 자의 행위를 사용하셔서 자신의 목적을 이루고 계신다. 가야바는 예수님을 십자가에 처형하면 백성들에게 유익할 것이라고 악한 의도로 말했지만, 실제적으로 예수님의 죽음은 그를 따르는 성도들을 위해 유익한 것이었다.
[3] cf. D. A. Carson, *The Gospel According to John* (Grand Rapids: Eerdmans, 1991), pp. 533-34.

것'(ἀπέλθω)은 목적이 있는 떠나감이다. 예수님이 '떠나가는 것'은 예수님의 지상 사역의 종결을 의미한다기보다 성령을 보내 주심으로 예수님의 사역을 더 충분히 드러내시기 위함이다(요 16:7-15). 그러므로 예수님이 떠나가는 것이 제자들에게 유익이 된다는 말은 제자들 개인의 유익을 생각하고 한 말이 아니요 성령이 오심으로 제자들이 진정한 의미의 사도의 역할을 감당할 수 있다는 구속 역사적 관점에서의 유익을 말하는 것이다.4) 그 당시 제자들은 이 말씀의 뜻을 이해할 수 없었지만 예수님은 제자들에게 유익이 될 특별한 일이 오순절에 발생할 것을 내다보고 말씀하셨다. 제자들에게 유익한 것은 예수님이 성육신 상태로 계속 계시면 편재하실 수 없지만 죽으신 후 부활하셔서 영화롭게 되시면 살려 주는 영으로서 편재하실 수 있다(고전 15:45). 그리고 제자들은 예수님의 가시적이며 육체적인 임재에 더 이상 의존할 필요가 없어진다. 뿐만 아니라 예수님이 죽으시지 아니하면 성령이 오시지 못할 것이다. 요한 사도는 "예수께서 아직 영광을 받지 않으셨으므로 성령이 아직 그들에게 계시지 아니하시더라"(요 7:39)라고 증거한다. 예수님은 자신의 죽음을 바라다보면서 자신이 죽는 것이 제자들에게 유익하다고 말씀하신다.5)

그런데 부활하신 예수님은 오순절에 대해 좀 더 구체적으로 말씀하신다. 제자들은 오순절에 능력을 받을 때까지 예루살렘을 떠나지 말아야 한다. "볼지어다 내가 내 아버지께서 약속하신 것을 너희에게 보내리니 너희는 위로부터 능력으로 입혀질 때까지 이 성에 머물라 하시니라"(눅 24:49). 예수님의 사고의 방향은 분명히 오순절 중심적이다.

그러면 왜 예수님께서는 자신의 죽음을 생각하면서도 죽음 너머에 있는 오순절을 바라보셨으며, 오순절에 아버지의 약속하신 것을 제자

---

4) Herman Ridderbos, *The Gospel of John*, Trans. by John Vriend (Grand Rapids: Eerdmans, 1997), pp. 530-31.
5) Leon Morris, *Commentary on the Gospel of John* (Grand Rapids: Eerdmans, 1971), pp. 696-97.

들이 받기까지는 예루살렘을 떠나서는 안 된다고 말씀하시는가? 그 이유는 오순절에 성령이 강림하실 것이며 신약의 교회가 설립될 것이기 때문이다.

2. 오순절에 설립된 신약 교회

신약 교회의 설립은 오순절로 거슬러 올라간다. 오순절에 베드로의 설교를 듣고 회개한 성도들의 수가 삼천이 되었다(행 2:41). 이 성도들의 모임이 신약 교회의 시작이다.

그런데 예수님은 오순절에 설립될 신약 교회를 내다보시면서 그의 공생애를 시작하셨다. 우리가 주목해야 할 점은 예수님께서 제자들을 모으실 때 가지고 계셨던 그의 의도이다. 예수님께서 제자들을 모으실 때 어떤 의도를 가지고 계셨는가? 요한복음 1:40-42에 보면 안드레의 소개로 베드로가 예수님을 처음으로 만난다. 그때에 예수님은 처음 보는 베드로를 향해 "네가 요한의 아들 시몬이니 장차 게바라 하리라" (요 1:42)고 말씀하셨다. 이때는 예수님의 공생애 초기이다. 공생애 초기에 예수님은 요한의 아들 시몬이 앞으로 게바 즉 반석이 될 것이라고 말씀하신다. 왜 예수님은 그 당시 바로 시몬을 향해 "너는 반석이다"라고 말씀하실 수 없었는가? 그 이유는 시몬이 반석 되는 것이 신약 교회의 설립과 관련되어 있으며, 신약 교회는 예수님을 주님으로 또 하나님의 아들로 고백하는 사람들로 구성되어야 하기 때문이다(롬 10:9-10; 고전 12:3). 베드로가 예수님을 처음 만났을 때에는 예수님을 하나님의 아들로 고백할 수 없는 상태에 있었다. 그래서 예수님은 시몬을 향해 "장차 게바라 하리라"6)고 말씀하셨다.

이제 공생애 후반부에 나타난 예수님과 베드로의 대화를 들어보자.

---

6) σὺ κληθήσῃ Κηφᾶς.(κληθήσῃ는 καλέω의 미래 수동형).

그 동안 예수님은 제자들에게 자신이 누구인가를 직접적으로 또 간접적으로 가르치셨다. 예수님께서 제자들과 함께 가이사랴 빌립보 지방에 전도 여행을 가셨다. 그 때 예수님은 두 가지 질문을 제자들에게 하신다. 첫 번째 질문은 "사람들이 인자를 누구라 하느냐"(마 16:13)이며, 두 번째 질문은 "너희는 나를 누구라 하느냐"(마 16:15)이다.

첫 번째 질문에 대한 제자들의 답은 예수님에게 만족스러운 것이 아니었다. 그런데 두 번째 베드로가 유명한 신앙 고백으로 답을 한다. 베드로는 사도들을 대표해서 "주는 그리스도시요 살아 계신 하나님의 아들이시니이다"(마 16:16)라고 신앙을 고백한다. 이 신앙 고백을 들으신 예수님은 대단히 만족하셨다. 그래서 예수님은 "바요나 시몬아 네가 복이 있도다 이를 네게 알게 한 이는 혈육이 아니요 하늘에 계신 내 아버지시니라"(마 16:17)[7]고 베드로를 칭찬하신 후, 예수님은 "너는 베드로라 내가 이 반석 위에 내 교회를 세우리니 음부의 권세가 이기지 못하리라"(마 16:18)고 말씀하셨다.[8]

여기서 우리는 공생애 초기에 예수님께서 베드로에게 하신 말씀과 베드로의 신앙 고백 후에 예수님께서 베드로에게 하신 말씀의 차이를 본다. "장차 게바라 하리라"(요 1:42)에서 "너는 베드로라"(마 16:18)로 변했다. 즉, "너는 장차 반석이 될 것이다"에서 "너는 지금 반석이다"로 변했다.

그러면 왜 이런 변화가 발생했는가? 이는 예수님의 구속 사역의 진행과 관련되어 나타나는 변화이다. 예수님을 주님과 하나님의 아들이라고 고백할 수 없을 때에는 "너는 반석이다"라고 말할 수 없었지만

---

[7] 교회 설립과 관련하여 베드로의 신앙 고백과 베드로를 구분하려는 시도가 있다. 그 이유는 이름을 가리키는 베드로(Petros)는 헬라어로 남성 형이지만, 반석(petra)은 여성 형이기 때문이다. 그러나 본문에서 사도인 베드로와 그의 신앙 고백을 함께 생각하는 것이 옳다. 박형용, 『사복음서 주해(II)』 (수원: 합동신학대학원출판부, 1994), pp. 95-96; cf. Edmund P. Clowney, *The Church* (Downers Grove: IVP, 1995), pp. 39-41.

[8] "너는 베드로라"(σὺ εἶ Πέτρος)는 현재시상으로 사용되었다.

예수님을 주님과 하나님의 아들로 고백할 때 "너는 반석이다"라고 말할 수 있게 되었다.

그런데 우리는 교회 설립 시기에 대한 예수님의 말씀에 주목해야 한다. 예수님은 베드로에게 "너는 반석이다"라고 말씀하셨지만 "이 반석 위에 내 교회를 지금 세운다"라고 말씀하시지 않고 "이 반석 위에 내 교회를 앞으로 세울 것이다"9)라고 미래 시상으로 말씀하셨다. 왜 예수님은 지금 당장 내 교회를 세운다고 말씀하지 않으셨을까? 그 이유는 죄 문제를 해결하고 구속을 완성하게 될 예수님의 죽음과 부활의 사건이 그 당시로 보아서는 아직 미래로 남아 있었기 때문이다. 구속의 성취 사건이 발생하기도 전에 그 구속의 복음을 책임지고 전파할 교회를 설립할 수 없었기 때문이다. 예수님의 죽음과 부활 이전에 신약 교회를 설립하면 신약 교회는 전파할 구체적인 메시지 없이 설립되게 된다. 이 사실은 예수님께서 오순절을 교회 설립 시기로 생각하고 계셨음을 암시해 주고 있다.

3. 예수님의 기도와 신약 교회의 특징

예수님께서 체포되시기 전 교회를 위해 기도하신 내용이 요한복음 17장에서 발견된다. 이 기도는 "예수님의 대제사장적 기도"(Jesus' High Priestly Prayer)로 불리기도 하고10) "예수님의 성별기도"(Jesus' Prayer of Consecration)로 불리기도 하며11) 또한 "예수님의 고별기

---

9) ἐπὶ ταύτῃ τῇ πέτρᾳ οἰκοδομήσω μου τὴν ἐκκλησίαν.
10) R. Schnackenburg에 의하면 David Chytraeus(1530-1600)가 요 17장을 "예수님의 대제사장적 기도"(Jesus' high priestly prayer)라고 불렀다고 한다. cf. D. A. Carson, *The Gospel According to John,* p. 552.
11) B. F. Westcott, *The Gospel according to St John : The Greek Text with Introduction and Notes,* vol. 2 (Grand Rapids: Eerdmans Publishing Company, 1950), p. 238; E.

도'(The Farewell Prayer of Jesus)로 불리기도 한다.12) 요한복음 17장의 명칭을 "예수님의 대제사장적 기도"로 부르든지, "예수님의 성별기도"로 부르든지, 또는 "예수님의 고별기도"로 부르든지 그것은 큰 문제가 되지 않는다. 여기서는 편의상 요한복음 17장의 기도를 "예수님의 대제사장적 기도"라고 생각하고 내용을 전개하기로 한다. 중요한 것은 예수님이 요한복음 17장에서 자신의 영화를 위해 기도하셨고(요 17:1-5), 그에게 속한 교회(자신의 백성)를 위해 기도하셨으며(요 17:6-19), 그리고 그의 백성들의 하나됨과 자신과의 미래 연합을 위해 기도하셨다(요 17:20-26)는 사실이다. 예수님은 이 기도에서 자신의 완성된 구속 사역을 근거로 자신의 영화를 위해 기도하시고(요 17:1), 자신에게 속한 백성들의 보호와 성별, 그리고 하나됨을 위해 기도하시며(요 17:11-23), 그리고 궁극적으로 그에게 속한 백성들이 이미 영화롭게된 자신과 연합함으로 미래의 영화를 맛볼 수 있게 해 달라고 기도하신다(요 17:24-26).

예수님의 대제사장적 기도는 예수님께서 십자가 사건을 얼마 남겨 놓지 않은 상황에서 그에게 속한 백성들이 세상에서 어떤 삶을 살아야 할 것인지를 예고하고 있다. 본문의 "때가 이르렀사오니"(요 17:1)의 말씀이나, "나는 세상에 더 있지 아니하오나"(요 17:11)의 말씀, 그리고 "나는 아버지께로 가옵나니"(요 17:11)의 말씀은 임박한 예수님의 십자가 죽음, 부활 그리고 승귀를 내다본 말씀이다.13) 예수님의 기도는 예수님께서 승귀하신 후 그에게 속한 교회가 어떤 특징을 가지고 있어야 할 것을 제시하신다. 여기서 우리는 예수님의 대제사장적 기도 가운데 나타난 교회의 특징들과(요 17:11-26) 오순절 성령강림 사건 때에

C. Hoskyns, *The Fourth Gospel*, F. N Davey ed. (London: Faber, 1954), p. 494.

12) Herman Ridderbos, *The Gospel of John: A Theological Commentary*, p. 546, cf. D. A. Carson, *The Farewell Discourse and Final Prayer of Jesus: An Exposition of John 14-17* (Grand Rapids: Baker, 1980), pp. 175-207.

13) D. A. Carson, *The Farewell Discourse and Final Prayer of Jesus*, p. 188.

최초로 설립된 신약 교회의 특징들을(행 2:42-47) 비교 대조함으로 예수님의 공생애, 십자가 죽음, 부활, 승천, 오순절로 이어지는 구속 계획의 성취를 확인하고자 한다.

첫째, 예수님은 자신의 기쁨을 교회가 소유하기를 원하신다. 예수님은 "그들로 내 기쁨을 그들 안에 충만히 가지게 하려 함이니이다"(요 17:13)라고 기도하신다. 교회의 특징으로 기쁨이 제일 먼저 언급된 이유는 사람들이 그리스도 안에서 믿음을 갖게 되면 처음으로 그 생활에 나타나는 것이 기쁨이기 때문이다. 사람들은 구원받은 신앙을 통해 복음 안에서 하나님의 은혜에 접하게 될 때 기쁨이 넘치게 된다. 사람들은 죄의 무거운 짐을 지고 멸망의 구렁텅이 속에서 허덕이다가 복음의 말씀을 듣고 하나님과의 올바른 관계에 서게 되면 기쁨이 그들의 마음을 가득 채운다. "충만한 기쁨(fullness of Joy)은 요한이 즐겨 쓰는 표현으로 완전한 구원을 얻은 자만이 누릴 수 있는 복이다(요 3:29; 15:11; 16:24)."[14]

오순절에 설립된 최초의 신약 교회인 예루살렘 교회에 기쁨의 특징이 있는 것은 의미심장하다. 예수님께서 신약 교회의 특징으로 충만한 기쁨을 예고하셨는데 그 예고대로 오순절에 설립된 신약 교회에 같은 특징이 나타난 것이다. 이는 예수님의 기도의 성취이다. 사도행전 2:46은 초대교회가 '기쁨과 순전한 마음으로 음식을'[15] 먹었다고 진술한다. 흥미 있는 사실은 초대교회가 누린 '기쁨'은 '전인'(全人)을 둘러싸고 있는 기쁨이며, 그 사람으로부터 발산되는 기쁨이다.[16] 이 말씀은 그리스도 안에서 구원받은 성도들의 모습에서 기쁨이 넘쳐흐르고 있음을

---

14) Ridderbos, *The Gospel of John*, pp. 519, 554.
15) 요 17:13의 기쁨은 χαρά인 반면에 행 2:46의 기쁨은 ἀγαλλίασις이다. 신약에서 χαρά(59회)가 ἀγαλλίασις(16회)보다 더 자주 사용된다. 영어 표현으로 χαρά를 joy라고 번역한다면, ἀγαλλίασις를 exultation으로 번역할 수 있다.
16) A. Weiser, "ἀγαλλίασις," *EDNT*, Vol. 1, p. 8: "the joy which encompasses the whole person and radiates from the person."

증거하고 있다.

둘째, 예수님은 그에게 속한 교회가 '진리로 거룩하게'되기를 위해 기도하신다. 예수님은 "그들을 진리로 거룩하게 하옵소서 아버지의 말씀은 진리니이다"(요 17:17)라고 기도하신다. 본문의 '거룩'은 도덕적 관점에서의 '거룩'이 아니요, 성별 혹은 구별되었다는 의미의 '거룩'이다. 거룩하게 되는 것은 하나님 편에 서는 것이요 세상에서 하나님을 위한 봉사를 위해 성별되는 것을 뜻한다.[17] 이 해석이 바른 것은 "그들을 위하여 내가 나를 거룩하게 하오니 이는 그들도 진리로 거룩함을 얻게 하려 함이니이다"(요 17:19)의 말씀에서 그 이유를 찾을 수 있다. 이 말씀을 근거로 고찰할 때 본문의 '거룩'이 도덕적인 관점에서의 '거룩'이었다면 예수님의 생애의 어느 기간은 거룩하지 않은 때가 있었다고 결론지을 수밖에 없다. 그러나 예수님은 어느 한 순간도 거룩하지 않은 때가 없었다. 따라서 이 말씀은 "예수님께서 자신이 거룩하지 않기 때문에 자신을 거룩하게 합니다"라는 뜻이 아니요, "내가 내 자신을 성별합니다. 내가 아버지께서 맡겨주신 위대한 구속 사역을 위해 나를 따로 구별합니다"라고 말씀하신 뜻이다.[18] 구약에서도 같은 동사 (ἁγιάζω)가 하나님의 봉사를 위해 거룩하게 구별된다는 의미로 사용되었다. 사람의 경우(출 13:2; 대하 26:18)나 물건의 경우(출 29:21; 레 27:14-15; 대하 2:4)나 또는 짐승의 경우(대하 29:33) 모두 이 용어는 하나님을 위한 봉사를 위해 따로 구별했다는 의미로 사용되었다. 예수님은 십자가의 죽음을 통해 자신을 성별하셨다.

예수님은 성도들의 성별을 위해 기도하셨다. 예수님은 그에게 속한 교회가 인생관, 우선순위, 그리고 소망 등 모든 부분에서 하나님의

---

17) Herman Ridderbos, *The Gospel of John*, p. 555.
18) 성별 혹은 거룩의 개념 속에는 도덕적 의미가 포함되어 있다. 제자들이 세상으로부터 구별되기 위해서는 제자들 자신이 도덕적으로도 거룩하지 아니하면 안 된다.

목적을 위해 성별되어야 한다고 기도하셨다.19) 그리스도의 교회는 세상으로부터 성별된 단체이다. 교회가 세상으로부터 성별될 때 교회는 세상에 대해 화목의 메시지를 선포할 수 있다. 그러면 교회가 어떻게 성별되어질 수 있는가? 교회가 세상으로부터 성별될 수 있는 길은 오직 '진리 안에서'(ἐν τῇ ἀληθείᾳ)만 가능하다. 진리는 '아버지의 말씀' 즉 하나님의 말씀을 가리킨다(요 17:14, 17, 19). '진리 안에서'는 교회의 성별이 실현되는 영역을 가리킨다. 리델보스는 "그 영역(진리) 안에 있을 때 제자들은 세상에서 안전할 뿐만 아니라 예수님께서 그들에게 정해주신 세상에서의 그들의 사명을 계속할 수 있게 된다"20)라고 설명한다. 하나님의 말씀 안에서 성별되는 것 이상으로 더 진정한 성별이 있을 수 없다.

예수님께서 성도의 성별을 말씀하실 때 '하나님이 말씀, 즉 진리' 안에서의 성별을 말씀하신 것은 의미심장한 내용이다. 왜냐하면 한 사람이 구원을 얻기 위해서는 먼저 그리스도의 말씀을 들어야 하고(롬 10:17), 말씀을 들을 때 성령의 역사를 통해(고전 12:3), 믿음이 생기고(롬 10:17; 엡 2:8), 그 믿음으로 예수 그리스도의 죽음과 부활이 자신을 위한 사건인 것을 마음으로 믿고 입으로 시인할 때 가능하다(롬 10:9-10). 그렇다면 성도의 성별은 그리스도의 말씀, 즉 진리를

---

19) Carson (*The Farewell Discourse and Final Prayer of Jesus*, p. 193)은 "저희를 진리로 거룩하게 하옵소서"(요 17:17)를 성도들의 도덕적인 삶의 관점에서 해석한다. "And so Jesus resolves afresh to do the Father's will; but he recognizes that his own 'sanctification' to perform the will of the Father by going to the cross is somewhat different from the disciples' sanctification. His own sanctification is not a step which makes him holier, but rather one which establishes the basis for his disciples' sanctification." 그러나 Ridderbos (*The Gospel of John*, p. 555)와 Barnabas Lindars (*The Gospel of John: The New Century Bible Commentary*. Grand Rapids: Eerdmans, 1981, p. 528) 그리고 Merrill C. Tenney (*John: The Gospel of Belief*. Grand Rapids: Eerdmans, 1980, pp. 247-248)와 Leon Morris (*Expository Reflections on the Gospel of John*. Grand Rapids: Baker, 1988, p. 589)는 본 절이 세상에서 하나님에 대한 거룩한 봉사를 위해 성별하는 것이라고 해석한다.

20) Ridderbos, *The Gospel of John*, p. 555.

들음으로부터 시작된다. 우리는 왜 예수님께서 성도들의 성별이 '진리 안에서' 이루어져야 한다고 말씀하신 이유를 찾을 수 있다. 진리만이 성도들을 세상으로부터 구별시킬 수 있다. 예수님은 하나님이 진리(ὁ λόγος ὁ σός, 요 17:17)를 사용하여 제자들을 구별시켜 주시고 굳게 세워 주시라고 기도하신다.

예루살렘에 설립된 초대 신약 교회는 예수님의 기도의 내용처럼 진리 안에서 성별된 신앙의 공동체였다. "그들이 사도의 가르침을 받아 서로 교제하고"(행 2:42)의 표현이나[21] "믿는 사람이 다 함께 있어 모든 물건을 서로 통용하고"(행 2:44)의 표현, 그리고 "날마다 마음을 같이 하여 성전에 모이기를 힘쓰고"(행 2:46)의 표현은 초대 신약 교회가 하나님의 말씀 안에서 세상으로부터 성별된 공동체임을 증거하고 있다.

셋째, 예수님은 그의 교회가 세상 안에서 전도(선교)하기를 원하신다. 예수님은 "아버지께서 나를 세상에 보내신 것같이 나도 저희를 세상에 보내었다"(요 17:18)라고 기도하신다. 선교의 사명은 제자들의 성별의 목적과 내용을 분명히 보여준다. 신약 교회가 세상으로부터 구별된 이유는 하나님의 말씀인 진리를 선포하기 위해 세상 안으로 보내지기 위해서이다. 예수님이 십자가상에서 구속 사역을 성취하시기 위해 자신을 따로 구별하신 것은 그 구속사역의 은혜를 받은 사람들이 선교의 사역을 위해 구별되게 하시기 원해서이다.[22] 그러므로

---

21) '사도의 가르침'(τῇ διδαχῇ τῶν ἀποστόλων)은 사도들이 가르친 전체 교훈을 포함한다. cf. Karl H. Rengstorf, "διδαχή," TDNT, vol. II, pp. 163-64. 사도들은 객관적 계시인 신약성경이 기록되기 이전에 그리스도의 사역과 교훈을 바로 전달할 책임을 맡고 있었다. 그래서 가룟 유다 대신 맛디아를 사도로 택할 때 그 기준이 ① 예수님의 공생애 기간 동안 함께 동행 했던 사람, ② 예수님의 부활을 증거 할 수 있는 사람(참조, 행 1:21-22)으로 정해진 것이다. 이런 의미에서 '사도의 가르침'은 예수님의 기도 내용에 언급된 '진리'인 것이다.

22) D. A. Carson, *The Farewell Discourse and Final Prayer of Jesus*, p. 193.

성도들의 성별은 단순히 개인적인 것이 아니요 또한 순전히 경건한 목적만을 위한 것도 아니다. 성도들의 성별은 예수님이 부활 후에 명령하신 것처럼 성도들의 선교의 사명을 중요한 목적으로 삼고 있는 것이다(마 28:18-20; 막 16:15-16; 눅 24:46-48; 요 17:18; 20:21). 아버지가 예수님을 세상으로 보내실 때 그의 '말씀을' 예수님에게 주신 것처럼 (참고, 요 17:8), 예수님은 제자들을 세상으로 보내셔서 그가 그들에게 준 '말씀을' 수단으로 그의 사역을 세상에서 계속하도록 하신다.23) 성도들은 세상과는 무관한 가운데 하나님을 위한 봉사를 위해 성별된 사람들이 아니요, 세상 안으로 들어감으로 그들의 성별의 목적을 구현하는 사람들이다.

예루살렘 초대 교회는 그들의 성별을 통해 제자들을 날마다 더하게 하는 사역을 했다. 저희가 "온 백성에게 칭송을 받으니 주께서 구원받는 사람을 날마다 더하게 하시니라"(행 2:47). 본문에서 확실한 것은 신약의 교회가 사람들을 구원한 것이 아니요, 주께서 교회를 사용하여 사람들을 구원했다는 것이다. 구원은 사람들의 작품이 아니요 하나님의 선물이다(엡 2:8 참조).

넷째, 예수님은 그의 교회가 하나(ἕν) 되기를 위해 기도하신다. 예수님은 "아버지께서 내 안에, 내가 아버지 안에 있는 것같이 그들도 다 하나가 되어"(요 17:21)라고 교회의 연합을 위해 기도하신다. 본문에서 예수님은 하나님 안에 있는 연합을 말한다. 이 연합은 뜻이 하나요, 목적이 하나요, 그리고 방향이 하나이다. 예수님은 성도들이 한 마음을 품고(빌 2:2, 5) 목적과 헌신에서 하나 되기를 원하신다. 초대 예루살렘 교회는 하나로 연합된 신앙의 공동체임을 나타내 보인다. "믿는 사람이 다 함께 있어 모든 물건을 서로 통용하고"(행 2:44), "날마다 마음을

---

23) Ridderbos, *The Gospel of John*, p. 558.

같이 하여 성전에 모이기를 힘쓰고"(행 2:46) 등의 표현은 초대 예루살렘 교회의 하나 됨을 설명하는 데 충분하다.

지금까지 예수님께서 살아 계실 때 그에게 속한 교회가 가져야 할 특징을 위해 기도하신 내용이 초대 예루살렘 교회의 삶에서 명백하게 드러나고 있음을 설명했다. 예수님께 속한 신약 교회는 구속의 기쁨이 넘쳐나야 하며, 진리로 성별되어야 하고, 선교를 열심히 해야 하며, 그리고 그리스도를 머리로 하고 하나가 되는 신앙의 공동체가 되어야 한다.

4. 누가복음과 사도행전의 관계

누가복음과 사도행전은 한 단위(one unit)로 생각해야 한다. 마치 한 책의 전편과 후편으로 생각하면서 연구하지 않으면 안 된다. 이 사실은 누가의 저작 목적에서도 명백히 드러난다. 누가복음 서두에서 누가는 "우리 중에 이루어진 사실에 대해"(눅 1:1) 근원부터 자세하게 데오빌로 각하에게 차례대로 써 보내기를 원했다(눅 1:3). 그런데 사도행전 서두에 보면 누가복음의 내용은 "예수께서 행하시며 가르치시기를 시작하심부터 그가 택하신 사도들에게 성령으로 명하시고 승천하신 날까지의 일을 기록"(행 1:1-2)한 것이다. 이 내용으로 볼 때 누가의 의도는 누가복음에서 예수님이 이 땅에 오셔서 승천할 때까지의 사건을 기록하기 원한 것이다. 그리고 사도행전에서는 예수님의 승천 이후 승천하신 예수님께서 그의 교회를 통해 계속 사역하고 있음을 데오빌로에게 알리기를 원한 것이다. 이렇게 누가복음과 사도행전을 한 단위로 생각할 때 사도행전 2장에 나타난 오순절 사건은 누가복음과 사도행전으로 구성된 한 단위의 중심적인 위치를 차지하게 되는 것이다. 오순절 사건은 누가복음과 사도행전을 잇는 전환점이라고 할 수 있다. 사실상 오순절 사건을 바른 전망으로 관찰하지 않으면 누가복음도 사도행전도 바로 이해할 수 없는 것이다.

이제 누가복음과 사도행전의 관계를 명백히 해주는 누가복음 24장과 사도행전 1장 서두의 중첩을 연구해 보자. 공관복음은 예수님의 부활과 승천 사이에 발생한 일에 대하여 별로 많은 관심을 보이지 않는다. 그 사이에 발생한 일에 대해 많은 언급을 하지 않는다. 분명한 것은 이 짧은 기간 동안 메시아는 승귀의 상태에 있었다는 것이다. 메시아가 이 기간 동안 승귀의 상태에 있었다는 것이 어떤 의미인지 약간 불분명하지만 그 상태가 중요한 것임에는 틀림이 없다.24) 누가복음 24:44 이하에서 우리는 예수님께서 부활과 승천 사이 기간에 어떤 일을 행하셨는지 찾을 수 있다. 누가복음 24:44은 예수님의 부활과 승천 사이의 기간이 교훈을 주시는 기간이라고 설명한다. 이 기간은 부활하신 그리

---

24) 요 20:17은 부활하신 예수님이 아직 아버지께 가시지 않았기 때문에 마리아가 그를 붙들지 못했다고 전한다. G. E. Ladd (*A Theology of the New Testament*, p. 335)는 이 사건을 해석하면서 "예수님은 마리아와 다른 제자들에게 그가 그들을 떠나 아버지에게 돌아가기 전에 잠시 동안 그들과 함께 있을 것을 재 확신시키고 있는 것이다"라고 말했다. Leon Morris (*Commentary on the Gospel of John*, p. 841)도 같은 어조로 "옛날처럼 붙잡는 것을 그만두어라 내가 아직 영원한 승천의 상태에 들어가지 않았기 때문에 그럴 필요가 없다. 너는 나를 볼 기회가 더 있을 것이다"라고 말했다. D. A. Carson (*The Gospel According to John*, pp. 642-644)은 예수님께서 마리아에게 말씀하신 "나를 붙들지 말라 내가 아직 아버지께로 올라가지 아니하였노라"(요 20:17)에 대한 여러 가지 해석을 제시한 후 자신의 균형 잡힌 견해를 말한다. Carson은 본 구절의 뜻이 "나를 붙들지 말라 내가 아직 올라간 상태에 이르지 아니했다. 그러므로 내가 마치 영원히 사라질 것처럼 나에게 매달리지 말라. 지금은 기쁨의 때요 복음을 전파할 때이다"(p. 644)라고 해석하고 이 해석이 마리아에게는 붙잡는 것을 금하고, 도마에게는 붙잡도록 허락하신 사실을(요 20:27) 이해하기 쉽게 한다고 덧붙인다(p. 644). Herman Ridderbos (*The Gospel of John*, pp. 637-639)도 비슷한 견해를 제시한다. 예수님의 부활을 초자연적으로 받지 못하는 Strauss는 예수님이 막달라 마리아에게 자신을 붙들지 못하게 한 이유를 다음과 같이 설명한다. 스트라우스는 예수님의 상처받은 몸이 고통스럽고 민감하여 아직 쓰리고 아팠기 때문에 그의 몸을 만지지 못하게 했다고 말한다. 스트라우스는 그 증거로 예수님이 8일 후 도마에게는 자신의 상처를 만지도록 허락했다는 사실을 든다. See, David F. Strauss, *The Life of Jesus Critically Examined* (Philadelphia: Fortress, 1972), p. 730. 그러나 스트라우스가 이렇게 주장한 것은 성경이 제시한 부활체의 본질을 곡해한데서 기인된 것이다.

스도가 그의 수고로부터 승리했고 그의 수난으로부터 휴식을 취하는 기간이기도 하다. 부활하신 그리스도는 그의 수고와 수난의 의미에 대해서 해석하시고 공표하신다. 주님은 제자들에게 부활 후의 전망으로 '단기 구약성경 해석학'을 강의하신다. 그는 구속역사가 그의 부활에서 절정을 이루었다고 설명하신다. 특별히 예수님은 그의 죽음과 부활로 절정을 이룬 그의 지상 사역이 성경 전체의 교훈이라고 설명해 주신다(눅 24:27, 44).25) 예수님 자신의 사역이 바로 구약의 근본적인 관심이었다.

예수님께서 공생애 기간 중에 가르치신 교훈이 본질적으로 구약의 교훈과 동일한 것이다. 누가복음 24:44의 '내가 너희와 함께 있을 때에'26)는 예수님의 죽음과 부활 이전의 상태를 가리키고 있다. 그런데 예수님은 이 공생애 기간 동안 천국에 관해서 가르치신 것이다. 복음서의 내용을 연구해 보면, 예수님의 첫 선포가 천국에 관한 것이었고(마 4:17; 막 1:15), 예수님께서 친히 하나님 나라의 복음을 전하기 위해 보냄을 받았다고 말씀하셨다(눅 4:43). 복음서는 예수님의 인격의 임재로, 그의 말씀 선포로, 그의 이적으로 천국이 실현되었음을 증거하고 있다(막 1:15; 눅 4:16-21; 마 11:2-13; 12:28; 13:16-17 참조). 이처럼 '내가 너희와 함께 있을 때'의 예수님의 교훈 내용은 요약하여 천국에 관한 것이라고 할 수 있다.

누가는 예수님께서 그의 부활과 승천 사이의 기간 중에도 하나님 나라에 대해 가르치셨다고 기록하고 있다. 부활하신 그리스도가 "사십 일 동안 그들에게 보이시며 하나님 나라의 일을 말씀"(행 1:3)하신 것이다. 이렇게 예수님은 부활 전이나 부활 후나 하나님 나라의 일에 대해

---

25) 신약에서 "모세와 모든 선지자의 글"(눅 24:27)이나 "모세의 율법과 선지자의 글과 시편"(눅 24:44)이라는 표현을 사용하여 구약 전체를 일반적으로 가리키곤 한다. cf. I. Howard Marshall, *Commentary on Luke* (NIGTC, Grand Rapids: Eerdmans, 1978) p. 897.
26) ἔτι ὢν σὺν ὑμῖν.

깊은 관심을 가지신 것으로 나타난다. 제자들이 부활하신 주님께 "주께서 이스라엘 나라를 회복하심이 이때니이까"[27]라고 나라를 회복할 때가 언제냐고 때를 물을 때 예수님은 때와 기한은 아버지의 소관이며 제자들이 우선 할 일은 권능을 받고 예루살렘과 유대와 사마리아와 땅 끝까지 이르러 그리스도의 증인이 되는 것이라고 말씀하셨다(행 1:8). 예수님의 이 대답은 전 세계적으로 복음을 전파하는 일이 왕국의 일이며 또한 복음 전파의 시대가 왕국시대임을 함축하고 있다. 예수님의 대답은 사도들이 미래의 발전에 관심을 두기보다는 왕국의 사역인 복음 전파에 관심을 두어야 한다는 것이다. 여기서 우리는 예수님께서 부활과 승천 사이에도 하나님 나라에 깊은 관심을 가지시고 교훈 하신 것을 찾아볼 수 있다.

5. 교회의 계속적인 왕국사역

예수님이 승천하신 후 그의 사도들을 통해 사역하신 내용도 하나님 나라의 일임을 사도행전의 기사를 통해서 찾아볼 수 있다. 사도행전에서 왕국이라는 용어가 사용되어질 때 복음 전파의 개념과 특별히 연관되어 사용된다. 왕국(ἡ βασιλεία τοῦ θεοῦ)이란 용어는 사실상 사도들의 복음 선포의 특징이 되는 것이다. 다음의 성경 구절들은 이를 잘 증거해 주고 있다.

사도행전 8:12 "빌립이 **하나님 나라**와 및 예수 그리스도의 이름에 관하여 전도함을 그들이 믿고 남녀가 다 세례를 받으니"
사도행전 19:8 "바울이 회당에 들어가 석 달 동안 담대히 **하나님**

---

[27] 좀 더 직역에 가깝게 번역한다면 "주여 왕국을 이스라엘에 회복하심이 이때입니까?"라고 할 수 있다.

나라에 관하여 강론하며 권면하되"

사도행전 20:25 "보라 내가 여러분 중에 왕래하며 **하나님의 나라를** 전파하였으나 이제는 여러분이 다 내 얼굴을 다시 보지 못할 줄 아노라"

사도행전 28:23 "그들이 날짜를 정하고 그가 유숙하는 집에 많이 오니 바울이 아침부터 저녁까지 강론하여 **하나님의 나라를** 증언하고 모세의 율법과 선지자의 말을 가지고 예수에 대하여 권하더라"

사도행전 28:30-31 "바울이 온 이태를 자기 셋집에 머물면서 자기에게 오는 사람을 다 영접하고 **하나님의 나라를** 전파하며 주 예수 그리스도에 관한 모든 것을 담대하게 거침없이 가르치더라."

이상의 구절들은 12사도와 바울이 어떤 의식으로 복음을 전파했는지 간략하게 진술해 준다. 사도들의 복음 증거의 중요한 내용은 왕국에 관한 것들이었고 그리스도에 관한 것들이었다.

누가는 누가복음과 사도행전을 한 단위로 생각하면서 천국 확장의 전망으로 오순절 사건을 설명하고 있다. 누가복음 24:46-47은 기독교의 두 진수를 설명하고 있다. 첫째는 그리스도의 죽음과 부활이요, 둘째는 그리스도의 이름으로 죄 사하는 복음이 전 세계적으로 선포되는 것이다. 둘째 요소는 첫째 요소에 의존되어 있지만, 둘째 요소 없이는 첫째 요소 역시 큰 의의를 나타낼 수 없는 것이다. 그런데 누가복음은 바로 첫째요소 즉 그리스도의 죽음을 정점으로 한 수난과 부활을 묘사해 주었고, 둘째 요소는 바로 사도행전이 묘사하고 있는 것이다. 복음을 전 세계적으로 선포해야 할 사람은 바로 '너희'이다(눅 24:48), 즉 그리스도의 교회가 바로 이 일을 감당해야 하는 것이다. 그러나 그리스도의 교회가 이 사역을 시작하기 전에 성령세례 사건 즉 오순절 사건(행

1:5)이 먼저 발생해야 한다. "볼지어다 내가 내 아버지께서 약속하신 것을 너희에게 보내리니 너희는 위로부터 능력으로 입혀질 때까지 이 성에 머물라"(눅 24:49) 하신 말씀이나 "예루살렘을 떠나지 말고 내게서 들은 바 아버지께서 약속하신 것을 기다리라"(행 1:4)의 말씀, 그리고 "오직 성령이 너희에게 임하시면 너희가 권능을 받고 예루살렘과 온 유대와 사마리아와 땅 끝까지 이르러 내 증인이 되리라"(행 1:8)의 말씀이 이를 증거하고 있다. 세계적인 복음 선포 이전에 교회를 인쳐주고 능력을 입혀 줄 오순절 사건이 발생해야 한다. 교회가 성령의 세례로 능력을 받아야 함은 천국의 확장을 위해 세계적으로 복음을 선포하는 데 필요하기 때문이다.[28] 사도들이 앞으로 해야 할 일은 복음증거를 통해 천국을 확장하는 것이다.

예수님의 말씀(행 1:7, 8)은 오순절 사건 이후에 있을 복음 전파의 사역을 설명하고 있다. 그리고 이 사명은 주님을 따르는 자 즉 교회에게 주어졌다. 우리는 여기서 오순절 사건을 통해 교회를 설립하시고 교회의 사명으로 복음을 전파하도록 하신 하나님의 계획과 예수님의 사역을 찾을 수 있다.

이런 견지에서 볼 때 사도행전은 교회가 어떻게 부여받은 사명을 감당해 나갔는지를 기록해 주고 있다고 생각할 수 있다. 사도행전 전체를 복음의 확산과 관련시켜 다음과 같이 구분해 볼 수 있다.

(1) 사도행전 6:7 "하나님의 말씀이 점점 왕성하여 예루살렘에 있는 제자의 수가 더 심히 많아지고 허다한 제사장의 무리도 이 도에 복종하니라."(오순절부터 7집사 선택까지, 약 AD 30-34)

(2) 사도행전 9:31 "그리하여 온 유대와 갈릴리와 사마리아 교회가 평안

---

28) 마 28:18-20은 천국이란 말은 사용하지 않지만 복음증거가 천국의 확장임을 증거하고 있다. 마 28:18 이하를 보면 예수님의 전도 명령이 그리스도의 권세에 기초하고 있다. 그런데 공관 복음에서 권세(ἐξουσία)란 용어는 천국 개념에 의해 이해되어져야 한다.

하여 든든히 서 가고 주를 경외함과 성령의 위로로 진행하여 수가 더 많아지니라."(바울의 첫 예루살렘 방문 때까지, 약 AD 36)
(3) 사도행전 11:21 "주의 손이 그들과 함께 하시매 수많은 사람들이 믿고 주께 돌아오더라"(안디옥 교회의 설립까지, 약 AD 41)
(4) 사도행전 12:24 "하나님의 말씀은 흥왕하여 더하더라."(헤롯 아그립바 1세의 죽음까지 AD 44)
(5) 사도행전 16:5 "이에 여러 교회가 믿음이 더 굳건해지고 수가 날마다 늘어가니라."(바울 사도의 2차 전도 여행 초까지, 약 AD 51)
(6) 사도행전 19:20 "이와 같이 주의 말씀이 힘이 있어 흥왕하여 세력을 얻으니라."(바울 사도의 3차 전도 여행 초까지, 약 AD 55)
(7) 사도행전 28:30-31 "바울이 온 이태를 자기 셋집에 머물면서 자기에게 오는 사람을 다 영접하고 하나님의 나라를 전파하며 주 예수 그리스도에 관한 모든 것을 담대하게 거침없이 가르치더라."(바울 사도의 로마 감금 종료 시까지, 약 AD 60-63)[29]

이런 관점에서 볼 때 오순절 사건은 천국 확장을 위해 필요 불가결한 사건이었다. 누가복음과 사도행전을 한 단위로 볼 때 오순절 사건은 왕국 현상으로 생각되어져야 한다. 오순절 사건은 메시아 왕 그리스도의 강림으로 시작된 왕국의 범주 내에서 발생한 것이다. 오순절 사건은 하나님 나라의 주인이신 왕의 출현으로 시작된 종말론적 질서의 시작을 뜻하는 것이다. 그러므로 사도행전에 기록된 초대교회의 생활을 담은 사건들은 아무런 계획 없이 선택되어져 초창기 교회의 영웅적인 날들을 보여 주기 위한 것만은 아니다. 그리고 그런 영웅적인 날들을 후 세대들이 읽음으로 초대교회를 찬양하고 본을 받으며 또한 격려를 받기 위한 것만도 아니다. 과거의 위대한 세대를 반영함으로 오늘날 우리들도 그들을 닮으라고 도전하기 위해 사도행전을 기록했다고만

---

29) cf. E. F. Harrison, *Acts: The Expanding Church*, p. 12.

생각할 수 없다. 오히려 사도행전은 왕국 확장 사역에 있어서 교회의 위치를 우리들에게 보여 주기 위해서라고 생각해야 한다. 교회의 종말론적인 성격을 처음부터 명확히 하며 교회의 복음 선포가 왕국의 표명이요 확장이라는 것을 보여주기 위해서라고 생각해야 한다.

오순절 사건은 종말론적 질서 실현을 위한 기초를 놓은 사건이요 그리스도가 그의 교회를 통해 천국을 확장하는 시작을 알리는 사건이다. 누가복음과 사도행전을 한 단위로 생각하면 오순절 사건이 하나님 나라 확장에 있어서 중요한 위치를 점하고 있는 것을 알 수 있다. 그리고 왕국과 오순절 사건이 직접 연관되어 있음을 인정할 때 성령과 왕국과의 관계도 명확해 짐을 볼 수 있다. 예수님은 자신이 시작한 천국의 사역을 오순절에 설립된 신약 교회를 통해 계속하시기를 원하신다. 이 일을 위해 오순절에 성령이 임했고 신약 교회가 설립되었다. 신약 교회는 성령의 능력을 힘입어 복음 전파를 통해 하나님 나라를 확장시킨다. 그러므로 신약 교회의 모든 사역은 왕국 사역이라 할 수 있다.

부록 V
누가의 글에 나타난 특수 용어

1. 사도행전에 한번(ἅπαξ λεγόμενα) 사용된 특수 용어

(1) 공식 명칭 및 군대 용어

헬 라 어	성구	의 미
ἀνθύπατος	13:7	총독(proconsul)
Ασιάρχης	19:31	관원(asiarch)
δεξιολάβος	23:23	창군(bowman, spearman)
ἐπαρχεία	23:34	영지(province)
ἱππεύς	23:23	마병(horseman)
κολωνία	16:12	식민지(colony)
νεωκόρος	19:35	전각지기(the guardian of the temple, temple keeper)
πολιτάρχης	17:6	읍장(city authority, civic magistrate)
ῥαβδοῦχος	16:35	아전(policeman)
σεβαστός	25:21	황제(His majesty, the Emperor)
στρατοπεδάρχης	28:16	군인, 장교, 사령관(military commander)
τετράδιον	12:4	군인(soldier)

(2) 감옥에 관한 용어

헬 라 어	성구	의 미
ἀκατάκριτος	16:37	죄도 정치 아니하다(without a proper trial)

헬 라 어	성구	의 미
ἀνάκρισις	25:26	심문(investigation)
δεσμοφύλαξ	16:23	간수(jailer)
δεσμώτης	27:1	죄수(prisoner)
μαστίζειν	22:25	채찍질(scourge)
προτείνειν	22:25	매다(stretch out)
φυλακίζειν	22:19	가두다(imprison)

(3) 여행 및 항해 용어

헬 라 어	성구	의 미
ἀποπλεῖν	13:4	배를 타다(sail away)
ἀποφορτίζεσθαι	21:3	짐을 풀다(unload)
ἀρτέμων	27:40	돛을 달다(hoist the foresail)
βολίζειν	27:28	수심을 재다(take sounding)
βραδυπλοεῖν	27:7	배가 더디 가다(sail slowly)
διαπλεῖν	27:5	배로 바다를 건너다(sail through)
διθάλασσος	27:41	두 물이 합하여 흐르는 곳 (with the sea on both sides)
ἐκβολή	27:18	버리다(jettison)
ἐκκολυμβᾶν	27:42	헤엄치다(swim away)
ἐκπλεῖν	20:6	배로 떠나다(sail away)
ἐμβιβάζειν	27:6	오르다(put in)
εὐθυδρομεῖν	21:1	바로 가다(a ship run a straight course)
εὐρακύλων	27:14	유라굴로라는 광풍 (the northeast wind, Euraquilo)
ζευκτηρία	27:40	줄(rope)
κολυμβᾶν	27:43	헤엄치다, 잠수하다(to swim, to dive)
λιμήν	27:12	항구(harbor)
λίψ	27:12	동남(southwest)
ναύκληρος	27:11	선주(ship-owner)
ναῦς	27:41	배(ship, only of larger vessels)
νησίον	27:16	작은 섬(little island)
ὀργυιά	27:28	길, 깊이(fathom)

부록5: 누가의 글에 나타난 특수 용어 363

헬 라 어	성구	의	미
παραπλεῖν	20:16	지나다(sail past)	
παράσημος	28:11	표시, 기호(mark)	
παραχειμασία	27:12	겨울 지내기에 불편하다 (not suitable for wintering)	
πεζεύειν	20:13	도보로 가다(travel by land)	
πλοῦς	21:7	수로(voyage)	
πρῷρα	27:30	이물(prow of a ship)	
σκάφη	27:16	거루(skiff of a ship's boat)	
σκευή	27:19	배의 기구(ship's equipment)	
ὑποζωννύναι	27:17	줄(brace, undergird)	
ὑποπλεῖν	27:4	바람을 피하여 섬 옆으로 행선하다 (sail under the lee of an island)	
ὑποπνεῖν	27:13	바람이 순하게 불다(blow gently)	
χειμάζειν	27:18	풍랑으로 애쓰다(toss in a storm)	
χῶρος	27:12	동북(northwest)	

2. 누가복음과 사도행전에만 사용된 용어

(1) 누가복음과 사도행전에 사용된 공통 언어

| 헬라어 | 성구 | | 의 | 미 |
	눅	행	누가복음	사도행전
αἴτιον	23:4, 14	19:40	죄(guilt), 이유(reason), 책임	
ἀναδείκνυμι	10:1	1:24 (한역은 1:25)	임명하다, 위임하다 (commission)	나타내보이다 (show forth)
ἀναζητεῖν	2:44, 45	11:25	주의해서 찾다, 찾아 보다 (look for, seek carefully)	
ἀνακαθίζειν	7:15	9:40	일어나 앉다, 바로 앉다 (sit up, upright)	
ἀνασπᾶν	14:5	11:10	끌어 올리다, 당겨 올리다 (draw, pull up)	
ἀναφαίνειν	19:11	21:3	나타나다(appear)	발견하다, 배에서 처음으로 육지를 보다(sight)
ἀνευρίσκειν	2:16	21:4	찾다(look for)	

헬라어	성구		의	미
	눅	행	누가복음	사도행전
ἀντειπεῖν	21:15	4:14	반박하다 (contradict)	대꾸하다, 대답하다 (say in reply)
ἀξιοῦν	7:7	28:22	⋯만하다고 보다 (consider deserving)	바라다 (desire)
ἀπ' αἰῶνος	1:70	3:21; 15:18	영원 전 부터	
ἀπογραφή	2:2	5:37	호구(인구)조사(census)	
ἀποδέχεσθαι	8:40; 9:11	2:41	환영하다, 기쁘게 받아들이다, 영접하다 (welcome)	
ἀποτινάσσειν	9:5	28:5	떨쳐 버리다, 떨어 버리다(shake off)	
ἅπτειν	8:16; 11:33	28:2	불을 켜다, 피우다(light, kindle)	
αὐτῇ τῇ ὥρᾳ	2:38	16:18	즉시(that very hour)	
ἄχρι	4:13	1:2 11:5; 22:22; 28:15 22:4	(시간을 나타낼 때) ⋯까지(until) (장소를 나타낼 때) ⋯까지(as far as) (잉태를 나타낼 때)⋯까지 (ἄχρι θανάτου) 죽기까지	
τῇ τοῦ θεοῦ βουλῇ	7:30	13:36	하나님의 뜻(purpose, counsel)	
δεσμά	8:29	16:26	올가미, 고랑, 속박(bonds, fetters)	
διαπορεῖν	9:7	2:12; 10:17	몹시 당황하다(be greatly perplexed)	
διατηρεῖν	2:51	15:29	지키다, 간수하다, 간직하다 (keep, treasure)	
διελθεῖν ἕως διϊστάναι	2:15 24:51	11:19 27:28	~까지 이르러(to travel as far as) 가버리다(go away, part)	항해하다, 저어가다 (sail)
διϊσχυρίζεσθαι	22:59	12:15	확실하게 주장하다 (maintain firmly) 자신 있게 주장하다 (affirm confidently)	
διοδεύειν	8:1	17:1	두루 다니다 (go about)	지나가다, 통과하다 (go through)

부록5: 누가의 글에 나타난 특수 용어   365

헬라어	성구		의미	
	눅	행	누가복음	사도행전
δούλη	1:38, 48	2:18	여종(female slave, bondmaid)	
ἐγένετο δὲ	1:8; 2:1, 6	19:1; 21:1	그리고 …이 일어났다 (And it came to pass that)	
ἐναντίον	1:6	8:32	보기에, 생각에, 눈 앞에(in the sight or judgment of)	~앞에(in the presence of)
ἐνεδρεύειν	11:54	23:21	음모하다(plot)	숨어서 기다리다, 숨어서 지키다(lie in wait)
ἐν ταῖς ἡμέραις ταύταις		6:1	이 날들에 있어서 (in these days)	
ἑξῆς	9:37	25:17; 27:18	이튿날, 다음날(on the next day)	
ἐπαίρειν τὴν φωνήν		14:11	소리를 높이다(lift up the voice)	
ἐπιβιβάζειν	19:35; 10:34	23:24	올려 앉히다, 태우다(put someone on something, cause someone to mount)	
ἐπιδεῖν	1:25	4:29	주목하다(fix one's glance up, look at) 관심을 두다(concern oneself with)	
ἐπιφωνεῖν	23:21	22:24	~에게 크게 부르짖다 (cry out against someone)	
ἐπιχειρεῖν	1:1	9:29; 19:13	시도하다 (attempt, try)	
ἑσπέρα	24:29	4:3; 28:23	저녁(evening)	
εὐλαβής	2:25	2:5; 8:2; 22:12	경건한(devout)	
εὐτόνως	23:10	18:28	힘차게(powerfully) 강력하게(vigorously) 맹렬하게(vehemently)	
θάμβος	4:36; 5:9	3:10	놀람(astonishment), 두려움(fear)	
ἑσπέρα	24:29	4:3; 28:23	저녁(evening)	

헬라어	성구		의미	
	눅	행	누가복음	사도행전
εὐλαβής	2:25	2:5; 8:2; 22:12	경건한(devout)	
εὐτόνως	23:10	18:28	힘차게(powerfully) 강력하게(vigorously) 맹렬하게(vehemently)	
θάμβος	4:36; 5:9	3:10	놀람(astonishment), 두려움(fear)	
ἴασις	13:32	4:22, 30	치유, 고침(healing)	
καθεξῆς	1:3	18:23	순서대로, 차례대로(in order, one after the other)	
καθιέναι	5:19	9:25; 10:5, 11	내려 보내다(let down)	
καθ' ὅλης τῆς	4:14	9:31; 10:37	전부다, 온, 도처에 널리 (예)καθ' ὅλης τῆς 'Ιουδαίας (온 유대 도처에)	
καθότι	5:7; 19:9	2:24; 17:31; 2:45	왜냐하면, …때문에(because), …라는 사실로 보아(in view of the fact that); …만큼(to the degree that)	
κατακλείειν	3:20	26:10	가두어버리다(shut up),채워버리다 (lock up)	
κατακολουθεῖν	23:55	16:17	따라가다, 따르다(follow)	
κλάσις	24:35	2:42	떡을 뗌(the breaking of bread)	
κλινάριον		5:15	침대, 침상(bed)	
κλάτιστος	1:3	23:26; 24:3; 26:25	각하(most excellent)	
ὀδυνᾶσθαι	2:48	20:38	근심하다, 고통을 느끼다 (feel pain)	
ὁμιλεῖν	24:14, 15	20:11; 24:26	담화하다, 이야기를 주고받다 (converse, address)	
παραβιάζεσθαι	24:29	16:15	강권하다, -을 설복하다 (prevail upon)	
παραλελυμένος	5:18	9:33	παραλύω(불구자로 만들다)의 완료 수동분사이다.	
περιλάμπειν	2:9	26:13	두루 비치다(shine around)	
πονηρὸν πνεῦμα		19:13	악귀(a evil spirit)	

헬라어	성구		의미	
	눅	행	누가복음	사도행전
προβάλλειν	21:30	19:33	(싹 등이)나다, 내다 (put out)	앞에 내세우다 (put foward)
προπορεύεσθαι	1:76	7:40	앞서가다, 앞장서다(go on before)	
προσδοκία	21:26	12:11	기대(expectation)	
προσέχετε ἑαυτοῖς		5:35; 20:28	조심하라(take care); 너희는 자기를 위하여 삼가라 (take heed to yourselves)	
προϋπάρχειν	23:12	8:9	전(前)에 존재(存在)하다(exist before)	
στρατηγός	22:4, 52	16:20	성전 경비대장 (captain of the temple)	상관, 치안관 (praetor)
συγγένεια	1:61	7:3, 14	친족(relatives)	
συμβάλλειν	2:19	4:15	고려하다, 생각하다 (consider, ponder)	의논하다, 협의하다(confer)
συμπληροῦν	9:51	2:1	(시간이) 차다(fulfill), 가까이 오다 (approach), 오다(come)	
συναρπάζειν	8:29	6:12 27:15	(폭력으로)붙잡다(seize) (배가 바람에)습격을 당하다, 만나다 (be caught, torn away)	
συνεῖναι	9:18	22:11	같이 있다(be with)	
τῇ ἐχομένῃ	13:33	20:15	다음날(the next day)	
τραυματίζειν	20:12	19:16	상처를 주다, 상처를 입히다(wound)	
τραχύς	3:5	27:29	거칠은, 평탄치 않은(uneven)	
ὕψιστος	(2:14)	7:48	지극히 높으신 자(The Most High)	
χεὶρ κυρίου		13:11	주의 손(the hand of the Lord)	

(2) 사도행전에만 사용된 용어

헬라어	성구	의미
ἁγνισμός	21:26	순결하게 함, 정화(purification)
ἄγνωστος	17:23	알지 못하는, 알 수 없는(unknown)
ἀγοραῖος	17:5	시장에 있는 군중(the crowd in the market)
ἀγράμματος	4:13	학문이 없는(unlettered)
αἰτίωμα	25:7	고소, 고발(charge, complaint)

헬 라 어	성구	의 미
ἀκατάκριτος	16:37	유죄 선고를 받지 않은, 정죄 받지 않은 (uncondemned)
ἀκρίβεια	22:3; 24:22	정확(exactness, precision)
ἀκροατήριον	25:23	신문소(訊問所) (the audience hall)
ἀκωλύτως	28:31	거침없이, 방해 없이(without hindrance)
ἀλίσγημα	15:20	더럽힘(pollution)
ἀλλόφυλος	10:28	이방의(heathen)
ἀμάρτυρος	14:17	증거 없는(without witness)
ἀμύνεσθαι	7:24	보복하다(retaliate)
ἀναβαθμός	21:40	계단(flight of stairs)
ἀναβάλλεσθαι	24:22	연기하다(postpone)
ἀναβολή	25:17	연기(postponement, delay)
ἀναδιδόναι	23:33	넘겨주다, 전해주다(deliver, hand over)
ἀναθέματι ἀναθεματίζειν	23:14	맹세하다(bind with an oath)
ἀναίρεσις	8:1	살인(murder, killing)
ἀνάκρισις	25:26	조사, 취조(investigation)
ἀναντίρητος	19:36; 10:29	부정할 수 없는(not to be contradicted) 반대 없이(without contradiction)
ἀναπείθειν	18:13	권고하다(persuade), 선동하다(incite)
ἀνασκευάζειν	15:24	불안하게 하다(unsettle)
ἀνατρέφεσθαι	7:20	기르다, 돌보다(bring up, care for)
ἀνάψυξις	3:20 (한역은 3:19)	휴양, 편히 쉬는 것(relaxation, relief) [개역개정]은 "새롭게 되는"으로 번역
ἀνετάζειν	22:24	심문하다(give someone a hearing)
ἀνεύθετος	27:12	적당치 않는(not suitable)
ἀνθύπατος	13:7	총독(proconsul)
ἄντικρυς	20:15	맞은편에(opposite) [한역]은 "앞에"로 번역되었음
ἀντοφθαλμεῖν	27:15	맞서다, 직면하다(face)
ἀνωτερικός	19:1	더위의(upper), 내지의(interior)
ἀπελαύνειν	18:16	몰아내다, 쫓아내다(drive away)
ἀπελεγμός	19:27	망신, 불명예(discredit, disrepute)
ἀπιέναι	17:10	간다(go), 온다(come)

부록5: 누가의 글에 나타난 특수 용어   369

헬라어	성구	의 미
ἀποκατάστασις	3:21	회복(restoration)
ἀποπίπτειν	9:18	떨어져 버리다(fall away)
ἀποπλεῖν	13:4	출범하다, 배 떠나다(sail away)
ἀπορρίπτειν	27:43	내려 던지다, 던져 버리다(throw down, throw away)
ἀποφθέγγεσθαι	2:4	(용기 있게) 말하다(speak out boldly)
ἀποφορτίζεσθαι	21:3	짐을 풀다(unload)
ἆρά γε	8:30	근심과 초조함을 나타내는 의문 불변사 (간접 질문만을 이끌어 준다. 우리말로는 번역이 불가능함)
ἀργυροκόπος	19:24	은장색(silversmith)
ἀρτέμων	27:40	돛(sail)
ἀρχιερατικός	4:6	대제사장의, 대제사장적(high-priestly)
ἄσημος	21:39	보잘 것 없는, 대수롭지 않은(insignificant)
ἀσιάρχης	19:31	고관(dignitary)
ἄσιτος, -ία	27:33, 21	먹지 않고(without eating)
ἀσκεῖν	24:16	힘쓴다(endeavor, do one's best)
ἀσύμφωνος	28:25	일치하지 않는(dissonant)
αὐγή	20:11	새벽(dawn)
αὐτόχειρ	27:19	자기 손으로, 손수(with one's own hand)
ἀφελότης	2:46	단순, 순진, 소박(simplicity)
ἄφιξις	20:29	출발, 떠남(departure)
ἄφνω	2:2	갑자기, 문득, 홀연히(suddenly)
ἀχλύς	13:11	안개(mist)
βάσις	3:7	발(foot)
βία, βίαιος	5:26; 2:2	폭력행사(the use of force) 격렬한, 맹렬한(violent)
βίωσις	26:4	생활양식, 생활태도, 생활방식(manner of life)
διασπείρειν	8:1	흩어 버리다(scatter)
βολίζειν	27:28	해심(海深)을 재다(take soundings)
βραδυπλοεῖν	27:7	천천히 항해하다(sail slowly)
βρύχειν	7:54	이를 갈다(gnash)
βυρσεύς	9:43	피장이, 무두장이(tanner)
βωμός	17:23	단, 제단(platform, altar)
γάζα	8:27	국고(treasury)
γερουσία	5:21	장로들의 의회, 공회(council)

헬라어	성구	의미
γλεῦκος	2:13	달콤한 새 포도주(sweet new wine)
γνώστης	26:3	아는 사람(one who knows)
δεισιδαίμων-ονία	17:22; 25:19	종교적인(religious)
δεξιολάβος	23:23	가볍게 무장한 창군(a light armed spearman)
δεσμοφύλαξ	16:23	간수, 옥졸(jailer)
δεσμώτης	27:1	죄수(prisoner)
δευτεραῖος	28:13	(부사의 뜻을 가진 형용사로서)이튿날 (on the second day)
δημηγορεῖν	12:21	공중(公衆)연설을 하다(deliver a public address), [개역 한역]은 "효유하다"
δῆμος, -όσις	12:22; 5:18	백성(people) 공중의, 대중의(public)
διαγινώσκειν	24:22	결정하다(decide)
διάγνωσις	25:21	결정(decision, determination)[한역]은 "판결"
διαδέχεσθαι	7:45	물려받다(receive from a former owner)
διάδοχος	24:27	후계자, 후임자(successor)
διακατηλέ-γχετο	18:28	논박하다, 철저하게 논박하다(refute [completely])
διακούειν	23:25	청취하다(hear through)
διάλεκτος	1:19	언어(language)
διαλύειν	5:36	흩어지게 하다(disperse)
διαμάχεσθαι	23:9	몹시 다투다(contend sharply)
διανέμειν	4:17	퍼지다(spread)
διανύειν	21:7	마치다(complete)
διαπλεῖν	27:5	배타고 건너가다(sail across)
διαπονεῖσθαι	4:2	몹시 싫어하다(be sore troubled)
διαπρίειν	5:33	(중간태에서) 노하다(be furious)
διάστημα	5:7	간격(interval), 겨를, 시간(space)
διατελεῖν	27:33	계속하여 … 하다(continue)
διαφεύγειν	27:42	도망하다(escape)
διαφθορά	2:27	부패(corruption)
διαχειρίζεσ-θαι	5:30	죽이다(kill)
διαχλευάζειν	2:13	조롱하다(deride, mock)
διερωτᾶν	10:17	물어보아 찾다(find by inquiry)

부록5: 누가의 글에 나타난 특수 용어   371

헬 라 어	성구	의 미
διετία	24:27	이년, 이년의 세월(a period of two years)
διθάλασσος	27:41	바다들 사이의(between the seas) [한역]은 "두 물이 합하여 흐르는"
διοπετής	19:35	하늘에서 떨어진(fallen from heaven)
δυσεντέριον	28:8	이질(dysentery)
δωδεκάφυλον	26:7	열두지파(the twelve tribes)
ἔγκλημα	25:16	고소(charge)
ἔδαφος	22:7	땅(ground)
εἰσκαλεῖσθαι	10:23	불러들이다(invite in)
εἰστρέχειν	12:14	뛰어 들어가다(run in)
ἐκβολή	27:18	짐을 바다에 던져 버리기(jettisoning)
ἐκδιηγεῖσθαι	13:41	말하다(tell)
ἔκδοτος	2:23	넘겨진, 넘겨간(given up, delivered up)
ἐκεῖσε	21:3	거기서, 거기에(there)
ἔκθαμβος	3:11	몹시 놀란(utterly astonished)
ἔκθετος	7:19	내버려진(abandoned)
ἐκκολυμβᾶν	27:42	헤엄쳐 나오다(swim away)
ἐκλαλεῖν	23:22	말해주다(tell)
ἐκπέμπειν	13:4	내보내다, 파송하다(send out)
ἐκπηδᾶν	14:14	달려 나가다, 뛰어나가다(rush out, leap out)
ἐκπλεῖν	20:6	출항하다, 배타고 떠나가다(sail away)
ἐκπληροῦν	13:33	이루다, 성취하다(fulfil)
ἐκπλήρωσις	21:26	완성, 완료(completion)
ἐκταράσσειν	16:20	혼란에 빠뜨리다(throw into confusion)
ἐκτένεια	26:7	열성(earnestness)
ἐκτιθέναι	7:21	내버리다(expose, abandon)
ἐκψύχειν	5:5	죽다(die)
ἔλευσις	7:52	오심, 강림(coming, advent)
ἐμβιβάζειν	27:6	태우다, 싣다(put in)
ἐμμαίνεσθαι	26:11	성내다, 분내다(be enraged)
ἐμπνεῖν	9:1	숨 쉬다, 숨을 쉬게 하다(breathe)
ἐνδεής	4:34	가난한(poor)
ἐνέδρα	23:16	복병(伏兵) (ambush)
ἐντόπιος	21:12	지방의(local)
ἔντρομος	7:32	떠는, 떨리는(trembling)

헬라어	성구	의미
ἐνύπνιον	2:17	꿈(dream)
ἐνωτίζεσθαι	2:14	귀 기울이다(give ear)
ἐξάλλεσθαι	3:8	튀어 오르다(leap up)
ἐξιέναι	13:42	나가다(go out)
ἐξολεθρεύειν	3:23	근절하다(root out)
ἐξορκιστής	19:13	귀신을 쫓아내는 사람(exorcist)
ἐξοχή	25:23	뛰어남, 탁월함(prominence)
ἔξυπνος	16:27	잠깬, 깨어난(awake, aroused)
ἐξωθεῖν	7:45	추방하다(expel)
ἐπακροᾶσθαι	16:25	잘 듣다, 귀를 기울이다(listen to)
ἐπάναγκες	15:28	별 수 없이, 어쩔 수 없이, 필연적으로(by compulsion, necessarily) τὰ ἐ-, 필요한 것들
ἐπαρχεία	23:34	도(道), 주(province)
ἔπαυλις	1:20	주택(homestead, residence)
ἐπεγείρειν	13:50	격동시키다, 흥분시키다(arouse, excite, stir up)
ἐπιέναι	16:11	(분사로 변형하여 쓰이고 있다) τῇ δὲ ἐπιούσῃ 이튿날
ἐπέκεινα	7:43	저편에, 저쪽에, 넘어(beyond)
ἐπιβουλή	9:24	음모, 책략, 계획(plot)
ἐπιδημεῖν	2:10	동네에서 살다(be in town)
ἐπικουρία	26:22	도움(help, assistance)
ἐπιμέλεια	27:3	관심, 주의, 주목(care, attention)
ἐπινεύειν	18:20	동의하다, 찬성하다(give consent)
ἐπίνοια	8:22	의사(intent)
ἐπιστηρίζειν	14:22	힘 있게 해주다, 힘 있게 만들다, 튼튼하게 만들다 (strengthen, make strong)
ἐπιστροφή	15:3	돌아섬(turning)
ἐπισφαλής	27:9	위험한(dangerous)
ἐπιτροπή	26:12	위임(commission)
ἐρείδειν	27:41	고착되다(become fixed)
εὐεργετεῖν	10:38	좋은 일을 하다(do good to)
εὐθυδρομεῖν	21:1	(배가) 직행하다, 곧 바로 가다(run a straight course)
εὔθυμος	27:36	기분 좋은, 유쾌한(cheerful)
εὐπορεῖν, -ία	11:29 19:25	넉넉하다, 풍성히 가지다(have plenty) 부(富), 번영(prosperity)

부록5: 누가의 글에 나타난 특수 용어   373

헬 라 어	성구	의 미
εὐρακύλων	27:14	유라굴로(Euraquilo), 북동풍(the northeast wind)
εὐφροσύνη	2:28	기쁨(joy)
ἐφάλλεσθαι	19:16	뛰어들다, 덤벼들다(leap upon)
ζευκτηρία	27:40	띠, 끈, 줄(bonds, ropes)
ζήτημα	15:2	(논란되는) 문제(question, issue)
θάρσος	28:15	용기(courage)
θεά	19:27	여신(女神) (goddess)
θεομάχος	5:39	하나님을 대적하는, 하나님과 싸우는(fighting against God)
θέρμη	28:3	더위, 열기, 열(heat)
θυμομαχεῖν	12:20	심히 노하다(be very angry)
ἱερόσυλος	19:37	성전 도둑의, 성전을 터는 ὁ ἱ-, 성전 도둑
ἱππεύς	23:23	기병(horseman, cavalryman)
καθάπτειν	28:3	붙잡다, 쥐다(take hold of, seize)
καθημερινός	6:1	매일의, 일상(日常) (daily)
καθόλου	4:18	전적으로, 완전히, 아주(entirely, completely)
κάκωσις	7:34	학대(mistreatment), 압박(oppression)
καρδιογνώστης	1:24	마음을 아시는 이(knower of hearts, one who knows the hearts)
καρποφόρος	14:17	열매 맺는(fruit bearing, fruitful)
καταγγελεύς	17:18	설교자, 전파자(preacher)
κατακληρονομεῖν	13:19	유산으로 넘겨주다(give [over] as an inheritance)
κατάλοιπος	15:17	남은, 나머지(left, remaining)
καταμένειν	1:13	머물다(stay), 살다(live)
κατανύσσειν	2:37	찔리다(be pierced)
καταριθμεῖν	1:17	① 가운데 들다(count among), 속하다(belong to) ② 계수하다(count)
κατασείειν	19:33	흔들다(shake, wake)
κατασοφίζεσθαι	7:19	속여서 이용해먹다(take advantage of by trickery)
καταστέλλειν	19:35	제시하다(restrain), 조용히게 하다(quiet)
κατάσχεσις	7:5	소유(possession)
κατατρέχειν	21:32	달려 내려가다(run down)
καταφέρειν	20:9	(수동태에서) 정복되다(be overcome [with sleep])

헬 라 어	성구	의 미
καταφρονητής	13:41	멸시 하는 자(despiser)
κατείδωλος	17:16	우상이 가득한(full of idols)
κατεφιστάναι	18:12	들고 일어나다(rise up against someone)
κατοικία	17:26	거처(dwelling place), 거주지(habitation), 영토(territory)
κοιτών	12:20	침실(bedroom)
κολυμβᾶν	27:43	헤엄치다(swim)
κολωνία	16:12	식민지(colony)
κοπετός	8:2	통곡, 애곡(mourning, lamentation)
κουφίζειν	27:3	가볍게 하다(make light, lighten)
κτήτωρ	4:34	소유자(possessor, owner)
λακτίζειν	26:14	차다(kick)
λαμπρότης	26:13	빛남(brightness)
λάσκειν	1:18	부서지다, 파괴되다, 깨지다(crash)
λεπίς	9:18	비늘(scale)
λιμήν	27:12	항구, 포구(harbor)
λίψ	27:12	남서쪽(the southwest), [한역]은 "동북"
λόγιος	18:24	학식이 있는, 유식한(learned, cultured)
λυμαίνεσθαι	8:3	파괴하다(destroy)
λυτρωτής	7:35	구속자, 구원자(redeemer, deliverer)
μαγία	8:11	마술(magic)
μαγεύω	8:9	마술을 하다, 요술을 부리다(practise magic)
μαθήτρια	9:36	여 제자(a woman disciple), 여신도(christian woman)
μανία	26:24	광기, 미침(madness)
μαντεύεσθαι	16:16	점치다(divine, give an oracle)
μαστίζειν	22:25	채찍질 하다(whip)
μεσημβρία	22:6	정오, 대낮(midday, noon)
μεστοῦν	2:13	가득 채우다, 가득하게 하다(fill)
μεταβάλλειν	28:6	마음을 바꾸다(change one's mind)
μετακαλεῖσθαι	7:14	(디포넌트) 불러오다(summon)
μεταπέμπεσθαι	10:5	(디포넌트) 불러오다(summon)
μετοικίζειν	7:4	옮겨가다(remove), 다시 정주시키다(resettle)
μετρίως	20:12	적당히(moderately), 약간(somewhat), οὐ μ-, 대단히(greatly)
μηδαμῶς	10:14	결코 … 아니, 절대로 … 아니(by no means, certainly not)

헬 라 어	성구	의 미
μίσθωμα	28:30	셋집(rented house)
μοσχοποιεῖν	7:41	송아지를 만들다(make a calf)
ναύκληρος	27:11	선주(ship-owner)
ναῦς	27:41	배(ship)
νεανίας	20:9	청년, 젊은이(youth, youngman)
νεωκόρος	19:35	성전지기(temple keeper)
νησίον	27:16	작은 섬(little island)
ὁδοιπορεῖν	10:9	여행하다, 길을 가다(travel, be on the way)
ὀθόνη	10:11	베의 큰 조각(large piece of cloth)
οἴκημα	12:7	감옥(prison)
οἰκοδόμος	4:11	건축자, 집 짓는 사람(builder)
ὀκνεῖν	9:38	지체하다(delay)
ὁλοκληρία	3:16	건전함(soundness)
ὁμότεχνος	18:3	같은 장사를 하는, 같은 기술을 가진(of the same trade, craft)
ὀπτάνομαι	1:3	나타나다(appear)
ὀργυιά	27:28	길(fathom)(1.85m)(깊이를 측정하는 단위)
ὁροθεσία	17:26	확정된 경계선(fixed boundary)
οὐρανόθεν	14:17	하늘로부터(from heaven)
ὀχλοποιεῖν	17:5	폭도를 이루다(form a mob)
παθητός	26:33	고생할, 고난당할(subject to suffering)
πανοικεί	16:34	온 가족과 함께(with one's whole household)
πάντη	24:3	어떤 길로나, 어떤 방도로나(in every way)
παραθεωρεῖν	6:1	소홀히 하다, 무시하다(neglect)
παραινεῖν	27:9	역설하다, 주장하다(urge)
παραλέγεσθαι	27:8	항해하여 지나가다(sail past) 해안을 끼고 항해하다(coast along)
παρανομεῖν	23:3	율법을 어기다(break the law)
παραπλεῖν	20:16	항해하여 지나가다(sail past)
παράσημος	28:11	표를 한, 표를 붙인(marked)
παρατείνειν	20:7	연장하다(prolong)
παρατυγχάνειν	17:17	우연히 가까이 오는, 있는, 나타나는(happen to be near or present)
παραχειμασία	27:12	겨울을 지내기(wintering)
παρενοχλεῖν	15:19	어려움을 주다, 괴롭게 하다(cause difficulty, annoy)

헬 라 어	성구	의 미
παροίχεσθαι	14:16	지나가다(pass by), 가버리다(be gone)
παροτρύνειν	13:50	자극시키다(incite)
πατρῷος	22:3	아버지(조상)에게서 물려받은(inherited or coming from one's father[or fore fathers)
πεζεύειν	20:13	육로로 가다, 육지 여행을 하다(travel by land)
περιαστράπτειν	9:3	두루 비추다(shine around)
περικρατής	27:16	제어할 수 있는(in control of)
περιμένειν	1:4	기다린다(wait for, wait)
πέριξ	5:16	두루(around, all around)
περιοχή	8:32	성경의 구절(passage [of scripture])
περιρηγνύναι	16:22	찢어 버리다
περιτρέπειν	26:24	돌리다, 변하게 하다(turn)
πίμπρασθαι	28:6	붓다, 부어오르다(swell up)
πλοῦς	21:7	항해(voyage, navigation)
πνικτός	15:20	목매 죽은, 목 졸려 죽은strangled, choked to death)
πνόη	2:2; 17:25	바람(wind); 숨(breath)
πολιτάρχης	17:6	읍장(civic magistrate, politarch)
πορφυρόπωρις	16:14	자주장사, 자주 옷감 파는 사람(a dealer in purple cloth)
πρηνής	1:18	거꾸로(headlong)
προκηρύσσειν	13:24	미리 선포하다(proclaim beforehand)
προορᾶν	21:29	전에 보다(see previously)
προσαπειλεῖν	4:21	(디포넌트) 더욱 위협하다(to threaten further)
προσδεῖσθαι	17:25	그 위에 원하다, 더 필요하다(need in addition, want further)
προσεᾶν	27:7	더 가도록 허락한다(permit to go further)
προσκληροῦν	17:4	(디포넌트) 연합하다(join)
προσλαλεῖν	13:43	…와 말하다(speak with)
πρόσπεινος	10:10	주린, 굶주린(hungry)
προσπηγνύναι	2:23	…에 못 박다(nail to)
προσφάτως	18:2	근자에, 최근에(recently)
προσωπο- λήμπτης	10:34	외모로 사람을 판단하는 사람(respecter of persons)
προτείνειν	22:25	매다(tie up)

헬 라 어	성구	의 미
προτρέπεσθαι	18:27	격려하다(encourage)
προχειρίζειν	3:20	(디포넌트)택하다(select), 지명하다, 임명하다 (appoint)
προχειροτονεῖν	10:41	미리 택하다, 임명하다(choose or appoint beforehand)
πρῷρα	27:30	뱃머리, 이물(the forepart or prow of a ship)
πρωτοστάτης	24:5	발기인, 주동자, 주모자(ringleader)
πύθων	16:16	점치는 영(spirit of divination)
πυρά	28:2	불(a fire)
ῥαβδοῦχος	16:35	보안관, 경관(policeman)
ῥαδιούγημα	18:14	나쁜 짓(villainy), 몹쓸 짓(knavery)
ῥαδιουργία	13:10	악행(villainy)
ῥήτωρ	24:1	연설자, 강연자, 웅변가(public speaker, orator), 변호사(speak in court, advocate)
ῥωννύναι	15:29	안녕히 계십시오(farewell, good-bye)
σανίς	27:44	판자, 널 판지(board, plank)
σεβαστός	25:21	존경받는(revered), 존엄한(august) 존경할만한(worthy of reverence)
σικάριος	21:38	자객(assassin)
σιμικίνθιον	19:12	앞치마(apron)
σκάφη	27:16	작은 배, 거룻배(boat, skiff)
σκευή	27:19	비품, 장비(equipment), 가구, 도구 (furnishings)
σκηνοποιός	18:3	천막 만드는 사람, 천막 제조업자(tent-maker)
σκληροτράχηλος	7:51	목이 곧은, 완고한(stiff-necked, stubborn)
σκωληκόβρωτος	12:23	벌레 먹은(eaten by worms)
σπερμολόγος	17:18	지절대는 사람(chatterer, babbler)
στέμμα	14:13	화환, 화관(wreath, garland)
στερεοῦν	3:7	튼튼하게 하다(make strong, strengthen)
στρατοπεδάρχης	28:16	사령관(military commander)
συγκαταβαίνειν	25:5	같이 내려가다(go down with)
συγκαταψηφίζειν	1:26	(디포넌트) 함께 뽑히다, 택함을 받다(be chosen)
συγκινεῖν	6:12	선동하다(stir up, arouse)
συγκομίζειν	8:2	묻다, 매장하다(bury)
συγχεῖν	19:32	혼란시키다, 혼동하게 하다(confuse, confound)
σύγχυσις	19:29	혼란, 소란(confusion, tumult)
συμπαρεῖναι	25:24	같이 있다(be present with)

헬 라 어	성구	의 미
συμπεριλαμβάνειν	20:10	껴안다, 포옹하다(embrace)
συμπίνειν	10:41	같이 마시다(drink with)
συμψηφίζειν	19:19	계산하다, 회계하다(count up, compute)
συναλίζειν	1:4	같이 먹다(eat with), 모으다(assemble)(수동태의 의미는) 모이다.
συνδρομή	21:30	같이 달림(running together), 폭도를 이룸(forming of a mob)
συνέπεσθαι	20:4	동반하다(accompany)
συνεφιστάναι	16:22	같이 일어나다(rise up together)
συνθρύπτειν	21:13	산산이 깨뜨리다(break in pieces)
συνοδεύειν	9:7	같이 가다(go with)
συνομιλεῖν	10:27	같이 이야기하다, 함께 담화하다(talk, converse with)
συνομορεῖν	18:7	옆에 있다(be next to)
σύντροφος	13:1	젖동생(foster-brother)
συνωμοσία	21:13	음모, 모의(conspiracy)
συστροφή	23:12	무질서한 모임, 선동적 모임(disorderly or seditious gathering)
σφάγιον	7:42	희생물(victim), 제물(offering)
σφοδρῶς	27:18	심히(extremely, greatly)
σφυδρόν	3:7	발목(ankle)
σχολή	19:9	학교(school)
τακτός	12:21	일정한(fixed), 지정한(appointed)
τὰ νῦν	4:29	이제(now)
τάραχος	12:18	소동(commotion)
τάχιστα	17:15	할수 있는 대로 빨리(as soon as possible)
τεκμήριον	1:3	증거, 확실한 증거(proof)
τεσσαρακονταετής	13:18	τεσσχρόνος 사십년간
τετράδιον	12:4	사인분대(四人分隊)(a detachment or squad of four soldiers)
τιμωρεῖν	22:5	벌 받게 하다(have someone punished)
τοῖχος	23:3	벽(wall)
τριετία	20:31	삼년간(a period of three years)
τρίστεγον	20:9	삼층(the third story)
προποφορεῖν	13:18	…의 행동(태도, 기분)을 용서하다, 참아주다 (bear or put up with [someone's] manner, moods etc.)

헬라어	성구	의미
τυφωνικός	27:14	회리바람 같은(like a whirl-wind), ἄνεμος τυφωνικός 태풍(typhoon, hurricane)
ὑπεριδεῖν	17:30	못 본체 하다, 간과하다(overlook)
ὑπερῷον	1:13	삼층, 다락방(upper story, room upstairs)
ὑπηρετεῖν	13:36	섬기다(serve)
ὑποβάλλειν	6:11	(몰래) 부추기다, 충동하다(instigate [secretly])
ὑποζωννύναι	27:17	묶다, 동이다(brace)
ὑπονοεῖν	25:18	상상하다, 생각하다(suppose)
ὑποπλεῖν	27:44	(바람을 막기 위해서)섬 옆을 따라 항해하다(sail under the lee of [an island])
ὑποπνεῖν	27:13	조용히 불다(blow gently)
ὑποτρέχειν	27:16	바람을 피하여 항해하다(run or sail under the leep of)
φαντασία	25:23	화려, 장관, 성대한 의식(pomp)
φάσις	21:31	소문(report), 뉴스(news)
φιλανθρώπως	27:3	인정을 가지고, 자비롭게, 친절히(benevolently, kindly)
φιλόσοφος	17:18	철학자(philosopher)
φιλοφρόνως	28:7	친절하게(in a friendly manner), 후하게, 관대를 베풀어(hospitably)
φρυάσσειν	4:25	분노하다(rage, be furious)
φυλακίζειν	22:19	감옥에 가두다, 투옥하다(imprison)
φύλαξ	5:23	파수병, 보초(guard)
χειμάζειν	27:18	폭풍 속에서 흔들리게 하다(toss in a storm)
χειραγωγεῖν	9:8	손으로 인도하다(take or lead by the hand)
χειραγωγός	13:11	손을 붙잡아 인도하는 사람(one who leads another by the hand), 안내자(leader)
χλευάζειν	17:32	조롱하다, 비웃다(mock)
χόρτασμα	7:11	양식, 음식(food)
χρονοτριβεῖν	20:16	시간을 소비하다(spend time)
χρώς	19:12	피부(skin), 신체의 표면(surface of the body)
χῶρος	27:12	북서쪽(the northwest)
ὠνεῖσθαι	7:16	사다(buy)

■ 참고문헌

Alexander, J. A. *A Commentary on the Acts of the Apostles.* London: The Banner of Truth Trust, 1963.

Arndt W. F. and Gingrich, F. W. *A Greek-English Lexicon of the New Testament and other Early Christian Literature,* Revised and Augmented by Gingrich, F. Wilbur and Danker, F. W. Chicago and London: The University of Chicago Press, 1979.

Augustine, *Against Felix the Manichaean,* i. 4.

Becker, O. "πείθομαι," *The New International Dictionary of New Testament Theology,* Vol.1. Grand Rapids: Zondervan, 1975, pp. 588-593.

Beyer, H. W. "διακονέω," *Theological Dictionary of the New Testament,* Vol. Ⅱ. Grand Rapids: Eerdmans, 1971, pp. 81-93.

Bruce, F. F., *The Acts of the Apostles: The Greek Text with Introduction and Commentary.* Grand Rapids: Eerdmans, 1975.

_____., *The Book of Acts. NICNT,* Grand Rapids: Eerdmans, 1970.

Budd, P. J. "μεθύω," *The New International Dictionary of New Testament Theology.* Vol I. Grand Rapids: Zondervan, 1975.

Buhs, Arthur F. Jr., *The Purpose of Acts.* Ann Arbor: UMI, 1995.

Bühner, Jan-Adolf. "παῖς," *Exegetical Dictionary of the New Testa- ment,* Vol. 3. Grand Rapids: Eerdmans, 1993., pp. 5-6.

Calvin, J. *The Acts of the Apostles.* Vol. I. trans. by McDonald, W. J. G. Grand Rapids: Eerdmans, 1973.

_____. *The Acts of the Apostles.* Vol. Ⅱ. Grand Rapids: Eerdmans, 1973.

_____. *The Second Epistles of Paul the Apostle to the Corinthians and the Epistle to Timothy, Titus and Philemon*. Grand Rapids: Eerdmans, 1973.

Carson, D. A. *The Gospel According to John*. Grand Rapids: Eerdmans, 1991.

_____. *The Farewell Discourse and Final Prayer of Jesus: An Exposition of John 14-17*. Grand Rapids: Baker, 1980.

Cassius, Dio. *History*, IX

Clowney, Edmund P. *The Church*. Downers Grove: IVP, 1995.

Coenen, L. "Church," *The New International Dictionary of New Testament Theology*, Vol. I. Brown, C. ed. Grand Rapids: Zondervan, 1975, pp. 291-307.

_____. "ἐπίσκοπος, ἐπισκέπτομαι," *The New International Dictionary of New Testament Theology*. vol. 1. Grand Rapids: Zondervan, 1975, pp. 188-192.

Cohrs, Ferdnand, "Simon Magus," *The New Schaff-Herzog Encyclopedia of Religious Knowledge*, Vol. X. New York and London: Funk and Wagnalls Company, 1911, pp. 418-421.

Conybeare, William John and Howson, John Saul. *The Life and Epistles of St. Paul*. Grand Rapids: Eerdmans, n.d.

Conzelmann, Hans. *The Theology of St. Luke*. New York: Harper, 1960.

Dibelius, Martin. *Studies in the Acts of the Apostles*. New York: Scribner's, 1956.

Dodd, C. H. *The Old Testament in the New*. Philadelphia: Fortress, 1963.

_____. *The Apostolic Preaching and its Developments*. New York: Harper and Brothers, 1951.

_____. *The Parable of the Kingdom*. New York: Charles Scribner's Sons, 1961.

Dosker, Henry E. "Pentecost," *The International Standard Bible Encyclopaedia*. Vol. IV. Grand Rapids: Eerdmans, p. 2318-2319.

Dunn, J. D. G. *Baptism in the Holy Spirit*. Naperville: Alec R. Allenson, 1970.

_____. "Feast of Pentecost," *The New International Dictionary of New Testament Theology*. Vol. Ⅱ. Grand Rapids: Zondervan, 1977, pp. 783-787.

_____. *Christology in the Making*, 2nd ed. London: SCM Press, 1992.

Eternity. Vol. 23. No. 6.(June, 1972): 25-33.

Eusebius, *Ecclesiastical History*, Grand Rapids: Baker, 1977.

Gaffin, Jr., R. B. *Perspectives on Pentecost: New Testament Teaching on the Gifts of the Holy Spirit*. Grand Rapids: Baker, 1979.

_____. "The Holy Spirit," *The Westminster Theological Journal*, Vol. ⅩLⅢ, No.1(Fall, 1980): 58-78.

Gasque, W. Ward. *A History of the Criticism of the Acts of the Apostles*. Grand Rapids: Eerdmans, 1975,

Geldenhuys, Norval *Commentary on the Gospel of Luke. NICNT*, Grand Rapids; Eerdmans, 1968.

Gromacki, Robert G. *The Modern Tongues Movement*. Philadelphia: Presbyterian and Reformed Pub. Co., 1967.

Grosheide, F. W. *Commentary on the first Epistle to the Corinthians. NICNT*, Grand Rapids: Eerdmans, 1968.

Guthrie, Donald. *New Testament Introduction*. Downers Grove: IVP, 1974.

_____. *The Apostles*. Grand Rapids: Zondervan, 1975.

_____. "Titus," *The New Bible Dictionary*. Douglas, J. D. ed. Grand Rapids: Eerdmans, 1979, p. 1284.

Hackett, H. B. *An American Commentary on the New Testament: A Commentary on the Acts of the Apostles*. Hovey, A. ed. Philadelphia: The American Baptist Publication Society, 1882.

Haenchen, Ernst. *The Acts of the Apostles: A Commentary*. Oxford: Basil Blackwell, 1971.

Hagner, Donald A. "The Old Testament in the New Testament," *Interpreting the Word of God*. Schultz, S. J. and Inch, M. A. ed. Chicago: Moody Press, 1976.

Hanson, R. P. C. *The Acts. New Clarendon Bible*, Oxford: Clarendon

Press, 1967.
Harrison, Everett F. *Acts: The Expanding Church.* Chicago: Moody Press, 1975.
_____. *Introduction to the New Testament.* Grand Rapids: Eerdmans, 1971.
Hendriksen, William *Survey of the Bible.* Grand Rapids: Baker, 1976.
Hobart, W. K., *The Medical Language of St. Luke.* Grand Rapids: Baker, 1954.
Hodge, Charles. *An Exposition of the First Epistle to the Corinthians.* London: The Banner of Truth Trust, 1958.
Hoskyns, E. C. *The Fourth Gospel.* Davey, F. N. ed. London: Faber, 1954.
Hughes, P. E. *Commentary on the Second Epistle to the Corinthians,* Grand Rapids: Eerdmans, 1973.
Josephus, Flavius. *Antiquities of the Jews.* XX. 8:7,9.
_____. *The Works of Flavius Josephus,* vol. Ⅳ. Grand Rapids: Baker, 1974.
_____. *The Jewish War,* Books Ⅰ-Ⅲ: *Loeb Classical Library.* No. 203. trans. Thackeray, H. st. J. Cambridge: Harvard University Press, 1967.
_____. *The Jewish War,* Books Ⅳ-Ⅶ: *Loeb Classical Library,* No. 210, trans. Thackeray, H. st. J. Cambridge: Harvard University Press, 1968.
Keil, C. F. and Delitzsch, F. *Biblical Commentary on the Old Testament,* vol. Ⅲ: *The Pentateuch.* Grand Rapids: Eerdmans, 1971.
Kistemaker, Simon J. *New Testament Commentary: Exposition of the Acts of the Apostles.* Grand Rapids: Baker, 1990.
Knowling, R. J., "The Acts of the Apostles," *The Expositor's Greek Testament,* Vol. II, Ed. W. R. Nicol. Grand Rapids: Eerdmans, 1980.
Kuyper, Abraham *The Work of the Holy Spirit.* Grand Rapids: Eerdmans, 1956.

Ladd, G. E. *A Theology of the New Testament*. Grand Rapids: Eerdmans, 1974.

_____. *Crucial Questions about the Kingdom of God*. Grand Rapids: Eerdmans, 1952.

Lake, Kirsopp. *The Beginnings of Christianity*. Ⅳ. New York: The Macmillan Company, 1932.

Lampe, G. W. H. *The Seal of the Spirit*. London: SPCK, 1976.

Lattke, M. "ὁμιλέω, ὁμιλία," *Exegetical Dictionary of the New Testament*. Vol. 2. Grand Rapids: Eerdmans, 1991., pp. 509-510.

Lenski, R. C. H. *The Interpretation of I and II Corinthians*. Minneapolis: Augsburg Publ. House, 1963.

_____. *The Interpretation of St. Luke's Gospel*. Minneapolis: Augsburg Publishing House, 1961.

_____. *The Interpretation of St. Paul's Epistle to the Galatians, Ephesians and Philippians*. Minneapolis: Augsburg Publ. House, 1961.

_____. *The Interpretation of St. Paul's Epistles to the Colossians, to the Thessalonians, to Timothy, to Titus and to Philemon*. Minneapolis: Augsburg Publ. House, 1961.

_____. *The Interpretation of the Acts of the Apostles*. Minneapolis: Augsburg Publishing House, 1961.

Lindars, Barnabas. *The Gospel of John: The New Century Bible Commentary*. Grand Rapids: Eerdmans, 1981.

Lohse, E. "πεντηκοστή," *Theological Dictionary of the New Testament*. vol. Ⅳ. Grand Rapids: Eerdmans, 1971, pp. 44-53.

Longenecker, Richard N. "The Acts of The Apostles," *The Expositor's Bible Commentary*, Vol. 9. Gaebelein, Frank E. ed. Grand Rapids: Zondervan, 1981.

Machen, J. G. *The New Testament: An Introduction to its Literature and History*, The Banner of Truth Trust, 1976.

Marshall, I. Howard. *Commentary on Luke*. *NIGTC*. Grand Rapids: Eerdmans, 1978.

_____. *Luke: Historian and Theologian.* Grand Rapids: Zondervan, 1976.

Marx, Werner G., "A New Theophilus," *The Evangelical Quarterly* Lll, No. 1. Jan.~March, 1980: 17-26.

Mitchell, T. C. "Cyprus," *The New Bible Dictionary.* Douglas, J. D. ed. Grand Rapids: Eerdmans, 1975, p. 285.

Moffat, J. *Introduction to the New Testament,* Edinburgh, 1918.

Morgan, C. *The Acts of the Apostles.* New York: Fleming H. Revell, 1924

Morris, Leon. *Commentary on the Gospel of John, NICNT.* Grand Rapids: Eerdmans, 1971.

_____. *The First and Second Epistles to the Thessalonians. NICNT,* Grand Rapids: Eerdmans, 1970.

Moulton, J. H. *Grammar of NT Greek.* Edinburgh: T. & T. Clark, 1906.

Murphy-O'Connor, Jerome. *Paul: A Critical Life.* Oxford and New York: Oxford University Press, 1997.

Murray, John. *The Epistle to the Romans. NICNT,* Grand Rapids: Eerdmans, 1968.

Orosius. *History,* vii. 6.

Palmer, E. *The Person and Ministry of the Holy Spirit.* Grand Rapids: Baker Book House, 1974.

Petzke, G. "διαλέγομαι," *Exegetical Dictionary of the New Testament.* Vol. 1. Grand Rapids: Eerdmans, 1990., p. 307.

Pierson, A. T. *The Acts of the Holy Spirit.* London: Morgan and Scott, 1895.

Purvis, G. T. *Christianity in the Apostolic Age.* New York: Scribners, 1925.

Rackham, R. B. *The Acts of the Apostles: An Exposition.* Westminster Commentaries Series, Grand Rapids: Baker, 1964.

Ramsay, W. M. *Pauline and Other Studies,* 3rd ed. London: Hodder and Stoughton, n.d.

_____. *St. Paul the Traveller and Roman Citizen,* Grand Rapids:

Baker, 1962.

Reicke, Bo. "The Constitution of the Primitive Church in the Light of Jewish Documents," *The Scrolls and the New Testament.* Stendahl, Krister ed. New York: Harper, 1957, pp. 145-46.

Rengstorf, Karl H. "διδαχή," *Theological Dictionary of the New Testament.* vol. Ⅱ. pp. 163-64.

Reymond, R. L. *What about Continuing Revelations and Miracles in the Presbyterian Church Today.* Philadelphia: Presbyterian and Reformed Pub. Company, 1977.

Ridderbos, H. *The Epistle of Paul to the Churches of Galatia.* NICNT, Grand Rapids: Eerdmans, 1970.

_____. *The Gospel of John.* trans. by Vriend, John. Grand Rapids: Eerdmans, 1997.

_____. *The Speeches of Peter in the Acts of the Apostles.* London: The Tyndale Press, 1962.

_____. *The Coming of the Kingdom.* Philadelphia: The Presbyterian and Reformed Publishing Company, 1969.

Robertson, J. A. T. *A Grammar of the Greek New Testament in the Light of Historical Research.* Nashville: Broadman Press, 1934.

Robinson, J. A. T. "The Most Primitive Christology of all?" *Journal of Theological Studies,* 1956: 177-89.

Sand, A. "πείθω," *Exegetical Dictionary of the New Testament,* vol. 3. Gand Rapids: Eerdmans, 1993, p. 63.

Schmidt, K. L. "ἐκκλησία," *Theological Dictionary of the New Testament,* Vol. Ⅲ. Grand Rapids: Eerdmans, 1972, pp. 501-36.

Selwyn, E. C. *The Oracles in the New Testament.* London, 1911.

Sparrow-Simpson, W. J. *The Resurrection and Modern Thought.* London: Longmans, Green & Co. 1911.

Stalker, James *Life of Paul.* Atlanta: Jernigan Press, 1981.

Stanton, Graham N. *Jesus of Nazareth in the New Testament Preaching.* Cambridge: Cambridge University Press, 1974.

Stevenson, J. *A New Eusebius.* London: SPCK, 1957.

Stier, R. *The Words of the Apostles.* Eng. tr., Edinburgh: Clark, 1869.
Stott, John R. W. *The Spirit, The Church and the World.* Downers Grove: IVP, 1990.
Strack and Billerbeck, *Kommentar zum Neuen Testament aus Talmud und Midrasch*, vol. 2. 1924.
Strauss, David F. *The Life of Jesus Critically Examined.* Philadelphia: Fortress, 1972.
Streeter, B. H., *The Four Gospels.* New York: The Macmillan Company, 1925.
Suetonius. *Life of Claudius* XXV.
Summers, Ray. *Essentials of New Testament Greek.* Nashville: Broadman Press, 1950.
Tasker, R. V. G. *The Old Testament in the New Testament.* London, 1946.
Tenney, Merrill C. *John: The Gospel of Belief.* Grand Rapids: Eerdmans, 1980.
_____. *New Testament Survey.* Grand Rapids: Eerdmans, 1974.
_____. "Pentecost," *Baker's Dictionary of Theology.* Harrison, E. F. ed. Grand Rapids: Baker, 1975, pp. 400-401.
_____. "Sanhedrin," *Baker's Dictionary of Theology.* Harrison, E. F. ed. Grand Rapids: Baker, 1975, pp,471-472.
Tertullian, *De Pudicitia,* XIV.
The Didache. Chap. XV.
The Westminster Confession of Faith. I, 6.
Thomson, C. H. "Antioch in Syria," *The International Standard Bible Encyclopaedia.* Vol. I. Grand Rapids: Eerdmans, 1939, pp. 157-158.
Turner, C. H. "Chronology of the New Testament," *A Dictionary of the Bible.* Vol. I. Hastings, James ed. New York: Charles Scribner's Sons, 1901, pp. 403-425.
Vincent, Marvin R. *Word Studies in the New Testament.* Vol. I. Grand Rapids: Eerdmans, 1975.
Vos, Geerhardus. *The Kingdom of God and the Church.* Nutley:

Presbyterian and Reformed Publishing Co., 1972.
Walker, G. S. M. "Church Government," *The New Bible Dictionary*. Douglas, J. D. ed. Grand Rapids: Eerdmans, 1975, p. 232.
Weiser, A. "ἀγαλλίασις," *Exegetical Dictionary of the New Testament*. vol. 1. p. 8.
Weiss, J. *Das Urchristentum*, 1917.
_____. *Earliest Christianity*, Ⅰ. 1959.
Westcott, B. F. *The Gospel according to St John: The Greek Text with Introduction and Notes*. vol. 2. Grand Rapids: Eerdmans Publishing Company, 1950.
Zerwick, Maximilian. *Biblical Greek*. Roma: Editrice Pontificio Istituto Biblico, 1963.
맥카트니, 단, 찰스 클레이튼. 『성경해석학』. 서울: IVP, 2000.
박윤선. 『성경주석: 사도행전』. 서울: 영음사, 1967.
박형용. 『교회와 성령』. 수원: 합동신학대학원출판부, 1997.
_____. 『사복음서 주해(Ⅱ)』. 수원: 합동신학대학원출판부, 1994.
_____. 『빌립보서 주해』. 수원: 합동신학대학원출판부, 1997.
_____. "바울의 신학과 설교," 「신학정론」. 제 4권 1호(1986, 7): 39-77.

찾아보기_ 주제 · 인명

(ㄱ)

가말리엘/ 102, 103, 106, 107, 113, 163, 247, 258, 296
가보/ 281, 282
가시채/ 165, 166, 167, 259, 260, 311
가야바/ 103, 295, 342
가이사/ 21, 141, 210, 245, 256, 257, 260, 262, 268, 272, 273, 274, 277, 283, 311
가이오/ 227
가현설/ 25
갈리오/ 21, 216, 219
감독/ 25, 184, 201, 208, 239
개종/ 21, 22, 63, 88, 101, 113, 121, 124, 134, 140, 148, 165, 166, 167, 173, 175, 178, 191, 192, 206, 207, 220, 259
개척전도/ 204
객관적 계시/ 171, 172, 173, 351
거룩/ 15, 17, 57, 71, 76, 79, 80, 89, 95, 99, 123, 188, 349, 350
경건/ 53, 82, 89, 97, 99, 124, 169, 209, 213, 218, 275, 302, 310, 315, 352, 365, 366
경외/ 12, 82, 100, 120, 122~125, 130, 187, 359
고넬료/ 68, 119, 121~126, 128, 129, 131, 132, 153, 154, 158, 289, 302, 307
공궤/ 92, 298, 309
공회/ 42, 86, 87, 99, 102~109, 112, 130, 136, 137, 147, 149, 150~155, 158, 159, 197, 199, 201~203, 213, 220, 246, 248, 250, 255, 256, 258, 290, 307, 308, 369

교령/ 112, 149, 152, 155, 156
교제/ 24, 29, 30, 79, 80, 81, 82, 133, 135, 141, 151, 153, 156, 176, 177, 218, 292, 339, 351
교회의 순결/ 89
교회의 통일성/ 123
교회 정치/ 26
구속/ 27, 44, 49, 56, 60, 61, 72, 74, 95, 112, 188, 239, 302, 309, 321, 322, 323, 330, 331~334, 337, 339, 341~343, 345~349, 351, 353, 355, 374
구제/ 79, 83, 90, 91, 123, 124, 136, 302
구주/ 95, 104, 188, 189, 308, 330
권징/ 136, 231
그리스도인/ 101, 135, 137, 141, 142, 143, 146, 147, 161, 180, 226, 245, 260, 298, 301, 308, 325
그리스보/ 218
글라우디아/ 284
글라우디오 루시아/ 118, 144, 161, 216, 217, 248, 251, 252, 255, 261
글레멘드/ 208
글로바/ 41, 145
기도/ 19, 35, 40, 41, 46, 48, 49, 52, 79, 80, 81, 91, 97, 115, 118, 119, 123, 124, 131, 166, 171, 179, 181, 189, 193, 248, 292, 293, 294, 302, 304, 305, 338, 346, 347~353
기독론/ 72, 95, 96, 126, 318, 319, 333, 334
기사/ 45, 53, 67, 68, 70, 71, 79, 81, 82, 85, 88, 99, 105, 107, 121, 154, 356

(ㄴ)

나사렛 이단/ 142, 254, 255, 310
나손/ 15, 223, 242
남갈라디아설/ 204
네로/ 15, 16, 142, 256, 276, 278, 279, 282, 283
노스틱/ 25
노울링/ 57
누가의 신학/ 17
니골라/ 79, 179
니산월/ 55
니카토르/ 138

(ㄷ)
다대오/ 40
다드/ 28
다마리/ 215
다소/ 107, 141, 161~164, 174, 176, 177, 220, 303
다윗/ 43, 44, 71, 72, 188, 235, 317, 338, 339
단일신론/ 96
대제사장/ 21, 45, 79, 86, 87, 103, 105, 106, 108, 174, 249, 250, 259, 261, 262, 292, 295, 301, 329, 342, 346, 347, 369
데메드리오/ 227, 228
데오빌로/ 11, 19, 21, 22, 52, 295, 296, 353
데이어/ 58
도르가/ 121
도마/ 40, 199, 354
도미시안/ 21
두란노/ 226, 227, 243
드다/ 102, 106
드로비모/ 247, 254, 280, 281, 282, 310
드루실라/ 253, 255
디다케/ 25
디도/ 150, 151, 231~233, 279, 281, 282
디도 유스도/ 218, 243

디모데/ 191, 192, 198, 202, 206, 207, 209, 211, 212, 218, 221, 226, 227, 230, 231, 236, 246, 275, 279, 280, 281, 284, 285, 308
디아코니아/ 44, 92
디오누시오/ 215

(ㄹ)
라틴어 역본/ 45
락함/ 130, 131, 258
램시/ 11, 16, 182, 190, 232, 236, 284
렌스키/ 167, 231
로데/ 146
로마시민권/ 162, 206, 248
롱게네커/ 270
루기오/ 179, 181, 305
루디아/ 207
리노/ 284
리더십/ 43, 201
리델보스/ 149, 204, 350
리버디노/ 107, 164
Reicke/ 42

(ㅁ)
마가/ 32, 40, 84, 146, 182, 185, 185, 186, 187, 197, 201
마나엔/ 179, 181, 305
마리아/ 38, 40, 41, 42, 84, 145, 146, 304, 354
마샬/ 17
마태/ 31, 40, 45, 46
막스/ 21
만찬/ 33, 39, 40, 237
말씀 계시/ 47, 48
맛디아/ 7, 19, 40, 42, 43, 48, 49, 50, 51, 52, 128, 290, 291, 295, 296, 304, 340, 351
맥추절/ 55, 291
메시아/ 26, 27, 33, 42, 43, 68, 73, 75,

찾아보기_ 주제 · 인명   393

95, 98, 109, 110, 117, 122, 173, 188, 190, 195, 273, 292, 314, 318, 325, 326, 328, 329, 332, 333, 335, 336, 354, 359
메시아직/ 97
모리스/ 212
모세/ 54, 94, 96, 99, 107, 108, 110, 111, 134, 147~150, 152, 157, 189, 190, 245, 246, 249, 263, 299, 338, 355, 357
몰간/ 50
무라토리안 정경/ 277
물세례/ 19, 31, 58, 60, 75, 129, 132, 133, 303, 324~326
미드라쉬/ 163
믿음/ 27, 34, 73, 76, 79, 81, 84, 92, 93, 94, 98, 100, 103, 118, 129, 130, 139, 140, 143, 153, 156, 158, 177, 179, 182, 190, 193, 195, 203, 209, 217, 228, 234, 239, 269, 275, 284, 285, 296, 298, 337, 339, 341, 348, 350, 359
Murray/ 167, 235

(ㅂ)
바나바/ 133, 137, 140, 141, 144, 148~151, 153~155, 158, 159, 161, 171, 175~179, 181~187, 189~193, 196, 197, 199~202, 205, 294, 298, 303~306
바리새인/ 87, 106, 107, 168, 250, 258
바사바/ 19, 48, 185
바예수/ 179, 184, 185
바울서신/ 12~15, 126, 164, 167, 239, 316
바울의 결혼설/ 162
방언/ 53, 60, 61, 62, 64, 65, 129, 225, 247, 259, 291, 322
버니게/ 245, 255, 257
베스도/ 245, 256~258, 260~262

베자/ 157
벨릭스/ 252~256, 258, 261
변증/ 43, 63, 94, 107, 108, 109, 110, 130, 164, 257, 260, 310
보블리오/ 270, 271
보스/ 26
보좌/ 32, 33, 36, 47, 50
보혜사/ 34, 112, 323, 342
복음의 능력/ 88
복음의 보편성/ 12
복음전도/ 34, 92, 120, 122, 127, 174, 199, 202, 203, 205, 215, 221, 225, 226, 228, 235, 246, 253, 297
봉사/ 19, 49, 82, 83, 90, 92, 136, 137, 165, 182, 239, 280, 336, 349, 350, 352
부데/ 284
부활/ 17, 24~28, 30~32, 35~38, 40, 42, 47, 52, 59, 60, 68, 71, 72, 74, 75, 82, 86, 94, 95, 97, 103, 104, 112, 122, 126~128, 133, 169, 170, 172, 188, 189, 194, 209, 214, 215, 230, 235, 250, 271, 290~292, 297, 300, 301, 302, 306, 308, 312, 313, 316~319, 322~324, 329~332, 334~339, 341~343, 346~348, 350~352, 354~357
부활절/ 55, 56, 295
부활체/ 24, 112, 128, 354
북갈라디아설/ 204, 205, 219, 220, 225
분파/ 84, 102, 141, 148, 219, 230, 254, 310
불세례/ 315, 325~327
불트만/ 127
브루스/ 36, 37, 107, 167, 247, 259, 260
브리스길라/ 197, 200, 216, 217, 220, 223, 225, 226
비참한 상태/ 27

빌립/ 40, 79, 92~94, 102, 115, 117~121,
158, 240, 297~300, 309, 356

(ㅅ)
사도권/ 150
사도의 자격/ 47, 52, 128, 172, 291
사도직/ 49, 50, 51, 82, 152
사두개인/ 87, 104, 107, 250, 254, 295,
310
사울/ 99, 107, 111, 112, 119, 121,
133, 161, 162, 163, 164,
165~168, 170~176, 178, 179,
181~186, 188, 259, 260, 300,
301, 303, 305, 306
사이모니/ 118
삼위일체/ 95, 205, 321, 334
삽비라/ 84, 85, 88, 89, 91, 98, 105, 295,
301
새 하늘과 새 땅/ 27
생명의 말씀/ 105
서기오 바울/ 162, 179, 184~186
서바나/ 235, 273, 277, 278, 282, 283
선교/ 79, 80, 96, 117, 120, 130, 140, 141,
165, 174, 175, 181~184, 186, 190,
192~194, 196~201, 203, 205, 206,
210, 233, 234, 242, 243, 305,
351~353
선교사/ 48, 116, 117, 141, 144, 177,
182~185, 196, 199, 200, 206, 207,
305, 306
선재/ 96
선지자/ 51, 67, 69, 85, 94, 95, 109, 142,
143, 144, 158, 161, 179, 181, 182,
184, 201, 240, 245, 255, 263, 314,
355, 357
섭리/ 49, 113, 120, 306, 307
성 밖의 바울사도/ 285
성령/ 19, 20, 22, 23, 24, 27, 30, 31, 34,
35, 41, 43, 44, 48, 51, 53, 54~63,

65, 67, 68, 72, 75, 77, 79, 80, 83,
85, 89, 92, 95, 96, 97, 99, 100, 106,
108, 109, 115, 118~120, 122,
125~127, 129~133, 140, 142, 143,
155, 158, 161, 171, 179, 181~183,
190, 194, 195, 204, 205, 211, 223,
225, 234, 236, 240~242, 244, 263,
269, 289, 291, 294, 295~302, 303,
305, 306, 308, 314~317, 319, 320,
321~327, 329~339, 342~344, 350,
353, 358~360
성령강림/ 31, 53~57, 59, 62, 65, 74, 328,
337, 340, 342, 344, 347
성령세례/ 19, 30, 31, 49, 51, 56, 58~60,
65, 132, 133, 287, 291, 315,
319, 303, 321, 322~333,
335~339, 357, 358
성령의 조명/ 94
성령충만/ 53, 58, 59, 60, 65, 69, 79, 92,
127, 133, 291, 322
성례/ 136, 238
성만찬/ 81, 237, 269, 335
성육신/ 24, 73, 127, 189, 235, 322, 329,
342, 343
성전/ 56, 79, 80, 82, 88, 102, 104~109,
111, 134, 189, 245, 246, 247, 248,
254, 255, 257, 279, 293, 295, 296,
297, 299, 310, 351, 353, 367, 373,
375
세네카/ 21, 219
세례/ 23, 31, 47, 58, 60, 67, 75~77, 118,
119, 123, 126, 171, 188, 195, 200,
207, 208, 223, 225, 226, 248, 297,
298, 308, 309, 315~317, 319, 324,
325, 326, 327, 328, 329, 331, 332,
333, 336, 337, 356
세례 요한/ 22, 31, 126, 181, 188, 225,
226, 258, 302, 306, 308, 309, 315,
324~328, 331, 336

소망/ 32, 33, 45, 46, 195, 207, 226, 235,
 255, 256, 259, 268, 272, 274, 281,
 311, 331, 349
소명/ 44, 48, 175, 181, 182, 205, 242, 253
소스데네/ 219
속죄/ 148, 316
솔로몬/ 86, 105, 108, 293, 296
수난/ 27, 74, 93, 187, 214, 235, 322, 335,
 336, 339, 355, 357
수산나/ 41
수에토니우스/ 216, 217, 279
스게와/ 227,
스데반/ 35, 79, 92~94, 99, 102, 107~113,
 116, 133, 138, 161, 164, 165, 167,
 179, 183, 248, 257, 259, 296, 297,
 309
스도이고/ 213
스탠톤/ 127
스토트/ 242, 249
스트리터/ 21
스패로/ 167, 168, 260
승귀/ 36, 37, 72, 111, 112, 126, 127, 128,
 317, 334, 339, 342, 347, 354
승천/ 19, 20, 23~26, 34~39, 41, 47, 52,
 68, 72, 95, 97, 127, 235, 313,
 316~319, 324, 329, 331, 332, 334,
 337, 339, 341, 342, 348, 353, 354,
 355, 356
승천기념일/ 37
시몬/ 40, 42, 115, 118, 119, 145, 185,
 297, 344, 345
시므온/ 179, 181, 305
신현/ 39, 58
실라/ 155, 158, 197, 198, 201, 202, 204,
 206~209, 211, 212, 218, 221
실현된 종말론/ 28, 331
심슨/ 167, 168, 260
심판/ 28, 50, 69, 70, 89, 96, 110,
 111~113, 128, 146, 167, 181, 185,

189, 190, 213~215, 249, 250, 253,
 261, 262, 314~316, 323, 326~328,
 336, 342
십자가/ 25, 32, 35, 38, 73, 74, 87, 95,
 103, 104, 120, 168, 181, 209,
 214, 215, 216, 218, 235, 261,
 317, 319, 322, 323, 328, 342,
 347~349, 351
Spurgeon/ 89

(ㅇ)
12지파/ 33, 46, 47, 50, 371
아가보/ 142, 144, 161, 240
아굴라/ 197, 200, 216, 217, 220, 223,
 225, 226
아그립바 II세/ 18, 21, 22, 142, 169, 245,
 255, 257, 258, 260~262,
 300, 302, 311
아나니아/ 84, 85, 88, 89, 91, 98, 105,
 119, 169, 171, 249, 250, 253,
 295, 300, 301, 303, 310
아레다/ 173, 174
아리스다고/ 227, 263, 265
아볼로/ 199, 223, 225
아브라함/ 108, 296, 338, 339
악인/ 284
안나스/ 103, 295
안드레/ 40, 199, 344
안수/ 79, 91, 115, 118, 119, 129, 137,
 179, 181, 182, 192, 203, 225, 302,
 303
안식일/ 35, 39, 48, 189, 209, 210, 218
알렉산더/ 15, 58, 59, 103, 138, 283, 284
알패오/ 40
애니아/ 121
애찬/ 81, 23/
야고보/ 32, 40~42, 50, 145~147, 150,
 151, 153, 155, 157, 159, 175,
 246, 258, 289, 302, 304

야손/ 15, 210
양식비평가/ 63
양자론/ 318
어거스틴/ 45
언어의 이적/ 61
에라스도/ 226, 227, 282
에바브로디도/ 208
에비구레오/ 212
에세네파/ 84
엘루마/ 184
엘리아잘/ 295
엘리야/ 38
연합/ 34, 41, 79, 80, 81, 120, 136, 137, 195, 298, 328, 329, 335, 339, 347, 352, 376
영감/ 44, 51, 74, 143, 339
영생/ 27, 190, 275
영적 예배/ 108
영화/ 38, 67, 72, 122, 128, 315, 334, 339, 343, 347
예수님의 인격/ 20, 25, 47, 95, 289, 355
예수론/ 318, 319
예언/ 31, 43, 44, 53, 54, 67~70, 72, 75, 80, 85, 86, 93~95, 109, 110, 120, 121, 142~144, 188, 190, 195, 225, 240, 292, 313, 314~317, 322, 324, 327, 329, 331
예정/ 44
예표/ 339
오순절/ 31, 34, 49, 51~57, 59, 60~65, 68~70, 73, 74, 75, 79, 98, 99, 100, 101, 119, 121, 133, 142, 209, 234, 238, 287, 290, 291, 295, 302, 303, 313, 314~317, 319, 321, 322, 323~325, 327~344, 346~348, 353, 354, 357
오스티안 도로/ 282, 285
오코노/ 162

왕국/ 20, 26, 27, 29, 32, 33, 34, 52, 82, 188, 200, 211, 285, 289, 299, 314, 316, 325, 326, 328, 329, 331, 333, 334, 336, 356, 357, 359, 360
요세푸스/ 84, 115, 146, 147, 256, 305
요셉/ 19, 42, 48, 49, 185, 295
요안나/ 41
요한/ 19, 31, 32, 40, 41, 43, 47, 50, 58, 70, 85~87, 103, 117, 119, 126, 132, 145, 146, 151, 179, 182, 185, 186, 188, 197, 199, 200, 223, 225, 294, 299, 303, 306, 308, 309, 324, 325~329, 331, 333, 335, 343, 344, 348
우리 구절/ 12, 206, 208, 221, 236, 265
유니게/ 192, 202
유다/ 19, 40, 42~49, 51, 52, 81, 102, 106, 155, 158, 171, 290, 291, 293, 304, 351
유대교/ 53, 63, 79, 137, 163, 187, 189, 195, 298
유두고/ 237,
유라굴로/ 267, 274, 311, 362, 373
유세비우스/ 11, 48, 113, 199, 277
유월절/ 54~56, 236, 291
율리오/ 263, 268
율법/ 87, 99, 109, 111, 117, 120, 123, 130, 134, 147~153, 156, 157, 163, 164, 166, 189, 190, 205, 219, 245~247, 249, 255, 257, 258, 263, 296, 307, 308, 355, 357, 375
으불로/ 284
은사/ 58, 62, 108, 118, 140, 142, 143, 234, 241, 291, 333
음행/ 151, 155, 156, 229, 230, 233, 245, 307
의식/ 13, 55, 88, 96, 111, 130, 147, 148, 151, 156, 163, 167, 203, 246, 379
의인/ 109, 171

찾아보기_ 주제 · 인명　397

의학용어/ 12, 271
이단/ 118, 142, 158, 254, 255, 280, 297, 310
이방선교/ 34, 113, 117, 130, 148, 149, 150, 177, 181, 190, 194, 201, 276, 289, 290, 305, 307
인자/ 15, 57, 109~112, 162, 297, 304, 345
인침/ 95

(ㅈ)
장로직/ 136, 137, 158
장막절/ 55
재림/ 28, 29, 33, 34, 36, 38, 39, 59, 70, 96, 111, 112, 293, 327
쟌/ 40
저스틴/ 118
제1차 전도여행/ 148, 179, 182, 183, 184, 193, 195, 196, 200~204, 220, 221, 243, 290
제2차 전도여행/ 100, 197, 199, 200~203, 208, 220, 221, 223, 224, 231, 243, 290, 308, 359
제3차 전도여행/ 100, 147, 208, 219, 220, 223~225, 236, 242~244, 280, 290, 309, 359
제2 축복/ 59
제사장/ 79, 88, 100, 104, 105, 148, 191, 227, 358
종말론/ 28, 50, 54, 69, 72, 313, 314, 325, 331, 336, 342, 359, 360
죄사함/ 189
주관적 계시/ 172, 173
주권/ 26, 76, 112, 275, 294
쥬님의 언약/ 25
주되심/ 95, 319
중간상태/ 37
중생/ 27, 96, 133, 338, 339
집사의 의무/ 92, 93

집사의 자격/ 296
집사직/ 91, 93, 98

(ㅊ)
천국/ 28, 29, 34, 35, 285, 325, 355, 357~360
철저한 종말론/ 28
청취의 이적/ 61, 62
초대교회/ 15~17, 20, 34, 35, 59, 80, 86, 98, 115, 118, 127, 130, 136, 144, 181, 190, 199, 200, 233, 292, 295, 348, 359
초림/ 29, 70
총회/ 120, 136, 152
축복된 상태/ 26, 27
칠십인경/ 18, 135
칠칠절/ 55, 291
칭의/ 142, 189, 190, 330, 335, 338

(ㅋ)
칼빈/ 61, 89, 189, 211, 241, 242
클레멘스/ 21
키스터마커/ 249

(ㅌ)
타락/ 44, 146, 216
탈무드/ 103, 163

(ㅍ)
퍼비스/ 152, 164
폼페이/ 139
표적/ 32, 71, 79, 81, 82, 88, 99, 105, 107, 115, 118, 154, 339

(ㅎ)
하나님의 경륜/ 110
하나님의 나라/ 19, 20, 24, 26, 28, 33, 67, 101, 127, 179, 223, 239, 263, 272~274, 287, 289, 290, 297, 312,

325, 341, 355, 356, 359, 360
하르낙/ 157
할례/ 76, 109, 117, 124, 129~131, 139,
    145, 147~151, 202, 203, 220, 245,
    246, 302, 303, 307, 308
해그너/ 70
해리슨/ 60
헤롯 아그립바 I세/ 100, 115, 134, 145,
                146, 159, 255,
                258, 302, 304
헤롯 안티파스/ 181, 258, 302
헤케트/ 57
헬라파 유대인/ 79, 83, 107, 139, 176,
            177, 181
회개/ 27, 31, 43, 67, 68, 70, 73, 75~77,
    115, 117, 118, 120, 121, 122, 123,
    129, 133, 158, 166~173, 176, 178,
    185, 188, 191, 207, 214, 228, 233,
    234, 239, 247, 248, 292, 300, 313,
    319, 325, 328, 338, 344
회당/ 99, 107, 108, 122, 124, 134~136,
    144, 163, 164, 173, 179, 184, 187,
    189, 195, 197, 200, 206, 209, 210,
    218, 219, 220, 223, 226, 242, 243,
    356
회심/ 21, 123, 162, 175, 177, 259, 260,
    289, 300, 302, 307, 309, 310, 311
흩어진 유대인/ 163, 254
히브리적 문체/ 18
힐렐/ 106
Helena/ 144

■ 찾아보기_ 성구

창세기
9:4/ 157
11:1~9/ 61

출애굽기
3:2/ 57
12:2~14/ 291
13:2/ 349
20:11/ 306
22:28/ 249
23:16/ 55
29:21/ 349
31:3/ 339
34:22/ 55, 291

레위기
23:15~21/ 55
23:42/ 291
27:14~15/ 349

민수기
9:1~3/ 55
9:1~41/ 189
9:11/ 56
11:16~17/ 87
15:37~41/ 189
19:11~16/ 123
28:26/ 55, 59
29:12~40/ 291

신명기
6:4~9/ 189

7:1/ 306
11:13~21/ 189
12:23~25/ 157
16:9~12/ 55
21:22~23/ 127
23:1/ 120

여호수아
7:1/ 295
7:6/ 306

사무엘상
14:32~34/ 156

사무엘하
1:11~12/ 306

열왕기상
6장~7장/ 293
16:24/ 298

열왕기하
17:32 이하/ 299

역대하
2:4/ 349
3장~4장/ 293
26:18/ 349
29:33/ 349
30:1~5, 15/ 56
35:1/ 55

에스라

4:2~3/ 299

시편
2:7/ 188, 189
16:8~11/ 77, 317
16:10/ 189
22편/ 322
22:10~21/ 292
41:9/ 43
51:11/ 338
69:25/ 46
109:8/ 46
110편/ 317
110:1/ 72, 317
118:22/ 87
146:6/ 306

잠언
16:18/ 304
16:33/ 49

이사야
6:9~10/ 273
53장/ 120, 322
53:1~12/ 292
55:3/ 189

예레미야
20:9/ 85

에스겔
1:13/ 58
20:1/ 189

요엘
3:5/ 314
2:28~32/ 31, 54, 69, 70, 313, 322

아모스
3:8/ 85

요나
3:1~3/ 85

말라기
3:2, 3/ 58

마태복음
1:1~16/ 307
2:16~18/ 22
3:11/ 31
4:17/ 312, 355
6:10/ 29
7:16/ 201
10:2/ 40
11:2~13/ 355
12:28/ 126, 355
13:16~17/ 355
13:55/ 42
14:1~2/ 181
16:13, 15/ 345
16:16, 17/ 59, 322, 345
16:18/ 135, 338, 345
16:23/ 323
17:5/ 39
18:17/ 135
19:28/ 47
20:20~23/ 159
21:33~41/ 110
23:34~36/ 110
24:14/ 34
24:15~22/ 14
25:36/ 200
25:43/ 200

26:32/ 32
26:35/ 85
26:65/ 306
26:69~74/ 85
27:5/ 45, 290
27:7/ 45
28:16~20/ 297
28:18/ 36
28:18~20/ 352, 358
28:20/ 34, 85

마가복음
1:15/ 28, 355
3:16/ 40
5:22/ 189
6:3/ 42
6:14~29/ 22
6:17/ 174
10:35~37/ 33
10:38/ 328
12:18/ 104
13:32/ 33
14:28/ 32
14:58/ 108
16:15~16/ 352
16:15~18/ 270
16:18/ 49

누가복음
1:1/ 353
1:1~4/ 19, 52, 289, 339
1:3/ 14, 15, 20, 21, 145, 353
1:4/ 22
1:15/ 58, 65, 69
1:41, 67/ 58
1:68/ 200
3:4~6/ 325

3:15/ 325, 331
3:16/ 31, 58, 65, 326, 327, 331, 336
3:23~38/ 307
3:16~17/ 315, 324
3:21~22/ 126
3:22/ 329
4:1/ 58, 126
4:16/ 189
4:16~21/ 189, 355
4:18~21/ 127
4:43/ 355
6:14/ 40
8:2, 3/ 41
9:7-9/ 22
9:22/ 336
10:1/ 48
12:45/ 64
12:50/ 328
13:32/ 181
19:43, 44/ 14
21:20~24/ 14
21:25/ 57
22:12/ 40
22:28~30/ 33
22:30/ 47
22:33, 54/ 85
22:54~62/ 85, 294
23:1~25/ 261
23:4, 13~15, 22/ 261, 262
24:10/ 41
24:27, 44/ 209, 355
24:36~43/ 30
24:42, 43/ 30
24:44/ 354, 355
24:46~47/ 27, 28, 196, 357
24:46~48/ 341, 352
24:47/ 27, 32

24:48/ 60, 357
24:49/ 31, 65, 333, 343, 358
24:50, 51/ 39

요한복음
1:40~42/ 344
1:42/ 344, 345
2:10/ 64
2:19~22/ 109
3:17~18/ 328
3:29/ 348
3:31/ 342
4:1~26/ 299
4:1~42/ 299
4:4~26/ 117
4:20/ 299
4:46~53/ 181
7:5/ 42
7:37~39/ 337
7:39/ 335, 343
10:22/ 293
11:18/ 39
11:50/ 342
13:18/ 43
14:12/ 334
14:16/ 323, 334, 342
14:16~18/ 31, 60, 65
14:18/ 34, 323, 334
14:20/ 334
14:22/ 40
14:25~26/ 31
14:26/ 60, 65, 323, 334, 342
14:28/ 335
15:11/ 348
15:26/ 60, 65, 323, 342
15:26~27/ 31
16:7~8/ 323, 342

16:7~11/ 60
16:7~13/ 31
16:7~14/ 65
16:7~15/ 343
16:13/ 342
16:13~14/ 323
16:24/ 348
17장/ 80, 292, 346, 347
17:1~5, 6~19/ 347
17:8/ 352
17:11~23/ 347
17:11~26/ 347
17:12/ 43
17:13/ 80, 348
17:13~26/ 79
17:14/ 350
17:17/ 80, 349, 350, 351
17:18/ 80, 352
17:19/ 349, 350
17:20~26/ 347
17:21/ 352
17:24~26/ 347
18:11/ 328
18:31/ 111
19:25/ 41, 145
20:17/ 38, 354
20:19~23/ 59
20:21/ 352
20:22, 23/ 59
21:15~19/ 294

사도행전
1:1 이하/ 52, 339
1:1/ 20, 21, 29, 276
1:1~2/ 23, 353
1:2/ 20
1:3/ 24, 26, 28, 30, 35, 312, 355

1:3~8/ 24
1:4/ 29, 35, 60, 333, 358
1:5/ 31, 60, 132, 303, 315, 324, 336, 358
1:6/ 32, 290
1:6~8/ 52
1:7/ 33, 35, 358
1:8/ 32~36, 139, 294, 340, 356, 358
1:9/ 35, 39
1:9~12/ 35, 52
1:11/ 36, 39
1:12/ 35
1:12~14/ 39
1:14/ 41
1:15/ 42, 141
1:15~22/ 68
1:15~26/ 42
1:16/ 44
1:17/ 44
1:18/ 45, 290
1:18~19/ 44, 46
1:20/ 46
1:20~26/ 290
1:21~22/ 47, 94, 128, 291, 351
1:21~22/ 351
1:22/ 47
1:23/ 185
1:23~26/ 47, 304
1:24/ 49, 97
1:25/ 49
1:26/ 50, 340
1장/ 20, 49, 51, 52, 290, 354
2:1/ 53, 291, 302
2:1~13/ 53, 59, 63
2:1~4/ 49, 53, 133, 291, 294, 322
2:2, 3/ 56
2:2~4, 6~8, 11~13/ 62
2:3/ 57, 58, 336

2:4/ 58, 60, 61, 69, 291, 322
2:5~13/ 63
2:6/ 61, 64
2:7, 8, 9~11/ 64
2:8~13/ 291
2:10/ 234
2:11/ 64, 281
2:12/ 63, 64
2:13/ 63, 64, 69, 313
2:14/ 41, 51, 63, 68
2:14~21/ 68, 313
2:14~40/ 67
2:15/ 55, 63, 69
2:16/ 69, 314
2:16~18/ 95
2:16~21/ 54
2:17~20/ 69, 70, 314~316
2:19/ 82
2:21/ 71, 96, 313, 314
2:22~24/ 71
2:22~36/ 68, 313, 316
2:23/ 71, 307
2:23~24/ 209
2:24, 26, 27/ 71
2:25~28, 34 이하/ 68
2:25~35/ 72
2:29/ 72, 75
2:31/ 72, 317
2:33/ 72, 97, 111, 317
2:34/ 35, 72, 111
2:35/ 72, 292
2:36/ 73, 95, 209, 317, 318
2:37~41/ 75
2:38 이하/ 73
2:38/ 76, 95, 313
2:38~39/ 319
2:38~40/ 68

사도행전

2:39/ 96
2:40/ 76
2:41/ 76, 344
2:42/ 80, 81,237, 351
2:42~4:22/ 80
2:42~47/ 80, 292, 348
2:43, 47/ 81, 82
2:44/ 80, 82, 351, 352
2:45/ 80, 82
2:46/ 80, 82, 88, 348, 351, 353
2:46~47/ 80
2:47/ 80, 101, 322
2장/ 59, 84, 201, 318, 321, 322, 331, 353
3:1/ 88, 293
3:1~12/ 292
3:1~55/ 104
3:1~8/ 86
3:6/ 81, 313
3:7/ 12, 81
3:11/ 88
3:11~26/ 86, 104
3:12~26/ 68, 318
3:13/ 95, 97
3:13~14/ 86
3:14/ 95, 97
3:15/ 95, 209
3:15~16/ 86
3:18/ 86, 95
3:19/ 73, 95, 313
3:19~21/ 293
3:20/ 96
3:21/ 35, 95
3:23/ 96, 97, 316
3:25/ 96
3:26/ 54, 96
4:1/ 293

4:4/ 86, 101
4:5~22/ 85, 86, 98
4:6/ 103
4:7, 10~12/ 87
4:8/ 58, 60
4:8~12/ 68, 104
4:8~22/ 104
4:10/ 209
4:12/ 87, 95, 293
4:13~14, 17/ 87
4:17/ 12
4:19/ 85, 87, 313
4:19~20/ 294
4:21/ 87
4:22/ 86
4:23, 24~30/ 294
4:27/ 15, 95, 97
4:30/ 54, 82
4:30~31/ 294
4:31/ 58, 60
4:32~37/ 82
4:32~5:11/ 83
4:34, 35/ 83
4:36/ 140
4:36~37/ 294
5:1~11/ 88
5:1~6/ 84, 301
5:3/ 295, 301
5:3~4/ 295
5:4/ 89
5:5/ 12
5:9/ 295, 301
5:11/ 89, 295
5:12~14/ 88
5:12~16/ 81, 105
5:12~42/ 105
5:12/ 82

5:13, 15, 16/ 105
5:14/ 101
5:16/ 12
5:17/ 254, 310
5:17~18/ 295
5:18/ 105
5:19~32/ 296
5:25/ 296
5:29/ 106
5:29~32/ 68
5:30/ 209
5:31/ 95, 111
5:32/ 106
5:33 이하/ 163
5:33/ 95
5:33~42/ 296
5:34/ 16
5:34~39, 41, 42/ 106
5:34~40/ 113
5:36, 37, 38, 39/ 103
5:42/ 101
5장/ 301
6:1/ 84, 90
6:1~4/ 88, 89
6:1~6/ 296
6:2/ 41, 51, 91, 92
6:3/ 58, 91, 98, 108, 200, 201, 296
6:5/ 58, 92, 179, 291, 309
6:5~6/ 90
6:6/ 92
6:7/ 16, 88, 100, 101, 148, 359
6:8~8:3/ 107
6:8/ 82
6:9/ 107, 164
6:10/ 291
6:11, 13, 14/ 107, 110, 296
6:13/ 257

6장/ 296
7:1~53/ 108
7:23/ 200
7:36/ 82
7:38/ 135
7:44~50/ 111
7:48/ 108, 109, 296
7:51~53/ 109
7:55/ 58
7:55~56/ 297
7:56/ 15, 36, 97, 109, 111
7:57~58/ 165
7:58/ 133, 161, 259
7:59/ 109
7:60/ 97, 109
8:1/ 116, 117, 133, 162, 234
8:3/ 112
8:4/ 102, 116, 117 183, 234
8:4~12:25/ 115
8:4~13/ 309
8:4~40/ 116
8:5/ 117
8:5~8/ 297
8:6/ 54
8:9, 10/ 118
8:9~13/ 118
8:9~24/ 185
8:12/ 272
8:13, 15~17/ 118
8:14/ 117, 303
8:14~15/ 298
8:15/ 119
8:15~16/ 75
8:15~19/ 299
8:17/ 119, 129, 302
8:18/ 118, 216, 220
8:18~24/ 118

사도행전

8:19, 20/ 118
8:21/ 297
8:22, 24/ 118
8:26~39/ 120
8:26~40/ 297, 309
8:31/ 299
8:40/ 120, 240, 309
8장/ 298
9:1~18/ 248
9:1~3/ 165, 259
9:1~30/ 133
9:1~9/ 300
9:1~18/ 248
9:2/ 102, 140
9:3/ 54, 300
9:3~18/ 169, 178, 259
9:3~8/ 165
9:3~9/ 170
9:4/ 169, 171, 300, 301
9:5, 6/ 171
9:7/ 170, 300
9:8/ 300
9:9/ 171
9:10~18/ 301
9:15/ 133, 201, 250, 272
9:15~16/ 242
9:17/ 58, 119, 171, 303
9:17~18/ 301
9:18/ 12, 171
9:19~30/ 173, 178
9:20, 22, 23~25/ 173
9:26/ 140, 175, 176
9:26~27/ 294
9:26~30/ 178
9:27/ 140, 171, 176
9:27~30/ 141

9:29/ 90
9:30/ 220
9:31/ 100, 101, 134, 359
9:31~12:23/ 134
9:31~32/ 122
9:32/ 136
9:32~10:35/ 102
9:32~40/ 121
9:43/ 123
9장/ 133, 169, 170, 300, 301
10:1~3/ 302
10:1~48/ 307
10:1~8/ 124, 302
10:2, 3~5, 6/ 123
10:7, 9~16/ 125
10:9~23/ 124, 302
10:13/ 124
10:15/ 124, 130
10:22/ 123
10:23/ 125, 141
10:24~33/ 125
10:34/ 130
10:34~35/ 123
10:34~43/ 68, 126
10:34~48/ 126
10:35/ 124
10:38/ 23, 126
10:39/ 127
10:39~40/ 209
10:39~42/ 302
10:40~41/ 128
10:41/ 30, 128
10:42/ 28, 96, 128
10:43/ 129
10:44/ 119, 129, 302
10:44~48/ 126, 302
10:45/ 129

10:47~48/ 302
10장/ 68, 121, 122, 126, 302
11:1~18/ 122, 129, 131
11:1~3/ 131, 303
11:2/ 129
11:3/ 129, 131
11:4~10/ 131
11:11/ 125
11:11~12/ 132
11:12/ 125
11:13~14/ 132
11:15/ 54, 303
11:15~17/ 132
11:16/ 132, 303
11:16~17/ 60
11:17/ 129, 130, 132
11:18/ 131
11:19/ 121, 180
11:19~21/ 102, 138, 183
11:19~26/ 294
11:19~30/ 138
11:20/ 90, 181
11:21/ 100, 101, 140, 359
11:22/ 140, 303
11:22~24/ 139
11:23/ 140
11:24/ 58, 140, 291
11:25/ 141, 177
11:25~26/ 141, 220, 303
11:26/ 141
11:27/ 142
11:27·30/ 145, 180
11:28~30/ 144
11:30/ 93, 134, 137, 144 298
12:1~23/ 145, 302
12:1~3/ 50
12:2/ 145, 204

12:4/ 146
12:5/ 304
12:12/ 40, 85, 185
12:12~16/ 304
12:17/ 42
12:19/ 146
12:20~23/ 304
12:22, 23/ 146
12:24/ 100, 101, 359
12:25/ 185
12장/ 115
13:1/ 142, 181
13:1~3/ 305
13:2/ 181, 183, 186, 305
13:2~3/ 305
13:3/ 181, 182, 183, 305
13:4/ 182, 306
13:4~15:35/ 221
13:5/ 182, 189
13:7/ 163, 186
13:8~11/ 185
13:9/ 58, 133
13:11/ 12
13:12/ 184
13:13/ 185, 186
13:13~14/ 193
13:14 이하/ 205
13:14/ 187, 189
13:16/ 124, 187
13:16~23/ 187
13:16~41/ 238, 306
13:17~23/ 306
13:24~25/ 188, 306
13:26/ 124
13:26~37/ 188
13:26~41/ 306
13:27~30/ 209

사도행전

13:33/ 188, 189
13:34/ 189
13:35, 38, 38~41/ 189
13:38~40/ 190
13:39, 40~41, 42/ 189
13:42~43/ 187
13:42~44, 48/ 189, 190
13:44, 45~47/ 189
13:46/ 190, 273
13:47, 51~52/ 189
13:52/ 58
13장/ 201, 205
13장~15장/ 294
14:1~7/ 205
14:3/ 82
14:8/ 191
14:14~18/ 238, 306
14:15~18/ 191
14:19/ 205
14:19~20, 22/ 192
14:23/ 137, 193, 298
14:23/ 193
14:25/ 187, 193
14:26/ 182
14:26~28/ 182, 305
14:27/ 193, 256
14장/ 205
15:1/ 88, 148
15:1~3/ 148
15:1~35/ 147
15:2/ 149
15:3~5/ 150
15:5/ 16, 149, 254, 310
15:6~23/ 137, 298
15:7~11/ 130, 307
15:10, 12/ 153

15:12/ 82
15:13, 14/ 42
15:14/ 200, 201
15:17, 19~20/ 307
15:20, 21/ 202
15:22/ 151, 201
15:22~23/ 152
15:23, 24/ 149
15:28~29/ 155, 307
15:29/ 151
15:31/ 158
15:32/ 142, 201
15:32~35/ 158
15:36, 37~39/ 200~201
15:36/ 200, 201
15:38/ 186
15:40/ 201, 202
15:40~18:22/ 308
15:41/ 177, 202
15장/ 130, 150, 156, 157
16:1/ 191
16:1~3/ 192
16:1~5/ 202
16:2~3/ 246
16:3/ 202, 308
16:4/ 203
16:5/ 100, 101, 203, 359
16:6/ 205, 219, 224, 308
16:6~8/ 204
16:6~10/ 236
16:7/ 205, 308
16:8~10/ 205
16:10~18/ 206, 208, 265
16:10/ 206
16:11/236
16:11, 12~40/ 206
16:17, 18, 19~34/ 207

16:19/ 206, 207
16:20/ 206
16:35/ 206
16:36/ 206
16:37/ 201
16:38/ 206
16:40/ 207
17:1~4/ 195
17:1~9/ 209
17:1/ 208
17:2, 3, 4, 5/ 209
17:6/ 15, 209, 210
17:7, 10~14/ 210
17:10/ 208
17:11, 12/ 211
17:13/ 16
17:14~15/ 208, 212
17:16~34/ 212, 238
17:16/ 208
17:22, 23/ 195
17:22~31/ 213
17:23/ 212, 213
17:28/ 164
17:30/ 28
17:31/ 28, 214, 215
17:34/ 215
17장/ 216
18:01/ 208
18:03/ 163
18:04/ 243
18:05/ 212, 218
18:05/ 208
18:06/ 218, 273
18:07/ 243
18:09, 10/ 218
18:11/ 216, 243
18:12/ 219

18:12~17/ 21
18:13/ 219, 243
18:18/ 216, 220
18:19/ 208, 220
18:2/ 216, 217
18:2~3/ 216
18:21/ 225
18:22/ 220
18:23/ 205, 221, 224
18:23~21:17/ 309
18:24~26/ 200
18:24~28/ 225
18:26/ 216
19:1/ 54, 208, 225
19:1~3/ 200
19:1~7/ 309
19:5~7/ 225
19:6/ 303
19:7/ 226
19:8~9/ 243, 273
19:8~10/ 227
19:9/ 226
19:10/ 101
19:12, 15, 18, 19/ 227
19:20/ 100, 101, 359
19:21/ 235
19:22/ 227, 229, 230, 231
19:23~41/ 228
19:32/ 135
19:33/ 15, 283
19:39/ 135
19:41/ 135
20:1/ 232
20:1~3/ 208
20:2/ 233
20:3/ 233, 236
20:4/ 236

사도행전

20:5 이하/ 208
20:6/ 206, 236
20:6~16/ 206, 265
20:7, 8, 9, 10~12/ 237, 238
20:9/ 12, 238
20:11/ 238
20:11~12/ 237
20:12/ 237
20:15/ 280
20:16/ 55, 236, 238
20:17/ 137, 239
20:17~37/ 238
20:17~38/ 238, 309
20:18~21/ 228
20:19/ 309
20:20/ 226, 227
20:21/ 239
20:22/ 241
20:22~23/ 235, 241, 242
20:23~24/ 239
20:24/ 239, 309
20:25/ 239
20:26/ 228
20:27/ 228, 239, 309
20:28, 29~30/ 239
20:31/ 208, 226, 227, 228, 243
20:32/ 239
20:34/ 227
20:36~38/ 239
21:1/ 240
21:1~17/ 206, 239, 265
21:1~6/ 239
21:4/ 240, 241
21:5~6/ 240
21:7/ 121
21:7~17/ 240
21:8/ 121, 309
21:8~9/ 120, 240
21:9~14/ 121, 309
21:10/ 142
21:11/ 240
21:12/ 310
21:13, 14/ 240
21:16/ 15, 242
21:17/ 242
21:18~21/ 42, 147
21:19, 20, 23~26/ 246
21:27/ 247
21:28/ 280
21:29/ 247, 254, 280, 310
21:30~31/ 254
21:32/ 252
21:39/ 162
21:40/ 247
21장/ 121
22:01~21/ 115, 238, 247
22:01~16/ 258
22:02/ 247
22:03/ 163, 165, 258
22:04/ 112
22:05/ 165
22:06~16/ 168, 169, 248, 259, 300, 310
22:08/ 171, 172
22:09/ 170, 300
22:10, 14/ 171
22:17~20, 18/ 248
22:20/ 259
22:21, 22/ 248
22:22~29/ 252
22:28/ 162, 248
22:30/ 248
22장/ 170, 300, 301, 310
23:1/ 249, 250

찾아보기_ 성구   411

23:1~11/ 238
23:1~10/ 258
23:2~5/ 301
23:3/ 249, 250, 301
23:5/ 249, 250, 249
23:6/ 161, 259
23:6~10/ 250
23:9/ 255
23:10/ 250
23:11/ 250, 272
23:12~13/ 251
23:12~35/ 250
23:23/ 251
23:26/ 23
23:26~30/ 252
23:29/ 255, 261
23:31~32/ 251
23:34/ 252
24:1~23/ 258, 310
24:1~26:32/ 252
24:1~27/ 253
24:1~8/ 255
24:2/ 23
24:5/ 142, 254, 310
24:5~6/ 257
24:6/ 254, 310
24:10~21/ 238, 254
24:11/ 254
24:11~13/ 255, 310
24:14~15, 22~27/ 255
24:15/ 259
24:2~9/ 253
24:24/ 252
24:24~25/ 253
24:26/ 238, 253, 256, 261
24:26~27/ 311
24:27/ 253, 256

25:1/ 256
25:1~9/ 258
25:1~26:32/ 256
25:11, 12/ 257
25:13/ 21, 255
25:13~22/ 257
25:23~26:32/ 257
25:24~25/ 258
25:24~27/ 258
25:25/ 261, 262
25:26/ 258
25:5, 6~12/ 256
26:1~23/ 115, 171, 238, 258, 262
26:1~32/ 258
26:2/ 21
26:2~3/ 142
26:5/ 258, 310
26:6/ 259
26:6~7/ 259
26:9/ 165, 259
26:9~11/ 259
26:10/ 112, 162
26:10~12/ 165
26:11/ 112
26:12~18/ 169, 178, 259, 311
26:12~23/ 300
26:12~26/ 248
26:13/ 259
26:14/ 165~171, 259, 300, 311
26:15/ 167
26:16/ 172, 260
26:17~18, 24/ 260
26:25/ 23
26:28/ 142, 260
26:29/ 260
26:31~32/ 261, 262
26:4~8/ 258

26장/ 169, 300, 311
26장/ 21
27:1~12/ 265
27:1~28:15/ 311
27:1~28:16/ 265
27:1~28:16/ 206, 265
27:8, 10/ 265
27:11/ 268
27:11~12/ 265
27:13~20, 21/ 267
27:21~38/ 268
27:22~24, 31~34/ 311
27:23~25, 27/ 268
27:24/ 272
27:27~32, 33~38/ 268
27:39~44/ 269
28:01~6/ 269
28:02, 4/ 270
28:03/12
28:06, 7~10/ 270
28:06/ 12
28:11/ 15
28:11~16/ 271
28:12, 13, 15/ 271
28:16/ 272, 273
28:17/ 272
28:17~31/ 272
28:18, 20, 21/ 272
28:20/ 259
28:23/ 272, 273, 312
28:24/ 16
28:24~28/ 273
28:28/ 273
28:30/ 101, 273
28:30~31/ 101, 272, 273
28:31/ 101, 274, 312
28장/ 276

30장/ 68, 318

로마서

1:2~4/ 86, 235
1:3/ 235
1:4/ 73, 235, 318
1:7, 8, 9, 10, 15/ 234
1:9~15/ 244
1:10~12/ 265
1:13/ 234
1:16/ 168
3:24/ 168
3:25/ 239
5:9/ 239
7:9, 10/ 166
7:14~25/ 167
8:17~18/ 239
8:23/ 59
8:34/ 111
9장~11장/ 155
10:9/ 86, 298
10:9~10/ 119, 298, 330, 341, 344, 350
10:10/ 298
10:17/ 119, 298, 350
12:7, 8/ 234
13:1/ 210
13:1~7/ 262
15:16/ 265
15:19/ 233
15:20/ 195, 196
15:22~24/ 235
15:23/ 235, 278
15:24/ 282
15:28/ 235, 236
15:30, 31/ 235
16:1~23/ 234
16:3/ 216

16:19/ 234
16:23/ 282

고린도전서
1:11~13/ 230
1:21/ 35
1:26/ 218
2:1~5/ 218
2:2/ 214, 216
4:15/ 219
4:17/ 135, 230
5:9/ 229, 231
5:9~11/ 229
7:15/ 162
8:1~13/ 158
9:1/ 172
9:5/ 162, 199
9:6/ 199
9:15/ 115
9:17/ 172
9:22/ 195, 247
9:24~27/ 239
11장/ 81
12:3/ 59, 119, 293, 330, 344, 350
12:13/ 60, 291, 330
12:28/ 142
14장/ 62, 63
14:2/ 60
14:1~33/ 65
14:29/ 142
14:31~33/ 143
15:5~8/ 24
15:6/ 42
15:7/ 42
15:8/ 172
15:9~11/ 51
15:10/ 172, 239

15:20~28/ 36
15:25/ 72
15:35~49/ 25
15:42~45/ 128
15:45/ 308, 333, 343
16:8/ 55, 229
16:10, 11/ 230
16:17/ 230
16:19/ 216

고린도후서
1:19/ 231
2:1/ 231
2:12, 13/ 232
3:17/ 308, 333
7:5/ 232
7:5~7/ 233
7:8/ 231, 232
7:9~12/ 233
8:6/ 233
8:16~24/ 233
8:19/ 193
9:1-15/ 233
11:26/ 187
11:23~27/ 178
11:24~12:9/ 115
11:26, 27/ 187
11:32, 33/ 173, 178
12장/ 174
12:1~9/ 178
12:10/ 178
12:14/ 230, 231
13:1/ 230, 231
13:2/ 231

갈라디아서
1장/ 145

1~2장/ 129, 144, 148, 156, 159, 197
1:1/ 51, 182
1:1~20/ 176
1:2/ 204
1:13/ 165
1:13~14/ 178
1:13~24/ 115
1:14/ 165, 168
1:16/ 172
1:16~24/ 173, 178
1:17/ 174
1:18/ 175
1:18~24/ 175
1:21~23/ 177
1:22/ 175
2장/ 134, 145, 149, 150
2:1/ 150, 205, 221
2:1~10/ 88
2:2/ 150, 151
2:3/ 150
2:4/ 149, 150
2:6/ 151
2:7, 8/ 130
2:9/ 151, 205, 221
2:12/ 130
2:13/ 205, 221
2:15~16/ 153
3:10~13/ 127
3:29/ 239
5:22/ 80
6:14/ 168

에베소서
1:5, 7/ 239
1:20 이하/ 36
2:8/ 239, 350, 352
2:20/ 51, 142, 143, 291

3:1/ 278
3:5/ 142
3:7/ 172
4:4~6/ 195
4:9/ 342
4:11/ 142
5:18/ 60, 64, 65, 69
5:18~6:9/ 291
5:23/ 135
5:25/ 135

빌립보서
1:1/ 92, 208
1:10/ 36
1:12~18/ 278
1:25/ 277
1:29/ 239
2:2, 5/ 352
2:9~11/ 318
2:10, 11/ 29
2:19/ 280
2:19~23/ 281
2:24/ 277, 280, 281
2:25/ 208
3:4~6/ 163, 178
3:5/ 161
3:13/ 216
4:3, 16/ 208
4:22/ 274, 278

골로새서
2:8/ 239
2:12/ 330
3:1/ 111
4:9/ 281
4:10/ 186, 265, 278
4:14/ 11

4:18/ 278

데살로니가전서
1:5~9/ 210
1:10/ 36
2:13~16/ 210
3:1/ 212
4:3/ 239
4:16/ 36
5:18/ 239

데살로니가후서
1:7/ 36
2:2~3/ 239

디모데전서
1:2, 18/ 191
1:3/ 278, 279, 281
1:4/ 281
1:12, 16/ 172
1:13/ 165, 172
1:20/ 283
2:1/ 294
3장/ 296
3:1~13/ 280
3:8/ 92
3:8~13/ 296
4:13/ 281
4:14/ 203

디모데후서
1:2/ 191
1:5/ 192, 202
1:6/ 203
1:8/ 283
1:11/ 172
1:16, 17/ 282

2:1/ 191
2:9/ 282, 283
3:10, 11/ 191
3:15/ 192
4:6/ 283
4:6~8/ 282, 284
4:7/ 239
4:10/ 283
4:11/ 11, 186
4:13/ 282
4:16, 17/ 283
4:19/ 216
4:20/ 280, 281, 282
4:21/ 284

디도서
1:5/ 278~281, 285
1:12/ 164
2:1~8/ 280
3:12/ 281, 282

빌레몬서
1:1, 9, 10/ 278
1:22/ 281
1:23/ 278
1:24/ 11

히브리서
1:1~2/ 47
2:6/ 200, 201
2:12/ 135
5, 7장/ 329
11:39, 40/ 339

야고보서
1:27/ 200
2:2/ 122, 135

5:14/ 122

베드로전서
2:24/ 127
3:22/ 111
4:16/ 142

베드로후서
3:7, 10/ 70, 315

요한계시록
10:7/ 142
21:12, 14/ 50